Melanie Baumgarten

Soziales Verständnis – Theoretische Grundlagen, Konstruktion und Validierung
zweier Testaufgaben zum Kernkonstrukt der sozialen Intelligenz

www.mptv.de/books

Bibliografische Information der Deutschen Nationalbibliothek:
Die Deutsche Nationalbibliothek verzeichnet diese Publikation
In der deutschen Nationalbibliografie; detailierte bibliografische
Daten sind im Internet über http:///dnb.d-nb.de abrufbar.

© 2015 punkt um FILM GmbH, Magdeburg – Biederitz
www.mptv.de/books - info@punkt-um-film.de

Erstauflage
Printed in Germany

Graphik: Marcel Niehoff
Coverdesign: Ron Müller
Umschlagsfoto: Andreas Pinkert

ISBN-13: 978-3-945 882-18-4

Melanie Baumgarten

Soziales Verständnis

Theoretische Grundlagen, Konstruktion und Validierung zweier Testaufgaben zum Kernkonstrukt der sozialen Intelligenz

punkt um FILM

Bei diesem Buch handelt es sich um die Dissertationsschrift der Autorin:

Soziales Verständnis

Theoretische Grundlagen, Konstruktion und Validierung zweier Testaufgaben
zum Kernkonstrukt der sozialen Intelligenz

Dissertation

zur Erlangung des akademischen Grades

Doktor der Philosophie

genehmigt durch die

Fakultät für Humanwissenschaften

der Otto-von-Guericke-Universität Magdeburg

von Dipl.-Psych. Melanie Baumgarten

geb. am 13.10.1984 in Magdeburg

Gutachter: Prof. Dr. Heinz-Martin Süß

Gutachter: Prof. Dr. Lothar Schmidt-Atzert

Eingereicht am: 20.02.2015

Verteidigung der Dissertation am: 26.05.201

Inhaltsverzeichnis

Tabellenverzeichnis

Abbildungsverzeichnis

Abkürzungsverzeichnis

AA	Ambulatory Assessment
AC	Assessment Centers
AI	Allgemeine Intelligenz
BIS	Berliner Intelligenzstrukturmodell
BIS-4	Berliner Intelligenzstruktur-Test
CBS	Correlations-based Scoring
CSIT	Chapin Social Insight Test
DCS	Distance Consensus Scoring
ECS	Expert Consensus Scoring
EI	Emotionale Intelligenz
FAC	Facial Action Code
FACS	Facial Action Coding System
FPI-R	Freiburger Persönlichkeitsinventar
GCS	Group Consensus Scoring
GWSIT	George Washington Social Intelligence Test
ICI	Interpersonal Competence Inventory
IIP-C	Inventar zur Erfassung Interpersonaler Probleme
IPT / IPT-15	Interpersonal Perception Task
ISK	Inventar sozialer Kompetenzen
KKR	Kassler-Kompetenz-Raster
KTT	Klassische Testtheorie
MCS	Mode Consensus Scoring
MERT	Multimodal Emotion Recognition Test
MERT-FR	Emotionserkennung zwischen den Familien
MERT-IR	Emotionserkennung der Intensivitätlevel einer Familie
MSCEIT	Mayer, Salovey, and Caruso emotional intelligence test
MTMM	Multitrait-Multimethod
MTSI	Magdeburger Test zur Sozialen Intelligenz
MTSI-2	Magdeburger Test zur Sozialen Intelligenz – Version zwei
MTSI-3	Magdeburger Test zur Sozialen Intelligenz – Version drei
MTSI-SV	Magdeburger Test zur Sozialen Intelligenz – Untertest zum sozialen Verständnis
NEO-FFI	NEO-Fünf-Faktoreninventar
NEO-PI-R	Revised NEO Personality Inventory
OMT	Operanter Multi-Motiv Test
PCS	Proportion Consensus Scoring
Post-MSCEIT	Selbstbericht emotionale Intelligenz nach der Bearbeitung des MSCEIT
Post-SSV	Selbstbericht soziales Verständnis nach der Leistungserfahrung
Prä-MSCEIT	Selbstbericht emotionale Intelligenz vor der Bearbeitung des MSCEIT

Prä-SSV	Selbstbericht soziales Verständnis vor der Leistungserfahrung
PRF	Personality Research Form
PRF-Ac	Personality Research Form - Leistungsstreben
PRF-Af	Personality Research Form - Geselligkeit
PRF-Do	Personality Research Form - Dominanzstreben
PRF-Nu	Personality Research Form - Hilfsbereitschaft
RAM	Realistic Accuracy Model
SF	Soziale Flexibilität
SG	Soziales Gedächtnis
SGa	Soziales Gedächtnis auditiv
SGb	Soziales Gedächtnis bildhaft
SGf	Soziales Gedächtnis videobasiert
SGv	Soziales Gedächtnis verbal
SI	Soziale Intelligenz
SJT	Situational Judgment Tests
SK	Soziales Wissen
SO	Soziale Orientierung
SOI	Structural Model of Human Intellect
SR	Soziale Intelligenz als Trait-Konzept
SREIS	Globale Selbsteinschätzung emotionale Intelligenz
SSV	Selbstbericht soziales Verständnis
SV	Soziales Verständnis
SV-DS	Szenario Daniel
SV-KS	Szenario Katrin
SV_{mean}	Gesamtmittelwert soziales Verständnis
SW	Soziale Wahrnehmung
SWa	Soziales Wahrnehmung auditiv
SWb	Soziales Wahrnehmung bildhaft
SWf	Soziales Wahrnehmung videobasiert
SWv	Soziales Wahrnehmung verbal
TIM	Test of Implied Meaning
TKIM	Tacit Knowledge Inventory for Managers
ToM	Theory of Mind
TS	Target Scoring
TS-ITEM	Target Scoring aggregiert via Einzelitems
TS-SIT	Target Scoring aggregiert via Situationsscores
U-Modus	Ideenflüssigkeit
WMC	Experimental Software WMC
X-Modus	Ideenvielfalt

1. Zusammenfassung

Soziales Verständnis (SV) ist die Fähigkeit, mentale Zustände anderer Personen „korrekt" zu interpretieren, zu beurteilen, zu verstehen und sich in andere hineinversetzen zu können. In der psychologischen Forschungsliteratur finden sich gleich mehrere Begriffe mit nahezu identischer Bedeutung: Rollen- und Perspektivenübernahme, kognitive Empathie und die „Theory of Mind". In einigen Definitionen aus dem Forschungsbereich der sozialen Intelligenz wird zusätzlich oder ausschließlich eine Verhaltenskomponente berücksichtigt: die Fähigkeit, mit anderen gut zurechtzukommen (Marlowe, 1986; Moss & Hunt, 1927) oder in sozialen Situationen weise zu handeln (Thorndike, 1920a). Im integrativen Modell der sozialen Intelligenz von Weis und Süß (2005), welches die kognitiven Fähigkeitsaspekte in den Vordergrund stellt, wird das soziale Verständnis als die Fähigkeit definiert, auf der Grundlage sozialer Informationen die Gedanken, Gefühle und Beziehungen anderer Personen korrekt interpretieren und verstehen sowie deren Implikationen einschätzen und bewerten zu können. Eine große Herausforderung bei der Operationalisierung solcher Konstrukte stellt die Bestimmung der richtigen Lösung dar, da für die Beurteilung mentaler Zustände und Verhaltensweisen keine eindeutig richtige Lösung vorliegt. Als Approximation an eine korrekte Lösung können Scoringmethoden (*Target Scoring* und *Consensus Scorings*) angesehen werden, die jede für sich betrachtet eigene Vor- und Nachteile aufweisen.

Die vorliegende Arbeit beschäftigt sich mit dem sozialen Verständnis, dem Kernkonstrukt der sozialen Intelligenz im Modell von Weis und Süß (2005). Es wurden zwei neue Testaufgaben für das Kernkonstrukt entwickelt und Untersuchungen zur Konstrukt- und Kriteriumsvalidität für diese Aufgaben durchgeführt. Zudem wurde die Abhängigkeit der Befunde von den angewandten Scoringmethoden betrachtet.

Theoretischer Hintergrund

Neben dem sozialen Verständnis postuliert das integrative Modell zur sozialen Intelligenz drei weitere Fähigkeiten: soziales Gedächtnis, soziale Wahrnehmung und soziale Flexibilität. Als fünfte Komponente wurde das soziale Wissen aufgenommen und erhielt im Modell eine Sonderrolle, da es keine kognitive Fähigkeit im engeren Sinne darstellt, denn soziales Wissen ist im hohen Maße Kultur gebunden und von situativen Aspekten abhängig. Die operativen Fähigkeiten der sozialen Intelligenz werden als personseitige Voraussetzung angesehen und bilden neben anderen Intelligenzkonzepten (z.B. emotionale Intelligenz nach Salovey & Mayer, 1990; praktische Intelligenz nach Wagner & Steinberg, 1985) das Potenzial einer Person für sozial intelligentes Verhalten. Auf der Grundlage dieses Modells wurde eine multimediabasierte Testbatterie entwickelt: der *Magdeburger Test zur Sozialen Intelligenz* (MTSI; Süß, Seidel & Weis, 2007).

Die im Konstrukt soziales Verständnis sowie verwandten Konstrukten beschriebenen Fähigkeiten sind auch ein zentrales Thema der sozialen Kognitionsforschung. Dieser Forschungsansatz möchte verstehen, wie Menschen über sich selbst und über andere denken, wie soziale Informationen ausgewählt, gespeichert, erinnert und genutzt werden. Darüber hinaus ist von Interesse, wie diese kognitiven Prozesse unsere Urteile und unser Verhalten in sozialen Kontexten beeinflussen (u. a. Aronson, Wilson & Akert, 2004; Fiedler & Bless, 2003; Fiske &

Zusammenfassung

Taylor, 1991; Pendry, 2014). Ein Teilbereich der sozialen Kognitionsforschung konzentriert sich auf die Bildung von Urteilen über andere Personen und ist unter dem Begriff Personenwahrnehmung zu finden. Walker und Foley (1973) kritisierten in ihrem Review zur sozialen Intelligenz, dass sich die Forschungsbereiche zur Personenwahrnehmung und zur sozialen Intelligenz relativ unabhängig voneinander entwickelt haben. In der vorliegenden Arbeit wird zunächst der Bezug von sozialem Verständnis nach Weis und Süß (2005) zu verwandten Konstrukten herausgearbeitet und diskutiert. Darüber hinaus wird ein Integrationsversuch zentraler Aspekte der sozialen Kognitionsforschung und der Personenwahrnehmung mit dem Modell zur sozialen Intelligenz (Weis & Süß, 2005) vorgenommen. Es werden die Informationsverarbeitungsmechanismen näher betrachtet, die dem sozialen Verständnis zugrunde liegen könnten, Modelle der Personenwahrnehmung diskutiert und gemeinsame Problemfelder (Festlegung eines Akkuratheitskriteriums, Fehler im Beurteilungsprozess) betrachtet.

Anschließend werden zwei neukonstruierte Testaufgaben für den Untertest zum sozialen Verständnis vorgestellt. Da die in dieser Arbeit neukonstruierten Szenarien eine Ergänzung des Untertests zum Sozialen Verständnis darstellen, wurden sie nach denselben Konstruktionsprinzipien entwickelt, die bereits bei den bestehenden Szenarien der Testbatterie angewandt wurden (Conzelmann, Weis & Süß, 2013). Hierfür kam realistisches Stimulusmaterial zum Einsatz, welches im Alltag verschiedener Zielpersonen gesammelt wurde. Die Konstruktion der sozialen Verständnisaufgaben verbindet den *Situational Judgment Test*-Ansatz (u.a. McDaniel & Nguyen, 2001) mit dem *Postdiction Paradigma* (O'Sullivan, 1983). Dementsprechend handelt jedes Szenario von einer Targetperson, die der Proband in verschiedenen Film-, Bild-, Ton- und Textmaterialien begleitet. Nach jeder sozialen Situation werden mehrere Testitems vorgegeben, die auf der Grundlage von sozialen Hinweisreizen (Mimik, Gestik, Tonlage etc.) im Testmaterial beantwortet werden sollen. Die Testperson wird gebeten, die Targetperson hinsichtlich ihrer Gedanken, Gefühle und Beziehungen zu Interaktionspartnern einzuschätzen. Zur Bestimmung der richtigen Lösung im Untertest zum sozialen Verständnis des MTSI wird die Antwort der Zielperson (*Target Scoring*) verwendet. Alternativ kann ein Konsens zwischen Personengruppen herbeigeführt werden, der entweder auf einer Stichprobe von Testteilnehmern (*Group Consensus Scoring*) oder auf Experten (*Expert Consensus Scoring*) beruht.

Methode

Insgesamt wurden drei Studien durchgeführt. Im Fokus der ersten Untersuchung standen die psychometrischen Eigenschaften der beiden neukonstruierten Szenarien *Katrin* und *Daniel*, ihre faktoranalytische Passung in den Untertest zum sozialen Verständnis des MTSI sowie die Einbettung in das nomologische Netzwerk anderer Konstrukte. Eine heterogene Stichprobe ($N = 155$) bearbeitete neben dem *Magdeburger Test zur sozialen Intelligenz* (MTSI-3; Süß et al., 2010) den *Berliner Intelligenzstruktur-Test* (BIS-4; Jäger, Süß & Beauducel, 1997) und den *Multimodal Emotion Recognition Test* (MERT; Bänziger, Grandjean & Scherer, 2009). Während der BIS-4 eingesetzt wurde, um eine Abgrenzung des sozialen Verständnisses zur allgemeinen Intelligenz aufzuzeigen, sollte der MERT systematische Zusammenhangsbefunde liefern.

In den nachfolgenden Studien kamen nur noch die beiden Neukonstruktionen zum Einsatz. Zunächst wurden auf Grundlage einer Itemanalyse der Daten der ersten Studie schwache Items aus den beiden Szenarien entfernt und die psychometrischen Eigenschaften der gekürzten Versionen in der zweiten Studie ($N = 103$) ermittelt. Zudem wurde untersucht, ob Selbstberichtsverfahren geeignet sind, soziales Verständnis akkurat zu erfassen und ob die Variable Geschlecht die Genauigkeit der Selbsteinschätzung moderiert. Hierzu wurde ein Selbstberichtsfragebogen zum sozialen Verständnis (SSV) entwickelt, der eng an die Anforderungen der Testaufgaben zum sozialen Verständnis des MTSI angelehnt wurde. Das Selbstberichtsinventar SSV wurde zusammen mit weiteren Selbstberichtsfragebogen, dem *Inventar sozialer Kompetenzen* (ISK; Kanning, 2009) und dem Fragebogen *Soziale Intelligenz als Trait-Konzept* (SR; Amelang, Schwarz & Wegemund, 1989) vor der Bearbeitung der Szenarien vorgegeben. Nach der Bearbeitung der Neukonstruktionen wurden die Probanden gebeten, den SSV erneut zu beantworten. Aufgrund der Selbsterfahrung im Leistungstest sollte die Einschätzung der eigenen sozialen Fähigkeiten realistischer werden, sodass systematische Zusammenhänge zwischen den Szenarien und dem Selbstberichtsfragebogen zum sozialen Verständnis erwartet wurden.

Ziel der dritten Untersuchung war eine erste Kriteriumsvalidierung der neuen Testaufgaben. Als objektives Kriterium wurde der *Verkaufserfolg* ausgewählt, da die sozialen Fähigkeiten eines Verkäufers als wichtige Einflussgröße auf den Verkaufserfolg angesehen werden (u.a. Hennig-Thurau & Thurau, 1999; Nerdinger, 2001; Weitz, 1981). Da reale Verkäufer als Teilnehmer nicht zur Verfügung standen und das Nachstellen einer realen Verkaufssituation in Deutschland anzeigepflichtig ist, weil es als Aufnahme einer selbstständigen Tätigkeit angesehen wird, wurde als Ersatzmethode auf eine Spendensammlung zurückgegriffen. In einer Feldstudie wurden 43 Studierende gebeten, für einen gemeinnützigen Verein Spenden zu sammeln. Um eine gute Standardisierung zu erreichen wurden Sammelort, Gesamtdauer, Wochentage und Uhrzeiten der Spendensammlung bei allen Versuchsteilnehmern konstant gehalten. Objektives Erfolgskriterium war die *Spendensumme in Euro*. Zur Vorhersage der Kriterien wurden neben dem sozialen Verständnis folgende weitere Prädiktoren erhoben: verbale Intelligenz, Extraversion und Gewissenhaftigkeit, Hilfsbereitschaft, Leistungsmotivation und physische Attraktivität der Spendensammler. Erwartet wurde zum einen ein signifikant positiver Zusammenhang zwischen der Leistung im Sozialen Verständnis und der *Spendensumme in Euro* und zum anderen, dass das soziale Verständnis zusätzlich zu den anderen Prädiktoren einen inkrementellen Varianzanteil am Kriterium aufklärt.

Ergebnisse und Diskussion

Hinsichtlich der psychometrischen Eigenschaften konnten für die beiden Szenarien *Katrin* und *Daniel* bereits in der ersten Studie akzeptable bis gute Cronbachs Alpha-Koeffizienten zwischen .51 und .78 gefunden werden, wenn *Target Scoring* als Akkuratheitskriterium angewandt wurde. Demgegenüber fielen die Homogenitätswerte bei Anwendung von *Group Consensus Scoring* geringer aus. Beide Szenarien wiesen einen eher geringen Schwierigkeitswert als die meisten anderen Szenarien des MTSI auf und waren unabhängig von der Scoringmethode positiv korreliert ($r = .36 - .44$). Auch mit den übrigen Szenarien des Untertests zeigten sich ausreichend hohe Zusammenhänge, sodass ein gemeinsamer Faktor *soziales Verständnis* angenommen werden konnte. Diskriminante Validität konnte zur allgemeinen Intelligenz und ihren Subkonstrukten aufgezeigt werden, nicht aber der erwartete positive Zusammenhang mit der Emotionserkennung. Dementsprechend blieb die Einbettung der Szenarien in das nomologische Netzwerk inhaltlich ähnlicher Konstrukte offen.

In der *zweiten* Untersuchung konnten bei einer studentischen Stichprobe für die Kurzversionen beider Szenarien hohe interne Konsistenzwerte (α = .71 – .86) und mittlere positive Korrelation (r = .31 –. 46) ermittelt werden. In der Gesamtstichprobe zeigten sich erwartungsgemäß Nullkorrelationen zwischen Leistungsmaßen und Selbstberichten, wenn die Selbsteinschätzungen *vor* der leistungsbasierten Messung (*Katrin* und *Daniel*) von den Probanden beantwortet wurden. Dieser Befund war durch das Geschlecht der Teilnehmer moderiert. Während die weibliche Selbsteinschätzung keinerlei Übereinstimmungen mit der tatsächlichen Leistung in den Szenarien aufwies, konnte in der männlichen Stichprobe bereits vor der Erfahrung im Leistungstest ein signifikanter Zusammenhang ermittelt werden. Dementsprechend zeigten Männer eine genauere Selbsteinschätzung der eigenen sozialen Fähigkeiten, während bei den Frauen ein Trend zur Selbstüberschätzung ermittelt wurde. In anderen Leistungsbereichen (u.a. Lenny, 1977; Süß & Sander, 2003) tendieren Frauen eher dazu, ihre eigenen Fähigkeiten zu unterschätzen, während Männer tendenziell zur Selbstüberschätzung neigen. Daher könnte die Überschätzung der weiblichen Probanden in der vorliegenden Untersuchung entweder ein Stichprobenartefakt sein oder durch geschlechtsspezifische Stereotypen zustande kommen. Nach der Selbsterfahrung im Leistungstest korrigierten die weiblichen Teilnehmer ihr eigenes Selbstbild allerdings erheblich, sodass sie ihre selbsteingeschätzte Leistungsfähigkeit im sozialen Verständnis unrealistisch stark herabsetzten. Die Korrektur ließ die weibliche Selbsteinschätzung allerdings nicht realistischer werden, da weiterhin Nullkorrelationen mit der tatsächlichen Leistung ermittelt wurden. Hingegen konnte bei den männlichen Probanden nach der Leistungserfahrung positive Zusammenhänge zwischen den Szenarien und der Selbsteinschätzung im sozialen Verständnis ermittelt werden (r = .37 und r = .39). Dieser Befund trat allerdings nur auf, wenn das *Target Scoring* zur Anwendung kam. Letztlich blieb in der vorliegenden Arbeit ungeklärt, ob die Geschlechtsunterschiede auch in einer heterogenen Stichprobe aufgetreten wären. Die Ergebnisse der weiblichen Stichprobe konnten verdeutlichen, dass Selbstberichtsverfahren zur Erfassung von sozialen Fähigkeiten ungeeignet sind, während in der männlichen Stichprobe ein erster Hinweis auf konvergente Validität ermittelt wurde.

In der *dritten* Studie ist die Kriteriumsvalidierung der Szenarien *Katrin* und *Daniel* unter Verwendung des spezifischen Kriteriums *Spendensumme in Euro* nicht gelungen. Unabhängig von der Scoringmethode zeigten sich Nullkorrelationen zwischen den Szenarien und dem objektiven Kriterium. Neben der kleinen, homogenen und hinsichtlich des Geschlechtes unausgewogenen Stichprobe als mögliche Ursache wurde insbesondere die Eignung einer Spendensammlung als Kriterium für eine Verkaufsleistung infrage gestellt. Zweifel ergaben sich aufgrund der Tatsache, dass für die meisten bekannten Prädiktoren des Verkaufserfolges entweder Nullzusammenhänge oder sogar Korrelationen in unerwarteter Richtung ermittelt werden konnten. Nur die physische Attraktivität der Teilnehmer hatte einen signifikanten Einfluss auf die Spendensumme (r_{ct} = .38). Zudem war auffällig, dass die Spendensammler innerhalb von 20 Minuten sehr große Geldbeträge eingesammelt hatten und in dieser Zeit auch eine sehr große Anzahl an Passanten ansprechen konnten. Dementsprechend war ein umfassendes Verkaufsgespräch mit potenziellen Spendern eher die Ausnahme, sodass vermutet werden kann, dass das soziale Verständnis in den oberflächlichen sozialen Interaktionen keine Rolle gespielt hat. Eine Varianzeinschränkung im Kriterium *Spendensumme in Euro* als Ursache für die ausbleibenden Zusammenhänge konnte in der vorliegenden Untersuchung nicht ausfindig gemacht werden. Außerdem gaben über achtzig Prozent der Studienteilnehmer an, dass sie sich gut bzw. sehr gut in die Ziele der Organisation hineinversetzen konnten, wodurch auch eine fehlende Identifikation der Spendensammler mit den Zielen der Organisation als Ursache unplausibel erscheint.

Für die neuen Testaufgaben zum sozialen Verständnis des MTSI konnten in der vorliegenden Dissertationsschrift gute psychometrische Eigenschaften und erste Hinweise auf Konstruktvalidität aufgezeigt werden. Zudem unterstützen die durchgeführten Untersuchungen die präferierte Verwendung von *Target Scoring* im Vergleich zu *Group Consensus Scoring*. Hingegen blieben Hinweise für eine prädiktive Validität mit dem spezifischen Kriterium *Spendensumme in Euro* in der dritten Untersuchung aus. Da die Validierung ein fortlaufender Prozess ist, werden am Ende der Arbeit Vorschläge für zukünftige Fragestellungen zur Konstrukt- und Kriteriumsvalidierung vorgenommen.

2. Thematische Einführung

> *Es soll daher ein Fürst gar sehr sich hüten, aus seinem Munde irgendwas kommen zu lassen, das nicht voll der fünf obigen Eigenschaften wäre: er scheine, wenn man ihn sieht und hört, ganz Güte, ganz Treue, ganz Menschlichkeit, ganz Redlichkeit, ganz Religion. Und zwar ist nichts notwendiger, dass man es zu besitzen scheine, als diese letztere Eigenschaft; da die Menschen im Allgemeinen mehr nach den Augen, als nach den Händen schließen...*

Machiavelli (1842, S. 73)

Dieses und andere Zitate aus Niccolò Machiavellis Werk „Der Fürst" wurden als Grundlage für die Entwicklung der Machiavellischen Intelligenzhypothese (Byrne & Whiten, 1997) genutzt. Diese Hypothese besagt, dass die evolutionäre Vergrößerung der kranialen Gehirnkapazität im Verhältnis zur Körpergröße bei Primaten (Bailey & Geary, 2009) durch Interaktion in sozialen Gruppen verursacht wurde. Ein größeres Gehirn war notwendig, da sich Primaten an ihre immer komplexer werdende soziale Umwelt anpassen mussten. Das Leben in sozialen Gruppen war für Primaten und ist bis heute für den Menschen mit vielfältigen Vorteilen verbunden. Trotzdem postuliert die Hypothese, dass der einzelne Primat gezielt soziale Manipulationen und Täuschungen einsetzte, um persönliche Vorteile auf Kosten anderer Gruppenmitglieder zu erzielen. Damit er dabei seine vorteilhafte Stellung innerhalb der sozialen Gruppe nicht in Gefahr brachte, mussten diese Manipulationen subtil ausgeführt werden. Das Eingehen von Kooperationen oder das Herstellen von „win-win-Situationen" sind das Resultat dieser sozialen Manipulationen (Byrne & Whiten, 1997). Die Machiavellische Intelligenz wurde auf den heutigen Menschen übertragen und rückt den Einsatz sozialer Manipulationen, um (gruppen)egoistische Ziele zu erreichen, in den Mittelpunkt. Auch Selbstberichtsverfahren, die die Ausprägung des Konstruktes messen sollen, wurden entwickelt (Christie, 1970; zit. n. Knecht, 2004). In psychologischen Forschungsarbeiten blieb das Konstrukt allerdings relativ unbeachtet, während es in der Erforschung des Sozialverhaltens von Primaten intensiver untersucht wurde. Dennoch ist die Machiavellische Intelligenz ein gutes Beispiel für die Erweiterung der akademischen Intelligenz um eine Reihe neuer Intelligenzkonzepte.

Weber und Westmeyer (2001) unterscheiden zwei Richtungen der Konzepterweiterung. Die eine Richtung will das traditionelle psychometrische Intelligenzkonzept um wesentliche neue, singuläre Konzepte erweitern, die andere Richtung versucht, das traditionelle Konzept abzulösen und durch pluralistische Ansätze zu ersetzen. Ein pluralistischer Ansatz ist bereits bei Thorndike (1920a) zu finden, da er in seinem Rahmenmodell menschlicher Intelligenz zwischen abstrakter, mechanischer und sozialer Intelligenz unterscheidet. Ein Mensch besitzt dementsprechend unterschiedliche Ausprägungen in den Fähigkeiten, Ideen und Symbole zu erfassen (abstrakt), Gegenstände und Mechanismen zu begreifen (mechanisch) sowie andere Menschen zu verstehen und in sozialen Beziehungen weise zu handeln (sozial). Auch Sternberg (1984) vertrat einen pluralistischen Ansatz und unterscheidet in der triarchischen Theorie der menschlichen Intelligenz zwischen analytischer, praktischer und kreativer Intelligenz. Den flexiblen Einsatz dieser drei Intelligenzformen bezeichnet er als Erfolgsintelligenz und fasst seine Theorie auf dem Einband seines Buches „Erfolgsintelligenz" mit folgender Aussage zusammen: „Intelligent ist, wer Herz und Verstand so mit Kreativität zu paaren weiß, dass daraus der entscheidend praktische Erfolg wird" (Sternberg, 1998). Die vielfältigsten Intelligenzarten postuliert Gardner (1991) und beginnt zunächst mit sieben multiplen Intelligenzen: sprachlich-linguistische, musikalische, logisch-mathematische, räumliche, körperlich-kinästhetische, intra- und interpersonale Intelligenz. Jede Intelligenz untermauert Gardner mit prototypischen Fallbeispielen für den jeweiligen Bereich. So sind Dichter ein Beispiel für linguistische Intelligenz, Komponisten für musikalische Intelligenz oder eine Ballerina für körperlich-kinästhetische Intelligenz. Damit ist das Spektrum menschlicher Intelligenzen für Gardner (1999) allerdings noch nicht ausgeschöpft, weshalb er seine Theorie durch weitere Konzepte anreicherte. Er schlägt die naturbezogene, spirituelle und existenzielle Intelligenz als neue Anwärter für seine Theorie vor. Während die erste eine ausgedehnte Expertise in Flora und Fauna beinhaltet, beschäftigen sich die letzten beiden mit dem Ursprung und dem Sinn des Lebens.

Eine Gemeinsamkeit der pluralistischen Ansätze ist die Annahme, dass sie die menschliche Intelligenz durch eine Vielzahl voneinander unterscheidbarer Fähigkeiten abbilden, die nicht unabhängig voneinander sind, sondern teilweise aufeinander aufbauen. Innerhalb dieser Ansätze finden sich bereits Intelligenzkonzepte, die in Form von singulären Konzepten neben die traditionelle Intelligenz gestellt wurden. Eine Auswahl an neuen Intelligenzkonzepten, eine dazugehörige Definition und die Autoren, die diese Definition in die Literatur eingeführt haben, sind in Tabelle 1 wiedergegeben. Diese Liste stellt nur eine exemplarische Auswahl neuer Intelligenzen dar, dennoch verdeutlicht sie, warum Weber und Westmeyer (2001) von einer Inflation der Intelligenzen sprechen und befürchten, dass das Konstrukt bei beliebiger Ausdehnung auf neue Verhaltensbereiche inhaltsleer wird.

Mayer, Caruso, Panter und Salovey (2012) unterteilen die Intelligenzarten in „heiße" und „kalte" Intelligenzen. Die traditionelle Intelligenz wird von den Autoren als „kalt" bezeichnet, da sie den Umgang mit abstrakten Informationen und Symbolen fordert, die für den Einzelnen keine besondere Bedeutung besitzen. „Heiße" Intelligenzen wie die emotionale und soziale Intelligenz beinhalten hingegen Informationen, die für Individuen hoch relevant sind, da sie sich beispielsweise auf die eigenen Emotionen und Absichten beziehen oder die mentalen Zustände anderer Personen, mit denen sie in Interaktion stehen, betreffen können.

Die Autoren kritisieren, dass die „heißen" Intelligenzen in Übersichtsartikeln, die den aktuellen Stand und neue Entwicklungen der Intelligenzforschung thematisieren, keine Erwähnung finden oder nur randständig behandelt werden. Sie schließen ihren Artikel, in dem sie folgende Hoffnung äußern: „It is our hope that the next review of what we know about intelligence will integrate coverage of traditional intelligence with the path-breaking new findings arising from the study of hot intelligences." (Mayer et al., 2012, S. 503).

Tabelle 1: Ausgewählte Definitionen singulärer Intelligenzkonzepte

Intelligenzkonzept	Exemplarische Definition	Autoren
Emotionale Intelligenz:	Die Fähigkeit, Emotionen in Bezug auf sich selbst und andere wahrzunehmen, auszudrücken, zu verstehen und zu regulieren.	Salovey & Mayer (1990)
Kulturelle Intelligenz:	Die Fähigkeit, sich in Situationen erfolgreich zu verhalten, die charakterisiert sind durch kulturelle Vielfalt. Voraussetzung ist die Motivation zum Erwerb und zum Verstehen kulturellen Wissens und das Initiieren angemessener verbaler und nonverbaler Verhaltensweisen während der Interaktion mit Menschen verschiedener Kulturen.	Earley & Ang (2003)
Operative Intelligenz:	Die Fähigkeit, einzelne mentale Operationen den Erfordernissen eines komplexen Problems entsprechend zu identifizieren, zu definieren und Lösungen zu generieren.	Dörner (1986)
Personale Intelligenz:	Die Fähigkeit, Informationen über die eigene Persönlichkeit und die Persönlichkeit anderer Menschen zu identifizieren und zu verstehen und das Wissen angemessen zu nutzen, Lebensentscheidungen zu treffen und eigene Pläne zu verwirklichen.	Mayer (2008)
Praktische Intelligenz:	Die Fähigkeit, Tacit Knowledge (prozedurales, handlungsbezogenes, nicht verbalisiertes Wissen) zu erwerben, welches befähigt, Alltagsprobleme zu lösen.	Wagner & Sternberg (1985)
Soziale Intelligenz:	Die Fähigkeit, soziale Situationen wahrzunehmen und zu verstehen.	Dewey (1909)

Damit in zukünftigen Übersichtsarbeiten der Wunsch der Autoren Berücksichtigung finden kann, müssen zunächst einige methodische Probleme neuer Intelligenzkonstrukte, angemessen gelöst werden. So kritisieren Weber und Westmeyer (2001), dass es bisher nicht gelungen ist, die neuen Intelligenzkonzepte so zu operationalisieren, dass tatsächlich im Sinne einer Intelligenz eine Leistung erfasst wird. Ebenso verhält es sich mit überzeugenden Studienergebnissen bezüglich konvergenter und diskriminater Validität und der Festlegung eines geeigneten Gütekriteriums, um die Leistung in einem solchen Testverfahren als richtig oder falsch bewerten zu können. Austin und Saklofske (2006) erweiterten die Kritik und fügten fehlende Kriteriumsvaliditäten an und forderten Studien, welche die biologischen und kognitiven Mechanismen neuer Intelligenzkonstrukte untersuchen. Die Autoren befürchten, dass die Bezeichnung „Intelligenz" für die neuen Konstrukte verfrüht gewählt wurde, und sehen nur eine Chance für intelligenzähnliche Attribute, wenn die neuen Konstrukte leistungsbasiert operationalisiert werden. Auch Süß (2006) stellt sieben Anforderungen an ein neues Konstrukt, welches der Bezeichnung Intelligenz gerecht werden will:

(1) Hohe Generalität
(2) Basale Wissensanforderungen
(3) Empirische Fundierung durch objektive Testdaten
(4) Leistungsbasierte Messung
(5) Zeitliche Stabilität
(6) Konstruktvalidität
(7) Kriteriumsvalidität/en

Eine hohe Generalität (1) bedeutet, dass die Konstrukte möglichst breit konzeptualisiert werden und infolgedessen durch eine Vielzahl unterschiedlicher Aufgabentypen gemessen werden. Zudem sollen Probanden bei der Bearbeitung dieser Aufgaben nur ein geringes Maß an Wissen benötigten (2). Auch bei Süß (2006) wird die Entwicklung von Leistungstests gefordert (4), die sich zunächst empirisch beweisen müssen (3). Ist ein Konstrukt empirisch fundiert, können Selbstberichtsverfahren konstruiert werden, um sie für Fragestellungen einzusetzen, die sich mit der Genauigkeit und den Moderatoren der selbsteingeschätzten Leistung befassen. Ein gewisses Maß an zeitlicher Stabilität (5), welche allerdings nicht über die gesamte Lebensspanne zu erwarten ist, sowie der Nachweis der Eigenständigkeit des Konstruktes (6) und die Vorhersage von relevanten Außenkriterien (7) sind ebenfalls Anforderungen, die ein neues Intelligenzkonstrukt erfüllen sollte.

Die vorliegende Arbeit beschäftigt sich mit einem singulären Intelligenzkonzept, welches nur bedingt als *neue* Intelligenz bezeichnet werden kann, da es bereits 1909 von John Dewey erstmalig erwähnt und definiert wurde: die soziale Intelligenz. In der Literatur lassen sich zahlreiche theoretische Konzeptualisierungen und Entwicklungen von Messverfahren finden, welche sich mit dem Themenbereich der sozialen Intelligenz befassen. Weis und Süß (2005) stellten das Rahmenmodell sozialer Intelligenz auf und entwickelten eine leistungsbasierte Testbatterie: den Magdeburger Test zur Sozialen Intelligenz (MTSI; Süß, Seidel & Weis, 2007). Das Kernkonstrukt des Modells ist das soziale Verständnis, welches als eine Fähigkeit definiert ist, auf der Grundlage sozialer Informationen die Gedanken, Gefühle und Beziehungen zu Dritten korrekt zu interpretieren und zu verstehen sowie deren Implikationen einzuschätzen und zu bewerten. Das Magdeburger Modell der sozialen Intelligenz grenzt sich deutlich von der Machiavellischen Intelligenz ab, da es die soziale Akzeptanz als Bewertungsmaßstab für sozial intelligentes Verhalten berücksichtigt. Dem Kernkonstrukt des Magdeburger Modells wurde in der vorliegenden Dissertationsschrift besondere Aufmerksamkeit geschenkt und eine Erweiterung des Untertests zum sozialen Verständnis vorgenommen. Ziel war es, zwei neue Aufgaben zu konstruieren und hinsichtlich ihrer psychometrischen Eigenschaften und ihrer Integrationsfähigkeit in den bestehenden Untertest zu untersuchen. Gemäß den Anforderungen an ein neues Intelligenzkonstrukt wurde anschließend eine Konstrukt- und Kriteriumsvalidierung durchgeführt. Eine große Herausforderung bei der Operationalisierung neuer Intelligenzkonstrukte stellt die Bestimmung der richtigen Lösung dar. Dementsprechend werden verschiedene Akkuratheitskriterien (Scoringmethoden) diskutiert und auf die neukonstruierten Aufgaben angewendet. Darüber hinaus wird die Abhängigkeit der psychometrischen Eigenschaften und Ergebnisse der Konstrukt- und Kriteriumsvalidierung von den angewendeten Scoringmethoden betrachtet.

Der theoretische Hintergrund der Arbeit beginnt mit einer Literaturübersicht zum Themenbereich der sozialen Intelligenz und betrachtet im Detail das Magdeburger Modell der sozialen Intelligenz von Weis und Süß (2005). Dabei wird einerseits eine Abgrenzung des sozialen Verständnisses zu anderen verwandten Konstrukten aus der Literatur vorgenommen und andererseits die Informationsverarbeitungsmechanismen erörtert, die diesem Konstrukt zugrunde liegen könnten. Abschließend werden geeignete Messverfahren und Außenkriterien diskutiert, die sich für eine Konstrukt- und Kriteriumsvalidierung eignen.

3. Soziale Intelligenz

Dieses Kapitel beinhaltet einen Literaturüberblick der sozialen Intelligenz (SI) vom Beginn des 20. Jahrhunderts bis zum Jahr 2014. Es werden sowohl grundlegende Definitionen als auch theoretische Modelle und Versuche, die soziale Intelligenz zu operationalisieren, betrachtet. Besondere Aufmerksamkeit erhält das Rahmenmodell sozialer Intelligenz (Weis & Süß, 2005), da es zusammen mit dem MTSI (Süß et al., 2007) die Grundlage der vorliegenden Arbeit darstellt.

3.1 Grundlegende Definitionen und Modelle sozialer Intelligenz

Es scheint allgemein akzeptiert zu sein, dass die Begriffseinführung der sozialen Intelligenz in die wissenschaftliche Literatur durch Thorndike (1920a) erfolgte. Er betrachtete die soziale Intelligenz als einen von insgesamt drei Teilen der menschlichen Intelligenz: abstrakte, mechanische und soziale Intelligenz. Allerdings definierte bereits Dewey (1909, S.43) die soziale Intelligenz als „*the power of observing and comprehending social situations*". Lull (1911) verwendete Deweys Definition und schlug im Einklang mit Dewey vor, die sozialen Fähigkeiten verstärkt im Bildungssystem der damaligen Zeit zu berücksichtigen. Allerdings war es nicht Ziel der Autoren, eine Konzepterweiterung der menschlichen Intelligenz vorzunehmen, wie es im Modell von Thorndike vorgesehen war. Thorndikes Definition der sozialen Intelligenz als „*the ability to understand and manage men and women, boys and girls, and to act wisely in human relations*" (1920a, S. 228) liegt noch heute vielen empirischen Studien zugrunde. Insbesondere die Unterscheidung in eine kognitive (andere Personen verstehen) und eine verhaltensbezogene (weise in menschlichen Beziehungen zu handeln) Komponente wurde häufig aufgegriffen. Einerseits integriert Vernon (1933, S. 44) beide Aspekte in seine Definition: „*knowledge of social matters, susceptibility to stimuli from other members of a group, as well as insight into the moods or personality traits of strangers*" (kognitiver Anteil) und „*get along with others and ease in society*" (verhaltensbezogener Anteil), andererseits bezieht sich auch Marlowe (1986, S. 52) auf beide Komponenten und definiert soziale Intelligenz als: „*the ability to understand the feelings, thoughts, and behaviors of persons, including oneself, in interpersonal situations and to act appropriately upon that understanding*". Hingegen beziehen sich andere Definitionen nur auf einen der beiden Aspekte. Einige Definitionen, die ihren Schwerpunkt entweder auf einen kognitiven oder einen verhaltensbezogenen Aspekt legen, sind exemplarisch in Tabelle 2 aufgeführt.

Wie bereits einleitend erwähnt wurde, stellte Gardner (1991) eine Vielzahl von multiplen Intelligenzen auf und unterschied bei den personalen Intelligenzen eine intra- und eine interpersonale Intelligenz. Wahrend er die intrapersonale Intelligenz als Zugang zum eigenen Gefühlsleben bezeichnet, definiert er die interpersonale Intelligenz als *Fähigkeit, Unterscheidungen zwischen anderen Individuen wahrzunehmen und zu treffen; insbesondere zwischen ihren Stimmungen, Temperamenten, Motiven und Absichten* (S. 220). Die intrapersonale Intelligenz nach Gardner ist ein Teilbereich der emotionalen Intelligenz (vgl. Salovey & Mayer, 1990), da sie sich auf emotionale Aspekte im Individuum selbst bezieht. Die interpersonale Intelligenz beinhaltet zum einen den noch fehlenden Teil der emotionalen Intelligenz, Emotionen in Bezug auf andere wahrzunehmen und zu verstehen, zum anderen werden weitere mentale Zustände angesprochen, wodurch die interpersonale Intelligenz nach Gardener eine kognitive Definition der sozialen Intelligenz darstellt.

Tabelle 2: Kognitive und verhaltensbezogene Definitionen sozialer Intelligenz

Kognitive Definitionen	Verhaltensbezogene Definitionen
„Judge correctly the feelings, moods, and motivation of individuals" (Wedeck, 1947, S. 133)	*„Ability to get along with others"* (Moss & Hunt, 1927, S. 108)
„Recognition of the mental states behind words" (Moss, Hunt, Omwake & Woodward, 1955)	*„One´s ability to accomplish relevant objectives in specific social settings"* (Ford & Tisak, 1983, S. 197)
„Ability to understand the thoughts, feelings, and intentions of other people as manifested in discernible, expressional cues" (O'Sullivan, Guilford & deMille, 1965, S. 6)	*„Ability to manipulate the responses of others"* (Weinstein, 1969, S. 755)
„Decoding of social cues" (Barnes & Sternberg, 1989; Buck, 1976)	*„Ability to be effective in social situations"* (Crowne, 2013, S. 106)

Bei genauer Betrachtung der aufgeführten Definitionen für die kognitiven Aspekte (Tabelle 2) wird deutlich, dass sie sich auf unterschiedliche kognitive Fähigkeiten beziehen. Es werden Wahrnehmungs- und Dekodierprozesse, schlussfolgerndes Denken und das Abrufen und Speichern von Wissen berücksichtigt. Orlik (1978, S. 345) betrachtete ebenfalls den Literaturstand der sozialen Intelligenz und erkannte in den Definitionen ein Bündel von verschiedenen Funktionen: a) *die allgemeine Fähigkeit, mit Menschen umzugehen*, b) *das Einsetzen von Techniken zu ihrer Beeinflussung*, c) *Kenntnisse von den Regeln des sozialen Lebens*, d) *die Sensibilität für Verhaltensweisen anderer* und e) *die Wahrnehmungsfähigkeit für momentane innere Befindlichkeiten anderer*. Zusätzlich unterscheiden sich die Definitionen hinsichtlich der berücksichtigten mentalen Zustände (Emotionen, Gedanken, Absichten etc.) und Kommunikationskanäle (nonverbale Hinweisreize, schriftliches Material etc.). Marlowe (1986) vermutete aufgrund der heterogenen Definitionen, dass es sich bei der sozialen Intelligenz um ein multidimensionales Konstrukt handeln muss.

3.1.1   Structural Model of Human Intellect

Guilford (1956, 1967) war ebenfalls von der Mehrdimensionalität der menschlichen Intelligenz und dementsprechend auch der sozialen Intelligenz überzeugt. Er entwickelte das Structural Model of Human Intellect (SOI) und nahm die soziale Intelligenz als eine eigenständige und gleichberechtigte Fähigkeit neben der allgemeinen Intelligenz (AI) auf. In diesem Modell kreuzen sich drei Dimensionen: Operationen, Inhalte und Produkte (vgl. Abbildung 1).

OPERATIONEN	INHALTE	PRODUKTE
KOGNITION		EINHEITEN
GEDÄCHTNIS	FIGURAL	KLASSEN
DIVERGENTE PRODUKTION	SYMBOLISCH SEMANTISCH	RELATIONEN
KONVERGENT PRODUKTION	BEHAVIORAL	SYSTEME TRANSFORMATIONEN
EVALUATION		IMPLIKATIONEN

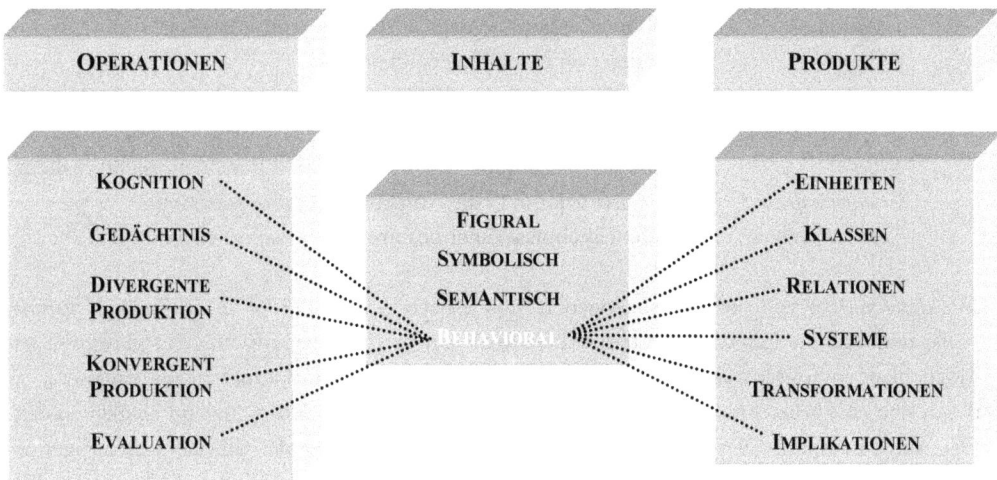

Abbildung 1: Structural Model of Human Intellect (nach Guilford, 1967)

Operationen sind Anforderungen, die eine Person besitzen muss, um eine Aufgabe erfolgreich zu bearbeiten. Guilford unterscheidet Kognition (Erfassen von neuen und bekannten Informationen), Gedächtnis (Speichern und Reproduzieren), divergente Produktion (Generieren mehrere Lösungen für ein Problem), konvergente Produktion (Generieren einer richtigen oder einer neuen Lösung für ein Problem) und Evaluation (bewertendes und schlussfolgerndes Denken). Die Inhaltsdimension bezieht sich auf die Art des Aufgabenmaterials (figural, symbolisch, semantisch und behavioral), während die Produkte verschiedene Aufgabentypen umfassen. Aus der Kreuzklassifikation von fünf Operationen mit vier Inhalten und sechs Produkten resultieren 120 Faktoren (5 x 4 x 6), die distinkte intellektuelle Fähigkeiten beschreiben.

Die behaviorale Inhaltsdimension definiert Guilford (1967, S. 77) als „*essentially nonverbal information, involved in human interactions, where awareness of attention, perceptions, thoughts, desires, feelings, moods, emotions, intentions, and actions of other persons and of ourselves is important*". Diese Dimension repräsentiert die soziale Intelligenz, die sich nur im verhaltensbezogenen Inhalt der Aufgaben unterscheidet und ansonsten die gleichen Operationen und Produkte besitzt wie andere intellektuelle Fähigkeiten. Dementsprechend können im Modell 30 verschiedene behaviorale Fähigkeiten (5 x 6) unterschieden werden, die sich aus der Kreuzklassifikation der fünf Operationen mit den sechs Produkten zusammensetzen. Dabei handelt es sich um folgende Produkte mit behavioralem Inhalt:

Einheiten:	Durch Handlungen mentale Zustände kommunizieren.
Klassen:	Kategorien von Handlungen aufstellen.
Relationen:	Eine Handlung ausüben, die Bezug bzw. Auswirkung auf die Handlung einer anderen Person hat.
Systeme:	Eine Interaktionssequenz mit einer anderen Person aufrechterhalten.
Transformationen:	Einen Ausdruck oder eine Ausdruckssequenz anpassen.
Implikationen:	Mögliche Ergebnisse einer bestimmten Situation vorhersagen.

Im Alltag äußern sich verhaltensbezogenen Inhalte nach Guilford (1967) hauptsächlich durch visuelle und auditive Hinweisreize und sollten auch bei der Entwicklung von Testverfahren nach Möglichkeit so erfasst werden. Tatsächlich wurden in erster Linie Bildmaterialien eingesetzt, wodurch sich eine konzeptuelle und empirische Überschneidung zu den figuralen Fähigkeiten ergab. Der Autor insistierte allerdings, dass die behavioralen Fähigkeiten deshalb nicht ihre Eigenständigkeit verlieren und eine unverzichtbare Komponente im „Structural Model of Human Intellect" darstellen. Später modifizierte Guilford (1981) sein Modell und gab die Idee distinkter Fähigkeiten zugunsten eines hierarchischen Modells auf.

Guilfords Modell dürfte mit 30 Faktoren das umfassendste Modell der sozialen Intelligenz sein, weshalb eine vollständige Operationalisierung als aufwendig und ressourcenintensiv eingestuft werden kann. Dennoch wurden für viele der 120 Faktoren Messverfahren entwickelt. Auf Testbatterien, welche die behavioralen Inhalte des SOI messen sollen, wird an anderer Stelle im Einzelnen eingegangen.

Die literarischen Übersichtsartikel zu den Definitionen und theoretischen Modellen der sozialen Intelligenz von Orlik (1978), Weis und Süß (2005) sowie Landy (2006) kommen zu dem Schluss, dass für die soziale Intelligenz keine überzeugende integrative Theorie vorliegt. Hingegen lassen sich für die Multidimensionalität der Sozialen Intelligenz sowohl Theorieansätze (Guilford, 1967; Marlowe, 1986) als auch empirische Hinweise finden (vgl. Lee, Wong, Day, Maxwell & Thorpe, 2000; Lee, Day, Meara & Maxwell, 2002; Wong, Day, Maxwell, & Meara, 1995). Von diesem Standpunkt aus integrierten Weis und Süß (2005) den bisherigen theoretischen und empirischen Forschungsstand in ein Rahmenmodell sozialer Intelligenz und legten den Fokus dabei auf den kognitiven Bereich. Das von ihnen entwickelte Rahmenmodell sozialer Intelligenz ist Bestandteil des nachfolgenden Abschnitts.

3.1.2   Integratives Modell sozialer Intelligenz

Nach detaillierter Sichtung der Literatur und bereits vorliegender Messverfahren beschreiben Weis und Süß (2005) ein Modell sozialer Intelligenz, welches den Fokus auf den kognitiven Bereich legt. Es handelt sich um ein facettentheoretisches Modell der Intelligenz (Süß & Beauducel, 2005) und dient einerseits der Beschreibung und Klassifikation von Fähigkeitsmerkmalen und Testverfahren, andererseits stellt das Modell eine Basis für die Auswahl und Erstellung von Testaufgaben dar. In Anlehnung an Jägers (1982) Berliner Intelligenzstrukturmodell werden bei der sozialen Intelligenz zwei Facetten unterschieden. Die operative Facette besteht aus vier operativen Fähigkeiten: soziales Verständnis, soziales Gedächtnis, soziale Wahrnehmung und soziale

Tabelle 3: Definitionen der operativen Fähigkeiten nach Weis, Seidel und Süß (2006)

Fähigkeit	Definition
Soziales Verständnis	Fähigkeit, mehr oder weniger komplexe soziale Informationen in einer gegebenen Situation zu identifizieren, korrekt zu interpretieren und zu verstehen sowie deren Implikationen einzuschätzen und zu bewerten.
Soziale Wahrnehmung	Fähigkeit zur schnellen Wahrnehmung sozialer Informationen.
Soziales Gedächtnis	Fähigkeit zum intentionalen Speichern und Abrufen von unterschiedlich komplexen, episodischen und semantischen Gedächtnisinhalten.
Soziale Flexibilität	Fähigkeit zur flexiblen Produktion von Ideen bei der Interpretation, Lösung und Bewältigung sozialer Situationen.
Soziales Wissen	Prozedurales Wissen über Regeln sozialer Interaktionen, die nicht explizit gelehrt und erinnert werden können (stilles Wissen).

Flexibilität. Tabelle 3 beinhaltet die Definitionen der operativen Fähigkeiten nach Weis, Seidel und Süß (2006). Das soziale Wissen ist im Kernmodell sozialer Intelligenz nicht enthalten und nimmt im Modell eine Sonderrolle ein, da seine Bewertung im hohen Maße von der Gesellschaft sowie kulturellen und situativen Aspekten abhängig ist. Zusätzlich wird postuliert, dass das soziale Wissen einen Einfluss auf die kognitiven Fähigkeiten besitzt, da es die Wahrnehmung und Enkodierung sozialer Hinweisreize beeinflusst und via Top-down-Verarbeitung auch die Interpretation sozialer Informationen steuern kann (vgl. Kapitel 5.2.2 für eine detaillierte Darstellung). Als Kernkonstrukt der sozialen Intelligenz wird von den Autoren das soziale Verständnis hervorgehoben, welches Bestandteil vieler Definitionen ist, obwohl es in der Regel durch eine Vielfalt an Begriffen bezeichnet wird. Die inhaltsgebundene Facette repräsentiert die Methoden der Datenerhebung und unterscheidet geschriebene und gesprochene Sprache sowie dynamisches und statisches Bildmaterial. Die operativen Fähigkeiten der sozialen Intelligenz werden im Rahmenmodell sozial kompetenten Verhaltens als personseitige Voraussetzung für sozial intelligentes Verhalten angesehen (vgl. Abbildung 2).

Zusammen mit anderen Intelligenzkonzepten (emotionale Intelligenz nach Salovey & Mayer, 1990; praktische Intelligenz nach Wagner & Sternberg, 1985) bilden sie das Potenzial einer Person. Ob eine Person sozial intelligentes Verhalten zeigt, ist einerseits von ihrem Potenzial abhängig, andererseits von verschiedenen Moderatorvariablen innerhalb der Person (Motivation, Einstellungen, Persönlichkeitsmerkmale etc.) und zusätzlich können auch situative Kontextvariablen einen Einfluss auf die Performanz ausüben. Das Potenzial und die Moderatorvariablen bilden zusammen die soziale Kompetenz einer Person, d.h. die Voraussetzungen, die eine Person benötigt, um ein bestimmtes soziales Verhalten zeigen zu können. Inwiefern die soziale, emotio

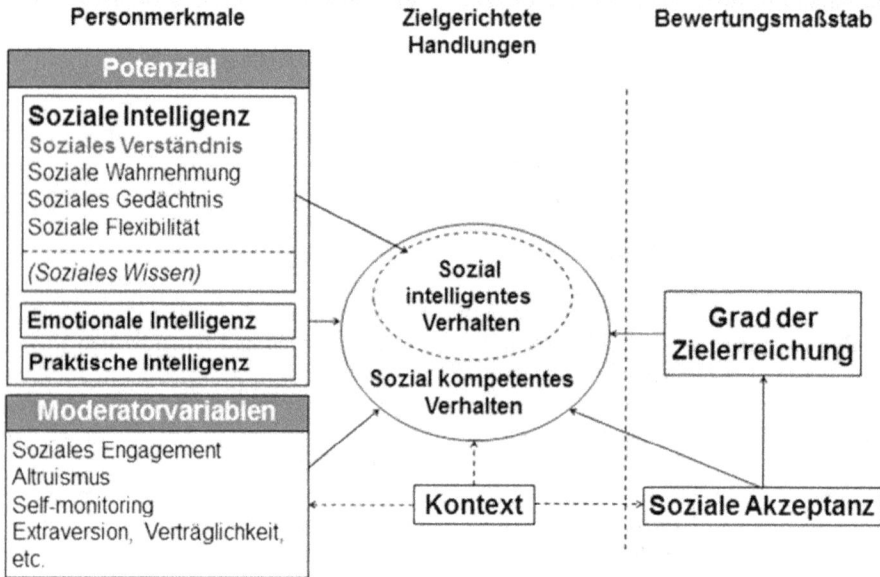

Abbildung 2: Rahmenmodell sozial kompetenten Verhaltens (nach Süß, Weis & Seidel, 2005)

nale und praktische Intelligenz des Modells eigenständige Anteile aufweisen und miteinander interkorreliert sind, kann in Abbildung 3 betrachtet werden. Weiter geht das Modell davon aus, dass soziales Verhalten stets auf ein Ziel gerichtet ist, sodass die Effektivität sozial intelligenten Verhaltens durch den Grad der Zielerreichung bestimmt werden kann. Zusätzlich muss die soziale Akzeptanz als Bewertungsmaßstab berücksichtigt werden, da Ziele auch auf Kosten anderer erreicht werden oder zielführende Verhaltensweisen den gruppenspezifischen Normen und Werten widersprechen können (Süß, Weis & Seidel, 2005).

Wird ein Vergleich zwischen dem Rahmenmodell sozialer Intelligenz und den ersten beiden Anforderungen an neue Intelligenzkonstrukte (Süß, 2006) vorgenommen, so fällt die Bilanz für das theoretische Modell positiv aus. Eine breite Konzeptualisierung bzw. hohe Generalität wird durch den facettentheoretischen Ansatz und durch die Berücksichtigung der Multidimensionalität der sozialen Intelligenz gewährleistet. Auch dem Anspruch, nur basale Wissensanforderungen zu erfassen, wird Folge geleistet, indem das soziale Wissen eine Sonderrolle erhält und die kognitiven sozialen Fähigkeiten in den Vordergrund gestellt werden. Nachfolgend ist von Bedeutung, wie die praktische Umsetzung des Modells durchgeführt wurde und welche Befunde zur empirischen Fundierung vorliegen. Bevor auf die nächsten Anforderungen und den Magdeburger Test zur sozialen Intelligenz eingegangen wird, werden die bereits vorhandenen Messverfahren zur sozialen Intelligenz betrachtet.

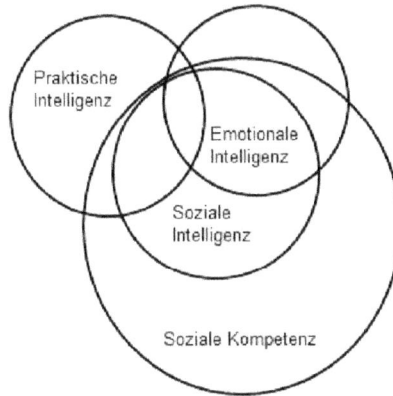

Abbildung 3: Zusammenhangsmuster der sozialen Kompetenzen (nach Süß et al., 2005)

3.2 Messmethoden zur Erfassung sozialer Intelligenz

Zunächst wird ein Ordnungsprinzip benötigt, um die vielfältigen Messverfahren zur sozialen Intelligenz übersichtlich darstellen zu können. Die Autoren Lievens und Chan (2010) schlagen eine Einteilung in Leistungstest, Selbstberichtsinventare, Fremdberichtsinventare, Situational Judgment Tests (SJT), Assessment Center Übungen und Interviews vor. Diese Einteilung wird für die vorliegende Arbeit angepasst, da gemäß den Anforderungen an neue Intelligenzkonstrukte der Schwerpunkt auf leistungsbasierten Messungen liegen soll. Die modifizierte Einteilung kann in Abbildung 4 betrachtet werden.

Leistungsbasierte Testverfahren versuchen die maximale Performanz einer Person zu erfassen und stellen die klassische Vorgehensweise dar, ein Intelligenzkonstrukt zu erheben. Da einerseits ganze Testbatterien existieren, welche zur Erhebung der sozialen Intelligenz entwickelt wurden und andererseits Einzelinventare, die nur einen Teilaspekt des Konstruktes abbilden, werden die Leistungstests entsprechend dieser Gesichtspunkte unterteilt. Innerhalb der Einzelinventare wird der Einteilung von Weis, Seidel und Süß (2006) gefolgt, die merkmalsorientierte und hand-lungsorientierte Verfahren unterscheiden. Hingegen werden Selbst- und Fremdberichtsinventare in einem gemeinsamen Kapitel zusammengefasst, da ihnen gemein ist, soziale Intelligenz als eine Eigenschaft zu operationalisieren. Da jedes Selbstberichtsverfahren auch anderen Personen vor-gegeben werden kann, d.h. sich beide Verfahren nur in der Perspektive (Selbst vs. Andere) unter-scheiden, werden sie an dieser Stelle zusammengefasst. Interviewverfahren und Assessment Center Übungen (Verhaltensbeobachtungsübungen) werden oftmals eingesetzt um zusätzlich zu den selbstberichteten Informationen der Teilnehmer Verhaltensdaten zu erfassen (Kanning, 2003). Oftmals werden im Assessment Center auch Leistungstest oder SJTs eingesetzt, die an die-ser Stelle ausgeklammert werden, da nur Verhaltensbeobachtungen in Rollenspielen, Konstrukti-onsübungen etc. betrachtet werden. Demzufolge können Interviewverfahren und Übungen unter

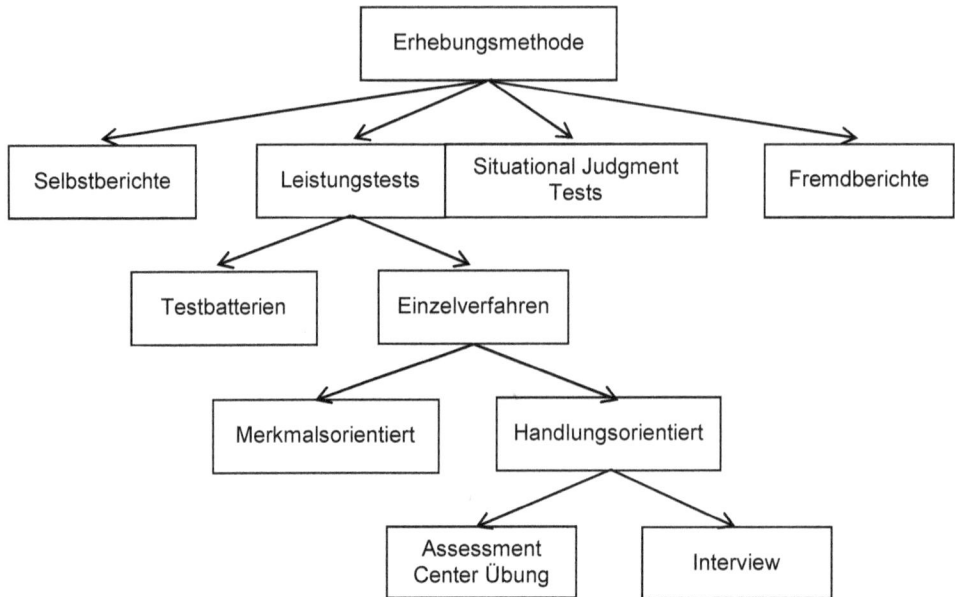

Abbildung 4: Erhebungsmethoden sozialer Intelligenz

handlungsorientierte Einzelverfahren subsumiert werden. Selbstverständlich gibt es Verfahren, die nicht eindeutig einer Erhebungsmethode zugeordnet werden können bzw. unterschiedliche Methoden integrieren. In einem solchen Fall wurde versucht eine Hauptmethode zu bestimmen bzw. an entsprechender Stelle, Hinweise auf alternative Klassifikationen zu geben. Die Übersicht beginnt mit den Selbst- und Fremdberichtsverfahren zur sozialen Intelligenz.

3.2.1 Selbst- und Fremdberichtsverfahren

Obwohl Selbstberichtsinventare nicht geeignet sind, um ein Intelligenzkonstrukt zu erfassen und insbesondere Fragebögen vielfältige Fehlerquellen (z.B.: Antworttendenzen oder Verfälsch-barkeit) aufweisen, sind sie in großer Anzahl für den Themenbereich der sozialen Intelligenz (SI) zu finden. Für die vorliegende Arbeit wurde eine exemplarische Übersicht (Tabelle 4) erstellt, in der neben dem Namen des Testverfahrens und den dazugehörigen Autoren die Itemanzahl, das Antwortformat sowie Informationen zu den Gütekriterien zusammengestellt wurden. Um die Darstellung übersichtlich zu halten, wurde auf klinische Verfahren verzichtet, die Störungsbilder erfassen. Außerdem wurden Persönlichkeits-Struktur-Tests außenvorgelassen, da sie in der Regel nur einige wenige sozial relevante Subskalen enthalten. Darüber hinaus werden keine Verfahren berichtet, die „Trait-Emotional-Intelligence" (vgl. Austin & Saklofske, 2006) messen, da diese Verfahren emotionale Aspekte in den Vordergrund stellen, welche allerdings nur ein Bestandteil des SI-Repertoires sind.

Tabelle 4: Exemplarische Auswahl von Selbst- und Fremdberichtsverfahren zur Messung sozialer Kompetenzen

Testverfahren	Autoren	Skalen	N_{Item}	Antwort-format	S/F	Reliabilität	Validität
Beurteilungsbogen zu methodischen und sozialen Kompetenzen (smk99)	Frey & Balzer, 2003	6 Skalen für Sozialkompetenz: Kommunikationsfähigkeit, Konfliktfähigkeit, Kooperation u.a.	42	6-stufige Ratingskala	F	α = .72 - .84	- Inhaltsvalidität durch Expertenurteile (N = 15) bestimmt - Faktorenstruktur hypothesenkonform (Subskalen: r = .47 - .72)
Cultural Intelligence Scale	Ang, Van Dyne & Koh, 2006	4 Skalen: metakognitive, kognitive, motivationale, behaviorale kulturelle Intelligenz	20	7-stufige Ratingskala	S	α = .76 - .84	- r = .07 - .38 mit Persönlichkeit - r = .32 mit Selbstbericht SI[1] - r = .30 mit Selbstbericht EI[1] - r = -.14 mit Noten[1]
Interpersonal Competence Questionnaire (ICQ)	Deutsche Übersetzung: Riemann & Allgöwer, 1993	5 Skalen: Initiieren von Interaktionen, Emotionale Unterstützung anderer Personen u.a.	40	5-stufige Ratingskala	S	α = .77 - .89	- Teilweise hypothesenkonform zu anderen Selbstberichten und Persönlichkeitsmaßen
Inventar sozialer Kompetenzen (ISK)	Kanning, 2009	4 Sekundärskalen: Soziale Orientierung, Offensivität, Selbststeuerung, Reflexibilität 17 Primärskalen	108	5-stufige Ratingskala	S	α = .69 - .84 r_{retest} = .80 - .86 (13-17 Wochen)	- Übereinstimmung zu vielen anderen Selbstberichten - Diskriminant zu fluider Intelligenz - r = .22 mit AC-Leistung[2] - r = .36 mit Vorgesetztenratings[2]
Social problem solving for adolescents (SPSI-a)	Frauenknecht & Black, 1995	3 Skalen: Problemorientierung, Problemlösen, effektive automatische Prozesse	30	5-stufige Ratingskala	S	α = > .81. r_{retest} = .67 - .83 (2 Wochen)	- r = .82 mit Selbstbericht zu Problemlösen - r = .40 mit Noten - r = -.42 mit Selbstbericht Stress[3]

Testverfahren	Autoren	Skalen	N_{Item}	Antwort-format	S/F	Reliabilität	Validität
Social Skills Inventory (SSI)	Riggio, 1986	7 Skalen: Soziale Expressivität, Soziale Kontrolle, Soziale Manipulation, Soziale Sensitivität u.a.	105	5-stufige Ratingskala	S	$\alpha = .75 - .88$; $r_{retest} = .81 - .94$ (2 Wochen)	- hypothesenkonform mit selbstberichteter sozialer Ängstlichkeit, affektiver Kommunikation und Selbstbewusstsein - $r = -.20 - .19$ mit Emotionserkennung - inkonsistente Bezüge zu anderen Selbstberichten[3]
Soziale Intelligenz als Trait-Konzept	Amelang, Schwarz & Wegemund, 1989	1 Skala	40	7-stufige Ratingskala	S	$\alpha = .91$	- $r = .40$ jeweils zu Fremd- und anderen Selbsteinschätzungen - Nullkorrelationen zu Maßen AI
Tromsø Social Intelligence Scale (TSIS)	Silvera, Martinussen & Dahl, 2001	3 Skalen: Soziale Informationsverarbeitung, Soziale Fähigkeiten, Soziales Bewusstsein	21	5-stufige Ratingskala	S	$\alpha = .79 - .86$	- Faktorenstruktur

Anmerkung. S = Selbstbericht; F = Fremdbericht; SI = Soziale Intelligenz; EI = Emotionale Intelligenz; AC = Assessment Center; [1] Crowne, 2013; [2] Jansen, Melchers & Kleinmann, 2012; [3] Ciarrochi, Scott, Deane & Heaven, 2003.

Die Reliabilitätskoeffizienten der Selbstberichtsverfahren fallen bei allen vorgestellten Verfahren zufriedenstellend bis hoch reliabel aus. Wird allerdings die Spalte Validität der Tabelle 4 näher betrachtet, so fällt auf, dass signifikante und mittlere Effektstärken (Cohen, 1992; zwischen .30 und .50) wiederholt mit anderen Selbstberichtsinventaren gefunden wurden und daher vermutlich durch einen nicht unerheblichen Anteil gemeinsamer Methodenvarianz zustande kommen. Korrelationen zu leistungsbasierten Verfahren fallen vergleichsweise geringer aus, unabhängig davon, ob sie diskriminante oder konvergente Validitätshinweise liefern sollten. Davon auszunehmen sind die Verfahren *Social problem solving for adolescents* ($r = .40$ mit Schulnoten), das *Inventar sozialer Kompetenzen* ($r = .36$ Fremdurteil) und der Fragebogen *Soziale Intelligenz als Trait-Konzept* ($r = .40$ Fremdurteil), da sie substantielle Validitätsbelege zu Leistungsmaßen bzw. Fremdratings zeigen. Einerseits ist es fraglich, ob Selbstberichte geeignet sind die soziale Intelligenz adäquat zu operationalisieren, andererseits bestehen Zweifel, ob Selbstberichtsinventare genutzt werden können, um leistungsbasierte Messverfahren zu validieren. Schon Cattell (1966) zeigte, dass Daten, die mit einem Fragebogen erhoben wurden, nur mäßig mit Ergebnissen eines objektiven Tests übereinstimmten. Beide Problembereiche werden in den Kapiteln 3.2.3.1 und 6.1 näher betrachtet.

Zusätzlich zu den dargestellten Selbstberichtsverfahren sollen noch standardisierte Messverfahren betrachtet werden, die explizit für die Fremdbeurteilung entwickelt wurden. Der *Rating Test of Empathy* (Dymonds, 1949) beinhaltet insgesamt vier verschiedene Selbst- und Fremdbeurteilungen zwischen zwei Personen A und B. Jede Person beurteilt sich selbst (AA/BB), den jeweils anderen (AB/BA), wie der andere sich selbst beurteilt hat (ABB/BAA) und wie er selbst vom anderen beurteilt wurde (ABA/BAB). Bei jeder Einschätzung müssen sechs Eigenschaften (u.a. Freundlichkeit, Selbstvertrauen, Selbstbezogenheit) auf einer fünf-stufigen Skala abgeschätzt werden. Beide Personen haben sich zuvor in einem Gespräch kennengelernt. Dymonds (1949) berichtet eine Split-half-Reliabilität von .82 und nahm eine Trennung seiner Stichprobe in hoch und niedrig empathische Personen vor. Er berichtete Gruppenvergleiche der Extremstichproben mit projektiven Verfahren und der AI, die allerdings wenig aussagekräftig waren. Walker und Foley (1973) referieren weitere Untersuchungen, in denen diskriminante Validitätshinweise ($r = .02$-.17) zwischen der AI und dem *Rating Test of Empathy* gefunden werden konnten.

Vergleichbare Verfahren, die Selbst- und Fremdberichte gleichzeitig erfassen, lassen sich im organisationspsychologischen Kontext in Form von Vorgesetztenbeurteilungen oder Einschätzungen zwischen Kollegen (Multidirektionales Feedback; Fennekels, 2003, Pro facts; Etzel, 2002) finden. Aber auch in der Paardiagnostik schätzen sich die Partner intimer Beziehungen selbst und gegenseitig ein (Gießen-Test; Brähler & Brähler, 1993) oder enge Bezugspersonen nehmen eine Fremdeinschätzung vor (Munich Personality Test; Zerssen, Pfister & Koelle, 1988).

Im Verlauf der nachfolgenden Kapitel werden weitere Studien rezipiert, die Selbst- und Fremdberichtsverfahren eingesetzt haben, um Messverfahren der SI zu validieren. Diese Studien werden die Darstellung zu Selbst- und Fremdberichtsverfahren weiter ergänzen.

3.2.2 Situational Judgment Tests

Lievens und Chan (2010) nennen Situational Judgment Tests (SJT) als eine separate Verfahrensklasse, um soziale Intelligenz zu operationalisieren, obwohl sie gleichermaßen den Leistungstests zugeordnet werden können. SJTs sind Messverfahren, die vorrangig für die Personaldiagnostik entwickelt wurden. Dem Bewerber werden berufsrelevante Situationen vorgegeben und eine Auswahl an Verhaltensweisen präsentiert, die in den jeweiligen Situationen zur Anwendung kommen können (Motowidlo, Dunette & Carter, 1990). Die Situationen und Antworten liegen entweder als Text vor oder werden durch Videos präsentiert, wobei das Antwortformat der meisten SJTs in schriftlicher Form vorgegeben wird (McDaniel & Nguyen, 2001). Beim Antwortformat können einige Variationen vorgenommen werden. So kann ein Multiple-Choice Format zum Einsatz kommen, welches entweder nach „der besten" Antwort fragt oder die wahrscheinlichste Verhaltensweise vom Bewerber fordert. Außerdem ist es möglich, jede Verhaltensweise auf einer Ratingskala einschätzen zu lassen, beispielsweise hinsichtlich ihrer Angemessenheiten, wie es im Tacit Knowledge Inventory for Managers (TKIM) umgesetzt wurde (Wagner & Sternberg, 1991). Jede Variation, die in einem SJT vorgenommen wird, hat Auswirkungen auf das zu messende Konstrukt sowie die Reliabilität und Validität des Verfahrens (Polyhart & Ehrhart, 2003, Lievens, Peeters & Schollaert, 2008).

Motowidlo und Kollegen (1990) beschreiben einen SJT, der Kernqualifikationen von Managern erfassen soll und neben Problemlösefähigkeiten auch interpersonale Kompetenzen beinhaltet. Letzteres operationalisieren die Autoren über Führung, Durchsetzungsfähigkeit, Flexibilität und Sensibilität. Sie entwickelten 58 verbale Situationen, von denen 33 den interpersonalen Bereich abdecken. Als Antwortformat wurden Multiple-Choice Items eingesetzt, die nach der wahrscheinlichsten und der unwahrscheinlichsten Verhaltensweise fragen. Berechnungen der interne Konsistenz fielen für die interpersonale Kompetenz mit .68 zufriedenstellend aus und auch die Interkorrelation von .37 der Gesamtskala zur interpersonalen Kompetenz mit Vorgesetzteneinschätzungen zur Kommunikationseffektivität schätzten die Autoren als hinreichend ein. Ähnliche Ergebnisse wurden für die Problemlösefähigkeit gefunden, wodurch die Autoren zu dem Schluss gelangten, dass verbale Situationsbeschreibungen ein valides Maß zur Erfassung von Managerqualifikationen sein können.

Das bereits erwähnte TKIM von Wagner und Sternberg (1991) wurde ebenfalls mit verbalen Situationsbeschreibungen umgesetzt und soll das handlungsbezogene stille Wissen der praktischen Intelligenz erfassen. Das Verfahren beinhaltet neun verschiedene Situationsbeschreibungen, zu denen insgesamt 91 Fragen gestellt werden. Die Handlungsalternativen der Fragen sollen hinsichtlich ihrer Güte auf einer siebenstufigen Skala beurteilt werden. Obwohl die Subskala „managing others" im Verfahren enthalten ist, sind die Inhalte stark an den Arbeitskontext angelehnt und beziehen sich in erster Linie auf den Führungsstil und das Dominanzverhalten gegenüber anderen. Die interne Konsistenz erreicht .74 bis .80 und darüber hinaus konnten Stabilitätskoeffizienten (über drei Wochen) von .78 ermittelt werden. Das Verfahren erzielte diskriminate Koeffizienten zu Skalen der allgemeinen Intelligenz (.00 - .25) und konvergente Koeffizienten zwischen -.06 und .36 mit anderen Verfahren, die „Tacit Knowledge" operationalisiert haben (Gottfredson, 2003). Sternberg und Hedlund (2002) fassen die Ergebnisse zu „Tacit

Knowledge" zusammen und berichten von Nullkorrelationen zu Persönlichkeitstests und Maßen der AI. Weiterhin wird eine Untersuchung rezipiert, in der das TKIM zusätzliche 32 Prozent der Varianz zu herkömmlichen Verfahren der AI an der Leistung einer berufsbasierten Simulation erklären konnte. Trotz der positiven Befunde darf nicht außer Acht gelassen werden, dass das Verfahren in erster Linie berufsbezogenes Wissen beinhaltet und entsprechend den Anforderungen an neue Intelligenzkonzepte keine generelle Fähigkeit (praktische Intelligenz) gemessen wird.

Abschließend werden zwei Skalen erläutert, die von Legree (1995) entwickelt wurden und soziale Einsicht messen sollen. Dabei handelt es sich um die Skalen „dinner-related knowledge" und „Knowledge of indicators of alcohol abuse". Pro Skala müssen 20 Antworten auf einer elfstufigen Ratingskala eingeschätzt werden. Bei der ersten Skala wird der Proband gebeten, sich vorzustellen, ein Abendessen beim Vorgesetzten einzunehmen. Anschließend schätzt er die Angemessenheit von Verhaltensweisen ein, die während des Essens gezeigt werden könnten. Hingegen beinhaltet die Skala „Alkoholmissbrauch" 20 Verhaltensweisen von unterschiedlichen Charakteren. Der Proband beurteilt jede Verhaltensweise hinsichtlich ihrer Eignung als Indikator für Alkoholmissbrauch. Die interne Konsistenz fielen für die Skala „Abendessen" mit .50 geringer aus als für die Skala „Alkoholmissbrauch" (.75). Auch die diskriminanten Koeffizienten mit einem Maß für AI waren inkonsistent und variierten zwischen -.20 und .65. Die konvergente Validität mit einem SJT der U.S. Army wiesen zufriedenstellende Zusammenhänge von .34 (Abendessen) und .25 (Alkoholmissbrauch) auf.

McDaniel und Nguyen (2001) diskutierten, ob SJTs kognitive Fähigkeiten, Persönlichkeitseigenschaften oder Wissen (Tacit Knowledge oder Berufserfahrung; Sternberg, Wagner & Okagaki, 1993; Motowidlo, Borman & Schmit, 1997) erfassen. Die Metaanalyse von McDaniel und Nguyen (2001) ergab, dass SJTs zu .46 mit kognitiven Fähigkeiten interkorrelieren, obwohl erwähnt werden muss, dass diese Schätzung eine Variationsbreite von .17 bis .75 aufwies. Hingegen fielen die Korrelationen mit Verträglichkeit ($\bar{r}$ = .25, k = 12, N = 12,855), Gewissenhaftigkeit ($\bar{r}$ = .26, k = 13, N = 13,600) und emotionaler Stabilität ($\bar{r}$ = .31, k = 11, N = 7,482) vergleichsweise geringer aus. Die Autoren vermuten, dass die Höhe der Korrelation von dem verwendeten Antwortformat abhängig ist. Wurde nach der besten Antwort gefragt, ließen sich höhere Korrelationen mit kognitiven Fähigkeiten finden als bei Verfahren, die Verhaltenstendenzen als Antwortformat verwendeten. Allerdings hängen letztere stärker mit Persönlichkeitseigenschaften zusammen (McDaniel, Hartman, Whetzel & Grubb, 2007). In einer separaten Metaanalyse versuchten McDaniel, Morgeson, Finnegan, Campion und Braverman (2001) die Variationsbreite der Korrelation zwischen SJTs und kognitiven Fähigkeiten durch Moderatoren zu erklären. Hierbei konzentrierten sie sich nicht länger auf die verwendeten Antwortformate, sondern gaben als Moderatoren den Anforderungsbezug und den Umfang der Situationsbeschreibung an. SJTs, die auf der Grundlage einer Anforderungsanalyse erstellt wurden, zeigten höhere Korrelationen mit kognitiven Fähigkeiten. Außerdem unterteilten sie die Verfahren hinsichtlich Umfang und Anzahl berufsspezifischer Informationen in detaillierte und kurz gefasste Situationsbeschreibungen. Die detaillierten Beschreibungen zeigten ebenfalls eine höhere Interkorrelation. Zudem zeigten die Metaanalysen einen Populationszusammenhang von ϱ = .34 (k = 102, N = 10,640) zwischen allen eingesetzten SJTs und dem Kriterium „berufliche Leistung".

Die Autoren schlussfolgerten, dass SJTs gute Prädiktoren für Berufserfolg sind und tendenziell höher mit kognitiven Fähigkeiten korrelieren, wenn bei der Konstruktion ein Anforderungsbezug hergestellt und berufsspezifische Situationsbeschreibungen gewählt werden.

Werden die Ergebnisse aus diesem Abschnitt zusammengefasst, kommen SJTs zur Operationalisierung der SI nur dann infrage, wenn sie mit einem Minimum an Wissensanforderungen auskommen. Um den kognitiven Charakter eines SJTs zu unterstützen sollten nach McDaniel und Nguyen (2001) Antwortformate gewählt werden, welche die beste Antwort von den Probanden fordern. Außerdem scheinen SJTs besonders geeignet zu sein, Wissensbereiche abzufragen, womit sie zu einer attraktiven Methode für die Messung des sozialen Wissens werden.

3.2.3 Leistungstests

Seit der Einführung der sozialen Intelligenz (SI) in die psychologische Literatur durch Thorndike (1920a) wurden einerseits Testbatterien entwickelt, die leistungsbasierte Untertests aufweisen, und andererseits verschiedene Einzelverfahren, die einen Teilbereich der SI operationalisieren. Der folgende Abschnitt beschäftigt sich zunächst mit drei Testbatterien, die im Zeitraum zwischen 1926 und 1976 entwickelt wurden. Am Ende wird auf den Magdeburger Test zur Sozialen Intelligenz (MTSI; Süß et al., 2007) als aktuellem Operationalisierungsversuch eingegangen und bisherige Befunde zum MTSI berichtet.

3.2.3.1 Testbatterien

Gilliland und Burke (1926) beschreiben den *Test of Sociability*, um soziale Intelligenz oder die Fähigkeit zur Geselligkeit zu erfassen. Beide Begriffe werden von den Autoren synonym verwendet. Ein sozial intelligentes Individuum besitzt nach Gilliand und Burke (1926, S. 315) „*the ability to get on agreeably with his fellow men, who is inclined or adapted for society, who is friendly and above all easy to talk to*". Insgesamt wurden von den Autoren vier Untertests entwickelt. Die ersten drei Messverfahren sind Gedächtnistests und basieren auf Fotografien, die einem College-Jahrbuch entnommen wurden. Beim „recognition test" werden zunächst der Reihe nach 20 Fotografien vorgegeben, die anschließend aus 50 Fotografien wiedererkannt werden müssen. Im „similar test" sehen die Testpersonen zunächst zehn Bilder von männlichen Personen, die alle ein ähnliches Alter zwischen 20 und 30 aufweisen. Parallel zur Fotografie werden Name, Beruf und Geburtsort der Person genannt. Anschließend erscheinen die Bilder in anderer Reihenfolge und die Informationen müssen erinnert werden. Im „dissimilar test" sind sich die Personen unähnlicher, da beide Geschlechter auftreten und der Altersrange zwischen 20 und 80 Jahren liegt. Die Vorgehensweise ist mit der im „similar test" identisch. Der vierte Untertest wurde als Selbstberichtsverfahren konzipiert und erfragt mit Hilfe von zwölf Items, die entweder ein offenes Antwortformat oder eine fünfstufige Ratingskalen aufweisen, die Häufigkeit sozialer Kontakte (z.B.: „Wie viele persönliche Briefe erreichen dich pro Woche?") und persönliche Vorlieben im sozialen Kontext (z.B.: „Magst du es, neue Leute kennen zu lernen?"). Die Autoren setzten ihr Testverfahren bei drei verschiedenen Studiengängen ein. Zusätzlich wurden ein Gedächtnistest (Erinnern von Wortlisten) und ein Intelligenztest (verbales und numerisches schlussfolgerndes Denken, Allgemeinwissen) vorgegeben. Außerdem schätzten alle Studenten ihre Kommilitonen aus demselben Jahrgang bezüglich der Sozialen Intelligenz ein. Diese Fremdeinschätzung wurde auf einer globalen Ratingskala vorgenommen, welche die Definition nach Gilliland und Burke (1926) im Wortlaut enthielt. Die Autoren bemängelten an ihren Ergebnissen, dass die Untertests „similar" und „dissimilar" schlechte Reliabilitätskoeffizienten aufwiesen und „similar" zu hoch mit dem Gedächtnistest korrelierte. Die geringen Korrelationen zum Intelligenztest wurden positiv bewertet. Mit dem globalen Rating korrelierte nur der Selbstberichtsfragebogen konsistent in zufriedenstellender Höhe, gefolgt vom „recognition test" und „dissimilar test". Am Ende empfehlen die Autoren eine Kombination aus dem „recognition test" und dem Selbstberichtsverfahren, obwohl eine Kombination aus allen vier Tests einen Zusammenhang in vergleichbarer Höhe mit dem globalen Rating aufwies. Selbstverständlich gelten weiterhin alle bereits angebrachten Kritikpunkte an der Operationalisierung der sozialen Intelligenz durch Selbstberichtsverfahren. Nach dem zuvor aufgestellten Ordnungsprinzip für Messverfahren müsste der Fragebogen von Gilliland und Burke den Selbstberichtsverfahren zugeordnet werden, während die anderen drei Tests leistungsbasiert sind, sich allerdings auf das Erinnern sozialer Gedächtnisinhalte beschränken. Dennoch muss diese frühe Operationalisierung der SI positiv erwähnt werden, da insbesondere die vorgenommen Validierungsversuche lobenswert sind.

Die erste Testbatterie, die auf der Grundlage der sozialen Intelligenz nach Thorndike konstruierte wurde, war der *George Washington Social Intelligence Test* (GWSIT; Hunt, 1928). Der Test enthielt in seiner ursprünglichen Fassung sechs Subskalen:

1. *Judgment in social situations:* Mögliche Lösungen für typische Probleme in sozialen Beziehungen sollen gefunden werden.
2. *Memory for names and faces:* Zuvor gelernte Namen und Gesichter sollen wieder erkannt werden.
3. *Recognition of the mental states from facial expression:* Erkennen von Emotionen in Fotografien.
4. *Observation of human behavior:* Menschliches Verhalten soll als richtig oder falsch eingestuft werden.
5. *Social information:* Soziale Informationen sollen als richtig oder falsch eingestuft werden.
6. *Recognition of the mental state behind words:* Erkennen von Emotionen in schriftlichen Aussagen und Zitaten aus der Literatur.

In der revidierten Form des GWSIT (Moss et al., 1955) wurde der dritte und fünfte Untertests entfernt und stattdessen der Test „Sense of Humor" (gutes Ende für einen Witz auswählen) hinzugefügt. Trotz einer handlungsorientierten Definition der sozialen Intelligenz durch Moss und Kollegen (1955) als „*the ability to get along with others*" (S. 108), erfassen die Skalen nicht das Ergebnis des Verhaltens, sondern die kognitiven Voraussetzungen, die Personen für das Verständnis von sozialen Situationen oder Personen benötigen. Zusätzlich kann die Konstruktvalidität des Tests angezweifelt werden, da ein deutlicher Zusammenhang zwischen der Leistung im GWSIT und akademischer (verbaler) Intelligenz gefunden wurde. Die berichteten Korrelationen mit verbaler Intelligenz liegen zwischen .60 und .70 (Landy, 2006; Orlik, 1978; Wong et al., 1995).

Des Weiteren konnten keine nennenswerten Zusammenhänge mit Indikatoren sozialer Intelligenz, d.h. keine konvergenten Validitäten aufgezeigt werden. Beispielsweise setzte Strang (1932) den *Test of Sociability* zusammen mit dem *George Washington Social Intelligence Test* ein und fand keine signifikante Beziehung zwischen den Maßen.

Ein umfassender Operationalisierungsversuch der sozialen Intelligenz wurde von Guilford und Kollegen auf der Grundlage des „Structural Model of Human Intellect" (Guilford, 1956, 1967) vorgenommen. O'Sullivan, Guilford und deMille (1965) versuchten zunächst, Messinstrumente zu entwickeln, die alle 30 Facetten der behavioralen Komponente des SOIs abdecken. Auf der Grundlage empirischer Untersuchungen wurde eine Auswahl an Tests zusammengestellt, die eine ausreichende Reliabilität und Faktorladung aufwiesen. Daraus resultierten zunächst der *Six* und später der *Four Factor Test of Social Intelligence* (O'Sullivan & Guilford, 1966, 1976). Die Untertests des *Four Factor Test* sind in Tabelle 5 beschrieben.

O'Sullivan, Guilford und deMille (1965) wiesen in ihrem Artikel darauf hin, dass die konstruierten Aufgaben eher Maße für kognitive Fähigkeiten sind und nicht wie ursprünglich im SOI vorgesehen behaviorale Fähigkeiten abbilden. Dennoch wird im Manual des *Six Factor Tests* diskriminante Validität des Konstruktes gegenüber der allgemeinen Intelligenz aufgezeigt, da keine substantiellen Korrelationen ausfindig gemacht wurden (O'Sullivan & Guilford, 1966). Wie auch beim GWSIT ist die Konstruktvalidität dieser Testbatterie zweifelhaft. Studien von Probst (1982) konnten für den *Six Factor Test* zwar ebenfalls Eigenständigkeit gegenüber der allgemeinen Intelligenz zeigen, die faktoranalytische Struktur der Aufgaben deutet allerdings nicht auf einen gemeinsamen sozialen Intelligenzfaktor hin. Eine andere Studie (Riggio, Messamer & Throckmorton, 1991) konnte hingegen keine Hinweise für die diskriminante Validität des *Four Factor Tests* zeigen, da die Korrelationen zwischen dem verbalen Teil der *Wechsler Adult Intelligence Scale* (Revised Edition) und den vier Untertests zwischen .29 und .52 betrugen. Auch für die konvergente Validität der vier Untertests mit einem Selbstberichtsverfahren zur Messung sozialer Fertigkeiten ergaben sich in dieser Studie hauptsächlich Nullkorrelationen.

Weis und Süß (2005) postulierten auf der Grundlage des empirischen und literarischen Forschungsstandes das in Abschnitt 3.1.2 bereits vorgestellte facettentheoretische Modell sozialer Intelligenz. In mehreren Phasen wurde der *Magdeburger Test zur sozialen Intelligenz* (MTSI; Süß et al., 2007) entwickelt und alle fünf kognitiven Fähigkeiten (vgl. Tabelle 3) operationalisiert. Neben verbalen Testmaterialien wurden auch Ton-, Bild- und Filmmaterialien erstellt. Die Besonderheit der multimediabasierten Testbatterie ist die Verwendung von realistischem Stimulusmaterial, welches im Alltag verschiedener Zielpersonen gesammelt wurde. Bei der Konstruktion des sozialen Verständnisses als Kernkonstrukt des MTSI wurden die Charakteristika eines SJT Paradigmas mit dem Postdiction Paradigma (O'Sullivan, 1983) und einem szenarienbasierten Ansatz verbunden.

Dementsprechend handelt ein jedes Szenario von einer Targetperson, die der Proband in verschiedenen Alltagssituationen begleitet. Er liest Schriftstücke der Targetperson, hört Tonbandaufnahmen und sieht, wie sie in verschiedenen Bildmaterialien und Videoaufzeichnungen agiert. Nach jeder sozialen Situation wird eine Mehrzahl an Testitems vorgegeben, die auf der Grundlage der sozialen Hinweisreize (Mimik, Gestik, Tonlage etc.) aus dem Testmaterial beantwortet werden sollen. Die Testitems beinhalten eine Einschätzung der Targetperson hinsichtlich ihrer Gedanken, Gefühle und Beziehungen zu Interaktionspartnern.

Tabelle 5: **Untertests aus dem** *Four Factor Test of Social Intelligence* (O'Sullivan & Guilford, 1976)

Untertest	Produkt	Beschreibung
Expression grouping	Klassen	Aus vier Alternativen soll der Gesichtsausdruck ausgewählt werden, der am besten zu drei anderen Ausdrücken passt.
Missing cartoons	Systeme	Aus vier Alternativen soll das Cartoonbild ausgewählt werden, das am besten eine Cartoonsequenz vervollständigt.
Social translations	Transformation	Den Probanden wird eine Aussage zwischen zwei Personen vorgegeben, die in einer bestimmten sozialen Beziehung zueinander stehen. Aus drei alternativen Beziehungsrelationen soll diejenige ausgewählt werden, für die die Aussage eine andere Bedeutung besitzt.
Cartoon predictions	Implikationen	Aus drei Alternativen soll das Cartoonbild ausgewählt werden, welches am besten zu einem vorgegebenen Cartoonbild passt.

Eine Einschätzung der Target- Persönlichkeit rundet das Szenario ab. Da die Konstruktion des sozialen Verständnisses und eine ausführliche Beschreibung der einzelnen Aufgaben des MTSI Bestandteil nachfolgender Kapitel sind, wird an dieser Stelle nur ein Überblick über die Testbatterie in Tabelle 6 gegeben.

Hierbei handelt es sich um den MTSI-2 (Süß, Seidel, Weis, Karthaus, Nötzold & Strien, 2009), der zweiten Version des MTSI, welcher zu Beginn der vorliegenden Doktorarbeit verfügbar war. Mit dieser Testversion und dem Vorgänger wurden Untersuchungen durchgeführt, mit denen die faktoranalytische Konstruktvalidität sowie erste konvergente und diskriminante Bezüge zu anderen Messverfahren ermittelt wurden. Auf diese Ergebnisse wird im Folgenden eingegangen. In einer Multitrait-Multimethod-Analyse (MTMM) von Weis und Süß (2007) wurden zunächst nur selbstentwickelte Untertests zum sozialen Gedächtnis eingesetzt. Das soziale Verständnis und das soziale Wissen wurden mit Hilfe bestehender Verfahren operationalisiert. Außerdem beschränkte sich diese Studie auf verbale, bild- und filmbasierte Materialien und verwendete zunächst kein auditives Material, um die methodengebundene Aufgabenvarianz kontrollieren zu können. Als Maße für das verbale soziale Verständnis wurden der *Chapin Social Insight Test* (Chapin, 1942, 1967) und der *Social Translation Subtest* aus dem *Four Factor Test of Social Intelligence* (O'Sullivan & Guilford, 1976) eingesetzt. Darüber hinaus wurde der *Faces-Test* aus dem *Mayer-Salovey-Caruso-Emotional-Intelligence-Test* (MSCEIT; Mayer, Salovey, Caruso & Sitarenios, 2002) und die *Interpersonal Perception Task–15* (IPT–15; Costanzo & Archer, 1993) für bild- und filmbasierte Inhalte verwendet. Das soziale Wissen wurde durch das *Tacit Knowledge Inventory for Managers* (TKIM; Wagner & Sternberg, 1991) operationalisiert, um den verbalen Aspekt des sozialen Wissens zu erheben.

Tabelle 6: Zusammensetzung des Magdeburger Tests zur Sozialen Intelligenz (MTSI-2)

Operationen	Inhalte			
	verbal (v)	**auditiv (a)**	**Bild (b)**	**Film (f)**
Soziales Verständnis (SV)	Szenarienansatz: 8 Szenarien			
Soziales Gedächtnis (SG)	**SGv:** Korrespondenzgedächtnis	**SGa₁:** Gedächtnis für Gespräche **SGa₂:** Gedächtnis für Stimmen	**SGb₁:** Gedächtnis für Personen **SGb₂:** Gedächtnis für Körpersprache	**SGf:** Gedächtnis für Situationen
Soziale Wahrnehmung (SW)	**SWv₁:** Wahrnehmung sozialer Stimuli in Texten **SWv₂:** Wahrnehmung von sozialen und emotionalen Inhalten in Texten	**SWa₁:** Wahrnehmung sozialer Fakten in Gesprächen **SWa₂:** Emotionswahrnehmung in Stimmen	**SWb₁:** Wahrnehmung von Personen **SWb₂:** Wahrnehmung von Körpersprache	**SWf₁:** Wahrnehmung von Personen **SWf₂:** Wahrnehmung von Körpersprache
Soziale Flexibilität (SF)	/			
Soziales Wissen (SK)	Berufsspezifisches soziales Wissen soll aus Sicht von Chef/Kollege/Kunde für folgende Berufsgruppen angewandt werden: Lehrer, Fachinformatiker für Systemintegration, Metallarbeiter, klinischer Psychologe und Friseur			

Eine konfirmatorische Faktorenanalyse konnte die Daten am besten abbilden, wenn drei separate, aber interkorrelierte Faktoren (sozialen Verständnis, soziales Gedächtnis und soziales Wissen und ihre jeweiligen Subtests als Indikatoren) angenommen wurden und gleichzeitig die verbale Methodenvarianz durch einen eigenständigen Faktor kontrolliert wurde. Dieser Befund stützte nicht nur die Multidimensionalität der sozialen Intelligenz, sondern ließ sogar einen generellen Faktor vermuten, da die Interkorrelationen der kognitiven Fähigkeitsfaktoren positiv und in ausreichender Höhe vorhanden waren. Zusätzlich zu den Maßen der SI wurde die allgemeine Intelligenz mit Hilfe des *Berliner Intelligenzstruktur-Tests* (BIS-4; Jäger, Süß & Beauducel, 1997) erhoben, um die diskriminante Validität der SI-Maße zu untersuchen. Es konnte die strukturelle Unabhängigkeit aufgezeigt werden, vor allem die nonverbalen Messverfahren lieferten geringere Überlappungen mit den BIS-Faktoren als die verbalen Testmaterialien. Allerdings zeigten sich auf der zweiten Generalitätsebene des BIS bereichsspezifische Zusammenhänge mit den SI-Faktoren, vor allem fanden sich Korrelationen des BIS-Faktors Merkfähigkeit mit den neukonstruierten Aufgaben zum sozialen Gedächtnis (Weis & Süß, 2007).

Im Rahmen dieser Studie wurde von Weis, Seidel und Süß (2006) auch der Zusammenhang zwischen den Leistungsmaßen und selbstberichteter sozialer Intelligenz untersucht. Darüber hinaus wurden drei Persönlichkeitskonstrukte hinzugezogen: Extraversion, Offenheit und Verträglichkeit. Die Persönlichkeitsfaktoren konnten einen großen Teil der Varianz von Selbstberichtsmaßen erklären, während der Zusammenhang zwischen den Leistungsmaßen und den Selbstberichtsdaten gering ausfiel. Es konnte also kein Beleg für die konvergente Validität leistungsbasierter und selbstberichteter sozialer Intelligenz gefunden werden. Die Autoren schlussfolgerten aus der hohen Interkorrelation zwischen Selbstberichtsverfahren der SI und Maßen der Persönlichkeit, dass Selbstberichte ungeeignet sind, wenn eine Untersuchung die konvergente Validität eines leistungsbasierten Testverfahren überprüfen will.

In einer nachfolgenden Studie wurden neu entwickelte Aufgaben für die Bereiche soziale Wahrnehmung, soziales Verständnis und soziales Gedächtnis eingesetzt (Conzelmann, Weis & Süß, 2013). Die Aufgaben entsprechen den Beschreibungen in Tabelle 6, mit der Einschränkung, dass Aufgaben zum sozialen Wissen nicht verwendet wurden. Eine Untersuchung bei 175 Probanden konnte einen generellen SI-Faktor nicht unterstützen. Die Fähigkeitsbereiche soziales Verständnis und soziales Gedächtnis zeigten sich als unkorreliert, während die Untertests zur sozialen Wahrnehmung zu heterogen waren, um einen gemeinsamen Faktor abzubilden. Der zusätzlich eingesetzte BIS-4 als Maß der allgemeinen Intelligenz zeigte relativ starke Zusammenhänge mit dem sozialen Gedächtnis und ließen die Autoren an der Eigenständigkeit des Konstruktes zweifeln. Vermutlich trifft auf das soziale Gedächtnis zu, was bereits von Wechsler (1958) für die gesamte soziale Intelligenz postuliert wurde: es handelt sich nicht um ein eigenständiges Konstrukt, sondern um eine Anwendung der allgemeinen Intelligenz auf soziale Stimuli. Das soziale Verständnis zeigte sich hingegen als unabhängig gegenüber den BIS-Faktoren, wies allerdings psychometrische Probleme auf, da viele Items während der Skalenkonstruktion aufgrund negativer Trennschärfen entfernt werden mussten. Die Autoren schlussfolgerten aus ihren Ergebnissen, dass das soziale Verständnis ein hoffnungsvolles Konstrukt für zukünftige Untersuchungen darstellt, deren Ziel es sein muss, den Stand des Kernkonstruktes innerhalb des Modells zur sozialen Intelligenz zu festigen und systematische Bezüge zu anderen Messverfahren aufzuzeigen. Diese und weitere Anforderungen an neue Intelligenzkonstrukte wurden in nachfolgenden Untersuchungen und in der vorliegenden Arbeit weiter verfolgt. Der MTSI-2 wurde nach der hier rezipierten Untersuchung umfassend überarbeitet und durch neue Aufgaben ergänzt.

Auf weitere, bisher unpublizierte Ergebnisse zum MTSI-3, die sich auf die noch ausstehenden Anforderungen beziehen, sowie auf eine Diskussion geeigneter Messverfahren für Konstrukt- und Kriteriumsvalidierungen wird in Kapitel 6 Bezug genommen.

Während Testbatterien versuchen, soziale Intelligenz in ihrer gesamten Breite zu erfassen, werden oftmals Einzelverfahren konzipiert, die nur einen Teilaspekt des mehrdimensionalen Konstruktes abbilden. Der Einsatz solcher Verfahren ist zwar in der Regel ökonomisch, eine Einordnung der gemessenen Fähigkeiten in ein übergeordnetes Fähigkeitskonstrukt kann allerdings oftmals nicht gewährleistet werden. Hinzu kommt ein unkalkulierbarer Einfluss von Methodenvarianz einzelner Messverfahren auf die Ergebnisse. Nachfolgend wird exemplarisch auf Studien eingegangen, die einen Teilaspekt der sozialen Intelligenz operationalisiert haben. Dabei wird sich auf Einzelverfahren beschränkt, die einerseits dem sozialen Verständnis nach Weis und Süß (2005) zugeordnet werden können und andererseits die vier inhaltsgebunden Fähigkeiten repräsentierten: schriftliches und auditives verbales Material sowie Bilder und Videoaufnahmen.

3.2.3.2 Einzelverfahren

Die leistungsbasierten Einzelverfahren werden entsprechend der Klassifikation von Weis und Süß (2005) in merkmalsorientierte und handlungsorientierte Verfahren unterteilt. Während merkmalsorientierte Ansätze die kognitiven Fähigkeiten einer Person erfassen (Potenzial), versuchen handlungsorientierte Ansätze das soziale Verhalten (Performanz) zu operationalisieren.

3.2.3.2.1 Merkmalsorientierte Verfahren

Der Soziologe Chapin (1942, 1967) entwickelte den *Chapin Social Insight Test* (CSIT) mit der Intention, das Verstehen von sozialen Situationen zu messen (soziale Einsicht). Dafür wurden 25 verbale Situationsbeschreibungen aus Anamnesen und literarischen Romanen gesammelt. Jeder Situation wurden vier Antwortalternativen zugeordnet, wovon nur eine die richtige Lösung oder Erklärung für die dargestellte Situation beinhaltete. Demzufolge handelt es sich bei diesem Testverfahren ebenfalls um einen SJT, der allerdings nicht zum Ziel hat berufsspezifisches Wissen zu erfassen. Sowohl in den Untersuchungen von Chapin (1942) als auch im Manual des Testverfahrens (Gough, 1968) wurden zufriedenstellende Reliabilitäten berichtet (.78 und .84). Ebenso verhält es sich mit Untersuchungen von Gough (1965, 1968) zur Validität des Testverfahrens. Zwar berichtet er von diskriminanten Koeffizienten zwischen .24 und .40 mit Maßen der allgemeinen Intelligenz, andererseits scheint der CSIT relativ unabhängig von Persönlichkeitsskalen zu sein. Die 19 eingesetzten Skalen wiesen hauptsächlich Nullkorrelationen auf, wohingegen die Zusammenhänge mit ökonomischen (-.30) und sozialen Werten (.24) den Erwartungen des Autors entsprachen. Darüber hinaus werden Korrelationen zwischen .26 und .31 mit externen Psychologenratings und hypothesenkonforme Gruppenunterschiede bei Berufen berichtet, die soziale Einsicht benötigen (Gough, 1968).

In einer Studie von Keating (1978) wurden zusätzlich zum CSIT zwei weitere Leistungsindikatoren der sozialen Intelligenz (*Defining Issues Test* und *Social Maturity Index*) und drei Untertests der akademischen Intelligenz (verbales und figurales schlussfolgerndes Denken) eingesetzt, um Hinweise auf Konstruktvalidität zu erzielen. Allerdings unterstützten die korrelativen und faktorenanalytischen Ergebnisse dieser Untersuchung die Konstruktvalidität nicht. Zum einen waren die Korrelationen zwischen den Indikatoren für soziale Intelligenz nicht höher als ihre Korrelationen mit der allgemeinen Intelligenz und zum anderen konnte keine konsistente Faktorenstruktur gefunden werden. Studien von Weis und Süß (2005, 2007) zeigten inkonsistente Ergebnisse für den CSIT. Nur drei der insgesamt acht eingesetzten leistungsbasierten Maße zur SI wiesen signifikante Korrelationen mit dem CSIT auf. Hingegen wurden hauptsächlich Nullkorrelationen zwischen dem CSIT und Selbstberichtsverfahren zur SI, Verfahren zur Messung des Fünf-Faktoren-Modells der Persönlichkeit und Leistungsdaten der allgemeinen Intelligenzen aufgezeigt.

Ein Messverfahren, welches Tonbandaufzeichnungen von gesprochener Sprache als Testmaterial verwendet, ist der *Test of Implied Meaning* (TIM; Sundberg, 1966). Hier werden einem Probanden 40 Statements vorgespielt, deren Bedeutung durch Ankreuzen einer von insgesamt vier Antwortalternativen erfasst werden soll. Jedes Statement wurde von zwei erfahrenen Psychologen vorgelesen und auf Tonband aufgezeichnet. Die Psychologen verwendeten keine monotone Stimmlage, sondern arbeiteten mit ihrer Stimme entsprechend der jeweiligen Bedeutung. Sundberg (1966) gibt als Beispiel das Statement „Ich habe keine Kopfschmerzen!", welches mit Nachdruck gesprochen wurde, weil es der Vorleser ernst meinen sollte. Zur Auswahl stehen die Antwortalternativen „schlichte Tatsache", „es ist mir ernst damit", „ich kenne eine Person, die welche hat" und „ich will dein Mitleid". Obwohl die Sprecher gebeten wurden, die intendierte Bedeutung über ihre Stimme auszudrücken, wurde die korrekte Lösung an verschiedenen Stichproben validiert. Hierbei wurde die dominante Antwortkategorie eines jeden Statements ermittelt und nur Aufzeichnungen selektiert, deren dominante Lösung mit der intendierten Bedeutung deckungsgleich war. Sundberg (1966) ermittelte Stabilitätskoeffizienten von .89, während der Test eine Split-half Reliabilität von .62 zeigte (Stricker & Rock, 1990). Als Hinweise auf die Validität des Verfahrens wurden Gruppenvergleiche vorgenommen. Beispielsweise war die Leistung im TIM von erfahrenen Psychotherapeuten signifikant besser als die Leistung von Psychologiestudenten. Darüber hinaus wurde jeder Proband hinsichtlich seiner interpersonalen Sensitivität von einem klinischen Psychologen eingeschätzt, dieses Fremdrating korrelierte allerdings nicht mit der Leistung der Probanden im TIM. Hingegen konnte ein Zusammenhang in Höhe von .61 zwischen dem TIM und Kommunikationsfähigkeit ermittelt werden, die von Vorgesetzten auf Ratingskalen eingeschätzt wurde. Nachteilig sind die Bezüge zu Maßen der verbalen allgemeinen Intelligenz (.40 und .39; Sundberg, 1966; Stricker & Rock, 1990) und inkonsistente Befunde zu Persönlichkeitsskalen.

Andere Einzelverfahren wurden mit Hilfe von nonverbalem Material konstruiert. Sternberg und Smith (1985) erstellten in einer Studie 140 realistische Fotografien, um die kognitive Fähigkeit des Dekodierens von sozialen Informationen zu untersuchen. Der *Couples-Test* enthielt 70 Bilder von heterosexuellen Paaren, die entweder in enger persönlicher Beziehung zueinander standen oder sich fremd waren. Zusätzlich entwickelten die Autoren weitere 70 Fotografien, auf denen zwei Personen mit unterschiedlichem Dienstrang abgebildet waren (*Supervisor-Test*). Für alle Fotografien lag die tatsächliche Lösung vor, d.h. welche Paare sich tatsächlich in einer intimen Beziehung befanden bzw. welche der zwei Personen der Dienstvorgesetzte war. Die erste Untersuchung von Sternberg und Smith (1985) hatte zum Ziel, Bilder mit genügend sozialen Informationen zu identifizieren, damit Probanden eine realistische Chance haben, die Aufgaben korrekt zu lösen. Des Weiteren wurden Korrelationen zu anderen Messverfahren der SI (u.a. CSIT, GWSIT) und allgemeiner Intelligenz untersucht, die beinahe ausschließlich Nullkorrelation für konvergente und signifikante Korrelationen für diskriminate Validitätskoeffizienten ergaben. In einer Studie von Barnes und Sternberg (1989) wurden nur noch die 48 ausgewählten Fotografien eingesetzt und mit Hilfe von Selbstberichtsinventaren zur sozialen Kompetenz und Intelligenztestaufgaben eine erneute Konstruktvalidierung vorgenommen. Die Korrelationsanalyse erbrachte dieses Mal hypothesenkonforme Befunde für den *Couples-Test*. Die zweite Aufgabe zeigte jedoch Nullkorrelationen mit allen zur Validierung eingesetzten Verfahren.

Eine Kombination aus verbalem und nonverbalem Material (Videoaufnahmen mit Ton) wird bei der *Interpersonal Perception Task* (IPT) verwendet. Costanzo und Archer (1989) entwickelten eine 38-minütige Videoaufzeichnung, welche aus 30 verschiedenen Szenen zusammengesetzt war. Jede Szene variierte hinsichtlich der Aufzeichnungsdauer (zwischen 28 und 124 Sekunden) und der Anzahl der aufgenommenen Personen (ein bis vier Personen). Vor jeder Szene wird eine

Frage präsentiert, die im Anschluss durch Ankreuzen einer Antwortalternative beantwortet werden soll. Beispielsweise sieht man in einer Szene ein Ehepaar, welches sich mit zwei Kindern unterhält. Der Proband soll entscheiden, welches der beiden Kinder zu den Eltern gehört. Andere Fragen beziehen sich auf den Dienstrang, den Beziehungsstatus, ob eine dargestellte Person eine Lüge erzählt hat oder wer in einer sportlichen Auseinandersetzung der Verlierer bzw. der Gewinner war. Die korrekte Lösung war den Autoren bekannt, da die Videoaufzeichnungen nicht mit Schauspielern erstellten wurden. Die interne Konsistenz betrug .52 und reflektiert nach Meinung der Autoren die Heterogenität der Szenen. Um die Validität der IPT zu untersuchen, wurden 18 Studenten ausgewählt, die gemeinsam auf einer Etage im Wohnheim lebten. Die Studenten mussten sich gegenseitig hinsichtlich interpersonaler Sensibilität auf vier neunstufigen Ratingskalen einschätzen und die IPT bearbeiten. Die Interkorrelation zwischen den Peerratings und der IPT betrug zufriedenstellende .48 (Costanzo & Archer, 1989). Korrelationen mit anderen Testverfahren fielen heterogen aus. Die Autoren berichten hypothesenkonforme Nullkorrelationen mit einer visuellen Wahrnehmungsaufgabe und einem Selbstberichtsverfahren zur Machiavellischen Intelligenz. Hingegen korrelierten Selbstauskünfte zur Selbstüberwachung mit der IPT zu .25. Die IPT ist der Nachfolger der *Social Interpretation Task* (Archer & Akert, 1977). Beide Verfahren weisen das gleiche Vorgehen auf, allerdings soll die IPT verbesserte Videoaufnahmen und heterogenere Fragen beinhalten, womit die Autoren auch die geringe Interkorrelation ($r = .34$) beider Verfahren begründen (Costanzo & Archer, 1989). Costanzo und Archer (1993) nahmen eine Kürzung der IPT vor und verwendeten nur noch 15 Szenen.

Die teilweise inkonsistenten Ergebnisse aus Studien, die Einzelverfahren zur Erhebung der SI eingesetzt haben, erlauben keine eindeutigen Schlussfolgerungen über die Konstrukt- und Kriteriumsvalidität der Verfahren. Bei Keating (1978) und Gough (1965, 1968) führte der Einsatz von verbalen Leistungsmaßen zu einer substantiellen Überlappung der Konstrukte mit der allgemeinen Intelligenz, während nonverbale Leistungsindikatoren (Barnes & Sternberg, 1989) zumindest für den *Couples-Test* einen eigenständigen Fähigkeitsbereich identifizieren konnten. Allerdings wurden auch Studien berichtet, die komplementäre Ergebnisse vorweisen können (Sternberg & Smith, 1985). Es wäre denkbar, dass methodische Probleme ein Grund für die inkonsistenten Ergebnisse sind (Weis et al., 2006) oder Methodenvarianzen ausschlaggebend sind, wenn Konstrukte nur mit Hilfe einer Methode umgesetzt werden. Nach Schneider, Ackerman und Kanfer (1996) bringt der Einsatz nonverbaler kognitiver Materialien größere Erfolge als pure verbale Materialien, weil nonverbales Testmaterial eher sozial relevante Aspekte beinhaltet und den Testmaterialien der allgemeinen Intelligenz weniger ähnlich ist. Die Überlappung mit der akademischen Intelligenz könnte vor allem bei verbalen SI-Aufgaben auftreten, da sie den Anforderungen bei Aufgaben des schlussfolgernden Denkens ähnlich sind (Weis et al., 2006).

3.2.3.2.2   Handlungsorientierte Verfahren

Soll das Verhalten von Personen beobachtet und erfasst werden, geschieht dies nur selten in natürlichen Situationen und oftmals in eigens für diesen Zweck geschaffenen Settings. Damit künstliche Settings möglichst gut mit der Realität übereinstimmen, sollten sie die Variablen enthalten, die auch im Alltag das Verhalten determinieren (Kanning, 2003). Sind künstliche Beobachtungssettings Bestandteil eines *Assessment Centers* (AC), welches im Bereich der Personaldiagnostik eingesetzt wird, muss zuvor eine Anforderungsanalyse durchgeführt werden, um herauszufinden welche Eigenschaften, Fähigkeiten und Fertigkeiten der zukünftige Mitarbeiter besitzen soll. Die Auswahl der Übungen für das AC erfolgt entsprechend der Anforderungsanalyse. Für die vorliegende Arbeit werden beispielhaft Übungen vorgestellt, die soziale Aspekte erfassen: Rollenspiele, Gruppendiskussion und Konstruktionsübung.

Das Rollenspiel soll Interaktionen ermöglichen, die sich im Alltag nur mit großem Aufwand beobachten lassen. Beispielsweise wird eine Verkaufssituation nachgestellt und der Bewerber aufgefordert sich in die Rolle des Verkäufers hineinzuversetzen, um einem Kunden ein Produkt zu verkaufen. Der Teilnehmer erhält möglichst viele Hintergrundinformationen zum entsprechenden Setting, damit das Hineinversetzen gelingen kann. An einem Rollenspiel ist neben dem Bewerber auch ein Konföderierter (bspw. Kunde) beteiligt, letzterer handelt möglichst standardisiert, damit jeder Bewerber unter gleichen Bedingungen agieren kann (Kanning, 2003). Neben Perspektivenübernahme und Kommunikationsfähigkeit können in einem Rollenspiel noch andere Aspekte beobachtet werden, die allerdings vom inhaltlichen Aufbau des Spiels abhängig sind. Kanning (2003) nennt Durchsetzungsfähigkeit und Teamfähigkeit als mögliche Beispiele. Torgrud und Holborn (1992) untersuchten die Validität von Rollenspielen und identifizierten drei Variablen, die bei der Umsetzung berücksichtigt werden müssen. Erstens muss die Instruktion möglichst eindeutig sein und den Teilnehmer mit allen relevanten Informationen versorgen, da er anderenfalls nicht sein Leistungsmaximum zeigen kann, wenn er nicht weiß, was von ihm erwartet wird. Zweitens sollte das simulierte Setting möglichst detailgetreu bezüglich der Realität aufgebaut sein, um sicherzustellen, dass das relevante Verhalten erfasst wird. Drittens sollte der konföderierte Rollenspieler eine Schulung erhalten, damit sein Verhalten bei jedem Teilnehmer standardisiert und realitätsnah ist.

Eine weitere Möglichkeit, Sozialverhalten in komplexen Interaktionssituationen zu beobachten, stellt die Gruppendiskussion dar. In der Regel wird der Gruppe ein Thema vorgegeben, über welches die Mitglieder miteinander diskutieren sollen. Die Übung „Seenot" oder das „NASA-Spiel" verlangen von den Teilnehmern eine Rangliste von Gegenständen zu erstellen, die nach einem Schiffbruch bzw. Absturz eines Raumschiffes auf dem Mond das Überleben sichern. Da nicht alle Gegenstände auf das Rettungsboot bzw. -schiff passen, diskutieren die Teilnehmer den Nutzen der Gegenstände und müssen sich entscheiden, welche sie zurücklassen. Eine entscheidende Einflussvariable bei so einer Diskussion ist die Gruppengröße, denn mit steigender Teilnehmeranzahl sinkt einerseits die Produktivität und andererseits steigt der Abstimmungs- und Kommunikationsaufwand, der unter Umständen nicht mehr von den Beobachtern erfasst werden kann. Da die Identifizierbarkeit von Einzelleistungen sinkt, steigt auch die Gefahr des „sozialen Faulenzens" (Weschke & Jöns, 2008). Daher nennt Kanning (2003) als optimale Gruppengröße drei bis maximal zehn Teilnehmer. Aus der Literatur zur *Delphi-Methode* (vgl. Häder & Häder, 1994) werden am Ergebnis einer Gruppendiskussion Zweifel geäußert, da es durch soziale Aspekte wie Prestige der Teilnehmer, Durchsetzungsfähigkeit oder selbstbewusstes Auftreten verzerrt sein könnte. Im Rahmen von AC ist das Ergebnis einer Gruppendiskussion allerdings nur zweitrangig, da genau solche sozialen Verhaltensweisen beobachtet werden sollen. Sich in einer Gruppendiskussion nicht unterbrechen lassen (Durchsetzungsfähigkeit), andere Mitglieder ausredenlassen (Kommunikationsfähigkeit) oder das Eingehen von Kompromissen (Teamfähigkeit) sind Operationalisierungsbeispiele für soziale Verhaltensweisen einer Gruppendiskussion (Kanning, 2003).

Für die organisationspsychologische Praxis wurde ein standardisiertes Beobachtungsverfahren für Gruppendiskussionen entwickelt, welches neben anderen Kompetenzbereichen auch sozial kompetentes Verhalten beinhaltet. Das *Kassler-Kompetenz-Raster* (KKR; Kauffeld, Grote & Frieling, 2003) soll die „Handlungskompetenz" von Mitarbeitern erfassen, die sich in Fach-, Methoden-, Sozial- und Selbstkompetenz einteilen lässt. Zunächst wird mit der Unternehmensführung ein aktuelles und firmenrelevantes Problem ausgesucht, bei dem die Ausgangslage bekannt ist, der Zielzustand und die benötigten Mittel zur Lösung des Problems in einer Gruppe diskutiert werden sollen. Anschließend werden Mitarbeiter einer Arbeitsgruppe zugeordnet und gebeten, gemeinsam das Problem zu lösen. Innerhalb der 90-minütigen Gruppendiskussion werden die Mitarbeiter teilnehmend und offen beobachtet, zusätzlich wird eine Videoaufzeichnung erstellt. Nach der Übung wird das Material transkribiert und nach Analysekriterien kategorisiert und bewertet. Für die soziale Kompetenz stehen verbale Äußerungen, die sich auf die Interaktion oder andere Gruppenmitglieder beziehen, im Mittelpunkt. Zu den positiven Aspekten gehören u.a. aktives Zuhören, ermunternde Ansprache und Lob. Abwertungen anderer oder übermäßige Reputation der eigenen Person werden zu den negativen Aspekten gezählt. Kauffeld, Grote und Frieling (2003) berichten für das KKR Inter-Rater-Reliabilitäten zwischen .60 für ungeübte Anwender und .90 für Experten. Allerdings wurde die Validität des Verfahrens zunächst nur über Kontrastgruppenvergleiche untersucht (Status der Mitarbeiter, Bildungshintergrund), die hypothesenkonform ausfielen. Eine weitere Untersuchung von Kauffeld (2006) setzte sich genauer mit den Gütekriterien des KKR auseinander und konnte zwar sehr gute Übereinstimmungskoeffizienten für die Inter-Rater-Reliabilität (.90) aufzeigen, die interne Konsistenz der sozialen Kompetenz (.04) fiel hingegen ausgesprochen niedrig aus. Auch das Interkorrelationsmuster zeigte unerwartete Befunde, so traten positive Zusammenhänge zwischen positiven und negative Aspekten eines Kompetenzbereiches auf, während innerhalb der positiven bzw. der negativen Aspekte einer Kompetenz nur moderate oder sogar Nullkorrelationen entstanden waren. Der Zusammenhang mit anderen Testverfahren zeigte einige konsistente Bezüge, beispielsweise korrelierten positive Aspekte der Sozialkompetenz mit der selbst eingeschätzten Hilfsbereitschaft (.35) und negative Aspekte hingen in erwarteter Richtung mit dem selbst eingeschätzten Innovationsklima (-.34) zusammen. Allerdings zeigten die Korrelationen der Kompetenzbereiche mit einer Qualitätseinschätzung von Vorgesetzten fast ausschließlich Nullkorrelationen. Die Befunde zeigen, dass weitere Untersuchungen nötig sind, um die Zuverlässigkeit und Gültigkeit des KKR abschließend beurteilen zu können. Die bisherigen Ergebnisse sind als inkonsistent einzuschätzen.

Eine weniger von verbalen Fähigkeiten geprägte Beobachtung im künstlichen Setting ist die Konstruktionsübung. Hierbei sollen die Gruppenmitglieder gemeinsam Entwürfe zeichnen, Bastelarbeiten durchführen oder ein Schriftstück aufsetzen. Die Übung „Eiflug" ist ein gutes Beispiel für eine Bastelarbeit. Die Teilnehmer haben nur begrenztes Material (Luftballon, Klebestreifen, Papierbogen) zur Verfügung, um ein Flugobjekt zu basteln, welches ein rohes Ei beim Fall aus zwei Metern Höhe sicher auf den Boden bringen soll.

Ein Vorteil solcher Übungen ist die Bindung der Aufmerksamkeit auf die Konstruktion, wodurch die Teilnehmer die Bewerbungs- und Beobachtungssituation besser ausblenden können und weniger Gelegenheit haben, sozialerwünschtes Verhalten zu zeigen. Durchsetzungsfähigkeit und Teamfähigkeiten werden von Kanning (2003) als soziale Aspekte dieser Übungen genannt.

Innerhalb eines AC können auch Interviewverfahren eingesetzt werden, die in unterschiedlichen Standardisierungsgraden durchgeführt werden können. Interviews dienen nicht nur der Selbstbeschreibung des Befragten, sondern geben auch Aufschluss über sein Verhalten. Neben der Personalauswahl werden Interviews auch in der klinischen Diagnostik und im Forschungskontext eingesetzt. Exemplarisch sollen an dieser Stelle Studien genannt werden, die sozial kompetentes Verhalten durch Interviewmethoden erfasst haben.

Ford und Tisak (1983) nutzen sozial kompetentes Verhalten von Schülern in Interviewsituationen als Indikator für sozial intelligentes Verhalten. Der Interviewer beurteilte jeden Schüler auf einer fünfstufigen Ratingskala und schätzte beispielsweise ab, ob die Probanden in der Lage waren, sich angemessen auszudrücken, auf die Fragen adäquat zu reagieren oder passende nonverbale Verhaltensweisen zu zeigen. Darüber hinaus kamen Selbstberichtsverfahren zur SI und zur Persönlichkeit der Schüler, Peerratings und Lehrerbeurteilungen sowie verbale und numerische Aufgaben zum schlussfolgernden Denken zum Einsatz.

Die Ergebnisse des Interviewverfahrens korrelierten zu .26 mit verbalem und zu .23 mit numerischem schlussfolgernden Denken und fielen geringer aus als die Zusammenhänge mit selbstberichteter SI (.33), Peerratings (.36) und Lehrerratings (.47). Dementsprechend stützten die Ergebnisse die Konstruktvalidität des Interviewverfahrens.

Stricker (1982) entwickelte das *Interpersonal Competence Inventory* (ICI) ein verhaltensbasiertes Maß zur Erfassung der sozialen Intelligenz. Dieses Inventar beinhaltet acht Videoaufnahmen, die einer Gesprächssituation zwischen einem Angestellten und einem Vorgesetzten nachempfunden sind. Der Angestellte spricht direkt zur Kamera und der Proband wird gebeten, die Rolle des Vorgesetzten einzunehmen. Während der Aufnahme hat der Proband die Aufgabe, anstelle des Vorgesetzten mündlich zu antworten (*Reply Section*) oder offene Fragen zum Angestellten und zur gezeigten Situation schriftlich zu beantworten (*Judgment Section*). Damit die Rollenübernahme gelingen kann, bekommen die Probanden Hintergrundinformationen über den Angestellten und seine Aufgaben im Unternehmen. In der Judgement Section müssen beispielsweise für vier Situationen relevante Gefühle, Gedanken und Intentionen des Angestellten aufgelistet und das Kernproblem der Unterhaltung erkannt werden. Beide Aufgaben werden von Experten auf fünfstufigen Ratingskalen bewertet. Die *Reply Section* wird hinsichtlich Originalität und Effektivität des gezeigten Verhaltens und die *Judgment Section* hinsichtlich der Akkuratheit der abgegebenen Antwort beurteilt. Zwei Psychologen dienten in der Studie von Stricker (1982) als Experten, da bei ihnen genügend Erfahrung mit interpersonalen Prozessen (Trainer an Business-Schulen) vermutet wurde. Die Inter-Rater-Reliabilität variierte für die acht Aufgaben zwischen .53 und .90.

Stricker (1982) ordnete die beiden Aufgaben dem SOI nach Guilford zu und sah die Bewertung der Effektivität (Reply Section) als ein Maß für behaviorale konvergente Produktion und die Akkuratheit der *Judgment Section* als eine kognitive Operation an. Beide Aufgaben korrelierten allerdings höher mit einem Vokabeltest (.41 und .50) als mit dem *Test of Implied Meaning* von Sundberg (1966; .31 und .34).

Ein ähnliches Bild zeigte sich mit einem weiteren auditiven Verfahren, welches Wahrnehmung von Emotionen in gesprochener Sprache erfassen sollte (.00 und -.19). In einer anderen Untersuchung von Stricker und Rock (1990) wurde die Konstruktvalidität erneut überprüft und zusätzlich zum ICI Maße für verbale und nonverbale soziale Fertigkeiten, Selbst- und Peerrating für SI sowie Persönlichkeitstests und Maße für verbales und numerisches schlussfolgerndes Denken eingesetzt. Die Ergebnisse dieser Studie deuteten zwar auf diskriminante Validität hin, konnten jedoch keine konvergente Validitätsbelege für den ICI aufzeigen.

Werden die hier berichteten handlungsorientierten Verfahren zusammen betrachtet, ergibt sich ein ebenso inkonsistentes Bild für die Konstruktvalidität dieser Verfahren wie es auch bei den merkmalsorientierten Einzelverfahren und Testbatterien der Fall ist. Alle im Kapitel 3.2 dargestellten Verfahren stellen nur eine exemplarische Auswahl dar und besitzen keinen Anspruch auf Vollständigkeit. Trotzdem bleibt die Eignung und Güte von bisherigen Verfahren die SI zu operationalisieren auch in umfangreicheren Darstellungen eine offene Fragestellung (Landy, 2006; Orlik, 1978; Weis, 2008).

3.3 Einordnung der leistungsbasierten Messverfahren in das facettentheoretische SI – Modell

Im Folgenden werden die bisher beschrieben Messverfahren in das facettentheoretische Modelle sozialer Intelligenz von Weis und Süß (2005) eingeordnet. Da es sich hierbei um ein Modell der SI handelt, welches die kognitiven Fähigkeiten der Person in den Vordergrund stellt, werden nur die leistungsbasierten Testbatterien und merkmalsorientierten Einzelverfahren eingeordnet. Die Klassifikation kann in Tabelle 7 eingesehen werden.

In der vorliegenden Arbeit wurden bevorzugt Verfahren aus dem Bereich des sozialen Verständnisses rezipiert, weshalb leere Zellen in Tabelle 7 nicht bedeuten, dass für diesen Fähigkeitsbereich keine Verfahren gefunden werden konnten, sondern dass auf diese Verfahren zugunsten anderer Aspekte verzichtet wurde. Beispielsweise wurden keine Verfahren berichtet, die sich auf das Erkennen und Interpretieren von Emotionen in anderen Personen beschränken. Obwohl Emotionen ein wichtiger Bestandteil der sozialen Intelligenz sind, werden sie in erster Linie innerhalb der Emotionsforschung und der emotionalen Intelligenz entwickelt und verwendet. Die Definition der sozialen Intelligenz reicht über den emotionalen Aspekt hinaus und bezieht weitere mentale Zustände, aber auch Verhaltensweisen und Beziehungen zu anderen Personen mit ein.

Im Folgenden soll das soziale Verständnis im Detail betrachtet werden. Das Ziel des nachfolgenden Kapitels liegt in einer definitorischen Abgrenzung des sozialen Verständnisses nach Weis und Süß (2005) zu anderen in der Literatur etablierten Konstrukten des sozialen Spektrums.

Tabelle 7: Einordnung leistungsbasierter Testverfahren zur SI

Operationen	Inhalte			
	verbal (v)	**auditiv (a)**	**Bild (b)**	**Film (f)**
Soziales Verständnis	$GWSIT_{JSS}$ $GWSIT_{RMSBW}$ $FFTSI_{ST}$ CSIT SJT*	TIM IPT	$GWSIT_{RMSFE}$ $FFTSI_{EG}$ $FFTSI_{MC}$ $FFTSI_{CP}$ CT ST	IPT
Soziales Gedächtnis	$GWSIT_{MNF}$		TS_{RT} TS_{ST} TS_{DT}	
Soziale Wahrnehmung				
Soziale Flexibilität				
Soziales Wissen	$GWSIT_{OHB}$ $GWSIT_{SI}$ TKIM Legree (1995)*			

Anmerkung. Handlungsorientierte Verfahren wurden nicht berücksichtigt. GWSIT = George Washington Social Intelligence Test; $GWSIT_{JSS}$ = Judgment in social situations; $GWSIT_{MNF}$ = Memory for names and faces; $GWSIT_{RMSFE}$ = Recognition of the mental states from facial expression; $GWSIT_{OHB}$ = Observation of human behavior; $GWSIT_{SI}$ = Social information; $GWSIT_{RMSBW}$ = Recognition of the mental state behind words; FFTSI = Four Factor Test of Social Intelligence; $FFTSI_{EG}$ = Expression grouping; $FFTSI_{MC}$ = Missing cartoons; $FFTSI_{ST}$ = Social translations; $FFTSI_{CP}$ = Cartoon predictions; TS = Test of Sociability; TS_{RT} = Recognition test; TS_{ST} = Similar test; TS_{DT} = Dissimilar test; CSIT = Chapin Social Insight Test; TIM = Test of Implied Meaning; CT = Couples-Test; ST = Supervisor-Test; IPT = Interpersonal Perception Task; TKIM = Tacit Knowledge Inventory for Managers. *Skala „dinner-related knowledge".

4. Soziales Verständnis

Fähigkeitsaspekte des sozialen Verständnisses sind feste Bestandteile psychologischer Forschungsbereiche und lassen sich nicht nur in der Forschungsliteratur zur sozialen Intelligenz finden. Das vorliegende Kapitel wird auf einige dieser Forschungsbereiche eingehen und den Bezug von sozialem Verständnis nach Weis, Seidel und Süß (2006) zu verwandten Konstrukten herausarbeiten und diskutieren. Die betrachteten Bereiche sind Empathie, Rollen- und Perspektivenübernahme, emotionale Intelligenz, Forschungsarbeiten zur „Theory of Mind", soziale Kognitionsforschung und Personenwahrnehmung. Da es sich bei den letzten beiden Bereichen um umfangreiche Forschungsansätze handelt, wird ein Integrationsversuch vorgenommen. Damit ein Vergleich der nachfolgenden Definitionen mit der Konzeptualisierung des sozialen Verständnisses besser gelingen kann, wird die Definition an dieser Stelle noch einmal wiederholt.

Das soziale Verständnis ist die Fähigkeit, mehr oder weniger komplexe soziale Informationen in einer gegebenen Situation zu identifizieren, korrekt zu interpretieren und zu verstehen sowie deren Implikationen einzuschätzen und zu bewerten. Die einzuschätzenden sozialen Informationen können unterschiedliche Bereiche betreffen. Es können mentale Zustände (Emotion und Gedanken), Absichten, Einstellungen, Verhaltensweisen, Persönlichkeitseigenschaften und zwischenmenschliche Beziehungen anderer Personen verstanden und interpretiert werden.

4.1 Empathie

Das Wort *Empathie* ist der deutsche Wortlaut des englischen Begriffs *empathy*, welcher wiederum von Titchener (1909; zit. nach Wilhelm, 2004) aus dem deutschen Begriff *Einfühlung* abgeleitet wurde. Die nach Wilhelm wichtigste Definition der Empathie wurde von Levenson und Ruef (1992, S. 234) mit Hilfe der bestehenden Literatur zusammengefasst und unterteilt sich in drei Eigenschaften: *„knowing what another person is feeling, feeling what another person is feeling and responding compassionately to another person's distress"*. Die erste Eigenschaft ist die kognitive Komponente der Empathie und umfasst die Fähigkeit, Gedanken und Gefühle einer anderen Person zu erkennen und zu verstehen. Hierbei kommt der Genauigkeit (*empathic accuracy*), mit der die inneren Zustände einer anderen Person eingeschätzt werden, einer besonderen Bedeutung zu. Des Wieteren spiegelt sich eine affektive Komponente der Empathie in der zweiten Eigenschaft von Levenson und Ruef (1992) wider und betrifft das Nachempfinden der bei einer anderen Person wahrgenommenen Gefühle. Diese Gefühle können entweder durch direkt beobachtbare Hinweisreize (Mimik, Gestik etc.) beim Beobachter ausgelöst werden oder das Ergebnis eines Schlussfolgerungsprozesses sein, der auf der Basis von Kontextinformationen (soziale Situation, Normen, Stereotypen) stattgefunden hat. Im Gegensatz zur kognitiven Fähigkeitskomponente besteht keine Einigkeit über den Grad der Übereinstimmung zwischen den Gefühlen des Beobachters mit denen der anderen Person. Die dritte Eigenschaft dient der Unterscheidung von Empathie und Mitgefühl. Diverse Autoren setzen Empathie mit Mitgefühl (Englisch: *sympathy*) gleich, welches durch das Leid anderer Menschen ausgelöst wird und beim Beobachter u.a. Trauer, Sorge und Mitleid für die andere Person hervorruft (Wilhelm, 2004). Eine solche Gleichsetzung kann aufgrund der Konfundierung der Begriffe kritisiert werden. Wispé (1986) versucht, die Begriffe zu unterscheiden, indem er Empathie als ein Prozess des Verstehens charakterisiert, der mehr oder minder akkurat beim Beobachter ablaufen kann, während Mitgefühl ein Prozess der Gemeinschaft ist, in dem der Bobachter mit der anderen Person verschmilzt. Zu wissen, wie es sein würde, wenn ich die andere Person *wäre*, wird als Empathie herausgearbeitet. Zu wissen, wie es sein würde, wenn ich die andere Person *bin*, ist das Hauptmerkmal des Mitgefühls (Wispé, 1986).

Auch im Bereich der Emotionserkennung wurde eine Ausdifferenzierung der Empathie vorgenommen. Scherer und Wallbott (1990) unterscheiden drei Aspekte der Empathie, die sich im Grad der vorgenommen Inferenz unterscheiden. Die nicht-empathische Inferenz ist der Prozess der Emotionserkennung, in dem ein Beobachter aus der Mimik und anderen Hinweisreizen die Emotion einer anderen Person erschließt. Dieser Aspekt wird der kognitiven Empathie zugeordnet. Die inferenzielle Empathie tritt auf, wenn der Beobachter dieselbe Emotion fühlt wie die andere Person und aus seinem eigenen Erleben auf die Gefühle des Anderen schließen kann. Hierbei handelt es sich um die affektive Komponente der Empathie. Zusätzlich wird die nicht-inferenzielle Empathie von den Autoren unterschieden, die dem Nachahmungskonzept entspricht. Der Beobachter spiegelt unbewusst die Mimik, Gestik und Körperhaltung der anderen Person, wodurch beim Beobachter ein Gefühl ausgelöst wird, welches der anderen Person zugeschrieben wird.

In den diversen Definitionsansätzen (vgl. u.a. Barnett, 1987; Holz-Ebeling & Steinmetz, 1995) der Empathie wird entweder eine getrennte Betrachtung der kognitiven und affektiven Komponente oder eine Vereinigung dieser beiden Eigenschaften vorgenommen. Die verschiedenen Definitionen, die den kognitiven Charakter der Empathie hervorheben, ermöglichen die Annahme, dass eine konzeptionelle Erweiterung auf das Erkennen und Verstehen von u.a. Gedanken, Bedürfnissen und Verhaltensweisen anderer Personen prinzipiell möglich ist. Diese Ausdehnung würde der Definition des sozialen Verständnisses nach Weis, Seidel und Süß (2006) entsprechen.

4.2 Rollen- und Perspektivenübernahme

Zwei weitere zur Empathie schwer abgrenzbare Begriffe sind die Rollen- und Perspektivenübernahme, die auch für das soziale Verständnis unerlässlich sind. Die Rollenübernahme (*role-taking*) besitzt ihren Ursprung in der Rollentheorie und wurde von Mead (1934; zit. nach Mead, 1992) in die Sozialwissenschaften eingeführt. Damit ein Individuum in der Lage ist, eine Rolle adäquat ausführen zu können, muss es erkennen, wann die Rolle eingenommen werden soll, welches Verhalten sie erfordert und wie dieses Verhalten umzusetzen ist. Dazu muss sich das Individuum in die Rollen von Interaktionspartnern hineinversetzen und sein eigenes Verhalten aus der Perspektive der Interaktionspartner betrachten und einschätzen. Hier überschneiden sich nicht nur die Konzepte der Rollen- und der Perspektivenübernahme, sondern auch die des sozialen Wissens und des sozialen Verständnisses. Das kulturabhängige und gesellschaftlichen Normen unterliegende Wissen über eine Rolle und welches Verhalten in verschiedenen Kontexten als rollenkonform zu betrachten ist, kann dem sozialen Wissen zugeordnet werden. Die Fähigkeit, sich in den Interaktionspartner hineinzuversetzen, das eigene Verhalten bezüglich der

Rollenkonformität einzuschätzen sowie dessen Gedanken und Gefühle der eigenen Person gegenüber zu interpretieren, entspricht einem wichtigen Teil des sozialen Verständnisses.

Steins und Wicklund (1993) unterscheiden analog zu den Forschungstraditionen der Empathie eine kognitive und eine affektive Perspektivenübernahme. Unter der kognitiven Komponente verstehen sie das Verständnis für die Gesamtsituation einer anderen Person. Weitere Autoren definieren den kognitiven Aspekt als die Fähigkeit, sich die Gedanken, Motive und Intentionen einer anderen Person vorzustellen (Enright & Lapsley, 1980; Wilhelm, 2004). Die affektive Komponente beschränkt sich hingegen auf die Gefühle einer anderen Person. Auf diese Weise wären die Definitionen der kognitiven Empathie und der affektiven Perspektivenübernahme nur schwer voneinander abgrenzbar. Daher wurde vorgeschlagen, dass eine deutliche Unterscheidung nur gelingen kann, wenn das Nacherleben der anderen Person als Voraussetzung für Empathie gesehen wird (Barnett, 1987), während die Perspektivenübernahme auf das Nacherleben verzichtet. Der Begriff der sozialen Perspektivenübernahme vereint schließlich die affektive und kognitive Komponente miteinander (Underwood & Moore, 1982). Wird den vorherigen Ausführungen gefolgt, würde die soziale Perspektivenübernahme beinahe sämtliche definitorischen Aspekte aufweisen, die auch beim sozialen Verständnis zu finden sind. Während die Definition der kognitiven Perspektivenübernahme nach Steins und Wicklund (1993) dem sozialen Verständnis sehr gut entspricht, müssten andere Definitionen entsprechend um weitere einzuschätzende Merkmale erweitert werden.

4.3 Emotionale Intelligenz

Salovey und Mayer (1990) definierten die emotionale Intelligenz als die Fähigkeit, Emotionen in Bezug auf sich selbst und andere wahrzunehmen, auszudrücken, zu verstehen und zu regulieren. Diese Definition wurde zum „Four-Branch-Model" der emotionalen Intelligenz erweitert, welches vier Fähigkeitsbereiche unterscheidet: *perceiving, using, understanding* und *managing emotions* (Salovey & Grewal, 2005). *Perceiving emotions* wird als die Fähigkeit angesehen, Emotionen in Gesichtern, Bildern, Stimmen und in von Menschen erschaffenen Artefakten (beispielsweise Bilder von Landschaften) zu erkennen und zu entschlüsseln. Dieser Bereich bildet die Basis der emotionalen Intelligenz und die Voraussetzung für alle weiteren Aspekte. *Using emotions* ist die Nutzbarmachung von Emotionen, um kognitive Prozesse wie das Denken oder das Lösen von Problemen zu erleichtern. Salovey und Grewal (2005) nennen als Beispiel die Fähigkeit eines Individuums, sich in eine positive Stimmung zu versetzen, um Aufgaben zu bewältigen, die Kreativität und Innovationen erfordern. *Understanding emotions* wird als Fähigkeit definiert, Emotionsbegriffe zu verstehen und komplexe Beziehungen zwischen verschieden Emotionen zu begreifen. Die Autoren zählen die Kenntnis von geringen Unterschieden zwischen Emotionen (z.B.: Freude vs. Ekstase) sowie das Verstehen, wie sich Emotionen über die Zeit verändern (z.B.: Schock zu Trauer) zu diesem Teilbereich. *Managing emotions* stellt die Regulierung von Emotionen im Individuum selbst und in anderen Personen dar. Beispielsweise können Verhaltensweisen so eingesetzt werden, dass andere Personen dadurch motiviert oder aufgemuntert werden. Auf dieser Grundlage wurde der *Mayer, Salovey, and Caruso emotional intelligence test* (MSCEIT; Mayer, Salovey, Caruso & Sitenarios, 2002) konstruiert, welcher jeden Teilbereich durch zwei Untertests erfasst. Dabei weist der vierte Teilbereich „managing emotions" in anderen Personen die größte Überschneidung mit dem sozialen Verständnis auf. Die dazugehörige Aufgabe im MSCEIT gibt verbal beschriebene Situationen vor und verlangt von den Probanden, verschiedene Handlungsalternativen hinsichtlich ihrer Wirksamkeit abzuschätzen. Die Wirksamkeit der Handlung soll unter der Prämisse beurteilt werden, dass die beschriebene Targetperson ein bestimmtes emotionales Ziel erreichen will. In einer Aufgabe bespricht eine Lehrerin das mögliche Sitzenbleiben eines Schülers mit seinen Eltern, die im Verlauf des Gespräches immer aufgebrachter werden. Der Proband soll mögliche Reaktionen der Eltern beurteilen, ob sie für den Sohn hilfreich sein könnten. Um in einer solchen Aufgabe erfolgreich zu sein, muss sich der Proband in die Zielpersonen hineinversetzen und aus deren Perspektive mögliche Verhaltensweisen beurteilen. Allerdings beschränkt sich der Untertest auf verbales Material und eine Abschätzung emotionsbezogener Ziele.

4.4 Theory of Mind

Premack und Woodruff (1978) definierten die „Theory of Mind" (ToM) als eine Fähigkeit, sich selbst und anderen mentale Zustände zuschreiben zu können. Literatur, die sich auf die „Theory of Mind" bezieht, beinhaltet oftmals Untersuchungen mit Kleinkindern als Probanden. Gegenstand der Studien sind die Entwicklung der mentalen Repräsentationen oder die Erforschung sozialer Defizite bei Kindern. Das Schwierigkeitsniveau der eingesetzten Testaufgaben ist dementsprechend an die Fähigkeiten der Kinder angepasst und verlangt von den Probanden, die Absichten anderer zu erkennen und Handlungen Dritter vorhersagen zu können. Nach Perner (1991) können Säuglinge zunächst nur das augenblicklich Wahrgenommene mental abbilden (primäre Repräsentation) und ab etwa 18 Monaten sind Kinder in der Lage, sich vom Wahrgenommen zu lösen und vergangene und hypothetische Situationen mental zu repräsentieren (sekundäre Repräsentation). Im vierten Lebensjahr beginnt die Metarepräsentation, d.h. ein Verständnis für die Veränderbarkeit der Repräsentationen unabhängig von der Realität und ein in Betracht ziehen, dass Repräsentationen falsch sein können. Die abgeschlossene Entwicklung der ToM wird beispielsweise von Moran (2013) als die Grundlage sozialer Interaktionen angesehen. Auch für Erwachsene wurden Testaufgaben zur ToM entwickelt. Beispielsweise adaptierten Happé, Winner und Brownell (1998) die *Strange Stories*, um sie auch bei Erwachsenen einsetzen zu können. Oftmals zeigen gesunde Erwachsene in solchen Testaufgaben nur eine geringe Variationsbreite und lösen die meisten Aufgaben korrekt.

Einige Studien setzten Testaufgaben der ToM bei älteren Erwachsenen ein und fanden eine Abnahme dieser Fähigkeit im hohen Erwachsenenalter (Maylor, Moulson, Muncer & Taylor, 2002; Sullivan & Ruffman, 2004). Sullivan und Ruffman (2004) konnten die Verminderung in der ToM-Fähigkeit mit dem Abfall der fluiden Intelligenz im hohen Erwachsenenalter in Verbindung bringen, wenn verbales Testmaterial eingesetzt wurde. Wurden Film- und Bildaufnahmen verwendet, zeigte sich weiterhin ein Abfall in der ToM-Fähigkeit, dieser konnte aber nicht mehr auf den Rückgang der fluiden Intelligenz zurückgeführt werden.

Wird ein Vergleich dieses Ergebnisses mit Studien zur sozialen Intelligenz vorgenommen, zeigt sich erneut, dass verbales Testmaterial stärker mit Maßen der allgemeinen Intelligenz zusammenhängt, als nonverbales Material.

Sullivan und Ruffman (2004) verwendeten zwar ToM-Aufgaben, bezeichnen die zu messende Fähigkeit allerdings als soziales Verständnis. Letztere definieren sie als eine Fähigkeit, welche *„different aspects of social cognition, including recognition of emotional and cognitive states and theory of mind abilities"* enthält (S. 1). Diese Definition vermischt die Inhalte der sozialen Wahrnehmung und des sozialen Verständnisses (nach Weis et al., 2006), da die reine Erkennungsleistung der sozialen Wahrnehmung zugeordnet wird. Zu den *Theory of mind abilities* gehört die Fähigkeit, sich in andere hineinzuversetzen, um deren Wahrnehmungen, Gedanken und Absichten zu verstehen (Flavell, 1999; Premack & Woodruff, 1978). Hiermit kommt ein neuer Aspekt hinzu: zu wissen, was andere Personen wissen und was andere visuell wahrnehmen können. Hierbei handelt es sich einerseits um Informationen, die anderen Personen nicht zur Verfügung stehen können und andererseits um unterschiedliche visuelle Perspektiven. Beispielsweise befinden sich manche Objekte nicht im visuellen Bereich einer anderen Person, weil sie durch Hindernisse verdeckt werden. Dieser Aspekt spielt in der Definition des sozialen Verständnisses (Weis et al., 2006) keine Rolle. Das Hineinversetzen in die mentalen Zustände anderer Personen ist hingegen mit dem sozialen Verständnis deckungsgleich. In Abbildung 5 sind die inhaltlichen Überlappungsbereiche der bisher genannten Konstrukte graphisch veranschaulicht.

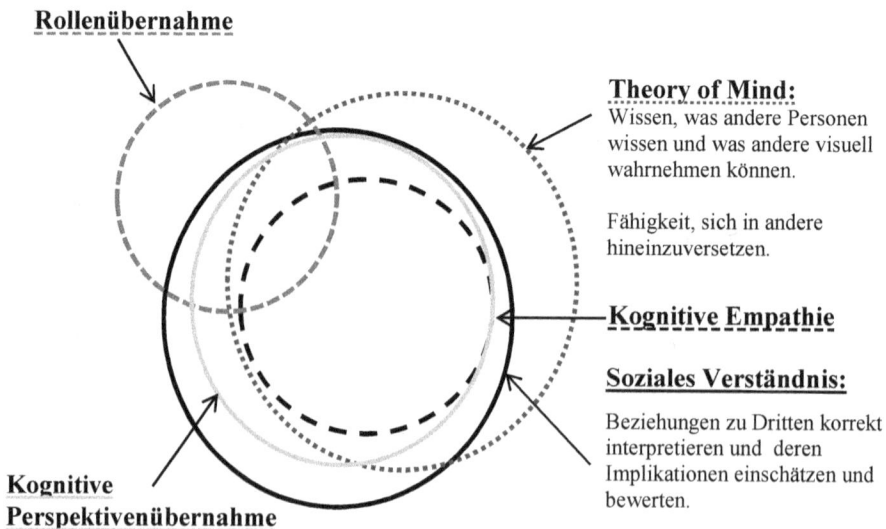

Rollenübernahme

Theory of Mind:
Wissen, was andere Personen wissen und was andere visuell wahrnehmen können.

Fähigkeit, sich in andere hineinzuversetzen.

Kognitive Empathie

Soziales Verständnis:
Beziehungen zu Dritten korrekt interpretieren und deren Implikationen einschätzen und bewerten.

Kognitive Perspektivenübernahme

Abbildung 5: Definitorische Abgrenzung des sozialen Verständnisses

4.5 Soziale Kognition

Ein zentrales Thema der Sozialpsychologie ist die soziale Kognitionsforschung, welche verstehen möchte, wie Menschen über sich selbst und über andere denken, wie soziale Informationen ausgewählt, gespeichert, erinnert und genutzt werden. Darüber hinaus ist von Interesse, wie diese kognitiven Prozesse unsere Urteile und unser Verhalten in sozialen Kontexten beeinflussen (u.a. Aronson, Wilson & Akert, 2004; Fiedler & Bless, 2003; Fiske & Taylor, 1991; Pendry, 2014). Alle hier aufgeführten kognitiven Prozesse bilden die Grundlage der merkmalsorientierten sozialen Intelligenz, da leistungsbasierte Verfahren versuchen, die Fähigkeitsunterschiede von Menschen in diesen Prozessen zu erfassen. Eine Verknüpfung dieser beiden Forschungsbereiche erscheint dementsprechend sinnvoll. Die Erforschung der biologischen und kognitiven Mechanismen, welche neuen Intelligenzkonstrukten zugrunde liegen, fordern beispielsweise Austin und Saklofske (2006).

Ein Bereich der sozialen Kognition, der sich auf die Bildung von Urteilen über *andere* Personen konzentriert, ist unter dem Begriff Personenwahrnehmung zu finden. Walker und Foley (1973) kritisierten in ihrem Review zur sozialen Intelligenz, dass sich die Forschungsbereiche zur Personenwahrnehmung und zur sozialen Intelligenz relativ unabhängig voneinander entwickelt haben. Sie führen diese Divergenz auf die Tatsache zurück, dass die soziale Intelligenz ein Thema von Psychometrikern war, die den differenzialpsychologischen Aspekt in den Vordergrund gestellt haben, während die Personenwahrnehmung an allgemeinpsychologischen Gesetz-mäßigkeiten interessiert war. Verschiedene Problemorientierungen und Methodenstrategien beider Forschungsbereiche waren das Resultat dieser Divergenz.

Im nachfolgenden Kapitel wird ein Integrationsversuch zentraler Aspekte der sozialen Kogni-tionsforschung und der Personenwahrnehmungsforschung mit dem Magdeburger Modell zur sozialen Intelligenz (Weis & Süß, 2005) vorgenommen. Es werden die Informations-verarbeitungsmechanismen näher betrachtet, die u.a. dem sozialen Verständnis zugrunde liegen könnten, Modelle der Personenwahrnehmung diskutiert und gemeinsame Problemfelder betrachtet.

5. Soziale Kognition: Personenwahrnehmung

Unter Personenwahrnehmung werden die Prozesse verstanden, die zur Bildung von Meinungen und Bewertungen anderer Personen führen (u.a. Herkner, 1996; Tagiuri, 1969). Mit Hilfe dieser Prozesse schließen Menschen auf Charaktereigenschaften, Absichten, Einstellungen, Gedanken und Gefühle anderer Personen, die wiederum die Grundlage für eine subjektive Bewertung dieser Personen darstellen. Dabei muss beachtet werden, dass Meinungsbildung und Bewertung nicht Gegenstand der sozialen Intelligenzforschung sind, miteinander interagieren und keine streng voneinander getrennten Aspekte der Personenwahrnehmung darstellen. Oftmals wurde kritisiert (u.a. Tagiuri, 1969), dass der Begriff *Wahrnehmung* irreführend ist und durch *soziale Kognition* ersetzt werden müsste, da der Begriff *Kognition* mehr als die basalen Prozesse der Sinneswahrnehmung beinhaltet. Aronson, Wilson und Akert (2004, S. 61) definieren soziale Kognition als „die Art und Weise, wie Individuen soziale Informationen selektieren, interpretieren und im Gedächtnis behalten und benutzen, um Entscheidungen zu treffen und sich Urteile zu bilden". Allerdings wird das soziale Verhalten einer Person nicht direkt von den äußeren Reizsituationen bestimmt, sondern über die innere mentale Repräsentation vermittelt. Es ist demnach nicht der Stimulus an sich, der unser Verhalten beeinflusst, sondern die Art und Weise, wie wir ihn wahrnehmen und interpretieren. Unabhängig von der Überschrift, die für das vorliegende Kapitel gewählt wurde, soll es im Folgenden um die Art und Weise gehen, wie Individuen ihre soziale Realität konstruieren, indem sie versuchen andere Personen und deren soziales Verhalten wahrzunehmen, zu verstehen und zu interpretieren (Fiedler & Bless, 2003).

5.1 Personen- vs. Objektwahrnehmung

Zunächst soll festgestellt werden, dass sich die Personenwahrnehmung bezüglich der Informationsverarbeitungsmechanismen nicht grundlegend von der Objektwahrnehmung unterscheidet. Eine andere Person kann ebenso als physikalisches Objekt verstanden werden, welches auf der Grundlage verschiedenartiger Hinweisreize wahrgenommen und beurteilt wird. Bruner (1957) unterscheidet zwei Aspekte des Wahrnehmungsprozesses: Selektion und Inferenz. Beide Aspekte treffen auf die Objekt- und Personenwahrnehmung zu. Die Selektion ist notwendig, da fortwährend eine unzählige Anzahl von Stimuli die Sinnesorgane eines Individuums erreicht und die Verarbeitungskapazität nicht ausreichend ist, um alle Umweltreize adäquat aufzunehmen und zu verarbeiten. Eine Inferenz ist insofern gegeben, als dass Individuen über die tatsächlich gegebenen Informationen hinaus Schlüsse auf weitere Eigenschaften des Wahrnehmungsobjektes ziehen. So wie wir bei einem Fahrrad oder Auto unmittelbar davon ausgehen, dass wir uns damit fortbewegen können, geschehen solche Schlussfolgerungen auch bei der Personenwahrnehmung, indem Inferenzen auf zusätzliche, nicht direkt zu beobachtende Variablen (Emotionen, Charaktereigenschaften etc.) vorgenommen werden. Darüber hinaus wird der vorhandene Eindruck um weitere passende Merkmale ergänzt, während andere, vermeintlich nicht passende Merkmale ausgeschlossen werden (Herkner, 1996). Allerdings gibt es auch grundlegende Unterschiede zwischen den beiden Wahrnehmungsarten. Die Schlussfolgerungen, die wir über andere Menschen treffen, sind deutlich umfangreicher und abstrakter, als sie es bei leblosen Objekten sind (Tagiuri, 1969). Zudem ist die Wahrnehmung anderer Personen im Alltag oftmals reziprok: Befinden sich Individuen in sozialer Interaktion, nehmen sie wahr und werden vom Interaktionspartner wahrgenommen. Individuen sind sich der Tatsache bewusst, dass andere Menschen sie wahrnehmen und machen sich Gedanken darüber, was die anderen denken könnten (Wilhelm, 2004). Ein weiterer Unterschied zur Objektwahrnehmung ist die vorhandene Ähnlichkeit zwischen dem Beurteiler und dem zu Beurteilenden. In keinem anderen Wahrnehmungsprozess können Individuen annehmen, dass das Wahrnehmungsobjekt ähnliche Erfahrungen, Erlebniswelten, innere Zustände o.ä. wie sie selbst besitzt (Tagiuri, 1969). Diese Wissensbasis, die jedes Individuum im Verlauf seines Lebens kontinuierlich aufbaut, stellt das wichtigste Unterscheidungsmerkmal zwischen der *Bottom-up-* und der *Top-down*-Verarbeitung dar, welche beide in den folgenden Abschnitten näher erläutert werden.

5.2 Informationsverarbeitungsmechanismen

Innerhalb der Psychologie wird die menschliche Informationsverarbeitung von Umweltreizen in zwei Mechanismen unterteilt. Die Bottom-up-Verarbeitung (auch datengesteuerte Verarbeitung oder direkte Wahrnehmung), welche auf den Wahrnehmungspsychologen James Jerome Gibson (1904-1979) zurückgeht, beginnt von „unten" und setzt direkt am wahrgenommenen Stimulus an. Anschließend folgt die Weiterverarbeitung durch übergeordnete kognitive Prozesse. In der Top-down-Verarbeitung (zielgesteuerte Verarbeitung oder indirekte Wahrnehmung) konstruiert der Wahrnehmende die Realität mit Hilfe seiner übergeordneten Wissensstrukturen, wobei ihm die sensorischen Informationen als Fundament dienen. Dieser Verarbeitungsmechanismus geht auf die frühen Arbeiten von Herman von Helmholtz (1821-1894) zurück und wurde durch die Psychologen Jerome Bruner, Richard Gregory (1923-2010) und Irvin Rock (1922-1995) weiterentwickelt (Sternberg, 2003). Die beiden Mechanismen können nicht streng voneinander getrennt werden. Vielmehr gibt es zwei Verarbeitungsmechanismen, welche die Reizereignisse und das Vorwissen auf unterschiedliche Weise berücksichtigen, während sie auf den jeweils anderen Mechanismus angewiesen sind. Dies wird bei Bless, Fiedler und Strack (2004) veranschaulicht, welche die beiden Mechanismen auf die soziale Informationsverarbeitung angewendet haben. Sie postulieren drei verschiedene Elemente, die in die soziale Informationsverarbeitung einfließen. Dazu gehört zum einen der Input in Form von Umweltreizen aus der sozialen Situation und zum anderen das Vorwissen der Person über die aktuelle Situation und die in dieser Situation agierenden Personen. Das dritte Element ist der vorherrschende Verarbeitungsmechanismus (Bottom-up- oder Top-down-Verarbeitung), welcher den Input steuert. Diese Komponenten lassen sich auch bei Buck (1983) unter den Begriffen Wahrnehmung (Bottom-up) und Wissen (Top-down) wiederfinden. Die einzelnen Stufen der sozialen Informationsverarbeitung sind in Abbildung 6 dargestellt.
Zunächst müssen die sozialen Umweltreize von den Individuen wahrgenommen werden, um anschließend die Wahrnehmung enkodieren und interpretieren zu können. Der Vorgang der Enkodierung kann bereits stark durch das im Gedächtnis vorhandene Vorwissen beeinflusst werden.

```
┌──────────────────────────────────────────────────────────────────┐
│                    ┌──────────────────────────────┐                │
│                    │  Gedächtnis/organisiertes Wissen │              │
│                    └──────────────────────────────┘                │
│                                                                     │
│  ┌──────────────┐    ┌──────────────────┐   ┌──────────────────┐   │
│  │              │    │ Anfangsenkodierung/│   │ Schlussfolgerungen/│  │
│  │ Wahrnehmung  │ →  │ Kategorisierung    │ → │ Entscheidungen /   │  │
│  │              │    │                    │   │ Urteile            │  │
│  └──────────────┘    └──────────────────┘   └──────────────────┘   │
│  - - - - - - - - - - - - - - - - - - - - - - - - - - - - - - - - - │
│  ┌──────────────┐                            ┌──────────────────┐   │
│  │ Reizereignis │                            │ Verhaltensreaktion│   │
│  └──────────────┘                            └──────────────────┘   │
└──────────────────────────────────────────────────────────────────┘
```

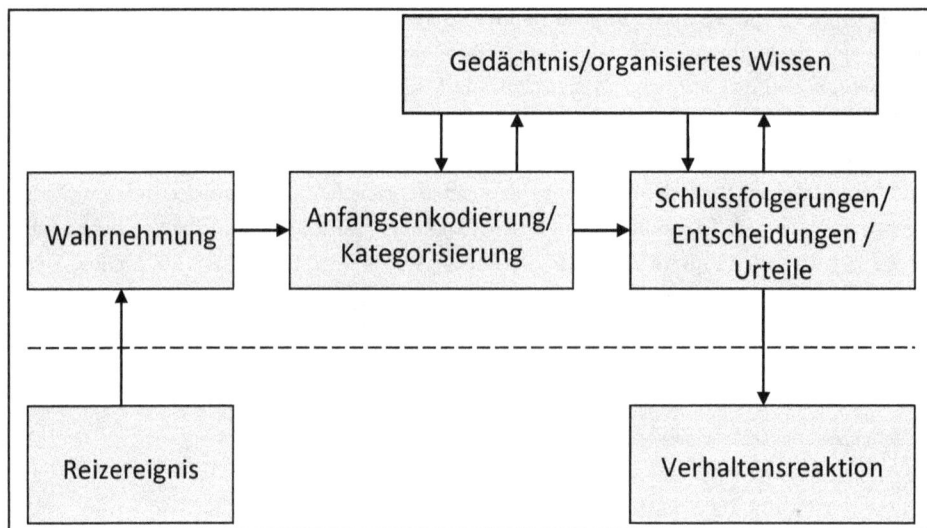

Abbildung 6: Stufen der sozialen Informationsverarbeitung (nach Fiedler & Bless, 2003).

Die enkodierte Wahrnehmung wird im Gedächtnis gespeichert und kann einen Einfluss auf die Bewertung zukünftiger Ereignisse ausüben. Sowohl die neu enkodierte Information als auch das alte Wissen bilden die Grundlage für die folgenden Schlussfolgerungen und Urteile der Person. Welcher Aspekt den größten Einfluss auf das Urteil ausübt (Umweltreiz oder Vorwissen), hängt vom entsprechenden Verarbeitungsmechanismus ab. Welcher Verarbeitungsmechanismus in einer bestimmten Situation zur Anwendung kommt, wird wiederum von der zur Verfügung stehenden Zeit und Verarbeitungskapazität sowie der Motivation des Individuums, sich mit der sozialen Situation auseinanderzusetzen, beeinflusst. Je weniger Ressourcen vorhanden sind, desto stärker ist der Einfluss des Vorwissens auf neu eingehende Informationen. Sind Individuen ausreichend motiviert und stehen ihnen zudem genügend Verarbeitungskapazitäten zur Verfügung, ist der Einfluss des Vorwissens entsprechend geringer und die neu eintreffenden Stimuli werden stärker berücksichtigt. In manchen Fällen kann als Endergebnis des Informationsverarbeitungsprozesses eine Verhaltensreaktion beobachtet werden (Bless & Schwarz, 2002).

Im Folgenden werden die einzelnen Stufen von Bless und Kollegen (2004) näher erläutert und mit theoretischen Annahmen aus der Personenwahrnehmung verknüpft. Ferner werden die operativen Fähigkeiten und das soziale Wissen, welche die Hauptbestandteile des Magdeburger Modells sozialer Intelligenz (Weis & Süß, 2005) bilden, in die Stufen der sozialen Informationsverarbeitung integriert.

5.2.1   Wahrnehmung, Enkodierung und Interpretation von Stimuli

Am Anfang jeder Informationsverarbeitung ist sowohl bei der Bottum-up- als auch bei der Top-down-Verarbeitung ein Reizereignis vorhanden. Dieses Reizereignis kann aufgrund eingeschränkter Verarbeitungskapazität nicht vollständig wahrgenommen werden. Welche Stimuli selektiert werden, können Individuen bewusst durch die direkte Lenkung ihrer Aufmerksamkeit bestimmen. Einerseits wird die Aufmerksamkeit bevorzugt auf Reize gelenkt, welche für die aktuellen Ziele besonders relevant erscheinen, und andererseits wird unsere Aufmerksamkeit oftmals von salienten Stimuli angezogen. Salienz ist die Unterschiedlichkeit eines Stimulus in Relation zum Kontext. Eine Person mit roter Kleidung, die sich in einer Gruppe von Personen mit weißer Kleidung befindet, lenkt die Aufmerksamkeit stärker auf sich als eine Person mit ebenfalls weißer Kleidung (Fiedler & Bless, 2003). Ist die Selektion der Stimuli im Rahmen der Personenwahrnehmung abgeschlossen, stehen einem Beurteiler nonverbale, paraverbale und verbale Hinweisreize von mindestens einer anderen Person zur Verfügung (Flammer, 2001). Die verbale Kommunikation bezieht sich auf den Inhalt einer Mittelung, während die nonverbale Komponente Hinweisreize aus Mimik, Gestik, Körperhaltung und -orientierung beinhaltet. Beispiele für die paraverbale Kommunikation sind die Lautstärke der Stimme, Sprechgeschwindigkeit und Tonfall. Nur in besonderen Fällen liegt lediglich eine eingeschränkte Auswahl an Stimuli vor, wie beispielsweise bei Telefongesprächen oder dem Lesen eines Briefes. Im Anhang A (Abbildung A1) wurden zum einen nonverbale und paraverbale soziale Hinweisreize aufgelistet, die eine Einzelperson aussenden kann. Es handelt sich hierbei nicht um eine erschöpfende Auflistung, sondern vielmehr um Hinweisreize, die konstant in der Literatur erwähnt werden oder von der Autorin im Rahmen ihres Dissertationsvorhabens beobachtet wurden. Diese Hinweisreize geben Auskunft über die Gefühle, Einstellungen, Gedanken und andere mentale Zustände einer Person. Zum anderen lässt sich in diesem Anhang eine Abbildung (A2) der Stimuli finden, die sich bei der Interaktion in Dyaden oder Kleingruppen als relevant erweisen können, um auf die Beziehung zwischen den Interaktionspartnern zu schließen.

Nach der Wahrnehmung des Stimulus erfolgt die Interpretation. Dazu muss der externe Stimulus in eine innere Repräsentation umgewandelt werden. Die Enkodierung kommt zustande, indem der neue Stimulus zu dem, was wir bereits wissen, in Beziehung gesetzt wird. Zunächst wird eine passende Kategorie für den Reiz ausgewählt. Das Vorwissen über diese Kategorie verleiht dem Stimulus seine Bedeutung. Wenn ein Umweltreiz erst einmal einer Kategorie zugeordnet wurde, wird die Wahrnehmung mit einem vom Stimulus unabhängigen Wissen über diese Kategorie angereichert (Bless & Schwarz, 2002). Welche Kategorie für die Einordnung ausgewählt wird, ist u.a. davon abhängig, wie zugänglich diese Kategorie für das Individuum ist. Die Zugänglichkeit wird definiert als Leichtigkeit und Geschwindigkeit, mit der Informationen im Gedächtnis aufgefunden und abgerufen werden können. Sie ist besonders für die Auswahl der Kategorie entscheidend, wenn es sich um mehrdeutige Stimuli handelt, die Raum für Interpretationen geben (Fiedler & Bless, 2003). Die Zugänglichkeit einer Kategorie wird zum einen durch die Häufigkeit bestimmt, mit der eine Kategorie zur Anwendung kommt, denn es ist wahrscheinlicher, dass häufig verwendete Kategorien auch eher zugänglich sind als selten genutzte. Zum anderen kann *Priming* die Zugänglichkeit beeinflussen, da Ereignisse, die unmittelbar vor der

Wahrnehmung eines Stimulus passieren, einen Einfluss auf die Verfügbarkeit einer Kategorie haben können (Aronson et al., 2004). Dies lässt sich auf die Personenwahrnehmung übertragen. Zuerst müssen alle relevanten sozialen Hinweisreize der anderen Person (z.B.: Mundwinkel nach oben gezogen und Lachfalten an den Augen sichtbar) und die situativen Reize (z.B.: Geburtstagsfeier) wahrgenommen und mit Hilfe der Enkodierung den richtigen Kategorien (z.B.: Emotion - Freude) zugeordnet werden. Die Kategorien können in vielfältiger Zahl vorliegen und zum Beispiel die einzelnen Emotionsarten beinhalten. Außerdem enthält jede Kategorie Vorwissen, welches der wahrnehmenden Person automatisch zur Verfügung steht und stark von ihren persönlichen Erfahrungen und ihrer Kultur abhängt (Freude ist ein Zeichen für Wohlfühlen). Im Folgenden wird der Enkodierungs- und Interpretationsprozess ausgewählter sozialer Hinweisreize im Detail betrachtet.

Zu der ältesten Forschungstradition in diesem Bereich gehört die Frage, auf welcher Grundlage und mit welcher Genauigkeit Emotionen im mimischen Gesichtsausdruck erkannt werden (u.a. Feleky, 1914; Frijda, 1958, 1961; Schlosberg, 1952). Oftmals werden den Probanden Fotografien von Schauspielern vorgelegt, die aufgefordert wurden, bestimmte Gefühle darzustellen. Anschließend soll mit Hilfe des dargestellten Gesichtsausdrucks die korrekte Emotion identifiziert werden. Es stellte sich heraus, dass Probanden überzufällig häufig in der Lage sind, Gefühle korrekt zu identifizieren, es aber auch zu systematischen Verwechslungen kommt. Schlosberg (1952) kategorisierte auf der Grundlage dieser Verwechslungen ähnliche und verschiedenartige Gesichtsausdrücke. Seine Ergebnisse (1952, 1954) sind in Abbildung 7 zusammengefasst.

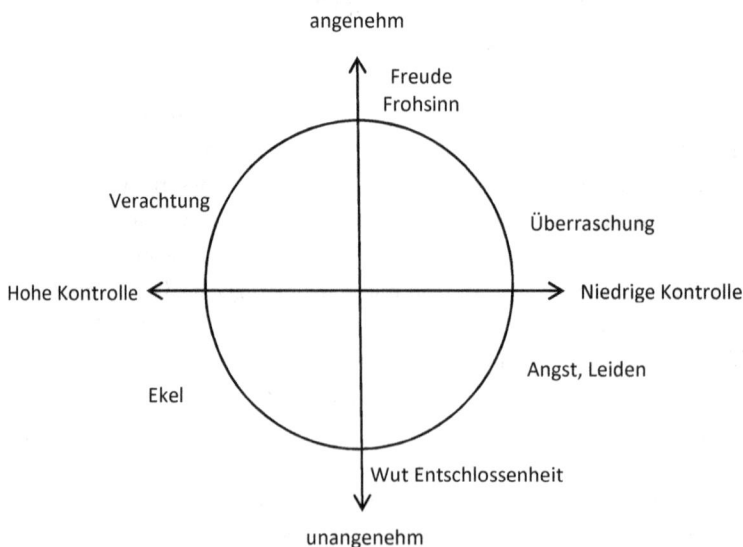

Abbildung 7: Kategorisierung von Emotionen (nach Schlosberg, 1952).

Benachbarte Gefühle werden oft miteinander verwechselt, während gegenüberliegende Gefühle gut voneinander unterscheidbar sind. In der Abbildung sind zwei der insgesamt drei Dimensionen, die als Ordnungsprinzipien für die Vielfalt der Gefühle dienen, dargestellt. Die Bewertungsdimension besitzt die Pole *angenehm* und *unangenehm*, während es auf der Kontrolldimension einerseits Gefühle gibt, von denen man überwältigt wird und andererseits steuerbare Gefühle. Eine dritte Dimension fügte Schlosberg (1954) in einem weiteren Experiment hinzu, indem er den Grad der Aktivierung unterschied. Emotionen mit geringer Aktivierung sind zum Beispiel Langeweile oder Trauer, während Wut oder ausgelassene Freude mit hoher Aktivierung einhergehen. Betrachtet man die Abbildung von Schlosberg, wird deutlich, dass er breitere Emotionsbegriffe verwendet als zum Beispiel die sechs/sieben Basisemotionen, die Ekman (1992) postulierte. Freude, Überraschung, Angst, Traurigkeit, Ärger und Ekel/ Verachtung werden als Basisemotionen bezeichnet, da sie eindeutig durch einen spezifischen mimischen Gesichtsausdruck beschrieben werden können und über verschiedene Kulturen hinweg als universell gelten. Auf der Grundlage von anatomischen Bewegungen der Gesichtsmuskulatur haben Ekman und Friesen (1976) den *Facial Action Code* (FAC) entwickelt, um mit Hilfe von insgesamt 28 Bewegungseinheiten (*Action Units*) eine umfassende Auflistung der sichtbaren Gesichtsbewegungen vornehmen zu können. Der FAC beschreibt sowohl Kombinationen der einzelnen Bewegungseinheiten, die keine emotionale Bedeutung besitzen, als auch die Kombinationen, die eine spezifische Emotion signalisieren.

Im Rahmen der Informationsverarbeitung nach Fiedler und Bless (2003) ist der FAC ein gutes Beispiel zur Veranschaulichung der ersten Stufe: Wahrnehmung, Enkodierung und Interpretation von Stimuli. Wird eine Kombination von Bewegungseinheiten bei einer anderen Person als Reizereignis wahrgenommen, muss sie anschließend zur passenden Emotionskategorie zugeordnet und mit Wissen zu der entsprechenden Emotion angereicht werden. Das Erkennen von Emotionen in den Gesichtern anderer Personen gilt als Fähigkeit, die bei jedem Individuum unterschiedlich gut ausgeprägt ist. In einer Metaanalyse von Elfenbein und Ambady (2002) konnte gezeigt werden, dass nicht nur die Emotionserkennungsleistung von Person zu Person verschieden ist, sondern auch die einzelnen Emotionen unterschiedlich gut am Gesichtsausdruck erkannt werden: Freude (87.6), Überraschung (69.1), Traurigkeit (68.4), Ekel (62.1), Ärger (65.2), Angst (58.3) und Verachtung (46.9). In Klammern sind die prozentualen Identifikationsgenauigkeiten der einzelnen Emotionen aufgelistet. Zusätzlich wurden die Trefferraten bei auditivem Material untersucht. Die Autoren fanden nur noch vier der sieben Emotionen mit teilweise geringeren Genauigkeiten: Ärger (63,7), Traurigkeit (62,8), Angst (50,5) und Freude (28,9). An dieser Stelle wird deutlich, dass nicht nur der Gesichtsausdruck eine Quelle für soziale Hinweisreize darstellt. Zum Beispiel ließ Gitin (1970) 45 verschiedene Gesten der Hände von Schauspielern darstellen, die emotionale Zustände unterstreichen sollten. Anschließen ließ er Probanden die Gesten hinsichtlich ihrer emotionalen Bedeutung beurteilen und fand in einer exploratorischen Faktorenanalyse vier Faktoren. Darunter befanden sich ebenfalls die drei Dimensionen von Schlosberg: Aktivierung, Bewertung und Kontrolle. Allerdings wurden solche nonverbalen Komponenten nicht nur in Bezug auf Emotionen untersucht. Auch Ekman und Friesen (1972) ordneten Gesten auf der Grundlage der ihnen vorliegenden Literatur in fünf verschiedene Kategorien ein. Sie verstehen unter Gesten allerdings nicht nur die Bewegung der Gliedmaßen, sondern erweitern Gesten um die Bewegung des Kopfes. *Embleme* sind kulturell erlernte Körperhandlungen und können anstelle verbaler Kommunikation mit äquivalenter Bedeutung eingesetzt werden (Ekman, 1976: „OK"-Zeichen, Daumenhoch, Heranwinken, Nein-Zeichen etc.). *Illustratoren* veranschaulichen das gesprochene Wort (z.B.: Zeigen auf Objekte), während *Affektäußerungen* den Gemütszustand unterstreichen (z.B.: zur Faust geballte Hände) und *Regulatoren* eine mündliche Kommunikation kontrollieren können (z.B.: Finger auf den Mund legen). Abschließend unterscheiden sie *Adaptoren*, die für eine in frühster Kindheit gelernte Handlung stehen, die im Erwachsenenalter eingesetzt wird, um Emotionen zu kontrollieren und Bedürfnisse zu befriedigen (z.B.: Fingernägel kauen). Mehrabian (1968, 1969) konzentrierte seine Forschung auf Körperhaltung und -orientierung, physische Nähe und Berührungen und ihren Bezug zu Einstellungen und sozialem Status eines Kommunikationspartners. Auf eine positive Einstellung des Kommunikationspartners uns gegenüber wird geschlossen, wenn dieser häufigen Blickkontakt aufnimmt, eine geringe Distanz zu uns aufweist und gelegentliche Berührungen initiiert. Zusätzliche Indizien sind eine vorwärts gelehnte und dem Kommunikationspartner zugewandte Körperhaltung, sowie eine offene Haltung der Arme und Beine. Eine betont entspannte Körperhaltung (zurücklehnen, seitliche Neigung des Rumpfes, entspannte Hände und asymmetrische Position der Extremitäten) drückt hingegen einen höheren Status, Macht und Überlegenheit aus. Die Komponenten Macht und Dominanz wurden auch von Dovidio und Ellyson (1982) untersucht. Sie protokollierten die Dauer und Häufigkeit des Blickkontaktes, während man selbst spricht, und zusätzlich den Blickkontakt, während man einem Gesprächspartner zuhört. Anschließend wurden die Interaktionspartner gebeten, sich gegenseitig hinsichtlich Macht und Dominanz einzuschätzen. Eine Person wird als dominant wahrgenommen, wenn der Anteil des Anschauens beim Sprechen größer ist, als beim Zuhören. Umgekehrt wird einer Person Schwäche zugeschrieben, wenn sie häufig beim Zuhören Blickkontakt aufnimmt, während sie hingegen beim Sprechen ihren Interaktionspartner nur selten ansieht. Ein weiterer Ansatz, der Aufschluss über die Beziehung von Personen gibt, sind die Distanzzonen nach Hall (1990). Er untergliedert die physische Nähe zu anderen Menschen, die eine Person noch als angenehm empfindet, in vier Distanzzonen: intime, persönliche, soziale und öffentliche Zone. In Abhängigkeit von der Qualität der Beziehung und dem Bekanntheitsgrad zur anderen Personen nehmen Menschen meist unbewusst eine bestimmte Distanz ein. In Tabelle 8 sind die Distanzzonen hinsichtlich Entfernung, Beziehungsart und Wahrnehmung der sozialen Hinweisreize näher erläutert.

Auffällig ist, dass mit zunehmender Distanz die verbalen, nonverbalen und paraverbalen Kommunikationskomponenten immer schlechter erkenn- und hörbar werden, wodurch es zur Übertreibung der nonverbalen Komponenten kommen und auch die Lautstärke der Sprache angepasst werden muss, um deren Wahrnehmung zu gewährleisten. Insbesondere die Mimik und das Blickverhalten sind in der öffentlichen Zone schlecht oder gar nicht erkennbar, sodass zum Beispiel bei Schauspielern im Theater oder bei politischen Reden in der Öffentlichkeit eine Übertreibung der Gestik und Körperhaltungen zu beobachten ist. Die von Hall getroffene Einteilung variiert von Kultur zu Kultur. Die in Tabelle 8 aufgelisteten Informationen beziehen sich auf Nordamerika. In einigen Mittelmeerländern fand Hall hingegen einen deutlich geringeren

Tabelle 8: Distanzzonen nach Hall (1990).

Distanz	intim	persönlich	sozial	Öffentlich
Zentimeter	0-45	45-120	120-350	350 und mehr
Beziehung	Emotional nahe stehende Personen: Partner, Eltern, Kinder, enge Freunde und Verwandte, Haustiere	Kontaktpflege und gesellschaftliche Anlässe: Freunde, enge Kollegen	Personen, mit denen man agiert, ohne sie genauer zu kennen: Verkäufer, Servicekräfte, Beamte, neuer Kollege, Fremde	Abstand in Menschenmengen: Vortragende, Redner
Soziale Hinweis-reize	→ →	verbale, nonverbale und paraverbale Hinweisreize sind visuell immer schlechter erkennbar und hörbar		→ →

Abstand, den zwei Personen bei einem Gespräch wählen, während im asiatischen Raum dieser Abstand größer ausfallen kann. Bei der Personenwahrnehmung treten allerdings nicht nur einfache physikalisch beschreibbare und vergleichsweise kurz andauernde Reizaspekte auf, sondern zusätzlich komplizierte und langandauernde Sequenzen von Reizen. Diese Sequenzen sind meist auf ein bestimmtes Ziel gerichtete und in sich geschlossene Handlungen. Da solche Verhaltensweisen in der Regel eher komplex ausfallen und über den Kategorisierungsprozess hinausgehen, sind sie Bestandteil des Kapitels 5.2.3.

An dieser Stelle sollen die Ausführungen zur Wahrnehmung, Enkodierung und Interpretation der Stimuli anderer Personen nicht weiter fortgeführt werden. Es handelt sich hierbei nur um einen verkürzten Überblick der umfassenden Forschungsliteratur, die im besonderen Umfang zum Themenkomplex der Emotionswahrnehmung vorliegt. Hervorzuheben ist die Forschungsgruppe um Paul Ekman, die sich mit der Wahrnehmung und Enkodierung der Basisemotionen auf der Grundlage von Mimik, Gestik und Körperhaltungen intensiv auseinandergesetzt hat (Ekman & Friesen, 1969). Es wurde in diesem Abschnitt ebenfalls deutlich, dass die Enkodierungsprozesse anderer mentaler Zustände sowie Einstellungen und Beziehungsverhalten ebenso Bestandteil der Forschungsliteratur sind und mit konkreten nonverbalen Kommunikationskomponenten in Verbindung gebracht wurden.

Nun sollen erste Parallelen zwischen den operativen Fähigkeiten des Rahmenmodells sozialer Intelligenz und der ersten Stufe der Informationsverarbeitung aufgezeigt werden. Bless und Kollegen (2004) unterscheiden auf der ersten Stufe die Komponenten *Wahrnehmung und Aufmerksamkeit, Enkodierung und Interpretation* als separate kognitive Funktionen. Wahrnehmung und

Aufmerksamkeit sind die basalen Informationsverarbeitungsprozesse und eine notwendige Voraussetzung für die nachfolgenden Funktionen. Die Enkodierungsfunktion wird als Umwandlung eines externen Stimulus in eine innere Repräsentation definiert. Alle drei Aspekte finden sich in der sozialen Wahrnehmung des Magdeburger Modells zur sozialen Intelligenz wieder, da auch Bless und Kollegen alle Interpretationsanforderungen explizit aus dem Enkodierungsprozess ausschließen. Dementsprechend können die Interpretation und alle darauf aufbauenden Schlussfolgerungen und Urteile dem sozialen Verständnis zugeordnet werden, da dies die Prozesse sind, die über die gegebenen Informationen hinausgehen (siehe Abschnitt 5.2.3). Außerdem wurden schon erste Beziehungen zum Vorwissen im Rahmen der Kategorisierung sozialer Hinweisreize deutlich. Im nächsten Abschnitt werden das organisierte Wissen und das Gedächtnis als bedeutende Komponente der Informationsverarbeitung betrachtet. Sowohl das soziale Wissen als auch das soziale Gedächtnis sind Bestandteil dieser Stufe.

5.2.2   *Organisiertes Wissen und Gedächtnis*

Das im Gedächtnis gespeicherte Vorwissen beeinflusst von Beginn an die Informationsverarbeitung, da es automatisch den Enkodierungsvorgang mit bereits erworbenem Wissen anreichert. Obwohl neu enkodierte Informationen aus dem Wahrnehmungsprozess einen großen Einfluss auf die Informationsverarbeitung (Bottom-up) ausüben können, ist auch dieser Prozess durch bereits bestehendes Wissen beeinflusst. Zunächst soll betrachtet werden, welche Wissenseinheiten voneinander unterschieden werden können (Bless et al., 2004).
Eine elementare Wissensstruktur sind Kategorien, die Klassen von Objekten mit ähnlichen Eigenschaften und gleichartige Funktionsweisen beinhalten. Kategorien können sich auf materielle Gegenstände (Werkzeuge, Besteck etc.), die soziale Umwelt (Polizisten, Politiker etc.), natürliche Gattungen (Männer, Frauen, Säugetiere etc.), abstrakte Einheiten (Menschenwürde, Weisheit etc.) und noch viele andere Inhalte beziehen. Ein Schema ist ein Spezialfall einer Kategorie, das zusätzlich spezifische Verhaltensweisen und Reaktionen beinhaltet. Bless und Kollegen (2004) verdeutlichen dies an dem *Kindchenschema*, welches automatisch beschützende und fürsorgliche Verhaltensweisen hervorruft. Innerhalb der Personenwahrnehmung sollten Kategorien als Stereotype oder Personenschemata bezeichnet werden, die sozial geteilte Meinungen über Persönlichkeitsmerkmale und Verhaltensweisen von Mitgliedern einer sozialen Kategorie beinhalten. Die Zuordnung einer Person zu einem Stereotyp ermöglicht einem Wahrnehmenden mehr Informationen zu erschließen, als tatsächlich in der Situation gegeben sind. Stereotype oder Kategorien werden im Laufe der Lerngeschichte eines Individuums angelegt, erweitert und modifiziert. Das Modell von Cantor und Michel (1977) schlägt vor, dass Stereotype in Form von Prototypen im Gedächtnis repräsentiert werden. Ein Prototyp ist eine abstrakte Repräsentation der Merkmale, die mit einer Kategorie assoziiert werden, und kann als eine zentrale Tendenz oder Mittelwert dieser Merkmale betrachtet werden. Für die Kategorie Vögel sind Merkmale wie „besitzt Federn", „kann fliegen" oder „legt Eier" Beispiele für abstrakte Repräsentationen. Mitglieder einer Kategorie müssen nicht zwangsläufig alle Merkmale ihres Prototyps aufweisen, sondern variieren graduell hinsichtlich ihrer Ähnlichkeit mit dem Prototypen (Rosch & Mervis, 1975). Daher wird eine abgestufte Struktur angenommen, d.h. innerhalb einer Kategorie sind

gute und schlechte Exemplare vertreten. Ein Experiment mit Collegestudenten wurde von Rosch (1975) durchgeführt und zeigte, dass ein Rotkehlchen als ein sehr typisches Mitglied der Kategorie Vögel angesehen wird, während eine Eule nur noch als moderat typisch eingestuft wurde und ein Pinguin eher als atypisch galt. Auch Nichtmitglieder einer Kategorie variieren in ihrer Unähnlichkeit mit dem Prototypen. Ein Stuhl kann besser aus der Kategorie der Vögel ausgeschlossen werden als ein Schmetterling. Prototypische Merkmale, die sich im Besonderen dazu eignen, Mitglieder und Nichtmitglieder voneinander zu trennen, besitzen einen hohen Erkennungswert. Das Merkmal „besitzt Federn" hat für die Kategorie Vögel zum Beispiel einen hohen Erkennungswert (Rosch & Mervis, 1975). Barsalou (1985) vertrat die Ansicht, dass neben der zentralen Tendenz auch Extremwerte in den Kategorien abgespeichert werden. Die Kategorie Bodybuilder könnte dementsprechend durch die Extreme „nimmt Steroide" und „stark definierte Muskulatur" repräsentiert sein. Ein anderer Ansatz sind die *beispielbasierten Repräsentationen* (Smith & Zaraté, 1992). In diesem Fall wird die Kategorie durch ein spezifisches Exemplar (z.B.: Kategorie Schauspieler durch das Exemplar George Clooney) im Gedächtnis repräsentiert. Kategorien können sich nicht nur auf eine bestimmte Gruppe von Menschen beziehen (Stereotypen), sondern auch auf die Repräsentation der eigenen Person, auf soziale Rollen oder auf die Abfolge von Ereignissen. Wissensstrukturen, die standardisierte Abfolgen von Verhalten beschreiben, werden als Skripte oder Drehbücher bezeichnet (Abelson, 1981) wie zum Beispiel die Abfolge von Verhaltensweisen, die bei der Abfertigung am Flughafen durchlaufen werden müssen. Repräsentationen, die sich hauptsächlich, aber nicht ausschließlich auf räumliche Informationen beziehen, werden als kognitive Landkarte bezeichnet (Bless et al., 2004). Der Grundriss der eigenen Wohnung ist ein Beispiel für eine kognitive Landkarte. Der größte Teil des sozialen Wissens ist hierarchisch organisiert, d.h. vom Abstrakten zum Konkreten. Kategorien höherer Ordnung, wie zum Beispiel „Restaurantbesuch", besitzen Subkategorien, wie „Bestellung aufgeben" oder „Bezahlung". Außerdem kann ein konkreter Restaurantbesuch als spezifisches Beispiel abgespeichert werden, wodurch eine Integration des Prototypenansatzes und der beispielbasierten Theorie deutlich wird. Alle Kategorien sind in einem assoziativen Netzwerk miteinander verknüpft, welches auf semantischer Ähnlichkeit basiert. Kategorien mit ähnlicher Bedeutung (viele gemeinsame Merkmale) liegen funktional näher beieinander als unähnliche Kategorien (Fiedler & Bless, 2003). Auffällig ist, dass die Kategorien unterschiedliche Allgemeinheits- und Abstraktionsgrade besitzen. Liegen über eine andere Person nur sehr wenige Informationen vor, werden vermutlich allgemeine Kategorien aktiviert. Handelt es sich hingegen um eine bekannte Personen oder steht eine ausreichend große Informationsmenge über eine fremde Person zur Verfügung, kommen konkrete Kategorien zum Einsatz. Die Abstraktionsgrade können genutzt werden, um die Kategorien hierarchisch zu ordnen: übergeordnete, fundamentale und untergeordnete Kategorien. Für die drei Arten werden eigene Ebenen angenommen, was in Abbildung 8 an einem Beispiel über Obstsorten veranschaulicht ist. Übergeordnete Kategorien sind zwar auf ihrer Ebene sehr differenziert, aber im Vergleich zu fundamentalen Kategorien arm an charakterisierenden Merkmalen und wenig anschaulich. Fundamentale Kategorien besitzen reichhaltige und vielfältige Merkmale, unterscheiden sich gut von anderen Kategorien auf derselben Ebene und sind ebenfalls anschaulich.

Beerenobst

Übergeordnete Kategorien:
Obstsorten

Steinobst

...

Kernobst

Kirsche

fundamentale Kategorien:
Steinobstsorten

Pflaume

...

Aprikose

Zwetschge

Untergeordnete Kategorien:
Pflaumensorten

...   Mirabelle

Spilling

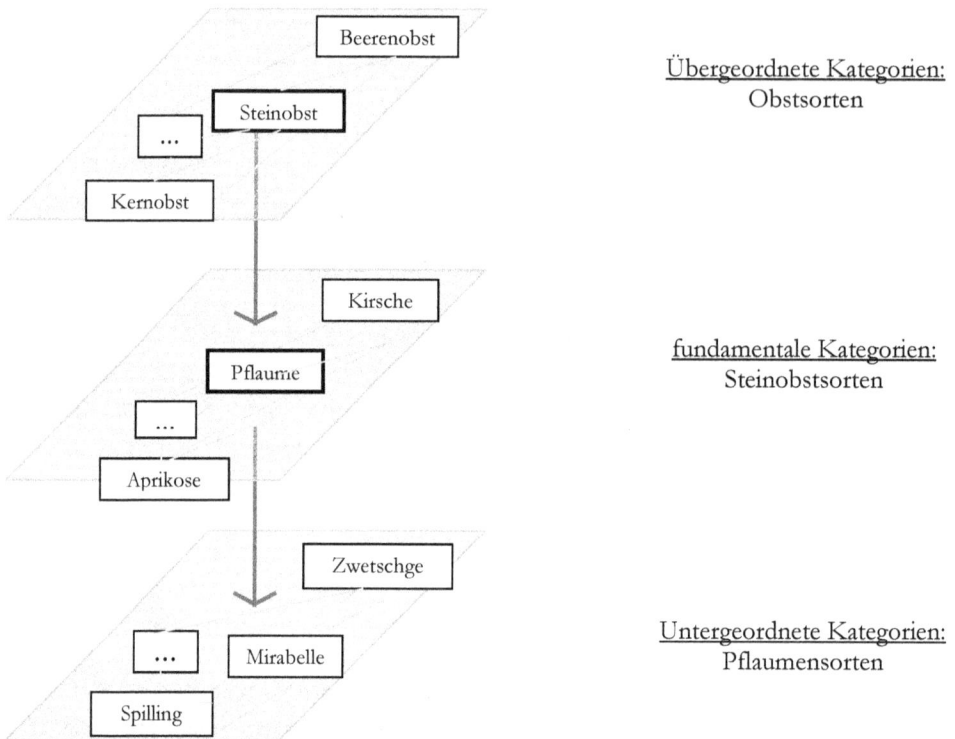

Abbildung 8: Assoziatives Wissensnetzwerk über Obstsorten (nach Bless et al., 2004)

Anmerkung. Kategorien sind in Form von Kästchen dargestellt. Die Beziehungen zwischen den Kategorien können unterschiedlich stark ausgeprägt sein. Auf eine Darstellung der einzelnen Merkmale, durch die eine Kategorie charakterisiert ist, sowie auf Verbindungslinien zwischen den Ebenen wurde zugunsten der Übersichtlichkeit verzichtet.

Untergeordnete Kategorien besitzen zwar genauso reichhaltige Merkmale wie fundamentale Kategorien, weisen allerdings viele Überschneidungen mit Kategorien auf gleicher Ebene auf (Bless et al., 2004; Herkner, 1996).
Nach Ryle (1969) können Wissensstrukturen in eine prozedurale und eine deklarative Komponente unterteilt werden. Prozedurales Wissen (Handlungsabläufe) kann nicht explizit gelehrt und erinnert werden. Es ist das praktisch nutzbare Wissen, welches routiniert abläuft, aber nur bedingt sprachlich umschreibbar ist (vgl. *Tacit Knowledge* bei Wagner & Sternberg, 1985). Das deklarative Wissen bezieht sich hingegen auf Sachverhalte, Fakten und Begriffe und kann vergleichsweise mühelos verbalisiert, gelehrt und gelernt werden. Deklaratives Wissen wird in episodische und semantische Inhalte untergliedert. An dieser Stelle können das soziale Wissen und das soziale Gedächtnis aus dem Rahmenmodell sozialer Intelligenz den beiden Wissenskomponenten zugeordnet werden. Da die Testaufgaben zum sozialen Gedächtnis des MTSI intentionales Spei-

chern und Abrufen von unterschiedlich komplexen, episodischen und semantischen Gedächtnis-inhalten messen, können sie dem deklarativen Wissen zugeordnet werden. Die Definition proze-duralen Wissens deckt sich dagegen mit der Operationalisierung des sozialen Wissens.

Bisher wurde hauptsächlich die Literatur zur sozialen Kognition referiert. Einige Begriffe und Konzepte lassen sich allerdings auch in der breiter angelegten sozialpsychologischen Literatur finden. Beispielsweise ist das Konzept der Stereotype oder Personenschemata ebenfalls unter dem Begriff der impliziten Persönlichkeitstheorien zu finden. Cronbach (1955) definiert sie als innerhalb einer bestimmten Gruppe oder Kultur weitverbreitete und einheitliche Meinung darüber, welche Persönlichkeitsmerkmale gemeinsam auftreten. Der Begriff „implizit" verdeut-licht allerdings, dass diese Meinungen in der Regel unbewusst sind. Das Experiment von Asch (1946), in dem eine fiktive Zielperson durch eine Liste von Adjektiven beschrieben wurde und Probanden im Anschluss aus einer weiteren Liste diejenigen Persönlichkeitsmerkmale heraus-suchen sollten, die sie der Zielperson ebenfalls zuschreiben würden, zeigte, dass der Gesamtein-druck von einigen Merkmalen stärker determiniert wird (zentrale Merkmale) als von anderen Merkmalen (periphere Merkmale). Untersuchungen, die Versuchspersonen nach der Wahrschein-lichkeit des Auftretens bestimmter Merkmalspaare fragten (z.B.: intelligenter Mensch und Ag-gressivität) und anschließend Korrelationsanalysen durchführten, zeigten, dass bestimmte Merk-male nicht von sich aus zentral oder peripher sind, sondern das dies von den Merkmalen abhän-gig ist, mit denen sie zusammen präsentiert werden (Wishner, 1960). Die Forschungsarbeit zu im-pliziten Persönlichkeitstheorien von Rosenberg und seine Kollegen nutzten Multidimensionale Skalierung und lassen analog zum assoziativen Netzwerk erkennen, dass es einerseits Merkmale gibt, die zusammen auftreten (nah beieinanderliegen) und andererseits Merkmale existieren, die einander ausschließen (Rosenberg, Nelson & Vivekananthan, 1968). Interessanterweise finden sich in der dreidimensionalen Lösung der Multidimensionalen Skalierung erneut die drei Dimen-sionen von Schlosberg (1952, 1954) wieder: Aktivierung, Bewertung und Kontrolle. Die Autoren präferieren allerdings eine zweidimensionale Lösung, die sich aus einer sozialen Bewertungsdi-mension (ehrlich, hilfsbereit, tolerant etc.) und einer intellektuellen Bewertungsdimension (fleißig, intelligent etc.) zusammensetzt. Die Dimensionen sind nicht orthogonal zueinander, sodass Personen, denen positive soziale Aspekte zugeschrieben werden, auch in intellektueller Hinsicht eher durch positive Eigenschaften beschrieben werden. Identisch verhält es sich mit negativen Eigenschaften (Herkner, 1996).

Dieses Ergebnis stimmt mit dem allgemeinen Konsistenzstreben eines Menschen überein. Die Tendenz zur konsistenten Beurteilung anderer Personen wird als Halo-Effekt bezeichnet (Thorn-dike, 1920b). Bei der Wahrnehmung anderer Personen liegen allerdings nicht nur konsistente Informationen vor, die mit dem Stereotyp übereinstimmen. Auch inkonsistente Informationen, die dem Stereotyp widersprechen, treten auf. Beide Informationen besitzen unter unter-schiedlichen Bedingungen einen Erinnerungsvorteil (Fiedler & Bless, 2003). Informationen, die konsistent mit dem Vorwissen sind, werden schnell verarbeitet, sind leicht zugänglich und werden gut erinnert, da die Zuordnung der Person zu seinem Stereotyp ausreichend ist, um alle weiteren Informationen abzuleiten. Ein Nachteil ist allerdings, dass auch erfundene Details erin-nert werden, die in der Realität gar nicht bei der Zielperson anzutreffen sind. Inkonsistente Informationen werden hingegen bevorzugt erinnert, wenn sie überraschend auftreten und mit der eigenen Erwartung nicht übereinstimmen. Allerdings benötigt die Integration inkonsistenter Informationen in bereits bestehende Wissensstrukturen besondere kognitive Anstrengungen. Es ist möglich, die inkonsistente Information zu gewichten (Auf- oder Abwertung), einen Mittelwert zu bilden (Verschiebung der zentralen Tendenz eines Stereotyps durch die neue, inkonsistente Information) oder eine Uminterpretation der unpassenden Information vorzunehmen (Herkner, 1996). Individuen können Inkonsistenzen zwischen verschiedenen Mitgliedern einer Gruppe leichter integrieren als Inkonsistenz innerhalb eines Individuums (Bargh & Thein, 1985). Zusammenfassend kann festgestellt werden, dass die Bottom-up-Verarbeitung bei inkonsistenten Informationen zum Ausdruck kommt, da die diskrepanten Stimuli integriert werden müssen. Die bessere Erinnerung an konsistente Informationen spiegelt die Top-down-Verarbeitung wider und entspricht der Nutzung von Stereotypen. Welche Kategorie ausgewählt wird, hängt von der Zugänglichkeit dieser Kategorie ab. Die Zugänglichkeit selbst kann durch Priming, Häufigkeit der Nutzung, die momentane Stimmung des Individuums, durch persönliche Vorlieben u.v.m. beeinflusst sein. Eine ausführliche Auflistung der Einflussgrößen ist bei Förster und Liberman (2007) zu finden. Im Folgenden soll die letzte Stufe der Informationsverarbeitung detailliert betrachtet werden. Am Ende dieser Stufe hat der Verarbeitende seine Schlussfolgerungen gezogen, sich ein Urteil gebildet und zeigt eventuell eine Verhaltensreaktion.

5.2.3   Schlussfolgerungen und Urteile

Nachdem dem Individuum Umweltreize und Vorwissen vorliegen, kann es sich ein Urteil bilden. Die nun ablaufenden Prozesse gehen über die gegebenen Informationen hinaus und führen zu Schlussfolgerungen, Meinungen und Urteilen. Aus dem Rahmenmodell Sozialer Intelligenz bildet das Soziale Verständnis diese Stufe am besten ab, da es als eine Fähigkeit definiert ist, auf der Grundlage sozialer Informationen die Gedanken, Gefühle und Beziehungen zu Dritten korrekt zu interpretieren und zu verstehen sowie deren Implikationen einzuschätzen und zu bewerten. Schlussfolgerungen, Urteile und Meinungen können nicht nur über andere Personen gebildet werden, sondern sich auch auf Verhaltensweisen, Einstellungen oder soziale Situationen beziehen. In der Vergangenheit wurde oftmals eine kausale Beziehung zwischen dem Gedächtnis und dem Urteil angenommen und dies findet sich auch in den Theorien über Urteilsheuristiken wieder. Urteilsheuristiken sind Faustregeln, die einen Kompromiss zwischen Rationalität und Ökonomie eingehen, indem sie keinen großen Aufwand erfordern, jedoch häufig zu guten Ergebnissen führen. Heuristiken kommen zur Anwendung, wenn dem Individuum nicht alle Daten zur Verfügung stehen, wodurch unter bestimmten Bedingungen das Resultat einer mentalen Abkürzung ein verzerrtes Urteil sein kann (Aronson et al., 2004). Auf die verschiedenen Arten von Urteilsheuristiken wird im Folgenden genauer eingegangen. Die Verfügbarkeitsheuristik nach Tversky und Kahnemann (1973) kommt zum Einsatz, wenn die Häufigkeit oder die Wahrscheinlichkeit einer Begebenheit beurteilt werden soll und sich das Individuum dabei auf die Leichtigkeit verlässt, wie schnell es sich die Information in Erinnerung rufen kann. Sollen wir zum Beispiel abschätzen, wie viele Sonnenstunden es im Sommer 2014 in Magdeburg gegeben hat, wird es vermutlich zu einer Verzerrung kommen, wenn wir viele Tage mit Niederschlag erinnern. Die Schätzung der Sonnenstunden wird in diesem Fall sehr gering ausfallen, obwohl der

Deutsche Wetterdienst insgesamt 643.6 Sonnenstunden ermittelt hat. Dieser Wert liegt über dem mehrjährigen Mittelwert von 610 Stunden und würde für einen überdurchschnittlich sonnigen Sommer sprechen. Ein weiteres Beispiel aus Tversky und Kahnemann (1973) soll die verzerrte Wahrscheinlichkeitsabschätzung verdeutlichen. Wir schätzen die Wahrscheinlichkeit, dass bei viermaligem Münzwurf die Reihenfolge Kopf-Zahl-Kopf-Zahl auftritt, höher ein, als die Wahrscheinlichkeit für die Reihenfolge Kopf-Kopf-Kopf-Kopf. Da jeder Wurf als „ziehen mit zurücklegen" betrachtet werden kann und sich die Einzelwahrscheinlichkeit daher nicht bedingen, besitzen beide Reihenfolgen die gleiche Auftretenswahrscheinlichkeit. Die Repräsentativitätsheuristik (Kahneman & Tversky, 1972) wird hingegen für Entscheidungen herangezogen, die auf der Grundlage von Ähnlichkeiten mit einem Prototyp gefällt werden. Hier werden erneut Personen oder Begebenheiten in Kategorien entsprechend der vorliegenden Merkmale eingeordnet. Sowohl die Verfügbarkeits- als auch die Repräsentativitätsheuristik würde zu präziseren Schlussfolgerungen führen, wenn dem Individuum die Basisrateninformation zugänglich wäre. Es handelt sich hierbei um die Häufigkeit, mit der eine bestimmte Kategorie in der Population vorkommt. Menschen neigen allerdings dazu, auch bei Kenntnis der Basisrate diese nicht zu berücksichtigen, wie das Beispiel mit dem Münzwurf verdeutlicht (Pendry, 2014). Bei der Anker- und Anpassungsheuristik (Tversky & Kahneman, 1974) werden quantitative Urteile in Richtung eines Ausgangswertes angepasst. Zunächst wird ein bestimmter Wert als Anker benötigt, welcher vorgegeben sein kann oder aus dem Gedächtnis abgerufen werden muss. Von diesem Ausgangspunkt aus muss eine Anpassung an einen realistischen Wert vorgenommen werden, der in der Regel nur unzureichend abgeschätzt wird. Beispielsweise berichten Tversky und Kahneman (1974) von einem Experiment, in dem Schüler fünf Sekunden Zeit hatten, eine Rechenaufgabe zu Lösen. Eine Gruppe bekam eine absteigende Gleichung (8x7x6x5x4x3x2x1) vorgegeben, die andere dieselbe Gleichung in aufsteigender Reihenfolge (1x2x3x4x5x6x7x8). Bei der absteigenden Gleichung war der Ausgangswert eine Acht und der Median für die Lösung lag bei 2250, während der Median bei der aufsteigenden Gleichung bei 512 lag. Beide Werte sind in Richtung ihres Ausgangswertes verzerrt (korrekte Lösung: 40320).

Die bisher betrachteten Heuristiken nehmen das Gedächtnis als unabhängige Variable und das Urteil als abhängige Variable an, obwohl Untersuchungen gezeigt haben, dass Erinnerungsmaße oftmals nicht mit Urteilstendenzen korrelieren. Es wird vermutet, dass viele soziale Urteile bereits im Gedächtnis abgespeichert sind und bei Bedarf nicht erst gebildet werden müssen. Hierbei muss allerding unterschieden werden, ob ein Urteil unmittelbar nach der Darbietung eines Stimulus gebildet werden muss oder nach zeitlicher Verzögerung abgegeben wird (Hastie & Park, 1986). Unmittelbare Urteile oder „online" abgegebene Urteile sind vom Ausmaß des vorliegenden Vorwissens abhängig. Können die Stimuli einem Stereotyp zugeordnet werden, ist die Wahrscheinlichkeit groß, dass auf Grund des Zeitmangels die Top-down-Verarbeitung einsetzt. Bekannte Personen, mit denen wir schon oft in Interaktion standen, wurden bereits den entsprechenden Stereotypen zugeordnet, sodass viele vorgefertigte Urteile im Gedächtnis existieren. Besitzt das Individuum allerdings keine oder nur sehr wenige Informationen, muss es trotz des Zeitmangels auf die eintreffenden Stimuli zurückgreifen und eine Bottom-up-Verarbeitung anwenden. Gedächtnisbasierte Urteile, die erst nach einer zeitlichen Verzögerung gefällt werden müssen, können beide Aspekte (Vorwissen und Stimuli) berücksichtigen, da die Zeit und auch die

Kapazitäten vorhanden sind. Entscheidende Faktoren sind in diesem Fall die Relevanz der Entscheidung für das Individuum, seine Motivation und die Verfügbarkeit der Informationen (Fiedler & Bless, 2003).

Neben der Anwendung von Heuristiken ist es für Menschen auch üblich, sich ihr eigenes Verhalten, eigene komplexe Handlungsabläufe und insbesondere auch Verhalten und Handlungsabläufe von anderen Personen ursächlich zu erklären. Dabei kommt es zur Meinungsbildung und Zuschreibung von Einstellungen, Persönlichkeitsmerkmalen, Absichten und mentaler Zustände anderer Personen. Die diversen Attributionstheorien geben darüber Auskunft, wie dieser Vorgang ablaufen könnte. Daher sollen die wichtigsten Theorien im Folgenden chronologisch erläutert und in die Stufe der Schlussfolgerungen und Urteile integriert werden.

Die Theorie von Jones und Davis (1965) war die erste Attributionstheorie und beschreibt, welche wahrgenommenen Handlungen zur Meinungsbildung über andere Personen herangezogen werden. Eine notwendige Voraussetzung ist die wahrgenommene Wahlfreiheit der zu beurteilenden Person. Eine Handlung ist nur dann aufschlussreich, wenn die ausführende Person sie aus verschiedenen Alternativen frei ausgewählt hat. Aufgezwungene Handlungen oder Befehle sind hingegen ungeeignet, um auf zugrundeliegende Dispositionen zu schließen. Verallgemeinert bedeutet dies, dass Handlungen, die eine geringe Auftretenswahrscheinlichkeit besitzen (bspw. rollendiskrepantes Verhalten), mehr Informationen über den Ausführenden zur Verfügung stellen als häufig auftretende Handlungen (Herkner, 1996). Ebenso verhält es sich mit den wahrgenommenen Konsequenzen, die aus einer Handlung resultieren. Oftmals führen unterschiedliche Handlungen zu ähnliche Konsequenzen, sodass nur spezifische Konsequenzen, die ausschließlich an eine bestimmte Handlungsalternative gebunden sind, Rückschlüsse auf den Beobachteten ermöglichen. Besonders aufschlussreich sind negative Konsequenzen für den Ausführenden und Verhaltensweisen, die eine Auswirkungen auf andere Personen oder sogar auf den Beobachter selbst haben. Letzterem wird besonders viel Aufmerksamkeit geschenkt, unabhängig davon, ob die Wirkung positiv oder negativ für den Beobachter ausfällt (Jones & Davis, 1965).

Trope (1986) ergänzte die Theorie von Jones und Daves, indem er sich insbesondere auf ein- und mehrdeutige Verhaltensweisen konzentrierte. Eindeutig sind Verhaltensweisen, die nur zu einer einzigen Disposition passen, während mehrdeutige Verhaltensweisen entsprechend mehreren Dispositionen zugeordnet werden können. Beispielsweise gehört das Weinen zu einer mehrdeutigen Verhaltensweise, weil Personen weinen können, wenn sie traurig, wütend, ängstlich oder besonders glücklich sind. Zusätzlich zu der Eindeutigkeit von Verhaltensweisen werden die Situationseinflüsse berücksichtigt, die auf eine Handlung einwirken. Eindeutige Verhaltensweisen führen bei Trope ebenso wie bei Jones und Davis zur Subtraktionsregel oder zum Abschwächungsprinzip. Je stärker ein Verhalten durch situative Umstände verursacht wurde, desto weniger werden zugrundeliegende Dispositionen als Erklärung herangezogen (Ausmaß der zugrundeliegenden Disposition = Eindeutigkeit des Verhaltens – Situationseinflüsse). Können hingegen keine Situationsaspekte ausfindig gemacht werden, schließen Beobachter auf Eigenschaften, Einstellungen, Persönlichkeitsmerkmale und mentale Zustände. Bei mehrdeutigen Verhaltensweisen vermutet Trope, dass hauptsächlich die situativen Reize (z.B.: Weinen auf einer Beerdigung, Hochzeit oder in einer Prüfungssituation) zur Kategorisierung herangezogen werden. Einerseits kann mehrdeutiges Verhalten allein der Situation zugeschrieben werden und weiterhin im Sinne der Subtraktionsregel zur Abschwächung der Dispositionen führen, andererseits können auch additive Effekte auftreten (Trope, 1986; Trope, Cohen & Maoz, 1988). Die Additionsregel führt bei sehr stark ausgeprägten situativen Faktoren und mehrdeutigem Verhalten dazu, dass verstärkt zugrundeliegende Dispositionen als Ursache für ein Verhalten vermutet werden. Dispositions-attributionen werden ebenfalls begünstigt, wenn der Beobachter frühere Informationen über die zu beurteilende Person besitzt, ihm die Stimulusperson vertraut ist und er sie bereits in vielen unterschiedlichen Situationen beobachtet hat. Trope vermutet, dass frühere Informationen stärker als situative Reize in die Dispositionszuschreibung eingehen und ihren größten Einfluss bei mehrdeutigem Verhalten ausüben.

Die bisher beschriebenen Prozesse werden den Attributionstheorien zugeordnet und besitzen ihren Ursprung in Heiders (1977) Unterscheidung zwischen interner und externer Ursachen-zuschreibung für Handlungen. Externe Faktoren liegen außerhalb der ausführenden Person, während interne Faktoren innerhalb einer Person begründet sind und weiter ausdifferenziert werden in *Können* (Fähigkeiten) und *Wollen* (Motivation). Dabei werden Fähigkeiten als nahezu stabile Dispositionen einer Person angesehen, die nur in geringem Maße oder gar nicht veränderbar sind, der Motivation wird hingegen zeitliche Variabilität und Kontrollierbarkeit unterstellt. Dementsprechend wird das Ausbleiben einer erwarteten Handlung bzw. ein Misserfolg eher negativ beurteilt, wenn ein Mangel an Wollen vorliegt, wohingegen ein Mangel an Können positiv beurteilt wird, wenn gleichzeitig eine große Anstrengung (Wollen) beim Handelnden vorhanden war. Kelley (1967, 1972) fügte weitere Aspekte hinzu und unterscheidet, ob dem Beobachter mehrere Informationen aus verschiedenen Situationen und zu verschiedenen Zeitpunkten zur Verfügung stehen oder er nur mit einer einzigen Beobachtung konfrontiert wird. Im ersten Fall unterscheidet Kelley zwischen den Zusatzinformationen: *Konsensus* (Wie verhalten sich andere Personen?), *Distinktheit* (Wie häufig tritt die Handlung in anderen Situationen auf?) und *Konsistenz* (Wie häufig tritt die Handlung zu anderen Zeitpunkten auf?). Im Abhängigkeit von der Ausprägung (hoch – niedrig) dieser Zusatzinformationen wird entweder eine Personen-, eine Stimulus- oder eine Umständeattribution vorgenommen. Eine Personenattribution findet statt, wenn die Ursache für eine Handlung in einer Disposition der handelnden Person liegt (internale Attribution). Wurde die Handlung durch eine relativ stabile Eigenschaft eines Reizes aus der Umgebung verursacht, spricht Kelley von Stimulusattribution (externale Attribution). Die dritte Attribution erfolgt auf der Grundlage besonderer Umstände, die variabel sind und sowohl der Umgebung als auch der Person selbst zugeschrieben werden können. Da mehrere Informationen aus verschiedenen Quellen vorliegen, muss der Beobachter nach dem *Kovariationsprinzip* handeln. Dabei wird ein Ergebnis einer Ursache zugeschrieben, wenn ihr Auftreten und Fortbleiben stets gemeinsam beobachtet werden kann. Dies soll an einem Beispiel veranschaulicht werden: Der Schüler Tim ist heute nicht zum Mathematikunterricht erschienen und kann keine Ent-schuldigung der Eltern vorweisen. Bei der Suche nach den Ursachen für dieses Verhalt, kann entweder das Ausbleiben der Straßenbahn (Umständeattribution) oder die Gewissenlosigkeit von Tim (Personenattribution) oder die didaktische Unfähigkeit der Mathematiklehrerin (Stimulus-attribution) verantwortlich gemacht werden. Welche Art der Attribution erfolgt, ist abhängig von der Ausprägung der drei Zusatzinformationen: Konsensus (Schwänzen die anderen Schüler auch den Mathematikunterricht?), Konsistenz (Hat Tim in der Vergangenheit den Mathematikunterricht geschwänzt?) und Distinktheit (Schwänzt Tim auch andere Unterrichtseinheiten?). Zu einer Personenattribution kommt es, wenn der Konsensus gering ist (Nur Tim schwänzt Mathe), die Distinktheit ebenfalls gering ausfällt (Tim schwänzt auch anderen Unterricht) und die Konsistenz hoch ist (Tim hat schon oft Mathe geschwänzt). Hingegen wird das Verhalten auf den Stimulus zurückgeführt, bei hohem Konsensus (Alle Schüler schwänzen Mathe), hoher Distinktheit (Tim schwänzt nur Mathe) und hoher Konsistenz (Tim hat schon oft Mathe geschwänzt). Eine Attribution auf die besonderen Umstände erfolgt nach Kelley bei geringem Konsensus (Nur Tim schwänzt Mathe), hoher Distinktheit (Tim schwänzt nur Mathe) und geringer Konsistenz (Tim hat noch nie zuvor Mathe geschwänzt). Analog zur Varianzanalyse ist die abhängige Variable das Auftreten oder Nicht-Auftreten des Ergebnisses, während die unabhängigen Variablen die variierenden Bedingungen sind. Abschließend wird diejenige Ursache ausgewählt, die mit dem Ergebnis kovariiert. Fincham und Hewstone (2003) kritisieren das Kovariationsprinzip als Grundlage für kausale Schlussfolgerung, da eine Korrelation nicht notwendigerweise Kausalität bedeutet. Darüber hinaus referieren sie Untersuchungen, die das Modell von Kelley auf die Probe gestellt haben und einerseits Belege für die Personen- und Stimulusattribution aufgezeigt haben, andererseits die Umständeattribution nicht stützen konnten. Nach Kelley (1972) müssen nicht alle Zusatzinformationen vorliegen, da dem Beobachter entweder nur ein Teil zugänglich ist oder ihm die Zeit oder die Motivation fehlt, alle Informationen zu beschaffen. In solchen Fällen greift der Beobachter auf kausale Schemata zurück, die er aus Erfahrungen erlernt hat. So werden Teilinformationen logisch mithilfe von Erfahrungen, Meinungen und eigenen Theorien über Ursache-Wirkungs-Zusammenhänge ergänzt. Kelley beschreibt viele unterschiedliche Schemata, die dem Beobachter helfen, trotz unvollständiger Informationen und mit möglichst wenigen Ressourcen zu komplexen Schlussfolgerungen zu gelangen. Während die kausalen Schemata der Top-down-Verarbeitung zugeordnet werden können, entspricht das Kovariationsprinzip der Bottom-up-Verarbeitung.

In den vorangegangen Abschnitten wurden bereits vier der fünf Konstrukte des Magdeburger Modells der Sozialen Intelligenz den Stufen der Informationsverarbeitung zugeordnet, im Folgenden soll die Soziale Flexibilität betrachtet werden. Sie ist definiert als Fähigkeit zur flexiblen Produktion von Ideen bei der Interpretation und Lösung von mehrdeutigen und neuartigen sozialen Situationen. Dadurch würde sie am ehesten der Stufe *Schlussfolgerungen und Urteile* entsprechen, da hier über die gegeben Informationen der sozialen Situation hinausgegangen werden muss, um möglichst vielfältige und einfallsreiche Erklärungen und Lösungen zu generieren. Wahrscheinlich ist ein Teil der Erklärungen und Lösungen bereits im Gedächtnis gespeichert und kann auf viele Situationen top-down angewendet werden (häufig genannte Lösungen). Ein anderer Teil muss neu generiert werden und die Besonderheit der vorliegenden Situation berücksichtigen (originelle Lösungen).

In den letzten Abschnitten wurde deutlich, dass die neueintreffenden Stimuli und das vorliegende Wissen stark miteinander verbunden sind. Weder die Bottom-up- noch die Top-down-Verarbeitung kann eigenständig erfolgen. Auch eine strikte Trennung der einzelnen Informationsverarbeitungsstufen ist nicht möglich, da sie einerseits aufeinander aufbauen, andererseits durch Rückkopplungsschleifen und parallele Abläufe miteinander verbunden sind. Individuen können aber einen Schwerpunkt setzen und entweder die neueintreffenden Informationen oder das Vorwissen stärker berücksichtigen. Wann sich ein Individuum eher wie ein „kognitiver Geizkragen" (vgl. Fiske & Taylor, 1991) verhält und gern bereit ist eine kognitive Abkürzung zu nehmen und unter welchen Bedingungen Menschen gern bereit sind, kognitiv anstrengende Arbeit zu leisten, soll Bestandteil des nächsten Kapitels sein.

5.2.4 *Schwerpunktmäßige Bottom-up- oder Top-down-Verarbeitung*

Im Rahmen der Informationsverarbeitung kommt es zu einem Moment, indem sowohl neueinge-troffene Informationen aus dem Wahrnehmungsprozess als auch existierende Wissensstrukturen aus dem Enkodierungsvorgang vorliegen. Welche Informationskomponente verstärkt in die Weiterverarbeitung und damit in die Urteilsbildung eingeht, ist von diversen Faktoren abhängig. Ist die Verarbeitungskapazität einer Person eingeschränkt oder fehlt ihr die Motivation, wird der Vorgang der Eindrucksbildung, Schlussfolgerung und Beurteilung anderer Personen stark durch erworbenes Wissen geleitet. Vermutlich helfen bereits bestehende Wissensstrukturen bei einer besonders sparsamen Verarbeitung von Umweltreizen, wenn nicht genügend Verarbeitungs-ressourcen zur Verfügung stehen (Fiedler & Bless, 2003). Die Verarbeitungskapazität kann durch äußere Bedingungen (Lärm, Ablenkung etc.), bei sehr großem Zeitdruck (Kruglanski & Freund, 1983) oder hoher Komplexität der Aufgabe (Bodenhausen & Lichtenstein, 1987) limitiert sein. Eine Untersuchung, die ebenfalls von Bodenhausen (1990) durchgeführt wurde, teilte die Ver-suchsteilnehmer zunächst in Morgen- und Abendmenschen ein, da Bodenhausen vermutete, dass jeder Mensch einen anderen zirkadianen Rhythmus aufweist. Anschließend nahmen die Proban-den entweder morgens, mittags oder abends an einer Untersuchung teil, in der sie gebeten wurden, die Schuld eines Verdächtigen in einem juristischen Fall einzuschätzen. Der Tatvorgang war für alle Versuchsteilnehmer identisch, nur der Name des Verdächtigen war entweder typisch amerikanisch oder lateinamerikanischen Ursprungs. Erwartungsgemäß wurden mehr stereotype Urteile von Teilnehmern abgegeben, die an Untersuchungen teilnehmen mussten, die entgegen ihres zirkadianen Rhythmus stattfanden. Bodenhausen erklärte die Ergebnisse mit der ein-geschränkten Verarbeitungskapazität, die Morgenmenschen in Abendsitzungen und Abend-menschen in Morgensitzungen verleitete, sich auf den Stereotypen und damit auf ihre Top-down-Verarbeitung zu verlassen. Allerdings sind Menschen auch in der Lage, bewusst oberflächlich zu verarbeiten („self-handicapping"), wenn sie befürchten, einen Misserfolg zu erleben. Damit am Ende der Misserfolg auf schlechte körperliche Verfassung, Übermüdung oder andere externe Ursachen zurückgeführt werden kann, verarbeiten sie absichtlich oberflächlich oder leiten sogar leistungsbeeinträchtigende Maßnahmen (z.B.: übermäßiger Alkoholkonsum) ein (Berglas & Jones, 1978; Fincham & Hewstone, 2003).

Die Bottom-up-Verarbeitung ist kognitiv fordernder, weshalb sowohl motivationale als auch fähigkeitsbasierte Aspekte benötigt werden. Die Motivation ist üblicherweise stark ausgeprägt, wenn sich Menschen mit einer für sie bedeutsamen Person auseinandersetzen müssen, oder sie sich generell in einer wichtigen Situation befinden. Eine Person wird als bedeutsam eingestuft, wenn ihr Handeln auch Konsequenzen für andere anwesende Personen aufweist. Dann sind Individuen bereit, mehr Aufwand in die Verarbeitung zu investiert, um ggf. das Verhalten der wichtigen Personen vorhersagen und kontrollieren zu können (Herkner, 1996). Berscheid,

Graziano, Monson und Dermer (1976) untersuchten diesen Sachverhalt experimentell, indem sie die Bedeutsamkeit der interagierenden Personen systematisch variierten. Sie gaben vor, das Rendezvousverhalten zu untersuchen und baten die Versuchspersonen, sich zuvor ein Video mit drei diskutierenden Personen des anderen Geschlechts anzusehen. Einigen Probanden sagten sie, welche Person im Video der potentielle Partner sein würde, mit dem sie sich für die kommenden fünf Wochen exklusiv verabreden werden (hohe Bedeutsamkeit) oder mit dem sie sich nur einmalig verabreden müssen (geringe Bedeutsamkeit). Andere Teilnehmer wurden gebeten, das Video anzusehen, ohne das ihnen gesagt wurde, dass sich für sie wichtige Personen darunter befinden (keine Bedeutsamkeit). Mit steigender Bedeutsamkeit betrachteten die Probanden den potentiellen Partner länger, konnten mehr Informationen erinnern und schätzten die andere Person positiver ein. Die Autoren weisen ebenfalls darauf hin, dass es bei einer sehr starken Bedeutsamkeit zu Verzerrungen kommen kann und die andere Person dadurch wunschhaft idealisiert wird.

Nach Langer (1978) muss eine Bottom-up-Verarbeitung bei neuen Situationen erfolgen, da entweder gar kein oder nur sehr wenig Wissen zur Aktivierung vorhanden ist. Außerdem postuliert die Autorin, dass nach überraschend auftretender negativer oder positiver Konsequenz die datengesteuerte Verarbeitung einsetzt, weil eine starke Abweichung von der Erwartung eingetreten ist. Diese inkonsistenten Informationen müssen einerseits integriert werden, andererseits wurde das Bedürfnis nach kontrollierter Verarbeitung geweckt. Pittman und Pittman (1980) weisen ebenfalls daraufhin, dass nach erlebter Unkontrollierbarkeit besonders sorgfältige und realistische Urteile von Probanden abgegeben werden und vermuten, dass diese Urteile auf der Grundlage datengesteuerter Informationsverarbeitung zustande kommen. Darüber hinaus spielen auch interindividuelle Unterschiede im Kognitionsbedürfnis (*need for cognition* nach Cacioppo & Petty, 1982) eine Rolle, sodass Menschen mit einem hohen Bedürfnis nach kognitiver Verarbeitung häufiger auf Bottom-up-Prozesse zurückgreifen als Menschen mit geringem Kognitionsbedürfnis.

Abschließend soll darauf hingewiesen werden, dass keine der beiden Verarbeitungsmechanismen als besser oder schlechter bewertet werden kann. Es entsteht schnell der Eindruck, dass die Bottom-up-Verarbeitung einerseits mühevoller ist, andererseits Ergebnisse erzeugt, die genauer, realistischer und angemessener sind. Diese datengesteuerte Verarbeitung ist bei der Personenwahrnehmung zwar häufig ein kontrollierter Prozess, dennoch können die Daten trügen, wenn beispielsweise optische Täuschungen auftreten oder besonders saliente Hinweisreize die alleinige Aufmerksamkeit für sich beanspruchen. Obwohl die Top-down-Verarbeitung automatisiert ablaufen kann, stellt sie für den Menschen eine bequeme, effiziente und schnelle Möglichkeit seine Umwelt zu verstehen dar. Die resultierenden Urteile können genauso adäquat ausfallen, wenn die „richtigen" Kategorien aktiviert wurden und diese mit der Realität „gut" übereinstimmen (Herkner, 1996). Die Akkuratheit der Personenwahrnehmung und welche Beurteilungsfehler möglicherweise auftreten können, sind Bestandteile der nächsten Kapitel.

5.3 Festlegung eines Akkuratheitskriteriums

Wie genau bzw. akkurat wir andere Personen hinsichtlich mentaler Zustände, Motive und Persönlichkeitsmerkmale beurteilen können, ist eine zentrale Fragestellung innerhalb der Personenwahrnehmung. Kruglanski (1989) unterscheidet drei verschiedene Forschungsansätze und leitet aus jedem Ansatz eine Definition von Akkuratheit ab. Der *pragmatische Ansatz* (Funder, 1999) besagt, dass Individuen zielorientiert sind und bevorzugt die sozialen Hinweisreize wahrnehmen, die für ihre Ziele nützlich und relevant sind. Die Einschätzung anderer Personen ist nach diesem Ansatz als akkurat einzustufen, wenn der Beurteiler mit Hilfe der Einschätzung seine Ziele erreichen konnte. Swann (1984) unterscheidet innerhalb des pragmatischen Ansatzes die globale und die situationsspezifische Akkuratheit. Die globale Akkuratheit ist hoch ausgeprägt, wenn es dem Individuum gelungen ist, die andere Person generell vorherzusagen, unabhängig vom Interaktionspartner (transpersonale Akkuratheit), von situationsspezifischen Aspekten (transkontextuale Akkuratheit) und über einen längeren Zeitraum hinweg (Langzeitakkuratheit). Dagegen ist die situationsspezifische Akkuratheit hoch ausgeprägt, wenn der Beurteiler gültige Vorhersagen treffen kann, die auf bestimmte Interaktionspartner, eine begrenzte Anzahl von Settings und eine kurze Zeitspanne beschränkt sind. Welche Art von Akkuratheit (global vs. spezifisch) zum Einsatz kommt, ist abhängig von den angestrebten Zielen des Beurteilers und davon, welche Qualität und Dauer die Beziehung von Beurteiler und Zielperson aufweist. Swann (1984) vermutet, dass es einfacher ist, andere Personen situationsspezifisch korrekt vorherzusagen, da die Vielfalt des möglichen Verhaltens eingeschränkt ist und der Beurteiler auf eigene spezifische Erfahrungen mit der Zielperson zurückgreifen kann.

Im *konstruktivistischen Ansatz* wird die Akkuratheit als Übereinstimmung zwischen verschiedenen Personen beschrieben. Dieser Ansatz besagt, dass Menschen nicht in der Lage sind, die wahre Natur ihrer Umwelt zu erfassen, und dementsprechend die Urteile unterschiedlicher Beobachter als gleichwertige Rekonstruktionen der Realität betrachtet werden müssen. Eine Aussage darüber, welcher Beurteiler die genauste Einschätzung abgegeben hat, ist daher nicht möglich. Nur ein Konsens zwischen verschiedenen Beurteilern kann als Annährung an die Realität betrachtet werden (Kruglanski, 1989).

Beim *realistischen Ansatz* wird die Akkuratheit als Übereinstimmung zwischen einem Urteil und einem Kriterium definiert. Ein Urteil wird als korrekt eingestuft, wenn es mit der Realität übereinstimmt. Allerdings kann die Realität nicht direkt erfasst werden, sondern muss über eine Vielzahl von validen aber auch invaliden Hinweisen erschlossen werden. Ob die Realität adäquat abgebildet wurde, kann nicht mit Sicherheit festgestellt werden, weshalb eine grundsätzliche Skepsis gegenüber der Richtigkeit gefordert wird. Je mehr Kriterien allerdings das Urteil bestätigen, desto wahrscheinlicher wird es, dass die Realität gut abgebildet wurde. Diese Definition ist nach Kruglanski (1989) die gebräuchlichste und weist viele Parallelen zum kritischen Rationalismus auf. Das Problem bei diesem Ansatz ist allerdings die Wahl eines geeigneten Kriteriums, welches die „tatsächliche" aktuelle Ausprägung der Merkmale einer Zielperson repräsentiert.

Bei der Suche nach einem Kriterium sollte zunächst zwischen dem Prozess der Personenwahrnehmung und dem messbaren Ergebnis unterschieden werden. Welche Informationsverarbeitungsprozesse während der Personenwahrnehmung ablaufen können, wurde in den vergangen Kapiteln ausführlich beschrieben. Am Ende hat sich der Beobachter ein Urteil gebildet und eine Verhaltensreaktion könnte sichtbar werden. Zum Beispiel könnte der Beobachter sein Urteil über eine andere Person in einer psychologischen Studie zum Ausdruck bringen. Stellen wir uns vor, ihm wird ein psychologisches Messverfahren zum sozialen Verständnis vorgegeben, welches am Ende der Studie ausgewertet werden soll. Wie kann nun die richtige Lösung und damit der Grad der Akkuratheit festgelegt werden?

Üblicherweise liegen bei kognitiven Fähigkeitstests, wie sie bei der Erfassung akademischer Intelligenz zum Einsatz kommen (z.B.: mentale Rotation, schlussfolgerndes Denken etc.), eindeutig richtige Lösungen vor. Jede Antwort sollte anhand von objektiven Regeln auf einem Kontinuum der Korrektheit eingeordnet werden können (Guttman, 1965; zit. n. Guttman & Levy, 1991). Objektive Regeln können dabei in logisch-mathematische, wissenschaftlich-empirische und semantische Regeln unterteilt werden (Guttman & Levy, 1991). Nevo (1993) ergänzte eine weitere Regel zur Identifikation von richtigen Lösungen: die Übereinstimmung mit Autoritäten. Logisch-mathematische und semantische Regeln können nicht auf die Einschätzung mentaler Zustände angewendet werden, da ihre Bewertung mit einem gewissen Interpretationsspielraum verbunden ist. Die Anwendung einer solchen Regel würde folglich zu einer ungültigen Lösung führen.

Dementsprechend kommen nur wissenschaftlich-empirische Regeln oder die Übereinstimmung mit Autoritäten in Betracht. Ein prototypisches Beispiel für eine wissenschaftlich-empirische Regel ist das *Facial Action Coding System* (FACS) von Ekman, Friesen und Hager (2002). Auf der Grundlage von anatomischen Beobachtungen der Gesichtsmuskulatur wurden Bewegungseinheiten (Action Units) bestimmt, deren Kombinationen eine emotionale Beschreibung des Gesichtsausdrucks ermöglichen. Solche Regeln stehen allerdings für die Mehrheit der mentalen Zustände nicht zur Verfügung, da viele Zustände nur indirekt beobachtet werden können (Gedanken, Intensionen etc.). Darüber hinaus ist eine Beschränkung auf die Interpretation der Mimik für Aufgaben des Sozialen Verständnisses nicht zielführend, da zusätzliche soziale Hinweisreize auch in anderen Bereichen der (non)verbalen Kommunikation zu finden sind (Gestik, Körperhaltung etc.). Allerdings erzeugt die Erweiterung über die Gesichtsmuskulatur hinaus erneut einen Interpretationsspielraum. Mayer, Salovey, Caruso und Sitenarios (2001) schlussfolgerten, dass wissenschaftlich-empirische Regeln ihre Gültigkeit verlieren, wenn nicht alle Informationen direkt beobachtbar sind und eine gewisse Variationsbreite in der Auslegung besteht, wodurch für die Identifikation der richtigen Lösung in sozialen Verständnisaufgaben nur die Übereinstimmung mit Autoritäten als mögliche Regel verbleibt. Nevos (1993) definiert diese Regel als Übereinstimmung mit einem Konsensus oder dem Allgemeingut (gemeinsames Wissen). Eine genauere Ausdifferenzierung, wer als Autorität geeignet ist, wenn ein Kriterium für die Beurteilung anderer Personen festgelegt werden soll, erfolgte bereits 1964 durch Cline. Er unterscheidet drei mögliche Quellen:

1) *Target-Informationen* in Form von Selbstberichten, Ergebnissen aus Fragebögen und Tests oder andere Informationen, die von der Targetperson selbst erzeugt werden.
2) Die *Gruppen*antwort auf Ratings oder Persönlichkeitsitems zur Messung der Genauigkeit von Stereotypen.
3) Ratings und Bewertungen von *nahestehenden Personen* (Lebenspartner, Freunde und Bekannte etc.).
4) *Experten* (beispielsweise Psychologen, Therapeuten, Sozialwissenschaftler oder Personalleiter).

Da Target-Informationen (*Target Scoring*) nur in nicht geschauspielerten und realitätsnahen Testsituationen als Kriterien herangezogen werden können, entwickelte sich die Konsensbildung im Kontext der emotionalen Intelligenzforschung zur häufigsten Auswertungsmethode (Barchard, Hensley, & Anderson, 2013; MacCann, Roberts, Matthews & Zeidner, 2004). Dieser Konsensus kann entweder auf einer großen Stichprobe (*Group Consensus Scoring*) beruhen oder mit Hilfe von Experten (*Expert Consensus Scoring*) herbeigeführt werden. Auf diese drei Auswertungsmethoden soll im Folgenden näher eingegangen werden.

5.3.1 Target Scoring

Die Voraussetzung für ein *Target Scoring* ist das Vorhandensein von Target-Informationen, wodurch die richtige Lösung von der Targetperson selbst bestimmt wird. Dieser Auswertungsmethode liegt die Annahme zugrunde, dass eine Targetperson mehr Informationen über ihre inneren mentalen Zustände besitzt als jeder andere außenstehende Beobachter (Mayer & Geher, 1996). Bei der Einschätzung anderer Personen wird üblicherweise ein Genauigkeitswert bestimmt, in dem zunächst die (quadrierte) Differenz zwischen der Antwort des Beurteilers und der Antwort der Targetperson für jedes Item gebildet wird. Der Mittelwert aller Differenzwerte einer Targetperson ergibt den Genauigkeitswert, welcher wiederum zu einem Gesamtwert über alle Targetpersonen aggregiert werden kann (u.a. Bronfenbrenner, Harding & Gallwey, 1958; Cline 1964; Tagiuri, 1969). Oftmals geben sowohl die Beurteiler als auch die Targetpersonen ihre Antworten auf Ratingskalen ab (Cronbach, 1955), wodurch sich der erste Kritikpunkt an der Auswertungsmethode ergibt. Antworttendenzen zur Mitte oder zu Extremwerten können sowohl bei der Targetperson als auch auf der Seite der Beurteiler auftreten. Handelt es sich zufällig um dieselbe Antworttendenz (Target und Beurteiler tendieren zur Mitte) könnte die Beurteilungsleistung einer Person überschätzt oder bei gegensätzlichen Antworttendenzen unterschätzt werden. Snodgrass (2001) empfiehlt, die Antworten der Targetpersonen mit denen der Beurteiler zu korrelieren (correlations-based scoring), um den Einfluss der Antworttendenzen zu minimieren. Da eine Korrelation die Mittelwerte und Standardabweichungen von der Targetperson und dem Beurteiler beinhaltet, werden individuelle Antworttendenzen kompensiert. Allerdings muss berücksichtigt werden, dass durch diese spezielle Art des *Target Scoring*s die Informationen einzelner Items verloren gehen. Zusätzlich muss eine ausreichend große Anzahl von Items vorhanden sein, da bei diesem Scoring nicht die Personen sondern die Items die Analyseeinheit darstellen. Darüber hinaus ist es nicht möglich, Schwierigkeitswerte und Reliabilitätskoeffizienten zu bestimmen, da jedem Beurteiler nur ein Genauigkeitswert in Form einer Korrelation zugewiesen wird.

Andere Kritikpunkte beziehen sich auf die Introspektionsfähigkeit der Targetpersonen, denn nicht jeder ist in der Lage, seinen mentalen Zustand korrekt zu interpretieren oder es fällt einer Person besonders schwer, für ihre Gedanken und Gefühle die adäquate verbale Bezeichnung zu finden. Auch sozial erwünschte Targetantworten sind möglich und können die Gültigkeit der richtigen Lösung beeinflussen (MacCann et al., 2004; Mayer & Geher, 1996). Eine Targetperson, die sich sehr stark an sozialen Werten und Normen orientiert, kann bewusst oder unbewusst ihre Antworten verfälschen und das *Target Scoring* beeinträchtigen.

Trotz alledem besitzt die Targetperson den unbestrittenen Vorteil, dass nur Sie allein erlebt, was in ihr vorgeht, wodurch sich vermuten lässt, dass sie zu akkurateren Einschätzungen fähig ist, als ein außenstehender Beurteiler. Dieser Vorteil sollte sich allerdings auf Gedanken und Gefühle beschränken, da diese nicht immer im vollen Umfang zu beobachten sind. Hingegen sollten beide Parteien im gleichen Maße fähig sein, offen zu beobachtendes Verhalten einzuschätzen (Bem, 1972). Empirische Studien zeigen allerdings kein so eindeutiges Bild. Spain, Eaton und Funder (2000) verglichen Selbst- und Fremdbeurteilungen der Persönlichkeitsmerkmale Extraversion und Neurotizismus. Sie konnten zeigen, dass Selbsturteile akkurater ausfielen als das Fremdurteil enger Freunde, wenn als Kriterium Emotionen im Alltag herangezogen wurden, welche die Targetperson selbst mittels *Ambulatory Assessment* (AA) gesammelt hatte. Das zweite Kriterium war eine Verhaltensbeobachtung der Targetperson im Labor. Eine fünfminütige Video-aufzeichnung der Targetperson, die sie in einem Gespräch mit einer fremden Person zeigte, diente als Grundlage für einen Q-Sort, der von geschulten Beobachtern auf den Dimensionen Extraversion und Neurotizismus vorgenommen wurde. Bei diesem Kriterium war der Vorteil der Selbstbeurteilung nur noch beim Merkmal Extraversion zu finden, während Neurotizismus von den Fremdbeurteilern akkurater eingeschätzt wurde. Hieraus kann nicht nur geschlussfolgert werden, dass die Genauigkeit des Selbsturteils von der Art des Kriteriums (Emotion im Alltag oder Verhaltensbeobachtung im Labor) und dem zu beurteilenden Merkmal abhängig ist, es lassen sich auch Indizien für Reaktivität und Repräsentativität des Kriteriums finden. So konnte in dieser Untersuchung nicht ausgeschlossen werden, dass sich die Targetpersonen in der Labor-situation unnatürlich oder reaktiv verhalten haben, sodass die Verhaltensbeobachtung auf der Grundlage suboptimaler Hinweisreize vorgenommen wurde und folglich als Kriterium nur bedingt geeignet war. Ferner basierten die Daten des AA sowie die Selbst- und Fremdurteile auf vielen unterschiedlichen Situationen, während die Verhaltensbeobachtung nur einen Ausschnitt aus dem Leben der Targetperson darstellte, wodurch sich erneut Zweifel an der Eignung dieser Verhaltensbeobachtung als Kriterium ergeben. Da das Ergebnis der Studie kein konsistentes Bild für die Verhaltensbeobachtung zeigt, soll eine weitere Untersuchung betrachtet werden, die Selbst- und Fremdurteile mit Verhaltensdaten vergleicht. Spinath und Spinath (2004) nutzen Selbst-, Bekannten- und Fremdurteile auf dem NEO-Fünf-Faktoreninventar (NEO-FFI) nach Costa und McCrae (1992) und untersuchten den Zusammenhang dieser Urteile mit Verhaltens-indikatoren. Erneut wurden Videoaufzeichnungen genutzt, in denen die Targetpersonen bei einem Gespräch mit einer fremden Person zu sehen waren. Das Verhalten wurde durch geschulte Beobachter mit Hilfe eines Q-Sorts den Persönlichkeitsmerkmalen zugeordnet. Die Ergebnisse zeigen, dass die Fremdurteile der Merkmale Neurotizismus, Extraversion und Offenheit am höchsten mit dem Verhalten der Targetperson korrelierten (Selbst: .04 - .41; Bekannte: .28 - .40, Fremde: .35 .55), während alle drei Urteile bei dem Merkmal Verträglichkeit nahezu identisch ausfielen (.20 - .23). Diese Studie würde die Urteile fremder Personen und damit das *Group Consensus Scoring* (vgl. Kapitel 5.3.3) bevorzugen. Allerdings kann nicht ausgeschlossen werden, dass die Beurteilungen der Targetpersonen und deren Bekannten auf dem NEO-FFI im Allgemeinen und dementsprechend gemittelt über viele Situationen erfolgten, während sowohl die Fremdurteile als auch die Verhaltensbeobachtung auf das Videomaterial und die darin zu sehende Gesprächssituation beschränkt war. Eventuell fallen die Korrelationen zwischen Fremdurteil und Verhalten höher aus, weil beide Beurteilungsprozesse sich auf gemeinsame Hinweisreize beziehen. Außerdem kamen bei Spinath und Spinath (2004) geschulte Beobachter zum Einsatz, wodurch die Ergebnisse nur eingeschränkt eine Schlussfolgerung für die Validität von *Target Scoring* zulassen. Bei beiden hier exemplarisch vorgestellten Studien bleiben Zweifel an der Zuverlässigkeit der Selbsturteile und damit am *Target Scoring* selbst zurück, obwohl insbesondere das Kriterium der Verhaltensbeobachtung methodische Schwächen aufweist. Darüber hinaus muss berücksichtigt werden, dass sich diese Untersuchungen aus Ermanglung eines objektiven Kriteriums für innere mentale Zustände auf die Beurteilung von Persönlichkeitsmerkmalen beschränken. Eine Generalisierung dieser Befunde auf andere Bereiche kann daher nicht vorausgesetzt werden. Deutlich wird an dieser Stelle die Bedeutung der Verfügbarkeit von Hinweisreizen. Sowohl die Targetperson als auch die Beurteiler sollten ihre Einschätzungen auf der Grundlage derselben Informationen (Situation, Hintergrundinformationen etc.) abgeben.

Wird einmal vorausgesetzt, dass eine Targetperson keine der bisher genannten Kritikpunkte aufweist und tatsächlich adäquate Antworten abgibt, beinhaltet nach Cronbach (1955) die Varianz verschiedener Differenzwerte nicht notwendigerweise unterschiedliche Fähigkeiten der Beurteiler. Er zerlegte die gemittelten Differenzwerte eines Beurteilers in vier unterschiedliche Komponenten, wobei nur eine Komponente (Differentielle Genauigkeit) die Fähigkeit, andere Personen korrekt einzuschätzen, widerspiegelte. Die anderen Komponenten bestehen aus Beurteilerfehlern, welche den Genauigkeitswert beeinträchtigen (vgl. Kapitel 5.4). Auch Bronfenbrenner und Kollegen (1958) sowie Cline (1964) erweiterten die Sensitivität gegenüber dem Individuum (Differentielle Genauigkeit) um eine weitere Komponente, die Sensitivität gegenüber dem verallgemeinerten Anderen (Stereotypen). Je weniger Informationen in Form von Hinweisreizen dem Beurteiler vorliegen, desto größer ist die Tendenz der Beurteiler, ihr generelles Wissen über soziale Gruppen zu nutzen (Gage & Cronbach, 1955; Cline, 1964), wodurch erneut das Vorhandensein ausreichender Hinweisreize von Bedeutung ist. Die Beurteilung anderer Personen unterliegt vielfältigen Einflussfaktoren, die sich auch auf den Genauigkeitswert auswirken können. Auch Bronfenbrenner et al. (1958, S. 39) merken an: „*the accuracy score is thus equal to the sum of all the errors made by the judge*". Dies ist allerdings kein alleiniges Problem des *Target Scorings*. Beurteilerfehler treten bei anderen Scoringmethoden in identischer Weise auf. Allerdings können sich solche Fehler beim *Target Scoring* doppelt auswirken, wenn sie zusätzlich auf Seiten der Targetperson auftreten.

5.3.2   Group Consensus Scoring

Bei der Anwendung des Consensus Scorings wird üblicherweise davon ausgegangen, dass der Konsensus zwischen Personengruppen auf einer gemeinsamen Wissensbasis in der Population beruht, von der gewünscht ist, dass sie die richtige Lösung bestimmt (Legree, 1995). In der Literatur zur emotionalen Intelligenz finden sich viele unterschiedliche Möglichkeiten, einen Konsensus mathematisch zu bestimmen. Im Folgenden sollen drei häufig angewendete Berechnungsmethoden an einem Beispiel veranschaulicht werden. Angenommen, eine Fotografie mit dem Gesichtsausdruck einer Targetperson wurde einer Stichprobe vorgegeben, welche die dargestellte Emotion mit Hilfe eines Antwort-Wahl-Verfahrens einschätzen mussten (A-Freude, B-Angst, C-Ärger und D-Trauer). In dieser Stichprobe haben sich 40% der Probanden für die Antwort A, 20% für B, 15% für C und 25% für D entschieden (vgl. Barchard, Hensley, & Anderson, 2013). Um die richtige Antwort zu bestimmen, kann zum einen der Modalwert (Mode Consensus Scoring = MCS) des Antwortverhaltens herangezogen werden, der in diesem Beispiel bei der Antwort A zu finden ist. Probanden, die sich für A entschieden haben, bekommen für die richtige Lösung einen Punkt, Probanden, die sich für eine andere Option entschieden haben, erhalten keinen Punkt (Barchard & Russell, 2006). Eine andere Berechnungsmöglichkeit lässt sich in der Bestimmung der relativen Häufigkeiten jeder einzelnen Antwortalternative finden (Proportion Consensus Scoring = PCS), wodurch ein Proband, der Antwort A ausgewählt hat, einen Wert von .40 erhält (B = .20, C = .15 und D = .25). Dementsprechend bedeutet ein hoher Wert bei beiden Auswertungsmethoden eine gute Leistung in dem gemessenen Merkmal.

Bei der dritten Berechnungsmethode wird ein Distanzscore (Distance Consensus Scoring = DCS) ermittelt, indem die absolute oder quadrierte Differenz zwischen der Antwort der Versuchsperson und dem Mittelwert der Stichprobe gebildet wird (Barchard, Hensley, & Anderson, 2013).

Jede einzelne Berechnungsmethode besitzt unterschiedliche Vor- und Nachteile. Während die Anwendung des MCS mit geringem Aufwand verbunden ist, stellten Barchard und Russell (2006) durch mathematische Herleitungen fest, dass MCS kleine Subgruppen einer Stichprobe benachteiligt. So würden beispielsweise Männer einen geringeren Gesamtwert erhalten, wenn sie nur durch wenige Teilnehmer in der Stichprobe repräsentiert sind, als es ihnen möglich gewesen wäre, wenn ihr Anteil zahlenmäßig größer gewesen wäre. Diese Benachteiligung zwischen kleinen und großen Subgruppen blieb auch bei identischem mittlerem Wissensniveau erhalten. Die Autoren weisen darauf hin, dass bei MCS Experten ebenfalls als eine Subgruppe betrachtet werden können, die per Definition mehr Wissen als eine Durchschnittsperson aufweisen. Diese Experten würden allerding bei der Anwendung des MCS immer einen geringeren Wert erhalten, was fragwürdig erscheint.

Beim DCS kann bemängelt werden, dass seine Anwendung auf Antwortalternativen beschränkt ist, die in eine Rangreihe gebracht werden können. Dadurch sind Items mit Mehrfachauswahl oder Forced-Choice Antwortformate für das DCS ungeeignet (Barchard, Hensley & Anderson, 2013). Die Anwendung des PCS ist hingegen auf kein Antwortformat beschränkt und wird häufig für Verfahren der Emotionalen Intelligenz (Mayer, Caruso & Salovey, 2000; MacCann et al., 2004) eingesetzt. Da sich das Wissen um Emotionen im sozialen Kontext entwickelt, wird der

Einsatz des PCS als logischplausibel angesehen. Allerdings besitzt diese Methode psycho-metrische Schwächen. Beispielsweise können die Itemschwierigkeiten nicht bestimmt werden (Legree, Psotka, Tremble & Bourne, 2005; Schulze, Wilhelm, & Kyllonen, 2007). Wird das PCS auf ein schwieriges Item angewendet, erhalten fähigere Personen einen geringeren Wert, da schwere Items üblicherweise nur von einer Minderheit in der Stichprobe korrekt gelöst werden. Die Mehrheit der Stichprobe wird dieses Item falsch lösen, sodass weniger fähige Personen mit ihrer Antwort näher an der Mehrheit liegen und dementsprechend für ihre falsche Antwort einen höheren Wert erhalten (Matthews, Zeidner & Roberts, 2005; Schulze et al., 2007). Dies konnten Barchard und Kollegen (2013) in Ihrer Untersuchung verdeutlichen, indem Sie PCS auf einen Vokabeltest anwendeten, für den es eine logisch korrekte Lösung gab. Sie zeigten, dass PCS bei leichten und mittel schweren Items in der Lage war, die richtige Lösung zu identifizieren, bei schweren Items hingegen versagte. Die Autoren schlussfolgerten, dass PCS nur auf Testverfahren angewendet werden darf, die ausschließlich leichte und mittelschwere Items besitzen. Da die Itemschwierigkeiten eines Tests, bei dem keine logisch-objektive Lösung vorliegt, nur schwer im Vorhinein bekannt sein können bzw. ein Test, der gut zwischen Personen differenzieren soll, auch schwere Items benötigt, ist PCS zur Bestimmung der richtigen Lösung ungeeignet. Allerdings fanden Barchard und Kollegen (2013) auch bei schwierigen Items einen Anstieg der Korrelationen zwischen den mit PCS bewerteten Items und der objektiv richtigen Lösung, wenn sie alle Items des Tests zu einem Gesamtwert aggregierten. Je mehr Items in den aggregierten Wert einflossen, desto größer wurde diese Korrelation (Range: .36 - .73). Dennoch fielen alle Korrelationsvergleiche positiver für ein PCS aus, welches auf einer Expertenstichprobe basierte, weshalb die Autoren zur Anwendung eines *Expert Consensus Scorings* (ECS) raten.

Mayer und Geher (1996) untersuchten den Zusammenhang von *Target Scoring* und *Group Consensus Scoring* (GCS), indem sie Targetpersonen eine emotionale Situation verbal beschreiben ließen, welche sie emotional besonders berührt hatte. Diese Targetpersonen berichteten über ihre Emotionen mit Hilfe von verbalen Gefühlsumschreibungen (z.B.: sich mit jemanden zusammen freuen, gegen etwas treten etc.). Diese Umschreibungen stellten die richtige Lösung dar und wurden mit anderen Gefühlsumschreibungen gepaart, wodurch sich 12 Items mit dichotomen Antwortalternativen ergaben. Die erwartete Übereinstimmung zwischen der Targetperson und der Stichprobe sollte signifikant größer als 50% sein, da dies der Ratewahrscheinlichkeit dichotomer Items entspricht. Während die Reliabilitätskoeffizienten für das GCS mit .92 sehr zu-friedenstellend ausfielen, konnten die Autoren allerdings nur eine 55% Übereinstimmung fest-stellen. Auch die Korrelation beider Scorings zeigte mit $r = .18$ nur wenig gemeinsame Varianz. Allerdings konnte diese Untersuchung nicht klären, welche Methode die geringe Uberein-stimmung verursacht, da auch in dieser Studie eine objektiv richtige Lösung nicht vorhanden war. Entweder haben die Targetpersonen adäquate Antworten abgegeben und die Teilnehmer der Untersuchung waren unfähig, die korrekten Emotionen zu erkennen oder die Teilnehmer lagen richtig, aber die Targetpersonen konnten ihre Emotionen nicht korrekt benennen oder wählten möglicherweise sozial erwünschte Antworten. Es wäre aber auch möglich, dass beide Parteien nicht in der Lage waren, die korrekte Lösung zu erfassen, da sie keine Experten waren.

5.3.3 Expert Consensus Scoring

Zunächst sollte der Begriff eines Experten definiert werden. Gruber und Ziegler (1996) stellten fest, dass explizite Definitionen der Begriffe „Experte" und „Expertise" selten sind, und meist in Abhängigkeit von der Wahl der untersuchten Personen bzw. deren Wissensdomänen formuliert werden. Eine bekannte Definition stammt von Posner (1988; zit. n. Gruber & Ziegler, 1996), der einen Experten als eine Person ansieht, die in einer Domäne dauerhaft herausragende Leistungen erbringt. Häufig werden die Unterschiede zwischen Experten und Novizen zur Definition herangezogen. So enkodieren Experten Probleme effizienter und besitzen Problemrepräsentationen, die besser ausgearbeitet sind. Sie wenden andere Problemlösestrategien als Novizen an und erinnern problemrelevante Informationen effizienter, da ihre Repräsentationen besser organisiert sind. Darüber hinaus besitzen Experten umfangreiches Fachwissen in ihrer Domäne, die sie durch extensive Übung und praktische Erfahrungen erlangt haben (Ericsson & Lehmann, 1996; Knoblich, 2002). Insbesondere das Ausmaß der Übung wird häufig als ein Kriterium herangezogen, eine Stichprobe von Experten zu bestimmen. So gelten mindestens zehn Jahre intensive Praxis (z.B.: Berufserfahrung) als notwendig, um Spitzenniveau in einer Domäne erreichen zu können (Ericson, Krampe & Tesch-Römer, 1993).

Im Rahmen der Emotionalen oder Sozialen Intelligenz kann ein Experte als ein Spezialist angesehen werden, der die internen Zustände einer Person besser versteht als das Individuum selbst und besser als eine Gruppe von Laien oder Nicht-Spezialisten (Mayer & Geher, 1996). Dementsprechend sollte die richtige Lösung bei solchen Testverfahren auf der Grundlage einer Expertenstichprobe ermittelt werden. Die Berechnung eines *Expert Consensus Scoring* (ECS) kann analog zum *Group Consensus Scoring* durch den Modalwert, einen Distanzscore oder proportional über die Antworthäufigkeiten bestimmt werden. Da auch Experten eine Variationsbreite in ihren Antworten aufweisen, schlugen Hedlund, Forsythe, Horvath, Williams, Snook und Sternberg (2003) vor, diese Varianz zu berücksichtigen. Sie bilden bei Ratingskalen zunächst die quadrierte Differenz zwischen der Rohantwort der Probanden und dem Mittelwert der Experten, um anschließend eine Division durch die Varianz der Experten durchzuführen. Sowohl der Mittelwert als auch die Varianz werden über alle Experten hinweg, bezogen auf ein Einzelitem, berechnet. Auch das ECS weist verschiedene Vor- und Nachteile auf. Zum einen gilt eine geringere Streuung bzw. ein größerer Konsensus als ein Gütemerkmal der Expertise (Legree et al., 2005). Andererseits weisen Barchard und Kollegen (2013) darauf hin, dass dies ebenso gut ein Indiz für eine dominierende, kulturspezifische Ansicht in dieser Gruppe sein könnte. Bei keiner Form von Consensus Scoring kann ausgeschlossen werden, dass es sich um eine Annäherung an eine populäre Meinung anstatt um die korrekte Antwort handelt. Beispielsweise berichten Mayer, Salovey, Caruso und Sitarenios (2003) von einer hohen Korrelation zwischen einem Consensus Scoring, das auf der Grundlage einer einfachen Stichprobe ermittelt wurde und einem Scoring, das auf einer Expertenmeinung basiert. Dieses Ergebnis spricht zwar für das GCS, verdeutlicht allerdings den entscheidenden Punkt des ECS: handelt es sich bei den Experten lediglich um eine gewöhnliche Stichprobe und nicht um echte Experten, ist eine hohe Korrelation zwischen den beiden Auswertungsmethoden zu erwarten (Barchard et al., 2013; MacCann et al., 2004). Die Güte des ECS ist im hohen Maße von der Auswahl der Experten abhängig.

Zusammenfassend kann festgestellt werden, dass bei der Messung kognitiver Fähigkeiten *Target Scoring* und *Expert Consensus Scoring* angemessenere Methoden darstellen als die Anwendung des *Group Consensus Scoring*. Letzteres ist zwar geeignet, Wissen zu erfassen, weist aber für einen kognitiven Fähigkeitstest, der nur minimale Wissensanforderungen beinhalten sollte, zu viele methodische Schwächen auf. Hingegen würde eine hohe Korrelation zwischen *Target Scoring* und *Expert Consensus Scoring* eine gute Möglichkeit darstellen, die Kritikpunkte am *Target Scoring* abzumildern und den Selbstauskünften der Targetperson mehr zu vertrauen. Letztlich bleibt allerdings das Hauptproblem bestehen: Da es momentan keine objektiv richtige Lösung für soziale Verständnisaufgaben gibt, können die Scoringmethoden als Approximation an die Realität angesehen werden, die jede für sich betrachtet eigene Vor- und Nachteile aufweist.

5.4 Fehler bei der Personenwahrnehmung

Auch in diesem Abschnitt muss zwischen Moderatoren und Fehler unterschieden werden, die den Prozess der Urteilsbildung beeinflussen können und Fehlern, die sich durch die Operationalisierung des Akkuratheitskriteriums ergeben. Da im letzten Kapitel das Hauptaugenmerk auf verschiedene Scoringmethoden gelegt wurde, beginnt dieses Kapitel mit diesen Kritikpunkten. Bereits in frühen Arbeiten zur Personenwahrnehmung war die Bildung von Differenzwerten (Target-Scoring) eine gängige Methode. Die Dimensionalität dieser Differenzwerte wurde u.a. von Cronbach (1955), Bronfenbrenner und Kollegen (1958), Cline (1964) und Buck (1983) diskutiert. Es wäre einerseits möglich, dass die Abweichung in einem Merkmalsrating zwischen Beurteiler und Zielperson angibt, wie (un)fähig der Beurteiler ist, die Zielperson hinsichtlich eines Merkmals einzuschätzen. Andererseits wäre eine Zusammensetzung aus verschiedenen Varianzquellen denkbar. Buck (1983) sowie Bronfenbrenner und Kollegen (1958) unterscheiden analog zur Bottom-up- und Top-down-Verarbeitung eine wahrnehmungs- und eine wissensbasierte Komponente, die als relativ unabhängig voneinander angesehen wurden. Diese Unabhängigkeit wurde von Cline (1964) infrage gestellt, als er zeigte, dass der Anteil der wissensbasierten Beurteilung abnahm, je mehr Informationen dem Beurteiler zur Verfügung gestellt wurden.

In seinem Komponentenmodell zerlegte Cronbach (1955; Gage & Cronbach, 1955) die Differenzwerte in vier unterschiedliche Varianzquellen, die sich mathematisch bestimmen lassen. Um Cronbachs Modell anwenden zu können, wird mindestens *ein* Beurteiler benötigt, der *mehrere* Zielpersonen (mindestens zwei) hinsichtlich *mehrerer* Merkmale eingeschätzt hat. Die Merkmale, die der Beurteiler einschätzen muss, sind für jede Zielperson identisch. Im Anschluss kann für jedes Merkmal einer jeden Zielperson ein Differenzwert gebildet werden, der üblicherweise als die (quadrierte) Differenz zwischen dem Rating des Beurteilers (Urteil) und der Selbsteinschätzung der Zielperson (Kriterium) berechnet wird. Die Differenz zwischen den Schätzungen einer Person P und den tatsächlichen Werten der Targetpersonen T zerlegte er in vier Komponenten: *Variabilität, Stereotype Genauigkeit, Konstanter Fehler* und *Differentielle Genauigkeit*.

1) Variabilität (differential elevation): Person P nimmt an, alle Menschen sind genauso wie sie selbst. Ist T tatsächlich genauso wie P, erreicht P eine hohe Genauigkeit. Bei Targetpersonen, die anders sind als P, wird sie hingegen nur einen geringen Genauigkeitswert erhalten (O'Sullivan, 2007). Wird die Variabilität zu hoch eingeschätzt, ergeben sich mehr Extremurteile als nötig. Bei Unterschätzung der Variabilität führt dies zu einer Nivellierung (Herkner, 1996).

2) Stereotype Genauigkeit (stereotype accuracy): Person P hat eine gute Vorstellung davon, wie die meisten Menschen sind. P schätzt T auf der Grundlage dieses Wissens ein. Ist das Wissen von P korrekt und ist T tatsächlich wie die meisten Menschen, erreicht P eine hohe Genauigkeit. Ist das Wissen allerdings falsch oder handelt es sich bei T um eine untypische Person, sinkt die Genauigkeit (O'Sullivan, 2007).

3) Konstanter Fehler (elevation): P schätzt alle Personen konstant zu hoch oder zu niedrig ein. Insbesondere auf wertenden Dimensionen nimmt P an, dass eine Person zu gut oder zu schlecht ist. Ist T tatsächlich eine sehr gute oder schlechte Person wird die Genauigkeit sehr hoch ausfallen (Herkner, 1996).

4) Differentielle Genauigkeit (differential accuracy): P ist in der Lage, T von sich selbst und von den meisten anderen Menschen zu unterscheiden. Außerdem gibt P seine Schätzungen ohne konstanten Fehler ab. Dadurch würden die Unterschiede zwischen verschiedenen Targetpersonen korrekt wahrgenommen werden. Dies ist die Fähigkeit, die gemessen werden soll (O'Sullivan, 2007).

Kenny und Albright (1987) wendeten Cronbachs Komponenten auf den interpersonellen Kontext an. Ihre Zerlegung der beiden Gesamtratings (Urteil und Kriterium) und die Zuordnung der vier Komponenten Cronbachs sind in Abbildung 9 wiedergegeben. Beide Gesamtwerte (Urteil- und Kriteriumswerte) können analog zu einer zweifaktoriellen Varianzanalyse in zwei Haupteffekte (Zielpersoneneffekt und Merkmalseffekt), einen Interaktionseffekt (Effekt der Einzigartigkeit) und eine Konstante zerlegt werden. Alle vier Bestandteile können mathematisch berechnet werden. Diese Berechnungen werden auf der Grundlage der Rohantworten vorgenommen und beziehen sich auf den Beurteiler. Die Konstante ist der Gesamtmittelwert eines Beurteilers, der über die Ratings aller Zielpersonen und aller Merkmale hinweg bestimmt werden kann. Sie gibt den Bereich der Skala an, in welchem der Beurteiler seine Einschätzung vorgenommen hat. Der Zielpersoneneffekt eines Beurteilers kann für jede Zielperson separat berechnet werden, indem der Mittelwert der Ratings von einer Zielperson über alle Merkmale hinweg gebildet wird. Diese Komponente repräsentiert die Tendenz, die eine einzelne Zielperson unabhängig von den einzuschätzenden Merkmalen beim Beurteiler ausgelöst hat. Der Merkmalseffekt wird hingegen für jedes Merkmal separat bestimmt. Hierbei wird der Mittelwert für ein Merkmal über alle Zielpersonen hinweg gebildet. Dieser Mittelwert steht für die Tendenz, die ein Merkmal beim Beurteiler auslösen kann, unabhängig von der Zielperson. Die Einzigartigkeit ist der Residualwert, der

Urteil = Konstante + Zielpersoneneffekt + Merkmalseffekt + Effekt der Einzigartigkeit

| D | 3 | 1 | 2 | 4 |

Kriterium = Konstante + Zielpersoneneffekt + Merkmalseffekt + Effekt der Einzigartigkeit

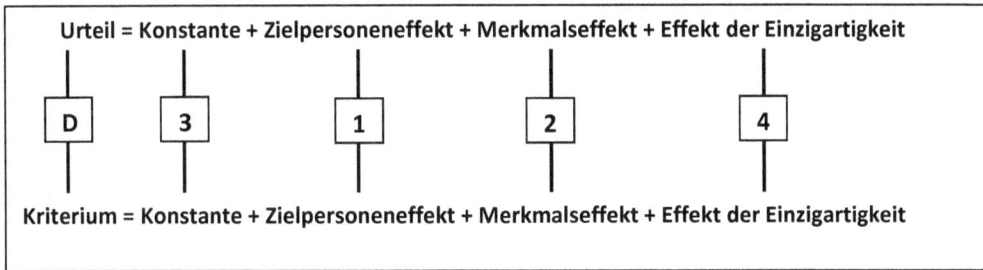

Abbildung 9: Cronbachs vier Komponenten der Akkuratheit (nach Kenny & Albright, 1987)

Anmerkung. D = Differenzwert; 1 = Variabilität; 2 = Stereotype Genauigkeit; 3 = Konstanter Fehler; 4 = Differentielle Genauigkeit.

nach Subtraktion der zwei Haupteffekte und der Konstante vom Gesamturteil bestehen bleibt (Kenny & Albright, 1987). Da die vier Komponenten sowohl beim Urteil als auch beim Kriterium mathematisch bestimmt werden können, ist es möglich, die korrespondierenden Akkuratheitswerte zu berechnen. Die nachfolgenden Berechnungen wurden Wilhelm (2004) entnommen:

1) Variabilität (differential elevation): Ist ein Vergleich der Varianzen im Zielpersoneneffekt zwischen Beurteiler und Zielperson. Zusätzlich geht an dieser Stelle die Korrelation zwischen den korrespondierenden Zielpersoneneffekten ein. Dieses Maß zeigt, wie genau der Beurteiler den spezifischen Antwortstil einer Zielperson einschätzen kann.

2) Stereotype Genauigkeit (stereotype accuracy): Beinhaltet ebenfalls die Varianzen der korrespondierenden Merkmalseffekte und die dazugehörige Interkorrelation. Sie gibt an, wie genau der Beurteiler die mittleren Unterschiede zwischen den einzelnen Merkmalen einschätzen kann. Dieses Maß kann als Merkmalsprofil einer durchschnittlichen Zielperson betrachtet werden.

3) Konstanter Fehler (elevation): Ist die quadrierte Differenz zwischen den Konstanten und zeigt, wie sich Beurteiler und Zielperson in der Anwendung der Skala unterscheiden.

4) Differentielle Genauigkeit (differential accuracy): Neben der Varianz der Einzigartigkeitskomponenten (Residuen) wird erneut die Interkorrelation berücksichtigt. Hierbei kann für jedes Merkmal ein eigener Koeffizient bestimmt werden. Dieser Genauigkeitswert gibt an, wie stark der Beurteiler die Abweichung der individuellen Antwort einer Zielperson in einem spezifischen Merkmal von der Durchschnittsantwort und der merkmalsspezifischen Antwort berücksichtigt hat.

Die in die Berechnungen eingehenden Korrelationen repräsentieren die Übereinstimmung zwischen Beurteiler und Zielperson, wohingegen die Varianzen zeigen, wie stark der Beurteiler die Unterschiede im Kriterium gewichtet. Wenn eine hohe Genauigkeit erreicht werden soll, darf die Urteilsvarianz nicht größer ausfallen als die Kriteriumsvarianz (Wilhelm, 2004). Nach Cronbach (1955) ist im Differenzwert die eigentlich zu messende Fähigkeit (Differentielle Genauigkeit) mit den anderen drei Komponenten konfundiert. Daher kann eine gute Übereinstimmung (geringer Differenzwert) zwischen Beurteiler und Kriterium entstehen, wenn (1) der Beurteiler den gleichen Skalenbereich wie die Zielperson nutzt, (2) er das Antwortverhalten der Zielperson gut abschätzen kann, (3) er sehr gutes Wissen über das generelle Antwortverhalten anderer Personen besitzt oder (4) er tatsächlich diese spezifische Zielperson in den gefragten Merkmalen gut einschätzen kann. Ein Berechnungsbeispiel für die einzelnen Komponenten geben Feger und von Hecker (1999).

Obwohl sich Cronbach bereits 1958 vom Komponentenmodell distanzierte und alternative Auswertungsmethoden vorschlug, darf der konfundierende Einfluss von Antworttendenzen und Stereotypenwissen auf die Beurteilung anderer Personen nicht als belanglos eingestuft werden. Auch Cline (1964) zählte die typischen Antworttendenzen wie *Tendenz zur Mitte, Tendenz zu Extremurteilen (Milde und Strenge)* oder *Ja- bzw. Nein-sage-Tendenzen* zu den Fehlerquellen von Genauigkeitswerten. Solche Verzerrungen sind insbesondere problematisch, wenn das Messverfahren durch Ratingskalen operationalisiert wurde. Ferner spielen die Antworttendenzen nicht nur auf der Seite der Beurteiler eine entscheidende Rolle, sondern auch bei der Erfassung des Kriteriums. Wird zur Bestimmung der richtigen Lösung eine Stichprobe von Personen (Laien oder Experten) herangezogen, kann vermutet werden, dass sich Antworttendenzen entsprechend ausmitteln. Bestimmt die Zielperson die richtige Lösung, können Antworttendenzen eine entscheidende Einflussgröße sein, die nur unter bestimmten Voraussetzungen (mehrere Zielpersonen in identischen Merkmalen einschätzen) mathematisch bestimmt und damit kontrolliert werden können. Cline (1964) führte als mögliche Fehlerquellen auch die *Tendenz zur Sozialen Erwünschtheit* und *semantische Doppeldeutigkeit der Merkmalsbeschreibungen* an. Im ersten Fall neigen Beurteiler typischerweise dazu, eher eine sozial erwünschte Beurteilung über andere Personen abzugeben. Auch diese Tendenz kann bei *Target Scoring* ebenfalls auf der Seite der Zielpersonen auftreten. Die zweite Fehlerquelle bezieht sich auf eine semantisch unterschiedliche Interpretation der Merkmale. Es wäre denkbar, dass die Zielperson und der Beurteiler ein oder mehrere Items des Messverfahrens unterschiedlich deuten, sodass keine Übereinstimmung möglich ist. Beide Fehlerquellen lassen sich nur bedingt kontrollieren und können nur durch Sorgfalt während der Konstruktion des Messverfahrens berücksichtigt werden. Als Alternative zur Differenzwertbestimmung wurde die Berechnung von Übereinstimmungsmaße (Kappa, Tau oder Intra-Klassen-Korrelationen) zwischen Urteil und Kriterium vorgeschlagen (Snodgrass, 2001). Allerdings haben Gage und Cronbach (1955) eine Konfundierung solcher Übereinstimmungsmaße mit der *angenommenen* und *tatsächlichen* Ähnlichkeit zwischen Beurteiler und Zielperson vermutet. Die Autoren benötigten für eine mathematische Bestimmung drei verschiedene Datenarten:

a) Selbstbeschreibung des Beurteilers
b) Selbstbeschreibung der Zielperson
c) Einschätzung der Zielperson durch den Beurteiler

Die angenommene Ähnlichkeit wurde definiert als die Übereinstimmung zwischen (a) und (c), die tatsächliche Ähnlichkeit als Übereinstimmung zwischen (a) und (b) und die Genauigkeit der Personenwahrnehmung als Übereinstimmung zwischen (b) und (c). Eine hohe Übereinstimmung zwischen dem Urteil und dem Kriterium muss demnach kein Maß für eine gute Beurteilungsfähigkeit sein, sondern könnte eine vorhandene Tendenz des Beurteilers darstellen, die Zielperson so einzuschätzen, wie sie sich selbst einschätzen würde. Wenn sich die Zielperson und der Beurteiler tatsächlich ähnlich sind, ist das Hineinversetzen in die Zielperson gar nicht nötig und der Beurteiler kann auf eigene Erfahrungen und Zustände zurückgreifen. Kenny und Acitelli (2001) zeigten, dass die wahrgenommene Ähnlichkeit nicht immer zu einer Verzerrung führt. In intimen Partnerschaften kann die wahrgenommene Ähnlichkeit eine zuverlässige Heuristik sein, da sich die Partner häufig auch tatsächlich ähnlich sind. Eine wichtige Einflussgröße wäre damit die Dauer der Bekanntschaft, wenn man einerseits bei Paaren, aber auch bei Freundschaften davon ausgeht, dass stabile und langfristige Beziehungen auf tatsächlichen Ähnlichkeiten basieren. Cline (1964) wiederum nahm die Ähnlichkeit zwischen Beurteiler und Zielperson ebenfalls in die Liste der Fehlerquellen von Genauigkeitswerten auf. Allerdings zählte er auch eine Übereinstimmung in biografischen Merkmalen wie zum Beispiel Geschlecht, Alter, Ausbildung und Beruf sowie den sozialen und kulturellen Hintergrund dazu. Die Verwendung partieller Korrelationen, die um den Anteil der angenommen und tatsächlichen Ähnlichkeit bereinigt sind, würde eine gute Alternative zur Differenzwertbestimmung und korrelationsbasierten Auswertung darstellen. Allerdings weisen auch partielle Korrelationsanalysen die bereits ausgeführten Nachteile auf, dass weder Schwierigkeitsparameter noch Reliabilitätsmaße bestimmt werden können.

Kenny (1994; Kenny, West, Malloy & Albright, 2006) setzte sich mit den Varianzanteilen der Genauigkeit im Rahmen des *Social Relation Models* auseinander. Im Gegensatz zu den bisher berichteten Auswertungsstrategien ist es bei Kenny nicht Ziel, die Varianzquellen zu eliminieren, sondern sie explizit zu schätzen. Er zerlegt die Gesamtvarianz in eine Beurteilerkomponente, eine Zielpersonenkomponente und eine Beziehungskomponente. Wie bei Cronbach (1955) können die drei Komponenten bestimmt und vielfältige Interaktionen mithilfe von Korrelationen berechnet werden. Da Kennys Berechnungen das Vorliegen eines Blockdesigns benötigen, d.h. jedes Mitglied einer Interaktion alle anderen Mitglieder einschätzt und selbst von allen anderen Anwesenden eingeschätzt wird, ist es auf die Bewertung von Gruppendiskussionen und anderen tatsächlich stattfindenden Interaktionen beschränkt. Auf eine Bewertung einer Zielperson in einem psychologischen Messverfahren, die selbst nicht anwesend ist und dementsprechend die Testpersonen nicht einschätzen kann, ist das Modell nicht anwendbar. Aus diesem Grund wird es hier nur zum Zweck der Vollständigkeit erwähnt, aber nicht im Detail betrachtet.

Neben den Operationalisierungsproblemen der Genauigkeit treten vielfältige Moderatoren und Fehler bereits im Informationsverarbeitungsprozess auf und beeinflussen die Beurteilung anderer Personen. Diese Einflussfaktoren werden im Folgenden näher betrachtet. Im Kapitel 5.2.3

wurden verschiedene Attributionstheorien beschrieben, die den Eindruck vermitteln können, dass Menschen im Alltag sehr rational und analytisch vorgehen. Tatsächlich sind Menschen zwar in der Lage, Ursache-Wirkungs-Zusammenhänge zu erkennen, verlassen sich im Alltag und bei Routinehandlungen allerdings eher auf ihre vorgefertigten *Scripts* (Abelson, 1981). Diese „Drehbücher" wurden bereits in Abschnitt 5.2.2 erläutert und besitzen nicht nur den Vorteil der schnellen und effizienten Informationsverarbeitung, sondern können auch zu Fehlinterpretationen führen. Langer (1978) vermutete, dass nur wenige Reize aus der Umgebung genügen, um ein Skript zu aktivieren, welches anschließend das Verhalten eines Menschen steuert. Treten dem Schema widersprechende Informationen auf, können diese ignoriert oder uminterpretiert werden, was in der Summe zu gedankenlosem Verhalten führen kann. Ein Beispiel für ein solches Verhalten ist der *falsche Konsensus-Effekt*, welcher eine egozentrisch verzerrte Schätzung der Häufigkeit der eigenen Meinung, Einstellung, Urteile und Verhaltensweisen in der Population darstellt. Man neigt dazu, die eigene Meinung als verbreiteter anzusehen als sie tatsächlich ist. In einer der Studien von Ross, Greene und House (1977) sollten sich Studenten entscheiden, ob sie dazu bereit wären, für 30 Minuten mit einem Werbeplakat (Eat at Joey's) oder einer Reuebekundung (Aufschrift: Repent) über den Universitätscampus zu laufen. Nachdem sie sich entschieden hatten, sollten sie abschätzen, wieviel Prozent der anderen Probanden zugestimmt oder abgelehnt hatten. Studierende, die selbst bereit waren, ein Plakat zu tragen, vermuteten, dass auch 62% ihrer Kommilitonen zugestimmt hatten. Eine ähnliche Einschätzung (67%) gaben die Probanden ab, die es abgelehnt hatten, ein Plakat zu tragen. Tatsächlich stimmten 60% zu, ein Plakat zu tragen. Ross und Kollegen (1977) diskutierten verschiedene Erklärungsmöglichkeiten für diesen Effekt. Zum einen vermuteten die Autoren, dass Personen hauptsächlich mit Menschen interagieren, die aus einem ähnlichen Milieu entstammen und dementsprechend ähnliche Einstellungen und Meinungen vertreten. Infolgedessen kommt es zu Verzerrungen bei der Konsensuseinschätzung, da keine repräsentative Stichprobe genutzt wird. Zum anderen soll ein Mangel an Informationen für den Effekt verantwortlich sein, da nicht immer alle Informationen zur Verfügung stehen, um eine akkurate Abschätzung vorzunehmen. Der falsche Konsensus-Effekt kann als Variante der angenommenen Ähnlichkeit betrachtet werden, der allerdings nicht die wahrgenommene Ähnlichkeit mit einer Zielperson beinhaltet, sondern sich auf die vermutete Übereinstimmung der eigenen Meinung mit der einer Population bezieht. Die wohl bekannteste Verzerrung im Attributionsprozess ist der *fundamentale Attributionsfehler* (Ross, Amabile & Steinmetz, 1977), welcher besagt, dass Personen bevorzugt eine Personenattribution durchführen und zugrunde liegende Dispositionen für ein Ereignis verantwortlich machen, während der Einfluss von Situationsaspekten eher unterschätzt wird. Auch für diese Verzerrung wurden verschiedene Erklärungsansätze herangezogen. Einerseits neigen Menschen dazu, eher eine Person für eine Wirkung verantwortlich zu machen, als unbelebte Objekte aus der Umwelt (Herkner, 1996), andererseits interagiert diese Verzerrung mit dem falschen Konsensus-Effekt. Da angenommen wird, dass andere Menschen uns ähnlich sind, wirkt besonders abweichendes Verhalten als normdiskrepant, was laut Jones und Davis (1965) zur Attribution auf die Dispositionen einer Person führt. Das Prozessmodell der Attribution (Gilbert, Pelham & Krull, 1988) nimmt hingegen drei Phasen an und kann den fundamentalen Attributionsfehler ebenfalls erklären. Nachdem der Beobachter das Verhalten wahrgenommen hat, attribuiert er zunächst dispositional, was automatisiert und ohne kognitiven Aufwand erfolgt. Sind genügend motivationale und kognitive Ressourcen vorhanden, wird im Anschluss eine aufwändige situative Korrektur vorgenommen. Bei Annahme des Prozessmodells handelt es sich beim fundamentalen Attributionsfehler um eine Verankerungsheuristik, die in Richtung Ausgangswert verzerrt ist (Fincham & Hewstone, 2003) und korrigiert werden muss.

Eine weitere in der Literatur genannte Verzerrung ist der *Attributionsunterschied zwischen Selbst und Anderen*. Watson (1982) untersuchte die Hypothese, dass das eigene Verhalten eher auf Situationsaspekte attribuiert wird, während das Verhalten anderer Personen eher dispositional gedeutet wird. Die Befunde zeigten allerdings nur eine verstärkte situative Attribution des eigenen Verhaltens im Vergleich zum Verhalten anderer. Für die bevorzugte Attribution auf Dispositionen bei anderen Personen konnten keine Hinweise gefunden werden. Dieser Effekt könnte durch einen unterschiedlichen Fokus der Aufmerksamkeit verursacht sein. Würde man die Perspektive des jeweils anderen einnehmen, könnte sich die Verzerrung aufheben. Wird der Fokus der Aufmerksamkeit allerdings zu stark auf eine Person gelenkt, da diese besonders salient oder auffällig erscheint, führt dies der Theorie nach wieder zu einer verstärkten Personenattribution (Fincham & Hewstone, 2003).

Es kann außerdem eine Attributionsverzerrung aufgrund von *Gruppenzugehörigkeit* auftreten. Zum Beispiel wird der Erfolg bzw. Misserfolg der Eigengruppe auf der Grundlage anderer Ursachen erklärt als bei der Fremdgruppe. Menschen neigen dazu, die eigene Gruppe positiv anzusehen, um das eigene Selbstwertgefühl zu steigern. Misserfolge der Eigengruppe werden dementsprechend auf variable externe Ursachen attribuiert und Erfolg auf stabile interne Ursachen. Genau umgekehrt wird bei der Fremdgruppe vorgegangen (Fincham & Hewstone, 2003). Diese Verzerrung soll den jeweiligen Stereotyp über die Eigen- und Fremdgruppe aufrechterhalten. Judd und Park (1988) vermuteten, dass das Wissen über die Fremdgruppe in Form von Prototypen im Gedächtnis abgespeichert wird, während das Wissen über die Eigengruppe durch viele spezifische Exemplare repräsentiert wird. Dieser Ansatz erklärt, warum die Eigengruppe differenzierter wahrgenommen wird als die Fremdgruppen. Erneut ist die wahrgenommene Ähnlichkeit bei der Beurteilung anderer Personen entscheidend. Entdeckt der Beurteiler bedeutsame Gemeinsamkeiten oder Unterschiede, ordnet er die Zielperson zur Eigen- oder Fremdgruppe zu, woraufhin es bei der Beurteilung zu entsprechenden positiven oder negativen Verzerrungen kommen kann.

Eine bereits angesprochene kognitive Verzerrung ist der *Halo-Effekt*. Menschen versuchen von bekannten Eigenschaften einer Person auf unbekannte Eigenschaften zu schließen. Zum Beispiel kann die positive Eigenschaft „ist physisch attraktiv" um weitere positive Eigenschaften wie „ist intelligent" und „hilfsbereit" ergänzt werden, ohne dass Hinweise für die Ergänzung notwendig sind. Selbstverständlich kann es ebenso zu einer Ergänzung negativer Eigenschaften kommen. Der Halo-Effekt greift auch bei Personen, die uns *sympathisch* bzw. *unsympathisch* sind. Bei sympathischen Personen werden positive Ereignisse (Erfolge, sozial erwünschtes Verhalten etc.) eher auf Dispositionen zurückgeführt und negative Ereignisse eher extern und situativ attribuiert. Bei unsympathischen Personen verhält es sich umgekehrt (Regan, Straus & Fazio, 1974). Entsprechende Attributionsmuster wurden auch für die *physische Attraktivität* gezeigt (Herkner, 1996). Es gibt fünf Mechanismen, durch welche die physische Attraktivität die Beurteilung einer Person positiv verzerrt (Rosar & Klein, 2009): der Attraktivitätskonsensus, der Attraktivitäts-„Attention Boost", der Attraktivitäts-Stereotyp, der Attraktivitäts-„Glamour Effect" und der Attraktivitäts-„Treatment Advantage".

Der Attraktivitätskonsensus besagt, dass die Attraktivität eines Menschen weniger vom individuellen Geschmack und den persönliche Vorlieben des Beurteilers abhängt, sondern eher eine Eigenschaft der Zielperson ist, die relativ eindeutig bestimmt werden kann. Dadurch entsteht eine gute interpersonelle und interkulturelle Übereinstimmung zwischen verschiedenen Beurteilern bezüglich der Attraktivität anderer Personen (Rosar & Klein, 2009). Allerdings muss an dieser Stelle betont werden, dass diese Ansicht nicht von allen Autoren vertreten wird (vgl. Hassebrauck, 1993; Hönekopp, 2006) und der Konsens verschiedener Beurteiler dennoch Variabilität aufweist. Anderserseits wird in den Medien ein klar definiertes Schönheitsideal vermittelt, welches die meisten Menschen problemlos beschreiben können. Personen, die diesem Ideal entsprechen oder viele Überschneidungspunkte mit dem Ideal aufweisen, gelten als schön. Attraktive Menschen lösen nach Rosar und Klein (2009) eine Reihe sozial relevanter Wirkmechanismen aus, von denen sie profitieren.

Der Attraktivitäts-„Attention Boost" meint, dass attraktive Menschen die Aufmerksamkeit auf sich ziehen, häufiger wahrgenommen werden, intensiver betrachtet werden und sogar ihr Gesagtes und ihr Verhalten besser erinnert werden. Der Attraktivitäts-Stereotyp sorgt dafür, dass automatisch eine Reihe sozialerwünschter Eigenschaften aktiviert werden, die im Sinne eines Halo-Effekts ungeprüft ergänzt werden. Demgegenüber bewirkt der Attraktivitäts-„Glamour Effect", dass das Fehlverhalten attraktiver Menschen entweder bagatellisiert oder eine Umständeattribution vorgenommen wird. Außerdem dürfen attraktive Menschen auf eine bevorzugte Behandlung durch andere hoffen (Attraktivitäts-"Treatment Advantage"), da ihnen mehr Unterstützung und Hilfe angeboten und ihnen mehr Respekt entgegengebracht wird. Alle fünf Mechanismen führen zu einem Attraktivitäts-„Competition Advantage" für attraktive Personen im Vergleich zu Menschen, die vom Schönheitsideal abweichen (Rosar & Klein, 2009). Physische Attraktivität bewirkt allerdings nicht immer eine positive Verzerrung. Zwei Phänomene wurden beschrieben, die sich nachteilig auf attraktive Menschen auswirken. Wenn Beurteiler in ihren Erwartungen gegenüber attraktiven Menschen persönlich enttäuscht wurden, sanktionierten sie diese „Verfehlung" mit härteren Strafen („Beauty Penalty"). Je attraktiver eine Person eingeschätzt wurde, desto härter fiel die Bestrafung aus (Wilson & Eckel, 2006). Der „beauty is beastly effect" betrifft vorrangig Frauen. Einer attraktiven Frau werden auch vermehrt typisch weibliche Eigenschaften zugesprochen. Agiert sie in einer Männerdomäne (Militär oder Führungspositionen), wirkt sich das nachteilig auf die Wahrnehmung ihrer Kompetenz und die Bewertung ihrer Leistungsfähigkeit aus (Friedman & Zebrowitz, 1992).

Das Hauptaugenmerk wurde bisher auf Fehler und Verzerrungen gelegt, die bei einer Beurteilung anderer Personen eine Rolle spielen. Verzerrungen bei der Selbstwahrnehmung spielen zwar bei der Beurteilung anderer Personen nur bedingt eine Rolle, sie können allerdings innerhalb einer direkten sozialen Interaktion zu Problemen führen und erneut als problematisch eingestuft werden, wenn Selbstratings der Zielperson als Kriterium dienen. Die selbstwertdienlichen Verzerrungen führen zum Beispiel zum *unrealistischen Optimismus* (Weinstein, 1980). Die meisten Menschen ordnen sich bezüglich ihrer Fähigkeiten als überdurchschnittlich ein und nehmen eine unterdurchschnittliche Wahrscheinlichkeit an, dass ihnen ein Leid geschehen könnte (Risiken und Gefahren). Fiedler (2007) nennt als weitere selbstwertdienliche Verzerrungen die *Selbstüberschätzung* und den *Rückschaufehler*. Während es im ersten Fall zu einer Überschätzung des prozentualen Anteils richtiger Antworten bei Wissensfragen kommt, führt der Rückschaufehler zu systematisch falschen Erinnerungen. Erfahren Individuen den Ausgang eines Ereignisses, verzerren sie rückschauend ihre ursprüngliche Vorhersage in Richtung des tatsächlichen Ausgangs. Beide Fehler kann man nach Fiedler (2007) reduzieren, wenn dem Beurteiler eine repräsentative Stichprobe an Wissensitems oder Stimuli vorliegt. Die *Selbstbehinderung* („self-handicapping") ist eine Verzerrung, die nicht erst nach der Ausführung eines Verhaltens auftritt, sondern präventiv der Abmilderung eines erwarteten Misserfolgs dient. Beispielsweise kann eine Person absichtlich eine große Menge Alkohol zu sich nehmen oder Schlafmangel herbeiführen, um bei Misserfolg eine variable externe Ursache zur Verfügung zu haben (Berglas & Jones, 1978; Fincham & Hewstone, 2003).

Die hier aufgelisteten Verzerrungen sind vielfältig aber vermutlich nicht vollständig. Verzerrungen, die durch die Verwendung von kognitiven Abkürzungen (Heuristiken, Schemata, Skripts etc.) zustande kommen, waren Bestandteil vorheriger Kapitel und wurden an dieser Stelle ausgespart. Einige Fehlerquellen (z.B.: Komponenten nach Cronbach, angenommene und tatsächliche Ähnlichkeit) können durch eine Erhebung statistisch kontrolliert oder bei der Konstruktion des Messverfahrens und in der Untersuchungsplanung nach Möglichkeit vermieden oder zumindest berücksichtigt werden. Andere (z.B.: Attributionsverzerrungen) sind nur schwer oder gar nicht erfassbar und könnten sich unbemerkt auf die Beurteilung anderer Personen auswirken.

5.5 Modelle der Personenwahrnehmung

In den vergangenen Kapiteln wurden verschiedene theoretischen Annahmen und ausgewählte empirische Erkenntnisse zur Personenwahrnehmung dem Model von Fiedler und Bless (2003) zugeordnet. Infolgedessen rückten die beiden Verarbeitungsmechanismen (Bottom-up- und Top-down-Verarbeitung) in den Mittelpunkte der vorliegenden Arbeit. Es existieren allerdings weitere Theoriemodelle der Personenwahrnehmung, auf die im Folgenden eingegangen werden soll.

5.5.1 Bucks Prozessmodell der Kommunikation von Emotionen

Buck (1984) adaptierte das Shannon-Weaver-Modell, welches ursprünglich zur Beschreibung des Telekommunikationsnetzwerkes entwickelt wurde, und übertrug die Verständigungsprozesse auf die nonverbale Kommunikation von Emotionen. Buck geht davon aus, dass beim Sender zunächst ein emotionaler Zustand aktiviert wird, welcher mehr oder weniger automatisch zu einer Veränderung der Körperreaktionen führt (Gesichtsausdruck, Gestik etc.). Damit eine Kommunikation stattfinden kann, müssen diese Hinweisreize von den Sinnesorganen des Empfängers wahrgenommen werden. Auf dem „Weg" zum Empfänger können Informationen verloren gehen, weil der Sender zum Beispiel nur im Profil sichtbar ist oder die Kommunikation nicht von Angesicht zu Angesicht stattfindet. Der Empfänger richtet seine Aufmerksamkeit auf den Sender, dekodiert die wahrgenommenen Hinweisreize, verarbeitet diese weiter und gelangt zu seinem Urteil über die Emotionen des Senders. Buck geht davon aus, dass beim Empfänger

Dekodierregeln eine Rolle spielen, welche die Aufmerksamkeit und die Interpretation des Empfängers beeinflussen. Auf der Seite des Senders werden Darstellungsregeln (nach Ekman und Friesen, 1969) berücksichtigt, da es keine Selbstverständlichkeit ist, dass der Sender seine Emotionen vollständig offenbart. Kulturelle und situationsspezifische Aspekte können zum Verbergen oder Übertreiben einer Emotion führen.

Des Weiteren unterscheidet Buck (1984) zwischen unwillkürlicher und symbolischer Kommunikation. Während unwillkürliche oder spontane Hinweisreize nicht willentlich gesteuert werden können und aufgrund biologischer Prozesse ablaufen, ist symbolische Kommunikation intentional. Illustratoren (Ekman, 1976) sind ein gutes Beispiel für eine symbolische Kommunikation in Form von Gesten. Nach Buck (1984) ist es einfacher die symbolische Kommunikation zu kontrollieren, während es selten gelingt, alle Kanäle der unwillkürlichen Kommunikation zu verbergen. Eine schematische Darstellung des Prozessmodells nach Buck ist in Abbildung 10 zu finden.

Buck (1984) kritisierte selbst, dass sein Modell stark vereinfacht ist und ein realer Kommunikationsprozess keine lineare Abfolge aufweist, da in sozialen Interaktionen alle beteiligten Kommunikationspartner sowohl Sender als auch Empfänger sind. Für Laborsituationen ist das Modell hingegen ein guter Ansatzpunkt, auch wenn es den Einfluss von vorliegenden Wissensstrukturen (Stereotype, eigene Erfahrungen, etc.) beim Empfänger unberücksichtigt lässt.

5.5.2 Adaptation des Brunswikschen Linsenmodells

Scherer und Wallbott (1990) nutzten in ihren Untersuchungen zum Ausdruck und Erkennen von Emotionen das Brunswiksche Linsenmodell als theoretischen Bezugsrahmen. In Anlehnung an Brunswik wurde ein probabilistisches Modell postuliert, in dem die mentalen Zustände eines Senders nicht direkt erkannt werden können, sondern nur ein indirektes Erschließen über wahrnehmbare Indikatoren (Hinweisreize) möglich ist. Die Beziehung zwischen den Hinweisreizen und den tatsächlichen mentalen Zuständen ist probabilistisch, da nur eine Wahrscheinlichkeitsaussage getroffen werden kann. Der emotionale Zustand des Senders geht mit motorischen und physiologischen Veränderungen einher, die objektiv beobachtbare, distale Hinweisreize (Mimik, Gestik, Stimmlage, etc.) beim Sender erzeugen.

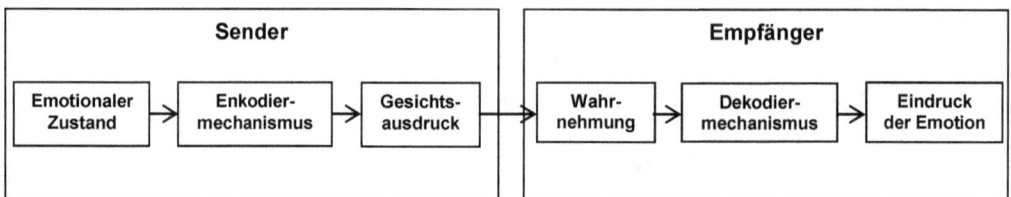

Abbildung 10: Prozessmodell der Kommunikation nach Buck (1984)

Diese distalen Reize können die Sinnesorgane des Empfängers erreichen, der aus ihnen eine eigene subjektive Abbildung erzeugt (proximale Hinweisreize). Die proximalen Hinweisreize werden gewichtet und zu einem Gesamteindruck integriert. Abbildung 11 zeigt das adaptierte Modell beispielhaft an der Emotion Ärger.

Alle im Modell benannten Elemente können durch Messverfahren erfasst und anschließend mathematisch ausgewertet werden. Scherer und Wallbott (1990) schlagen vor, dass die distalen Hinweisreize über Kodiersysteme wie zum Beispiel das FACS bestimmt werden, während die proximalen Reize und das Urteil in der Regel durch Befragung der Empfänger operationalisiert werden. Auch in diesem Modell ergibt sich das Problem, ein geeignetes Kriterium für die Bestimmung des tatsächlichen emotionalen Zustandes zu finden. Anschließend können Regressions- und Korrelationsanalysen gerechnet werden, die einerseits Aufschluss über die Akkuratheit des Urteils geben, andererseits auch aufzeigen, welche distalen Hinweisreize verwendet wurden, wie genau der Empfänger sie wahrgenommen und welche proximalen Reize er in das Gesamturteil integriert hat.

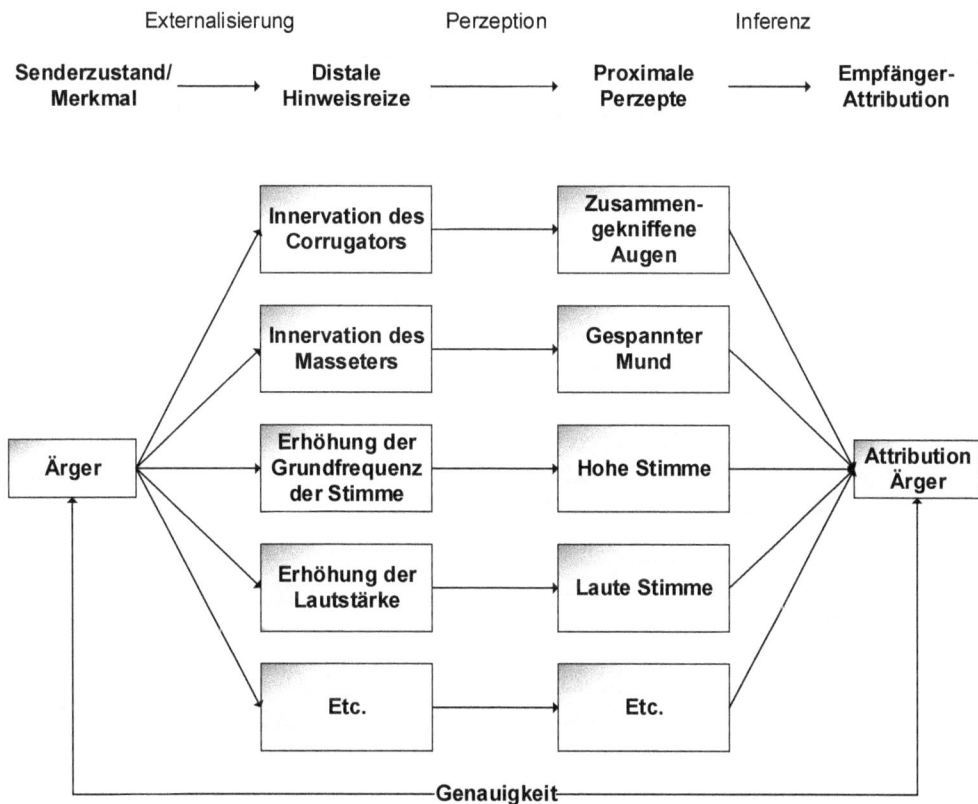

Abbildung 11: Modifiziertes Brunswiksches Linsenmodell für die Emotion Ärger (nach Scherer & Wallbott, 1990)

Das dargestellte Linsenmodell berücksichtigt bereits Persönlichkeitsmerkmale des Senders, die sich in den distalen Hinweisreizen manifestieren können. Beispielsweise unterscheiden sich verschiedene Zielpersonen hinsichtlich ihrer Extraversionsausprägung, wodurch sie auch in Art und Intensität der distalen Hinweisreize variieren können. Wallbott (1990) fügte dem Modell weitere Aspekte hinzu. Einerseits ordnet er der Seite des Empfängers ebenfalls personenbezogene Merkmale zu, die sich auf proximale Hinweisreize auswirken. Andererseits bedenkt er den Einfluss von Situations- und Kontextaspekten auf der Seite des Senders, die vom Empfänger korrekt wahrgenommen und bei der Interpretation gebührend berücksichtigt werden müssen. Zu den personenbezogenen Merkmalen gehören beim Empfänger bereits vorhandenes Wissen und Erfahrungen sowie motivationale und kognitive Variablen. Als Beispiel für Situationsaspekte nennt er die Anzahl anwesender Personen und die Relationen, die der Sender zu diesen Personen aufweist. Die distalen und proximalen Personen- und Situationsreize bilden im erweiterten Modell vier Arten von Hinweisreizen. Der Empfänger muss nun die proximalen Personen- und Situationsreize zu einem abschließenden Urteil integrieren (Wallbott, 1990).

Insbesondere die Erweiterungen durch Wallbott (1990) lassen dieses Modell zu einem guten Ausgangspunkt für die Modellierung der Personengenauigkeit werden, da viele Moderatoren der Personenwahrnehmung berücksichtigt werden. Weitere von Wallbott nicht explizit genannte Moderatoren könnten den Situationsaspekten oder personenbezogenen Merkmalen zugeordnet werden. Obwohl sich das Modell in erster Linie auf Emotionen bezieht, ist eine Erweiterung auf andere mentale Zustände, Persönlichkeitseigenschaften oder Einstellungen möglich. Allerdings dürfte eine solche Erweiterung die Bestimmung der distalen Hinweisreize erschweren, da keine Kodiersysteme für die Mehrheit der mentalen Zustände vorliegen. Eine Beschränkung auf die Gesichtsmuskulatur oder einige wenige nonverbale und paraverbale Kommunikationseinheiten würden der Realität nicht gerecht werden und nur ein eingeschränktes Abbild der Genauigkeit ergeben. Andererseits ist auch eine Erhebung aller theoretisch messbaren distalen Hinweisreize nicht ratsam, da der Umfang der Untersuchung dadurch stark anwachsen würde. Alle auf der Seite des Senders erhobenen distalen Reize müssten ein zweites Mal auf der Seite des Empfängers gemessen werden. Für Laboruntersuchungen, die zum Beispiel Fotografien, Tonbandaufzeichnungen oder Videos benutzen, auf denen eine eingeschränkte Anzahl von Hinweisreizen und mentalen Zuständen dargestellt ist, wäre das Modell allerdings sehr gut anwendbar. Die Wahl eines geeigneten Kriteriums für die Bestimmung des tatsächlichen mentalen Zustands ist in diesem Modell ebenfalls ein entscheidendes Problem.

5.5.3   Funders realistisches Modell der Akkuratheit

Funder (1995, 1999) nutzte den Grundgedanken des bereits beschrieben probabilistischen Funktionalismus von Brunswik und entwickelte das „Realistic Accuracy Model" (RAM). Das Modell wurde für die Beurteilung von Persönlichkeitseigenschaften anderer Personen entwickelt und läuft in vier Schritten ab. Jeder Schritt steht für eine Bedingung, die erfüllt sein muss, damit eine akkurate Einschätzung abgeben werden kann. Im ersten Schritt muss die Zielperson Verhaltensweisen zeigen, welche Informationen beinhalten, die *relevant* für das einzuschätzende Persönlichkeitsmerkmal sind (valide Hinweisreize). Als Beispiel für solche Informationen nennt Funder

(1999) eine laute Stimme, die ein Indikator für Extraversion sein kann. Zusätzliche Beachtung findet die von Snyder und Ickes (1985) getroffene Unterscheidung zwischen starken und schwachen Situationen. Starke Situationen besitzen viele Regeln und Normen, die das Verhaltensrepertoire und den Informationsgehalt einschränken, während schwache Situationen den Personen erlauben, ihr Verhalten uneingeschränkt auszudrücken. Diese Unterscheidung wurde bereits durch die wahrgenommene Wahlfreiheit des Verhaltens bei Jones und Davis (1965) angesprochen. Im zweiten Schritt ist die *Verfügbarkeit* der relevanten Informationen für den Beurteiler von Bedeutung, damit er sie mit seinen Sinnesorganen aufnehmen kann. Die Verfügbarkeit kann von einer Reihe unterschiedlicher Faktoren beeinflusst sein. An dieser Stelle muss betont werden, dass Verfügbarkeit und Zugänglichkeit (von Informationen im Gedächtnis des Beurteilers) nicht identisch sind. Die Verfügbarkeit betrifft erneut das Verbergen von Merkmalen aufgrund sozialer Erwünschtheit und kulturellen Gegebenheiten. Außerdem stehen einem Beobachter nicht immer alle Informationen zur Verfügung. Diese Tatsache betrifft erneut rollen- und normkonformes Verhalten in starken Situationen, wodurch das Verhalten keinen Aufschluss über zugrunde liegende Dispositionen ermöglicht. Zum anderen kommen Aspekte wie die Dauer der Bekanntschaft hinzu. Nur Beurteiler, die mit einer Zielperson viel Zeit verbracht haben, hatten die Möglichkeit, sie in unterschiedlichen Situationen zu erleben und umfangreiche Informationen zu sammeln. Ein Beurteiler ist besser in der Einschätzung einer Zielperson, wenn er sie aus vielen verschiedenen Kontexten kennt und es sich dabei vermehrt um schwache Situationen handelte (Funder, 1999). Im dritten Schritt müssen die relevanten Informationen vom Beurteiler *entdeckt* werden. Die Wahrnehmung kann auch in diesem Modell automatisiert erfolgen, von salienten Stimuli angezogen werden oder willentlich durch Lenkung der Aufmerksamkeit beeinflusst werden. Am Ende müssen die wahrgenommen Informationen vom Beurteiler interpretiert, gewichtet und zu einem Urteil integriert werden (*Verwendung*). Im letzten Schritt laufen kognitive Prozesse höherer Ordnung ab, die durch den emotionalen Zustand der Beurteilers, Stress, Müdigkeit und der zur Verfügung stehenden Verarbeitungskapazität beeinträchtigt werden können. Diese vier Schritte stellen das Kernstück des RAM dar und sind in Abbildung 12 veranschaulicht.

Die vier Schritte des RAM sind multiplikativ verknüpft, wodurch eine hohe Akkuratheit nur dann auftreten kann, wenn alle vier Teile optimal ablaufen. Jede Komponente kann einen Wert zwischen Null (nicht repräsentiert) und eins (perfekt repräsentiert) annehmen. Weist eine Teilkomponente den Wert Null auf, ist eine akkurate Beurteilung nicht mehr möglich, aber auch kleine Fehler in den Teilkomponenten wirken sich entscheidend auf die Genauigkeit aus. Wird die in der Psychologie häufig angenommene Irrtumswahrscheinlichkeit von 5% auf jede Teilkomponente übertragen, ergibt sich: .95 x .95 x .95 x .95 = .81 für die Gesamtakkuratheit. Die Höhe der Akkuratheit kann nach Funder (1999) durch vier Moderatoren beeinflusst werden: guter Beurteiler, gute Zielperson, gutes Persönlichkeitsmerkmal und gute Informationen.

Ob ein Beurteiler „gut" ist, ist abhängig von seinen Wissensstrukturen über Persönlichkeitsmerkmale und wie sie sich im Verhalten anderer zeigen. Darüber hinaus wirken sich die Motivation, die Wahrnehmungsleistung und die kognitiven Fähigkeiten des Beurteilers auf die Akkuratheit aus. Eine gute Zielperson weist nach Funder (1995) folgende Eigenschaften auf: Expressivität und Offenheit sowie konsistentes Verhalten, das gut beurteilbar bzw. skalierbar ist.

Umgebung   Beurteiler

Persönlichkeits -merkmal der Zielperson → Relevanz → Verfügbarkeit → Entdeckung → Verwendung → Urteil des Beobachters

Akkuratheit

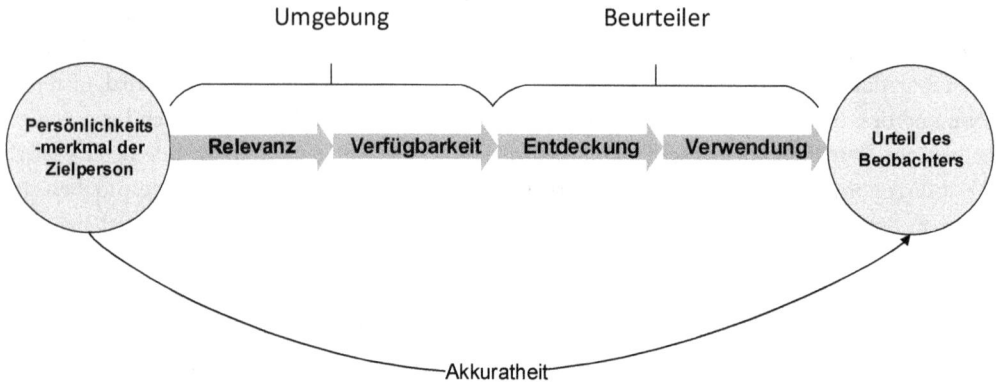

Abbildung 12: Realistisches Modell der Akkuratheit nach Funder (1995, 1999)

Ein gutes Persönlichkeitsmerkmal ist im Verhalten sichtbar, tritt häufig auf und besitzt positive evaluative Attribute und eine adaptive Bedeutung. Evaluative Attribute sind positiv, wenn jedes Individuum sie gern besitzen würde und das Merkmal gern offen gezeigt wird. Umgekehrt verhält es sich mit negativ konnotierten Merkmalen. Eine adaptive Bedeutung besitzen Merkmale, die im evolutionären Sinn das eigene Überleben sichern können, wenn das eigene Verhalten an diese Merkmale adaptiert wird. Zu erkennen, dass eine Person aggressiv ist, kann beispielsweise Flucht- verhalten auslösen. Solche Merkmale werden bevorzugt beachtet, sind leicht zu interpretieren und eignen sich entsprechend gut für eine Beurteilung. Eine gute Information besitzt Quantität und Qualität. Die Quantität ist wie bereits ausgeführt von der Dauer der Bekanntschaft abhängig, die Qualität bezieht sich auf die Tiefe der Bekanntschaft (Funder, 1999). So unterscheiden Individuen zum Beispiel zwischen engen Freunden, Bekannten sowie Arbeitskollegen und meinen damit einerseits den Kontext, indem sie mit den Personen interagieren, aber auch die Qualität der Beziehung. Bewegende Gefühle, peinliche Gedanken oder persönliche Probleme werden vermutlich eher mit einem engen Freund geteilt als mit Bekannten. Diese Moderatoren können miteinander interagieren und die Genauigkeit wechselseitig beeinflussen. Dadurch er- geben sich sechs Moderatoren zweiter Ordnung, die bei Funder (1995, 1999) detailliert beschrie- ben und an Beispielen verdeutlicht wurden.

Funder (1999) weist selbst auf eine starke Vereinfachung und Schematisierung der Beurteilungs- prozesse im RAM hin. Ein konkretes Verhalten weist nicht immer eindeutig auf ein Persönlich- keitsmerkmal hin, zudem kann ein Verhalten im Alltag auch zu unterschiedlichen Charakter- eigenschaften zugeordnet werden. Wie der Beurteiler mit solchen Widersprüchen umgeht, wird im Modell ausgespart. Erneut kann bemängelt werden, dass sich das Modell auf Persönlichkeits- merkmale beschränkt, dies ist allerdings kein exklusives Problem des RAM und dem Forschungs- kontext geschuldet, indem es entwickelt wurde. Auch an dieser Stelle ist eine Erweiterung auf mentale Zustände der Zielperson vorstellbar.

Die Modelle von Buck (1984), Scherer und Wallbott (1990) sowie Funder (1999) weisen hinsichtlich der Unterteilung in Sender und Empfänger, dem linearen Ablauf und den berücksichtigen Prozessen (Enkodieren, Wahrnehmen, etc.) Gemeinsamkeiten auf. Jedes Modell besitzt Vor- und Nachteile, die an entsprechender Stelle ausgeführt wurden. Ein gemeinsamer Vorteil der hier vorgestellten Modelle im Vergleich zu den Stufen der Informationsverarbeitung ist eine zusätzliche Betrachtung des Senders und der Moderatoren, die sich auf die Zielpersonen auswirken können. Dabei lässt sich das Modell von Fiedler und Bless (2003) mühelos in die vorgestellten Modelle auf der Seite des Beurteilers integrieren. Ein gemeinsamer Nachteil aller Modelle und vermutlich das grundlegende Problem innerhalb der Personenwahrnehmung ist die Bestimmung des tatsächlichen mentalen Zustandes des Senders (Kriteriumsproblem).

Das letzte Kapitel des theoretischen Hintergrundes beinhaltet eine Betrachtung möglicher Vorgehensweisen für die Konstrukt- und Kriteriumsvalidität eines Testverfahrens zum sozialen Verständnis. Es werden geeignete Messverfahren und Außenkriterien diskutiert, die für eine Validierungsstudie geeignet sind.

6. Konstrukt- und Kriteriumsvalidierung des sozialen Verständnisses

6.1 Konstruktvalidität

Die Konstruktvalidität eines Testverfahrens kann als die Einbettung des gemessenen Konstruktes in das nomologische Netzwerk anderer Konstrukte verstanden werden (Amelang & Schmidt-Atzert, 2006). Hierbei handelt es sich um inhaltlich ähnliche und abgrenzbare Konstrukte. Für das soziale Verständnis sollte zunächst eine faktoranalytische Passung in das Magdeburger Modell zur sozialen Intelligenz gezeigt werden. Bei bisherigen Versuchen, die soziale Intelligenz zu operationalisieren, konnten einige Verfahren diskriminante Validitätskoeffizienten zur allgemeinen Intelligenz aufzeigen (u.a. O'Sullivan & Guilford, 1966; Probst, 1982; Weis & Süß, 2007), während andere Verfahren starke Überlappungen mit verbalen Intelligenzanteilen ermittelten (u.a. Gough, 1965, 1968; Keating, 1978; Stricker & Rock, 1990). Da das soziale Verständnis als Kernkonstrukt der sozialen Intelligenz angesehen wird, sollte sich das Konstrukt zur allgemeinen Intelligenz abgrenzen lassen, um seine Eigenständigkeit aufzuzeigen. Erste Hinweise konnte die Untersuchung von Conzelmann, Weis und Süß (2013) erbringen. Des Weiteren sollte das soziale Verständnis systematische Zusammenhänge zu inhaltlich ähnlichen Konstrukten aufweisen. In vorherigen Kapiteln wurde deutlich, dass insbesondere Selbstberichtsinventare nicht geeignet sind, um überzeugende Zusammenhänge zu leistungsbasierten Testverfahren aufzuzeigen. Dementsprechend sollten inhaltlich ähnliche Konstrukte gewählt werden, die durch eine leistungsbasierte Messung erhoben werden. Da der MTSI anstelle von gestellten Situationen durch professionelle Schauspieler oder Laiendarsteller realistisches Aufgabenmaterial verwendet, kann eine geringere Intensität der abgebildeten mentalen Zustände (wie beispielsweise Emotionen) im MTSI vermutet werden. Eine Untersuchung von Süß, Baumgarten, Karthaus, Nötzold und Strien (2015) versuchte, positive Korrelationen zur emotionalen Intelligenz aufzuzeigen, welche durch den *Mayer, Salovey, and Caruso emotional intelligence test* (MSCEIT; Mayer, Salovey, Caruso & Sitenarios, 2002) operationalisiert wurde. Es ergaben sich keine konsistenten Ergebnisse, was möglicherweise auf die Verwendung von gestellten Situationen im MSCEIT zurückgeführt werden könnte. Außerdem werden im MSCEIT entsprechend des „Four-Branch-Model" emotionale Aspekte in Bezug auf sich selbst und andere in den Vordergrund gestellt, wodurch einerseits eine Konstrukteinschränkung bezüglich Emotionen und andererseits eine Erweiterung auf eigene Gefühle den Zusammenhang begrenzen könnten.

In den Kapiteln drei und vier der vorliegenden Arbeit wurden verschiedene Konstrukte genannt, die neben der emotionalen Intelligenz geeignet wären, systematische Zusammenhänge aufzuzeigen. Zusätzlich zu den inhaltlich ähnlichen Konstrukten könnte der Zusammenhang zwischen Selbstberichtsverfahren und leistungsbasierten Messungen genauer untersucht werden. Ein interessanter Ansatz lässt sich bei Süß und Sander (2003) finden. Die Autoren entwickelten ein Selbstberichtsverfahren zur allgemeinen Intelligenz und nahmen den *Berliner Intelligenzstruktur-Test* (BIS-4; Jäger, Süß, Beauducel, 1997) als Vorbild. Sie lehnten die Fragen des Selbstberichts eng an die Aufgaben des BIS-4 an und ließen den Fragebogen vor und nach der Bearbeitung des Leistungstests von den Probanden beantworten. Die Selbsteinschätzungen und das Fähigkeitsmaß korrelierten nur schwach miteinander, während die Zusammenhänge nach der Testerfahrung höher ausfielen. Außerdem konnte ein Geschlechtseffekt festgestellt werden, da männliche Probanden ihre intellektuellen Fähigkeiten genauer einschätzen konnten, wobei sie allerdings tendenziell zur Überschätzung der eigenen Fähigkeiten neigten. Süß und Sander (2003) schlussfolgerten, dass Selbstberichte für die Diagnostik der allgemeinen Intelligenz nicht ausreichend valide sind.

Ein sehr ähnliches Vorgehen wurde für den MSCEIT gewählt (Brackett, Rivers, Shiffman, Lerner & Salovey, 2006), indem die emotionale Intelligenz als Selbstberichtsverfahren (SREIS) nach Vorbild des MSCEIT operationalisiert wurde. Zusätzlich wurde von den Probanden eine globale Selbsteinschätzung der eigenen Leistung vor und nach der Durchführung des MSCEIT verlangt (Prä- und Post-MSCEIT). Das neue Selbstberichtsverfahren SREIS und das globale Rating (Prä-MSCEIT) wurden vor der leistungsbasierten Messung zur emotionalen Intelligenz eingesetzt, der Post-MSCEIT entsprechend im Anschluss durchgeführt. Es ergaben sich für Männer und Frauen unterschiedliche Ergebnisse. Während die Selbsteinschätzung im SREIS bei Frauen und Männer positiv mit der Leistung im MSCEIT interkorreliert war (.27 und .19), zeigte die Selbsteinschätzung der Frauen einen Abfall in der Korrelationshöhe von Prä-MSCEIT (.53) zu Post-MSCEIT (.31). Vermutlich hat die Erfahrung im Leistungstest bei den Frauen zu einer veränderten Selbsteinschätzung der eigenen Fähigkeiten geführt, während sich die Selbsteinschätzung der Männer nur im geringen Maße änderte (.42 zu .37). Außerdem interkorrelierte die Leistung im MSCEIT der Frauen mit der eigenen Prä- und Post-Einschätzung (.23/.34), wohingegen sich zwischen der Leistung und der globalen Selbsteinschätzung der Männer nur Nullzusammenhänge zeigten. Auch Brackett und Kollegen kommen auf der Grundlage dieser Ergebnisse zu der Schlussfolgerung, dass Selbsteinschätzungen nicht geeignet sind, um die emotionalen Intelligenz zu erfassen.

Beide Studien geben einen guten Ansatz für die Konstruktvalidierung der sozialen Intelligenz. Einerseits existieren nur wenige leistungsbasierte Messverfahren zur SI und nahverwandter Konstrukte, deren eigene Validität als überzeugend eingestuft werden kann. Andererseits wird die Auswahl an geeigneten Verfahren weiter eingeschränkt, wenn Testmaterialien gesucht werden, die realistisches Stimulusmaterial verwenden. Ein selbstkonstruierter Fragebogen, der eng an den Fähigkeitsbereich der sozialen Intelligenz respektive des sozialen Verständnisses angelehnt ist, kann Aufschluss über die Zusammenhänge leistungsbasierter Messverfahren und Selbstberichtsinventare geben. Zusätzlich kann der Anteil geteilter Methodenvarianz zwischen verschieden Selbstberichtsverfahren der SI durch eine solche Studie besser abgeschätzt werden.

6.2 Kriteriumsvalidität

Zu den Anforderungen an neue Intelligenzkonstrukte wurden Überprüfungen der kriteriumsbezogenen Validität gefordert (Austin & Saklofske, 2006; Süß, 2006; Weber & Westmeyer, 2001). Hierbei handelt es sich um einen Korrelationsschluss (r_{tc}), d.h. von den Ergebnissen eines entsprechenden Testverfahrens wird auf relevante Außenkriterien geschlossen. Das Kriterium soll möglichst realitätsnah und bedeutend für die diagnostische Praxis gewählt werden. Da in der Regel mehrere Kriterien zur Auswahl stehen, besitzt ein Testverfahren so viele Validitäten, wie es relevante Außenkriterien gibt. Prädiktor (Ergebnisse des Testverfahrens) und Außenkriterium sollten unabhängig voneinander ermittelt werden sowie angemessene Reliabilitäten und konzeptuelle Gemeinsamkeiten aufweisen (Amelang & Schmidt-Atzert, 2006). Bei der prädiktiven Validität werden Prädiktor und Kriterium zeitlich nacheinander erhoben, wodurch kausallogische Schlussfolgerungen eher möglich sind als bei gleichzeitiger Erfassung beider Variablen (konkurrente Validität).

6.2.1 Außenkriterien für den Untertest zum sozialen Verständnis

Relevante Kriterien für das soziale Verständnis ergeben sich aus dem Rahmenmodell sozial kompetenten Verhaltens von Süß, Weis und Seidel (2005; vgl. Abb. 2). Da die zu messenden kognitiven Fähigkeiten als personseitige Voraussetzungen für sozial intelligentes Verhalten angesehen werden, sollten Ergebnisse des sozialen Verständnisses korrelative Bezüge zu diesem Verhalten aufweisen. Weiterhin ist sozial intelligentes Verhalten ein Teil sozial kompetenten Verhaltens und stets auf ein Ziel ausgerichtet, wodurch die Effektivität des Verhaltens durch den Grad der Zielerreichung und die soziale Akzeptanz bewertet werden kann. Für die vorliegende Arbeit wird ein Außenkriterium gesucht, welches sozial kompetentes Verhalten in einer sozialen Situation abbildet. Die zu testende Person sollte sich in Interaktion mit mindestens einer anderen Person befinden und dabei sozial kompetentes Verhalten zeigen, welches hinsichtlich Effektivität bewertet wird.

Verhaltensdaten können beispielsweise durch Fremdbeobachtungen erhoben werden, wobei die Person entweder in einem künstlichen Setting (Assessment Center Übungen, Interviews etc.) oder in der natürlichen Umgebung agieren kann. Die Qualität der Beobachtungsdaten ist u.a. abhängig von der Expertise des Beobachters, der Güte des Beobachtungssystems (Objektivität, Auswahl geeigneter Verhaltenseinheiten etc.), dem Standardisierungsgrad des Settings und bei künstlichen Situationen von der Realitätsnähe (Faßnacht, 1995). Vielfältige Beobachtungsfehler können bei dieser Methode auftreten, die durch den Einsatz mehrerer geschulter Beobachter und mittels Unterstützung technischer Hilfsmittel (Video- und Tonaufzeichnungen) eingegrenzt werden können. Alternativ bietet sich die Verwendung von Fremdeinschätzungen an. Hierbei wird das sozial kompetente Verhalten einer Person von anderen Personen (Peers, Familienangehörige, Vorgesetzte, Lehrer etc.) beurteilt. Die Dauer der Bekanntschaft, die Qualität ihrer sozialen Beziehung, der Kontext, indem sich die Personen kenngelernt haben, und die soziale Intelligenz der beurteilenden Person sind mögliche Einflussgrößen auf die Genauigkeit solcher Fremdeinschätzungen. Zusätzlich üben die Güte der zur Fremdeinschätzung verwendeten Fragebögen und entsprechende Fehlerquellen (Antworttendenzen, Erinnerungsfehler etc.) einen Einfluss auf die Kriteriumsdaten aus. Dagegen sind objektive oder „harte" Kriterien unabhängiger von Prozessen der Personenwahrnehmung, Güteeinschränkungen der verwendeten Messverfahren oder auftretenden Beobachtungsfehlern. Solche Kriterien können monetär erhoben werden, indem beispielsweise das leistungsabhängige Einkommen eines Mitarbeiters als Indikator für Berufserfolg herangezogen wird oder der monatliche Umsatz eines Mitarbeiters genutzt wird, den er durch den Verkauf von Waren erzielt hat. Obwohl solche Kriterien einen einheitlichen Bewertungsmaßstab ermöglichen, weisen sie den Nachteil auf, dass sie den Gesamtbeitrag eines Mitarbeiters nicht in voller Breite abbilden können.

Individuelle Besonderheiten wie besonderes soziales Engagement, vorübergehende Erkrankung oder Übertragung zusätzlicher Aufgaben finden in monetären Berechnungen oftmals keinen Niederschlag (Riemann & Schumacher, 1996).

Im zweiten Kapitel der vorliegenden Arbeit wurden verschiedene Studien zur sozialen Intelligenz berichtet, welche u.a. die Kriteriumsvalidität unterschiedlicher SI-Maße untersucht haben. In Tabelle 9 sind die Studien, welche leistungsbasierte Maße validiert haben, noch einmal mit den wichtigsten Ergebnissen zusammengefasst.

Die Anzahl der rezipierten Studien in Tabelle 9 fällt gering aus, obwohl eine deutlich größere Zahl merkmalsorientierter Verfahren zur Verfügung steht. Möglicherweise versuchten viele Studien zunächst die Konstruktvalidität ihrer SI-Maße zu überprüfen und die Eigenständigkeit der Verfahren zur allgemeinen Intelligenz aufzuzeigen, bevor im nächsten Schritt eine Prüfung der Kriteriumsvalidität erfolgen sollte. Auch der MTSI wurde bisher nicht bezüglich relevanter Außenkriterien untersucht. Da Fremdbeobachtungen und -beurteilungen die bereits genannten Einflussgrößen aufweisen können und die Ergebnisse für Fremdratings eine große Variationsbreite aufweisen (r_{tc} zwischen .05 und .61, vgl. Tabelle 9), wurde ein objektives Kriterium für die vorliegende Arbeit ausgewählt. In der Literatur zur Verkaufspsychologie werden soziale Fähigkeiten als ein relevanter Prädiktor für den Verkaufserfolg eingestuft, weshalb in der vorliegenden Arbeit Verkaufserfolg als Kriterium ausgewählt wurde.

6.2.2 Verkaufserfolg als Kriterium

Die Optimierung des Verkaufsverhaltens von Mitarbeitern eines Unternehmens ist nicht nur Bestandteil der Verkaufspsychologie, sondern auch in der Marketingforschung ein etabliertes Thema. Fließ (2006) arbeitete die menschliche Interaktion als bedeutende und unverzichtbare Grundlage eines Verkaufsgespräches heraus und gibt Anleitungen für Verkaufstechniken, um die Interaktion mit dem Kunden zu lenken. Die Autorin weist darauf hin, dass es Produkte gibt, die sich gewissermaßen von selbst verkaufen, da eine hohe Nachfrage besteht und das Produkt überall und für geringes Geld erhältlich ist. Andere Produkte würde der Kunde von sich aus gar nicht oder nur selten kaufen, sodass die Aufmerksamkeit des Kunden auf das Produkt gelenkt werden muss und er im „aggressiven" Verkaufsgespräch vom Nutzen und der Qualität überzeugt werden muss. Beim Marketingkonzept wird eine andere Strategie für solche Produkte gewählt. Der Verkäufer versucht, während des Gesprächs den Kunden so gut kennenzulernen und zu verstehen, dass seine Bedürfnisse erkannt werden und eine passende Leistung für den Kunden ausgewählt wird. Dieser problemorientierte Verkaufsstil fokussiert den Verkaufsabschluss bei gleichzeitiger Zufriedenstellung des Kunden (Fließ, 2006).

Da es unterschiedliche erfolgreiche Verkäufer gibt, versuchte die Verkaufspsychologie zunächst die Prädiktoren zu bestimmen, die „gute" und „schlechte" Verkäufer voneinander unterscheiden. Nach Nerdinger (2001) wurden die Prädiktoren intuitiv gewählt, um mögliche Determinanten der Verkaufsleistung ausfindig zu machen. Dabei wurden sowohl Eigenschaften untersucht, die ein Verkäufer besitzen muss, um die maximale Verkaufsleistung zu erbringen, als auch situative Kontextvariablen, die gegeben sein müssen, damit der Verkäufer eine gute Leistung zeigen kann.

Tabelle 9: Übersicht über kriteriumsbezogene Validität von SI-Maßen

Autoren	Prädiktor	Kriteriumsmaß	Ergebnisse
Costanzo & Archer (1989)	*Interpersonal Perception Task*	Peerrating von Wohnheimstudenten einer Etage	$r_{tc} = .48$
Ford & Tisak (1983)	*Interviewverfahren*: Interviewer bewertet hinsichtlich sozial kompetentem Verhalten	1. Peerratings von Mitschülern zur SI 2. Lehrerbeurteilung zur SI	$r_{tc} = .36$ Peerrating $r_{tc} = .47$ Lehrerbeurteilung
Gilliland & Burke (1926)	*Test of Sociability*	Peerratings von Kommilitonen hinsichtlich „Sociability"	$r_{tc} = .08 - .58$
Stricker & Rock (1990)	*Interpersonal Competence Inventory*	Peerrating von Mitbewohnern auf globaler Skala: sozial unbeholfen - sozial talentiert	$r_{tc} = .05 - .24$
Sundberg (1966)	*Test of Implied Meaning*	Fremdrating von klinischen Psychologen hinsichtlich interpersonaler Sensitivität Vorgesetztenrating zur Kommunikationsfähigkeit	Nullkorrelationen beim Psychologenrating $r_{tc} = .61$ für Vorgesetztenrating

Um die Verkaufsleistung zu operationalisieren unterscheiden Churchill, Ford, Hartley und Walker (1985) drei Möglichkeiten. Die Verkaufsleistung kann entweder durch eine Selbsteinschätzung der eigenen Leistung vom Verkäufer selbst erfolgen, durch Fremdeinschätzungen des Vorgesetzten vorgenommen werden oder durch objektive Maße ermittelt werden. Objektive Verkaufsleistung wird von den Autoren noch einmal in Performanz- und Effektivitätskriterien unterteilt. Performanzkriterien werden um Einflussgrößen bereinigt, auf welche ein Verkäufer keinen Einfluss ausüben kann (Nachfrage, Wirtschaftslage etc.). Bei Effektivitätskriterien wird eine solche Anpassung hingegen nicht vorgenommen, wie es beispielsweise beim Einkommen oder dem Umsatz eines Verkäufers der Fall ist. Welches objektive Kriterium eine bessere Operationalisierung der Verkaufsleistung darstellt, konnten die Autoren in ihrer Metaanalyse nicht abschließend klären.

In Tabelle 10 sind die Eigenschaften zusammengestellt, die sich sowohl in Metaanalysen als auch in Einzelstudien als Prädiktoren für die unterschiedlichsten Arten von Verkaufserfolg gezeigt haben. Die Tabelle bezieht sich ausschließlich auf die Stichprobe der Verkäufer, obwohl sehr viele Studien zu finden sind, die auch andere Berufsgruppen untersucht haben. Insbesondere in Metaanalysen wurden verschiedene Arten von Verkaufserfolg (Selbstberichte, objektive Maße etc.) und verschiedene Berufsgruppen zusammengefasst. Da oftmals zu wenige Studien vorhanden waren, um sowohl nach der Berufsgruppe als auch nach den Arten des Verkaufserfolgs zu unterscheiden, wurden nur Metaanalysen aufgenommen, die Ergebnisse für Verkäufer berichten.

Außerdem beschränkt sich Tabelle 10 auf Prädiktoren, die sich in mehreren Studien als Determinanten von Verkaufserfolg gezeigt haben. Entsprechend wurden Einzelnennungen außenvorgelassen.

Die sozialen Aspekte sind durch die Prädiktoren Empathie, soziale Fertigkeiten und Selbstüberwachung repräsentiert. Die Ergebnisse dieser Studien sind inkonsistent und zeigen nicht immer einen signifikanten Beitrag des sozialen Bereiches. Auffällig ist, dass die Stärke der Prädiktor-Kriterium Zusammenhänge von der gewählten Methode, mit der Prädiktor und Kriterium erfasst wurden, abhängig zu sein scheint. Besonders deutlich wird dies in der Studie von Witt und Ferris (2003) zu sozialen Fertigkeiten. Die Autoren ließen den Verkaufserfolg von Vorgesetzten einschätzen und setzten anschließend Selbstberichte zu sozialen Fertigkeiten bei den Verkäufern ein. Zusätzlich führten sie eine Fremdbeurteilung hinsichtlich sozialer Fertigkeiten mit denselben Vorgesetzten durch. Die Korrelation stieg von .19 (Selbstbericht) auf .68 (Vorgesetztenrating) an, da dieselben Vorgesetzten den Prädiktor und das Kriterium einschätzten.

Neben diversen Studien, die Determinanten des Verkaufserfolgs empirisch zu ermitteln versuchten, sind theoretische Modelle in der Marketingforschung und Verkaufspsychologie zu finden. Ein theoretisches Modell, welches Einflussfaktoren der Verkäufer und Kontextvariablen als Determinanten für Verkaufserfolg integriert hat, ist das Determinantenmodell der Verkaufsleistung von Weitz (1981). Das leicht modifizierte Modell kann in Abbildung 13 eingesehen werden. Weitz legte den Fokus auf die Interaktion zwischen Verkäufer und Kunde. Es wird als zentrale Aufgabe des Verkäufers angesehen, sein Verkaufsverhalten adaptiv an den spezifischen Kunden und die Verkaufssituation anzupassen, um den maximalen Verkaufserfolg zu erlangen (adapting to consumer). Der Verkäufer beeinflusst den Kunden mit seinem Verkaufsverhalten (influence base), indem er beispielsweise Sympathie oder Ähnlichkeiten herstellt und versucht, während der gesamten Verkaufssituation die Kontrolle zu behalten (controlling the sales interaction).

Tabelle 10: Prädiktoren für Verkaufserfolg

Prädiktor	Art Verkaufserfolg	Ergebnisse
Attraktivität	Absicht, zu kaufen	- Absicht, ein Produkt zu kaufen, bei attraktiven Verkäufern signifikant größer[1]
	Anzahl verschriebener Pharmaka	- $r_a = .27$ zwischen Anzahl verschriebener Medikamente und eingeschätzter Attraktivität des Pharma-Vertreters[2]
Empathie	Selbstberichteter Verkaufserfolg	- $\beta = -.17$ Selbstbericht der Empathie, kein sign. Beitrag zusätzlich zu Durchsetzungsfähigkeit[15] - $\beta = .32$ Interaktionsterm Empathie x Durchsetzungsfähigkeit[15]
	Verkaufszahlen	- Kundenbewertung der Empathie der Verkäufer, kein signifikanter Unterschied zwischen Verkäufer mit hoher, mittlerer und niedriger Empathie[16] - $r_a = .44$ mit einem objektiven Test zur Empathie[17] - $\beta = -.07$ mit Selbstbericht Empathie[18]
	Vorgesetztenrating Verkaufserfolg	- $r_a = .71$ mit einem objektiven Test zur Empathie[17] - $\beta = -.23$ mit Selbstbericht Empathie[18]
Extraversion	Berufserfolg	- $\varrho = \mathbf{.15}$ *(.09)* geschätzter Populationszusammenhang zw. Extraversion und verschiedenen Arten von Verkaufserfolg (Selbst- und Fremdeinschätzungen, objektiv) [3] - $\varrho = \mathbf{.16}$ *(.10)* geschätzter Populationszusammenhang[4]
	Selbstberichteter Verkaufserfolg	- $r_a = .23$ Selbstbericht der Extraversion[5]
	Verkaufszahlen	- $\mathbf{r_{ct}} = \mathbf{.22}$ *(.12)* Selbstbericht der Extraversion[9]
Emotionale Stabilität	Berufserfolg	- $\varrho = \mathbf{.15}$ *(.09)* geschätzter Populationszusammenhang[4]
	Selbstberichteter Verkaufserfolg	- $r_a = .23$ Selbstbericht der Emotionalen Stabilität[5]
	Verkaufszahlen	- $\mathbf{r_{ct}} = \mathbf{-.12}$ *(-.07)* Selbstbericht der Emotionalen Stabilität[9]

Prädiktor	Art Verkaufserfolg	Ergebnisse
Gewissenhaftig-keit	Berufserfolg	ϱ = **.23** *(.09)* geschätzter Populationszusammenhang zwischen Gewissenhaftigkeit und verschiedenen Arten von Verkaufserfolg (Selbst- und Fremdeinschätzungen, objektiv)[3]
	Berufserfolg	ϱ = **.29** *(.18)* geschätzter Populationszusammenhang[4]
	Selbstberichteter Verkaufserfolg	r_{it} = .06 Selbstbericht der Gewissenhaftigkeit[5]
	Verkaufszahlen	t_{ct} = **.31** *(.17)* Selbstbericht der Gewissenhaftigkeit[9]
Hilfsbereitschaft	Selbstberichteter Verkaufserfolg	r_{it} = .20 *(.17)* Selbstbericht der Hilfsbereitschaft[5]
Allgemeine kognitive Fähigkeiten	Objektive Unternehmensdaten	t_{ct} = **.29** *(.15)* verschiedene Fähigkeitsmaße[10]
	Globalmaß der Verkaufsleistung	t_{ct} = **.23** *(.18)* verschiedene Fähigkeitsmaße[11]
Leistungs-motivation	Selbstberichteter Verkaufserfolg	r_{it} = .06 *(.04)* Selbstbericht der Leistungsmotivation[5]
		r_{it} = .25 Selbstbericht der Leistungsmotivation[6]
		r_{it} = .24 Selbstbericht der Leistungsmotivation[7]
	Anzahl verkaufter Versicherungen	r_{it} = .18 Selbstbericht der Leistungsmotivation[8]
	Verkaufszahlen	t_{ct} = **.41** *(.23)* Selbstbericht der Leistungsmotivation[9]
	Objektive Unternehmensdaten	t_{ct} = **.40** *(.20)* verschiedene Motivbereiche[10]
Offenheit	Selbstberichteter Verkaufserfolg	r_{it} = .14 Selbstbericht der Offenheit[5]
	Verkaufszahlen	t_{ct} = **.06** *(.03)* Selbstbericht der Offenheit[9]
Selbst-überwachung	Selbstberichteter Verkaufserfolg	r_{it} = .18 Selbstbericht Modifikation der Selbstpräsentation[12]
	Verkaufszahlen	r_{it} = .59 Selbstbericht der Selbstüberwachung[13]

Prädiktor	Art Verkaufserfolg	Ergebnisse
Soziale Fertigkeiten	Vorgesetztenrating Verkaufserfolg	- r_{it} = .19 Selbstbericht der sozialen Fertigkeiten[14] - r_{it} = .68 Fremdbericht der sozialen Fertigkeiten (Vorgesetzte)[14]
	Selbstberichteter Verkaufserfolg	- r_{it} = .07 Selbstbericht der Verträglichkeit[5]
Verträglichkeit	Verkaufszahlen	- r_{ct} = **-.03** (*-.02*) Selbstbericht der Verträglichkeit[9]

Anmerkung. Schwarz hervorgehoben sind metaanalytische Befunde. Kursiv und in Klammern sind nicht-korrigierte Werte dargestellt. [1] DeShields, Kara & Kaynak (1996); [2] Ahearne, Gruen & Jarvis (1999); [3] Barrick & Mount (1991); [4] Hurtz & Donovan (2000); [5] Riemann & Schumacher (1996); [6] Behrmann & Perreault (1982); [7] Soyer, Rovenpor & Kopelman (1999); [8] Bluen, Barling & Burns (1990); [9] Vinchur, Schippmann, Switzer & Roth (1998); [10] Churchill, Ford, Hartley & Walker (1985); [11] Verbeke, Dietz und Verwaal (2011); [12] Spiro & Weitz (1990); [13] Ricks, Fraedrich & Xiong (2000); [14] Witt & Ferris (2003); [15] McBane (1995); [16] Dawson, Soper & Pettijohn (1992); [17] Tobolski & Kerr (1952); [18] Lamont & Lundstrom (1977).

Resources of the Salesperson

- product, customer knowledge
- analytical, interpersonal skills
- availability of alternatives

Selling Behaviors

- adapting to customers
- establishing influence bases
- influence techniques used
- controlling the sales interaction

Effectiveness

Relationship Salesperson-Customer

- level of conflict
- relative power
- quality of relationship
- anticipation of future interaction

Customer´s Buying Task

- needs, beliefs
- knowledge of alternatives
- characteristics of the buying task

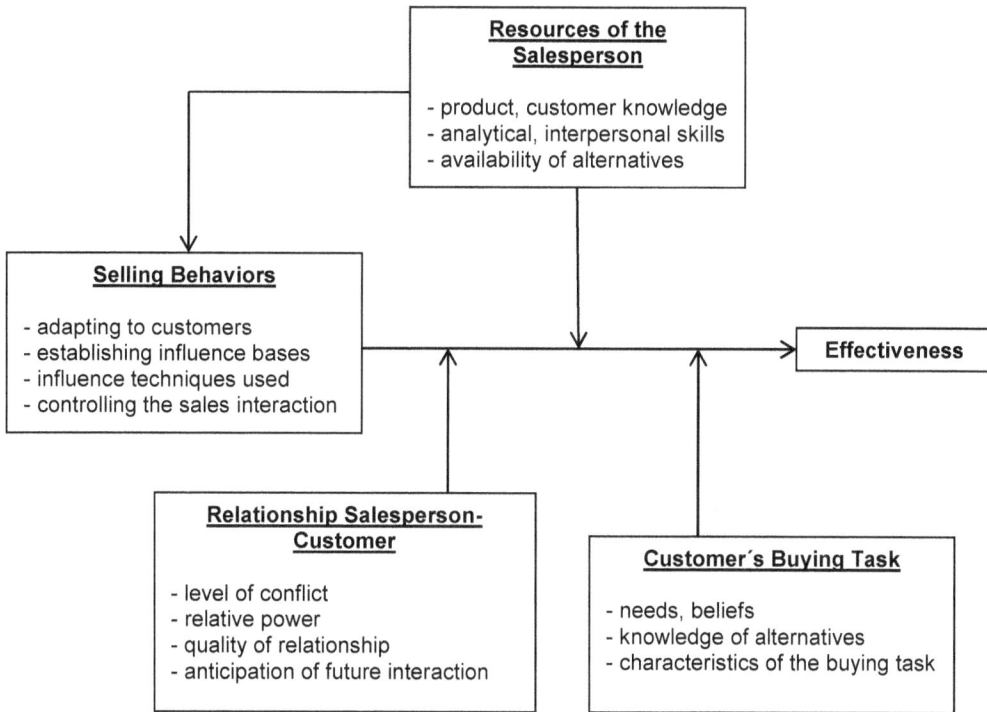

Abbildung 13: Determinantenmodell nach Weitz (1981)

Dieses Verhalten besitzt einen direkten Einfluss auf den Verkaufserfolg, welcher im Sinne eines Performanzmaßes um Störeinflüsse bereinigt ist. Neben dem Verkaufsverhalten besitzen die Ressourcen des Verkäufers, Besonderheiten der Verkäufer-Kunden-Beziehung und kundenbezogene Merkmale einen Einfluss auf den Verkaufserfolg (vgl. Abbildung 13). Im ursprünglichen Modell wurde keine Beziehung zwischen den Ressourcen des Verkäufers und seinem Verkaufsverhalten spezifiziert. Dennoch ist anzunehmen, dass die kognitiven Fähigkeiten oder die Expertise des Verkäufers in seinem Fachbereich einen direkten Einfluss auf das Verkaufsverhalten ausüben. Dementsprechend wurde das abgebildete Modell um einen direkten Pfad ergänzt. Die von Weitz (1981) aufgelisteten Ressourcen können außerdem um weitere Determinanten aus Tabelle 10 erweitert werden, da sie die personseitigen Vorrausetzungen für das Verkaufsverhalten darstellen. Der Verkaufserfolg stellt den Grad der Zielerreichung dar, welcher unter Wahrung der sozialen Akzeptanz vom Verkäufer erlangt werden soll.

Das adaptive Verkaufsverhalten wurde von Spiro und Weitz (1990) genauer betrachtet. Ein Verkäufer verhält sich adaptiv, wenn er seine Verkaufsstrategien an den jeweiligen Kunden anpasst. Dafür muss der Verkäufer alle relevanten Informationen sammeln und eine passende Strategie aus seinem Gedächtnis abrufen. Während der Interaktion mit dem Kunden kommen neue Informationen hinzu, die es nötig machen, die Verkaufsstrategie adäquat zu ändern. Dafür muss der Verkäufer sein eigenes Verhalten selbstüberwachen können (self-monitoring) und er benötigt Empathie, Perspektivenübernahme sowie Sensitivität gegenüber verbalen und nonverbalen Äußerungen des Kunden. Außerdem werden von Spiro und Weitz (1990) Expertise im eigenen Fachbereich, die „Fähigkeit", Menschen zum Reden zu bringen, intrinsische Motivation und Kontrollüberzeugungen als weitere Determinanten vermutet. Spiro und Weitz (1990) entwickelten auf dieser Grundlage die *Adaptive Selling Scale*, ein Selbstberichtsinventar, welches das adaptive Verkaufsverhalten durch 16 Fragen erheben soll. An dieser Skala kann kritisiert werden, dass es sich um ein Selbstberichtsverfahren handelt, welches zwar eine Korrelation mit selbstberichtetem Verkaufserfolg (.26) aufwies, allerdings keine Zusammenhänge zu Vorgesetztenratings zeigte. Während die „Adaptive Selling Scale" mit beinah allen selbstberichteten Determinanten (Empathie, Perspektivenübernahme, Motivation etc.) signifikante Zusammenhänge aufzeigen konnte, ergaben sich für das Vorgesetztenrating Nullkorrelation für alle Bereiche. Erneut scheint Methodenvarianz für die Interkorrelation der Selbsteinschätzungen verantwortlich zu sein.

Nerdinger (2001) hebt die Bedeutung sozialer Fähigkeiten im persönlichen Verkauf ebenfalls hervor. Nach einer Literaturrecherche kritisierte der Autor die Vielfalt unterschiedlicher Begriffe in der Literatur, die unter den Oberbegriff soziale Kompetenzen zusammengefasst werden könnten und darüber hinaus das Fehlen geeigneter Messverfahren. Er nennt soziale Aspekte wie Kommunikationsfähigkeit, Menschenkenntnis oder Einfühlungsvermögen, die allerdings selten empirisch fundiert untersucht wurden. Einige wenige Anforderungsanalysen von Bankangestellten und Verkäufern im Einzelhandel nennen Aspekte sozialer Kompetenz als Grundvoraussetzungen, da der Verkäufer in direkter Interaktion mit dem Kunden steht. Hennig-Thurau und Thurau (1999, S. 303) definierten zunächst die soziale Kompetenz als „die Fähigkeit einer Person […], auf die Erreichung von Zielen in Rahmen von persönlichen Interaktionsprozessen positiv einzuwirken, wobei eine Zielerreichung an die Erfüllung der Bedürfnisse des Interaktionspartners gebunden ist". Diese Definition stimmt in allen wesentlichen Punkten mit dem Rahmenmodell sozial kompetenten Verhaltens von Süß, Weis und Seidel (2005) überein. Im Anschluss an ihren Definitionsvorschlag wurde die soziale Kompetenz von Hennig-Thurau und Thurau (1999) in vier Aspekte unterteilt:

1. *Verbale und nonverbale Fähigkeiten zur Gestaltung der Interaktion,* welche das Potential bilden, d.h. individuell optimiert werden können, aber nicht in Form allgemeingültiger Verkaufsstrategien erlernt werden können (Instrumentenpool).

2. *Fähigkeit zur sozial sensiblen Wahrnehmung und adäquater Beurteilung:* Diese kognitiven Fähigen umfassen u.a. die Wahrnehmung der Interaktionssituation und die Einschätzung der Wünsche, Ziele und Verhaltensweisen des Kunden (Perspektivenübernahme und Empathie).

3. Die *systematische Planung von Interaktionszielen, -strategien und der reflektierte Einsatz der verbalen und nonverbalen Fähigkeiten* zur Steuerung der Interaktion.

4. *Stimmungsmanagement:* Steuerung und Kontrolle der kurzfristigen Stimmung.

Diese vier Aspekte sind als Fähigkeiten zu betrachten und die Vorrausetzung für das Verhalten eines Verkäufers. Neben diesen Fähigkeiten gibt es weitere Einflussgrößen, die in Abbildung 14 dargestellt sind. Dem zweiten Aspekt von Hennig-Thurau und Thurau (1999) können die Fähigkeiten der sozialen Wahrnehmung und des sozialen Verständnisses aus dem Magdeburger Modell der sozialen Intelligenz zugeordnet werden. Insbesondere die Fähigkeit, sich in den Kunden hineinzuversetzen und seine Wünsche, Ziele sowie Verhaltensweisen adäquat zu verstehen, entspricht dem sozialen Verständnis. Werden die theoretischen Ausführungen und die empirischen Befunde zusammenbetrachtet, scheinen soziale Fähigkeiten ein wichtiger Prädiktor für den Verkaufserfolg zu sein, wobei die empirischen Studien insbesondere zur Empathie inkonsistente Ergebnisse zeigen. Grund für die unsystematischen Ergebnisse könnte der häufige Einsatz von Selbstberichtsverfahren sein, um die empathischen Fähigkeiten zu erheben. Bisher mangelt es an breit konzeptualisierten Testverfahren, die soziale Fähigkeiten als leistungsbasierte Vorraussetzung für sozial kompetentes Verhalten operationalisieren. Nach dem Modell von Hennig-Thurau und Thurau (1999) wären der MTSI und innerhalb der Testbatterie der Untertest zum sozialen Verständnis besonders geeignet, um als Prädiktor für sozial kompetentes Verhalten zu fungieren. Die bisherigen Ausführungen zeigen, dass die Zielerreichung des sozialkompetenten Verhaltens nach Möglichkeit durch objektive Kriterien für den Verkaufserfolg ermittelt werden sollten.

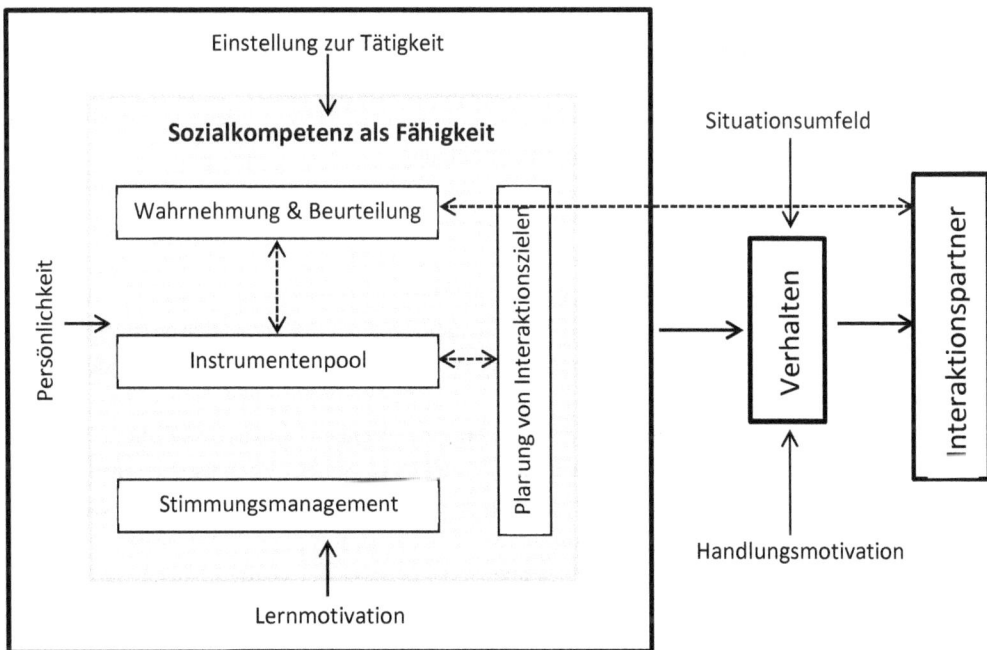

Abbildung 14: Zusammenhang zwischen Sozialkompetenz und sozialkompetenten Verhalten in Anlehnung an Hennig-Thurau und Thurau (1999)

6.2.3   Erfolg bei einer Spendensammlung als Kriterium

Verkaufserfolg sollte im Idealfall an einer professionellen Stichprobe von Verkäufern erhoben werden. Solche Stichproben stehen allerdings nicht immer zu Verfügung, wodurch das Nachstellen einer realen Verkaufssituation und damit die Aufnahme einer selbstständigen Tätigkeit eine Alternative darstellen würde. Allerdings dürfen nur eigene Erzeugnisse aus Land- und Forstwirtschaft, Fischerei, Garten- und Bergbau angeboten werden, während der Verkauf anderer Produkte in Deutschland anzeigepflichtig ist. Dadurch wurde in der vorliegenden Arbeit nach einer sozialen Interaktionssituation gesucht, die der Verkaufssituation möglichst ähnlich ist. Die Wahl fiel auf eine Spendensammlung für einen gemeinnützigen Verein, da Spendensammler in direkten Kontakt zu den potentiellen Spendern treten. Die Ziele der gemeinnützigen Einrichtung können als ein Produkt betrachtet werden, welches sich im Sinne von Fließ (2006) nicht „von allein" verkauft, sondern einem Spender direkt angeboten werden muss. Der Spendensammler muss die Aufmerksamkeit des potentiellen Spenders erlangen, die Spendenorganisation und ihre Ziele vorstellen und durch sein sozial kompetentes Verhalten eine Spende erwirken. Einen wesentlichen Unterschied zur Verkaufssituation stellt die Tatsache dar, dass der Spender keinen materiellen Gegenwert erhält, wodurch der Spendensammler vermutlich mehr „Überzeugungsarbeit" leisten muss. Dadurch können sich auch die Motive, eine Spende zu leisten, von denen in einer Verkaufssituation unterscheiden. Beispielsweise kann das Gefühl, eine gute Tat geleistet zu haben, als eine Art „Gegenwert" fungieren. Ein weiterer Unterschied ist die nicht vorhandene Preisbindung, da jeder Spender nach eigenem Ermessen die Höhe seines Spendenbetrages bestimmen darf. Dies kann sich einerseits negativ auswirken, indem die Bereitschaft erhöht wird, Centbeträge zu spenden, ohne dass der Sammler tatsächlich Überzeugungsarbeit leisten muss. Andererseits könnte sich dadurch die Variationsbreite der Spendensumme erhöhen, wodurch Varianzeinschränkungen in der Spendensumme verschiedener Sammler unwahrscheinlich werden. Ein weiterer Vorteil der Spendensammlung liegt im größeren Handlungsspielraum, da Spendensammler beispielsweise nicht an eine Verkaufstheke oder Ladenfläche gebunden sind. Sie können direkt auf potentielle Spender zugehen, mit ihnen in Kontakt treten, sich die potentiellen Spender auswählen, die sie ansprechen, und bereits bei der Suche nach geeigneten Spendern ihre sozialen Fähigkeiten einsetzen. Beispielsweise ist ein Passant, welcher Blickkontakt mit dem Sammler aufnimmt, eher als Spender geeignet, als ein Passant, der sich vom Sammler abwendet.

Aufgrund der großen Überschneidungen zwischen einer Verkaufssituation und einer Spendensammlung werden die theoretischen Überlegungen und empirischen Ergebnisse auf die Spendensammlung übertragen. Es wird vermutet, dass die Einflussgrößen, die für den Verkaufserfolg ermittelt wurden, auch für eine Spendensammlung zutreffend sind.

Bevor die empirischen Studien der vorliegenden Arbeit dargelegt werden, sollen die Entwicklungsgrundlagen und Konstruktionsschritte der neuen Testaufgaben zum sozialen Verständnis und ihre Auswertungsmethoden erläutert werden.

7. Testerweiterung des Sozialen Verständnisses

Ein Ziel der Dissertationsschrift war die Testerweiterung des Untertests zum Sozialen Verständnis der bereits bestehenden Testbatterie MTSI-2. Dementsprechend wurden zwei wietere Szenarien entwickelt und hinsichtlich ihrer psychometrischen Eigenschaften und ihrer Integrationsfähigkeit in den bestehenden Untertest untersucht. Darüber hinaus wurde eine Konstrukt- und Kriteriumsvalidierung der Neukonstruktionen durchgeführt.

7.1 Konstruktionsgrundlagen – MTSI

Die grundlegende Testentwicklung wurde von Weis (2008) und Seidel (2007) im Rahmen Ihrer Dissertationsschriften vorgenommen und basierte auf dem integrativen Modell der sozialen Intelligenz von Weis und Süß (2005). Ziel dieser Arbeiten war die Operationalisierung der Fähigkeitsbereiche Soziales Verständnis, Soziales Gedächtnis und Soziale Wahrnehmung. Um der Konstruktion des MTSI als Leistungstest gerecht zu werden, wurde bei der Erstellung der Testaufgaben darauf geachtet, dass diese hauptsächlich kognitive Anforderungen beinhalten und ihre Bearbeitung nur ein geringes Maß an Vorwissen erfordert. Um der Methodenvarianz von Einzelaufgaben entgegenzuwirken, wurden für jede Fähigkeit mindestens acht Untertests entwickelt. Jeweils zwei Untertests folgten der Aufteilung in die vier Inhaltsbereiche geschriebene (v = verbal) und gesprochene Sprache (a = auditiv) sowie statisches (b = Bild) und dynamisches Bildmaterial (f = Film). Darüber hinaus wurde ausschließlich realistisches Stimulusmaterial verwendet und bewusst auf gestelltes Material durch professionelle Schauspieler oder Laiendarsteller verzichtet. Um zu entscheiden, ob eine soziale Situation für den MTSI geeignet ist, wurde nachfolgende Taxonomie sozialer Situationen verwendet:

a) Anzahl der agierenden Personen:

   Die Targetperson sollte entweder allein, in Interaktion mit einer weiteren Person (Dyade) oder in Kleingruppen agieren.

b) Setting:

   Die Targetperson kann sich einerseits in einem privaten Setting zusammen mit Familienmitgliedern, Freunden oder Bekannten befinden oder in einer öffentlichen Situation. Zu letzterem zählen sowohl Interaktionen mit Vorgesetzten, Kollegen und ggf. Kunden am Arbeitsplatz sowie das allgemeine öffentliche Leben (Situationen beim Einkaufen, Behördengänge etc.).

c) Interpersonal Circumplex:

   Das Verhalten der Targetpersonen in zwischenmenschlichen Beziehungen sollte sich in die zwei Hauptdimensionen (*Love* und *Power*) des Interpersonal Circumplex nach Wiggins (1979) klassifizieren lassen. Die Targetperson kann sich dementsprechend gegenüber einem Interaktionspartner nah vs. distanziert oder dominant vs. untergeordnet verhalten.

7.2 Prinzipien der Testkonstruktion - Soziales Verständnis

Da die in dieser Arbeit neukonstruierten Szenarien eine Ergänzung des Untertests zum Sozialen Verständnis darstellen, wurden sie nach denselben Grundprinzipien entwickelt, die bereits bei den bestehenden Szenarien der Testbatterie angewendet wurden. Bei der Testkonstruktion wurden die Charakteristika eines SJT-Paradigmas (McDaniel & Nguyen, 2001) mit dem *postdiction*-Paradigma (O'Sullivan, 1983) und einem szenarienbasierten Ansatz vereint. Im *postdiction*-Paradigma soll sich ein Beurteiler in eine Targetperson hineinversetzen und eine Ratingskala oder ein Persönlichkeitsinventar in der gleichen Art und Weise beantworten, wie es die Targetperson bereits vor ihm getan hat. Demenstprechend ist ein Szenario nur einer einzigen Targetperson gewidmet, deren Gedanken, Gefühle und Beziehungen zu anderen Interaktionspartnern eingeschätzt werden müssen. Die Targetpersonen agieren in vielfältigen sozialen Situationen, wobei in Anlehnung an SJTs zu jeder Situation eine Mehrzahl an Testitems vorgegeben wird. Neben den sozialen Hinweisreizen in den Bild-, Ton- und Textmaterialien werden den Beurteilern Kontextinformationen zur Verfügung gestellt. Diese Kontextinformationen wurden einerseits in Form von Hintergrundinformationen über die Targetperson und andererseits über Situationsbeschreibungen realisiert. Dadurch sollte erreicht werden, dass sich die Aufgabenanforderungen denen in der sozialen Realität annähern. Jedes Szenario besitzt den folgenden Aufbau:

1. Zunächst stellt sich die Targetperson in einem kurzen Video vor. Sie gibt Auskunft über ihren biografischen Hintergrund (Alter, Bildungsweg, Beruf etc.), bevorzugte Freizeitaktivitäten und persönliche Interessen. Die Selbstvorstellung soll den Versuchsteilnehmern helfen, das Aussehen und die Stimme der Targetpersonen in anschließenden Materialien wiederzuerkennen und von anderen Interaktionspartnern zu unterscheiden. Gleichzeitig liegen die wichtigsten Hintergrundinformationen über eine Targetperson in schriftlicher Form vor, damit die Probanden während der Bearbeitung eines Szenarios jederzeit auf diese Informationen zurückgreifen können.

2. Anschließend agiert die Targetperson in mindestens acht unterschiedlichen sozialen Situationen. Die Anzahl ergibt sich durch die Unterteilung in die vier Inhalte (v, a, b, f) bei gleichzeitiger Unterscheidung von zwei verschiedenen Settings (privat vs. öffentlich), wodurch sich eine 4x2-Matrix ergibt. Jede soziale Situation wird durch eine kurze Situationsbeschreibung eingeleitet, in der einerseits die Situation und anderseits Hinweise auf anschließende Testitems verschriftlicht sind. Letzteres soll die Aufmerksamkeit der Probanden auf die relevanten sozialen Hinweisreize lenken.

3. Bei der nachfolgenden Beantwortung der Testitems muss die Targetperson in Bezug auf ihre Gefühle, Gedanken und Beziehungen zu Dritten eingeschätzt werden, wofür siebenstufige Likert-Skalen zur Verfügung stehen. Wie bereits erwähnt, orientierten sich die Fragen zu den sozialen Beziehungen am Interpersonal Circumplex nach Wiggins (1979).

4. Am Ende eines Szenarios werden die Probanden gebeten, die Targetperson global hinsichtlich Persönlichkeit (Fünf-Faktorenmodell) und ihrem generellen Verhalten in sozialen Beziehungen (Interpersonal Circumplex) zu beurteilen. Eine Selbsteinschätzung des Probanden bezüglich der Sympathie der Targetperson, wie gut das Hineinversetzen und Mitfühlen bei der Bearbeitung gelang und wie groß die wahrgenommene Ähnlichkeit zur Targetperson ist, rundet das Szenario ab.

7.2.1 Auswahl der Targetpersonen

Die zweite Version der Testbatterie (MTSI-2) beinhaltete acht Szenarien, von denen vier in die dritte Version des MTSI-3 übernommen wurden. Die zwei in dieser Arbeit neu konstruierten Szenarien sollten die dritte Version der Testbatterie ergänzen. Da eine Versuchsperson ihre Leistung im sozialen Verständnis bei verschiedenen Zielpersonen unter Beweis stellen sollte, war es notwendig, so viele verschiedene Targetpersonen wie möglich in den MTSI zu integrieren. Die Targetpersonen der Neukonstruktion sollten die bestehenden Szenarien hinsichtlich der demographischen Eigenschaften Geschlecht, Alter, Bildung und Beruf sinnvoll ergänzen. Die Wahl als Zielperson zu fungieren fiel auf *Katrin* und *Daniel*, da sie die eben beschriebenen Kriterien sehr gut erfüllten. Einerseits blieb die Gleichverteilung bezüglich Geschlecht und Familienstand für den MTSI-3 erhalten, andererseits kamen zwei junge Erwachsene hinzu, die Ausbildungsberufe ergriffen hatten (*Katrin*: Restaurantfachfrau, *Daniel*: Chemikant und Feuerwehrmann), deren berufliche Bildung allerdings noch nicht abgeschlossen war, da sie sich während der Erstellung der Szenarien in einer beruflichen Weiterbildungsphase befanden (*Katrin*: Ausbildung zur Hotel-fachfrau, *Daniel*: Studiengang Sicherheit und Gefahrenabwehr). Eine Übersicht über die demographischen Eigenschaften aller Targetpersonen und ihre Zugehörigkeit zu den Testbatterien ist in Tabelle 11 dargestellt.
Beide Targetpersonen gaben ihr schriftliches Einverständnis, dass sie das von ihnen angefertigte Bild- und Tonmaterial zur wissenschaftlichen Nutzung und Weiterverarbeitung frei geben. Neben den Zielpersonen wurden im Verlauf der Materialsammlung auch deren Interaktionspartner über die Ziele der wissenschaftlichen Studie, den Prozess der Materialsammlung und Weiter-verarbeitung aufgeklärt.

7.2.2 Materialsammlung

Bevor die Materialsammlung begonnen wurde, konnte die Autorin auf die Erfahrungen, die Seidel (2007) und Weis (2008) bei ihren Szenarien gesammelt hatten, zurückgreifen und darüber hinaus von einigen Verbesserungen profitieren. Hinsichtlich der Qualität von Ton-, Bild- und Filmmaterialien wurde der Autorin eine mehrtägige Audio- und Videoschulung bei professionel-len Rundfunkmitarbeitern ermöglicht, um Qualitätsmängel als Ursache für die Einschränkungen der psychometrischen Güte der Szenarien ausschließen zu können. Um eine möglichst große Auswahl an visuellem und auditivem Aufgabenmaterial zu erstellen, wurden beide Zielpersonen in ihrem beruflichen, privaten und öffentlichen Alltag von der Autorin begleitet.

Tabelle 11: Demographische Eigenschaften der Targetpersonen

Nr.	Kürzel	Name	Alter	Bildung/Beruf	Familien-stand	Testbatterie	
						MTSI-2	MTSI-3
1	RF	Regina	24	medizinisch-technische Laborassistentin	LD	X	
2	BS	Bernhard	43	Arzt	VH	X	
3	CK	Caro	41	Eigentümerin eines Billard- und Dart-Cafés	LP	X	
4	CP	Christian	23	Student: Jura	LP	X	
5	KL	Katja	26	Student: Psychologie	LD	X	X
6	FB	Fred	69	Immobilienkaufmann	LP	X	X
7	HR	Hannelore	60	Lehrerin	LD	X	X
8	MM	Markus	33	selbstständiger Tanzlehrer	LD	X	X
9	**KS**	**Katrin**	24	**Abitur, Restaurantfachfrau, Ausbildung zur Hotelfachfrau**	**LD**		**X**
10	**DS**	**Daniel**	29	**Chemikant und Feuerwehrmann, Student: Sicherheit und Gefahrenabwehr**	**LP**		**X**

Anmerkung. Schwarz hervorgehoben sind die Neukonstruktionen Katrin und Daniel. MTSI-2 = Magdeburger Test zur sozialen Intelligenz in der Version von 2006 bis 2008; MTSI-3 = Magdeburger Test zur sozialen Intelligenz in der Version von 2010; LD = ledig; VH = verheiratet; LP = Lebenspartnerschaft.

Im Unterschied zum früheren Vorgehen wurden von *Katrin* und *Daniel* nicht nur an zwei bis drei Tagen Bild- und Tonaufnahmen angefertigt, sondern mehrere Aufnahmen an unterschiedlichen Wochentagen im Zeitraum von Juni 2009 bis Februar 2010 erstellt.

Die Film- und Bildmaterialien wurden mit einer Kamera der Marke „Nikon Coolpix S225" erstellt. Aufnahmen, in denen sich die Targetpersonen bewegten, wurden mit Hilfe eines Stativs vorgenommen. In statischen Situationen war es hingegen möglich, die Kamera im Raum zu platzieren und eine Situation über längere Zeit zu filmen oder Fotografien per Auslöser zu erstellen. Die Tonmaterialien wurden mit Hilfe der Aufnahmefunktion derselben Kamera bzw. mit Hilfe eines Handys der Marke „Sony Ericson T700" angefertigt. Das Gerät wurde eingeschaltet und in der Nähe der Targetperson platziert. Hatte sich eine geeignete soziale Situation ereignet, wurde die Targetperson im Anschluss bezüglich ihrer Emotionen, Gedanken und Verhaltensweisen interviewt. Eine Situation wurde als geeignet eingestuft, wenn folgende Kriterien gegeben waren:

a) *Soziale Situation:*
Die Targetperson sollte aktives Verhalten zeigen und eine bedeutende Rolle innerhalb der Situation innehaben. Bevorzugt wurden Situationen, in denen ein Konflikt, eine Herausforderung oder ein Problem aufgetreten waren oder sich ein emotional besonders positives oder belastendes Erlebnis ereignet hatte.

b) *Soziale Hinweisreize:*
Die Targetperson sollte möglichst eindeutige soziale Hinweisreize (Mimik, Gestik, Körperhaltung, Stimmlage etc.) gezeigt haben.

c) Eindeutige Zuordnung zur Taxonomie sozialer Situationen (siehe Kapitel 7.1)

Waren weitere Personen an der Situation beteiligt, wurden zusätzlich die Beziehungen zu diesen Personen im Interview besprochen. Die Antworten wurden entweder auf einer 7.5 cm langen Analogskala abgetragen oder formlos notiert. Dieses Vorgehen konnte bei den beruflichen Situationen von *Katrin* und bei allen schriftlichen Materialien nicht durchgeführt werden, da *Katrin* ihre Dienstzeit nicht beliebig unterbrechen konnte. Dennoch wurde auf eine zeitnahe Beantwortung am nächsten Tag geachtet. Die Targetpersonen wurden außerdem aufgefordert, der Autorin mitzuteilen, wenn ihnen schriftliches Material (Konversationen in E-Mails, Briefe, Chatrooms etc.) vorlag, welches eine emotional positive oder negative Bedeutung für sie hatte. Das Material wurde dann gemeinsam mit der Targetperson gesichtet und wie bereits beschrieben ein Interview mit ihr geführt.

Nach Abschluss der Materialsammlung wurden *Katrin* und *Daniel* gebeten, verschiedene Fragebögen auszufüllen. Dabei handelte es sich zum einen um den Persönlichkeitsfragebogen NEO-PI-R (Ostendorf & Angleitner, 2004) und das Inventar zur Erfassung Interpersonaler Probleme (IIP-C; Horowitz, Strauß, & Kordy, 2000). Zum anderen kam die Skala zur sozialen Erwünschtheit aus dem Freiburger Persönlichkeitsinventar (FPI-R; Fahrenberg, Hampel & Selg, 2001) zum Einsatz. Da die Intention dieser Skala durchschaubar wird, wenn ausschließlich die Items zur sozialen Erwünschtheit vorgegeben werden, wurden zusätzlich Items aus der Skala Soziale Orientierung (FPI-R) aufgenommen. Alle Fragebögen dienten einer standardisierten Beschreibung der Targetpersonen. In den nachfolgenden Kapiteln wird an geeigneter Stelle noch einmal auf die Fragebögen Bezug genommen. Ein Vergleich der Persönlichkeitsprofile (NEO-PI-R und IIP-C) von *Katrin* und *Daniel* mit den Profilen der vier anderen Targetpersonen des MTSI-3 ist im Anhang A (Abbildung A3 und A4) dargestellt. Es wird deutlich, dass die Werte der Neukonstruktionen in den meisten Fällen innerhalb der Wertebereiche der bestehenden Szenarien liegen. Nur die Konstrukte Verträglichkeit und Kooperationsbereitschaft in interpersonalen Beziehungen sind bei *Katrin* und *Daniel* geringer ausgeprägt.

7.2.3 Auswahl der Materialien und Fragen

Zunächst wurden alle Aufnahmen und die verbalen Materialien von der Autorin gesichtet. In erster Linie entschieden die Angaben der Targetpersonen während des Interviews über ihre mentalen Zustände und ggf. Beziehungen zu Dritten, welche Materialien in die Vorauswahl für ein Szenario kamen. Zusätzlich wurde darauf geachtet, dass eindeutige und passende soziale Hinweisreize für die von der Targetperson berichteten Emotionen, Kognitionen und Beziehungen im Material zu finden waren. Ferner konnte eine schlechte Qualität einer Aufnahme ein Ausschlusskriterium sein. Film- und Bildmaterial, welches trotz Bearbeitungssoftware zu dunkel, verwackelt oder unscharf blieb, wurde ausgeschlossen. War eine Targetperson nur im Profil oder häufig in der Rückansicht zu sehen, galt das Material ebenfalls als ungeeignet, da den Probanden wichtige soziale Hinweisreize aus der Mimik fehlen würden. Bei Tonmaterialien wurde darauf geachtet, dass keine störenden Hintergrundgeräusche die Gespräche überdeckten und dass die Targetperson einen möglichst großen Anteil an den Gesprächen hatte. Außerdem wurden keine Situationen ausgewählt, die zu Beginn eines Aufnahmeprozesses entstanden waren. Die Targetpersonen sollten sich zunächst an die Anwesenheit der Aufnahmegeräte gewöhnen, um nach einigen Minuten deren Gegenwart möglichst vollständig zu vergessen. Auf diese Art und Weise sollte reaktives Verhalten seitens der Target- und Interaktionspersonen vermieden werden. Im Anschluss sichtete eine Kollegin aus der Arbeitsgruppe das vorselektierte Material. Im Konsens wurde entschieden, welche Materialien und Items vorläufig in die Szenarien aufgenommen wurden. Kriterien waren die Übereinstimmungen hinsichtlich der Anwesenheit von sozialen Hinweisreizen und ihre Stimmigkeit mit den berichteten mentalen Zuständen und Beziehungen im Interview.

Anschließend wurden die Filme mit Hilfe der Software Adobe Premiere Pro CS3 geschnitten und, falls nötig, aufgehellt oder geschärft. Während Tonmaterialien auf dieselbe Weise mit Adobe Audition 3.0 bearbeitet wurden, war es bei den Bildern nur selten nötig, die Helligkeit oder Schärfe zu verbessern. Bei allen Schnittarbeiten wurde sichergestellt, dass die Inhalte der Situationen nicht verändert oder unabsichtlich essentielle Szenen herausgenommen wurden. Die Formulierung der Items wurde in Anlehnung an den Wortlaut der vorangegangen Szenarien vorgenommen und ebenfalls von einem Teammitglied überprüft. Um eine Präsentation der Materialien am Computer ermöglichen zu können, wurden die Szenarien mit Hilfe der Software WMC (Version 1.1.0; Becker, 2008) programmiert. Die Items wurden zunächst in Form von Analogskalen auf Fragebögen abgedruckt. Jedes Szenario wurde der entsprechenden Targetperson vorgegeben. *Katrin* und *Daniel* waren angehalten, sich erneut in die Situationen hineinzuversetzen und die Fragen zu ihren Emotionen, Kognitionen und Beziehungen zu beantworten. Außerdem konnten sie gegen die Präsentation einer Situation Widerspruch einlegen, falls ihnen die Situation im Nachhinein unangenehm erschien. Abschließend wurden die Targetantworten der letzten Befragung mit den Antworten aus dem ersten Interview abgeglichen. Items, bei denen eine Übereinstimmung gefunden wurde, wurden in das finale Szenario aufgenommen. Diese Fragen wurden ebenfalls mit WMC programmiert und in die Szenarien integriert. In Tabelle 12 sind alle abgefragten Emotionen, Kognitionen und Fragen zum Beziehungsverhalten der Targetpersonen aufgelistet. Zu beachten ist, dass nur die in den Szenarien *Katrin* und *Daniel* vorkommenden Informationsbereiche dargestellt wurden, während die bestehenden Szenarien weitere Bereiche beinhalten.

Tabelle 12: Fragetypen und Beispielitems der Szenarien Katrin und Daniel

	Emotionen		Kognitionen	Beziehungen
Abgefragte Informationen	Freude Ärger Enttäuschung Trauer Verzweiflung Wut Überraschung Verachtung	Sehnsucht Besorgnis Wohlbefinden Nachdenklichkeit Genervt sein Angespanntheit Vorfreude Scham Belastung Frustration Überforderung Mitgefühl/Mitleid	Absicht/Ziel Gründe Einstellungen Gedanken Interesse/Engagement Wichtigkeit Aufmerksamkeit	Dominanz Nähe Kooperation Vertrautheit Häufigkeit Erfahrungen Typizität
Beispielitem	„Wie stark sind die folgenden Gefühle bei der Targetperson ausgeprägt?"		Was war in der dargestellten Situation die Absicht der Targetperson? Wie gut treffen folgende Aussagen zu?	Wie sieht sich die Targetperson im Verhältnis zu einer anderen Person?

Antwortformat

Siebenstufige Likert-Skalen:

	gar nicht	wenig	eher wenig	mittel	eher stark	stark	sehr stark
	-3	-2	-1	0	-1	-2	-3
Freude	☐	☐	☐	☐	☐	☐	☐
Ärger	☐	☐	☐	☐	☐	☐	☐

Anmerkung. Die verbalen Verankerungen der sieben Stufen sind beispielhaft für die Ausprägung der Emotionen dargestellt und wurden innerhalb der Szenarien entsprechend dem Fragetypus angepasst. Eine detaillierte Auflistung der eingesetzten Materialien und ihrer Situationsbeschreibungen sowie die Anzahl der abgefragten Items und ihre Zugehörigkeit zu den Informationsbereichen können im Anhang A (Tabelle A5 und A6) eingesehen werden.

7.3 Richtig und Falsch im MTSI-SV

Im Kapitel „Festlegung eines Akkuratheitskriteriums" (5.3.1) wurden verschiedene Scoring-methoden vorgestellt und diskutiert. Prinzipiell kann jede der vorgestellten Auswertungs-methoden verwendet werden, um die richtige Lösung im Untertest zum sozialen Verständnis festzulegen. Allerdings kommen das *Target Scoring* und das *Expert Consensus Scoring* (ECS) im MTSI bevorzugt zur Anwendung. Da für die neukonstruierten Szenarien *Katrin* und *Daniel* noch kein ECS zur Verfügung steht, werden im Folgenden nur die Berechnungsgrundlagen des *Target Scorings* und des *Group Consensus Scorings* erläutert.

7.3.1   Target Scoring – Itembasiert

Für das *Target Scoring* wurden zunächst die Targetantworten aus der visuellen Analogskala in die sieben Stufen der Likert-Skala transformiert. Die Unterteilung der Analogskala in sieben gleichmäßige Bereiche wurde mit Hilfe eines Lineals vorgenommen. Der von der Targetperson angekreuzte Bereich entsprach der Targetantwort. Um die Leistung eines Probanden ermitteln zu können, wird die Differenz der Antwort des Probanden und der Antwort der jeweiligen Zielperson berechnet, wodurch sich negative Abweichungen ergeben. Anschließend muss eine Gewichtung der Abweichung erfolgen, da die Größe der maximalen Abweichung von der Targetantwort abhängig ist. Wenn die Targetantwort zum Beispiel vier beträgt, können die Probanden maximal eine Abweichung von minus drei erlangen. Ist hingegen die richtige Antwort eins oder sieben, beträgt die maximale Abweichung minus sechs. Dementsprechend wird durch eine Gewichtung ein gleichmäßiges Maximum von minus sechs unabhängig von der Targetant-wort erreicht. Der finale Wert kann durch zwei verschiedene Aggregationen der Einzelitems be-rechnet werden. Zum einen kann ein Aggregat aller Einzelitems, die zu einem Szenario (g-Scores) gehören, gebildet werden. Zum anderen ist eine analoge Auswertung entsprechend der vier Inhalte (Film-, Bild-, Ton- und Textmaterial) möglich. Am Ende werden Faktorenwerte auf der Grundlage der g-Scores oder der vier Inhalte berechnet.
Da im Verlauf der Bearbeitung eines Szenarios die Probanden sukzessiv Wissen über die Target-person erlangen, kann von einer Unabhängigkeit der Items nicht ausgegangen werden. So stehen bei Items, die später im Szenario präsentiert werden, mehr Hintergrundinformationen über eine Targetperson zur Verfügung als bei zuvor präsentierten Items. Während die g-Scores die Abhän-gigkeit der Items beachten, bleibt sie bei einer inhaltsbezogenen Zusammenfassung unberück-sichtigt.

7.3.2   Target Scoring – Situationsbasiert

Da auch die Beantwortung der Items, die zu einer sozialen Situation vorgegeben werden, nicht unabhängig voneinander erfolgt, wurde eine Anpassung des *Target Scorings* vorgenommen. Die Berechnungsweise der Euklidischen Distanz nach Hedlund und Kollegen (2003) diente als In-spiration für die Vorgehensweise beim situationsbasierten *Target Scoring*. Zum einen wurde die Differenz zwischen der Targetantwort und der Antwort des Probanden quadriert. Dadurch werden größere Abweichungen (Differenz größer als eins) stärker gewichtet, während Antworten, die genau die Targetantwort treffen oder eine Differenz von maximal eins aufweisen, unbeeinflusst bleiben. Aufgrund der Quadrierung beträgt die maximale Abweichung von der Targetantwort 36, wodurch die Gewichtung ebenfalls angepasst werden musste. Zum anderen werden alle Einzelitems entsprechend ihrer Zugehörigkeit zu einer sozialen Situation zusammengefasst. Folgerichtig ergeben sich für jedes Szenario mindestens acht Situationsscores, wobei jeweils zwei Scores der Aufteilung in die vier Inhaltsbereiche folgen. Abschließend kann, analog zum vorherigen *Target Scoring*, entweder eine Zusammenfassung der Situationsscores eines Szenarios oder aller Situationsscores einer Inhaltsdomäne vorgenommen werden. Im Gegensatz zur Euklidischen Distanz kann beim *Target Scoring* keine Berücksichtigung der Varianz erfolgen, da die richtige Lösung von einer Einzelperson (Targetperson) und nicht durch eine Stichprobe bestimmt wird. Die Abbildung 15 gibt eine detaillierte Abfolge über die Berechnung beider Targetscores wieder.

7.3.3 Validierung der Targetantworten

Ein bedeutender Kritikpunkt am *Target Scoring* ist die Befürchtung, dass Targetpersonen darauf bedacht sind, einen guten Eindruck zu hinterlassen und dementsprechend sozial erwünschte Targetantworten generieren. Um die Tendenz zu sozial erwünschten Urteilen bei *Katrin* und *Daniel* zu erfassen, wurde die Skala Offenheit aus dem *Freiburger Persönlichkeitsinventar* (FPI-R; Fahrenberg, Hampel & Selg, 2001) ausgewählt. Laut Skalenbeschreibung räumen Probanden mit hohen Werten selbstkritisch Schwächen ein, geben diese Schwächen offen zu oder empfinden gesellschaftliche Konventionen als weniger wichtig für die eigene Person (Fahrenberg et al., 2001). Beide Targetpersonen zeigten auf dieser Skala einen Stanine-Wert von sechs und befanden sich im unauffälligen Normbereich (vgl. Abbildung 16). Selbstverständlich konnte aufgrund des Selbstberichtsverfahrens nicht vollständig ausgeschlossen werden, dass die Targetantworten von *Katrin* und *Daniel* keinerlei Verzerrungstendenzen aufweisen. Um die Validität der Targetantworten weiter zu stärken, wurde zusätzlich die Stabilität der abgegebenen Antworten überprüft. Hierfür wurden *Katrin* und *Daniel* gebeten, die Items ihrer gekürzten Szenarien (vgl. Studie 2) vier Jahre später erneut zu beantworten. Beide Targetpersonen wurden dazu angehalten, sich in die Situationen von damals zurückzuversetzen, während ihnen das Material präsentiert wurde. Nach jeder Situation mussten sie erneut ihre Antworten auf Analogskalen abtragen. Die Bestimmung der richtigen Lösung erfolgte wiederum durch Transformation der visuellen Analogskala in die sieben Stufen der Likert-Skala. Anschließend wurde eine Korrelation zwischen den Targetantworten beider Messzeitpunkte berechnet. Während der Korrelationskoeffizient nach Spearman für die 43 Items des Szenarios *Katrin* .83 betrug, erreichten die 54 Items des Szenarios *Daniel* einen Stabilitätswert von .78. Um besser einschätzen zu können, wie präzise *Katrin* und *Daniel* in ihrer erneuten Beantwortung waren, wurde die Abweichung zwischen den beiden Messzeitpunkten bestimmt (Tabelle 13). Eine Abweichung bedeutet an dieser Stelle die Differenz zwischen der Targetantwort im Jahr 2010 und der Targetantwort im Jahr 2014. Es wird deutlich, dass die Antworten von *Katrin* stabiler sind, wenngleich beide Targetpersonen mehr als 40% ihrer Items in identischer Weise beantworteten.

Ermittlung der Targetantwort auf der Analogskala:

Frage: Schätze bitte auf der Skala ein, wie wohl Du Dich in der Situation gefühlt hast.

Extrem unwohl $\fbox{1 \quad 2 \quad 3 \quad 4 \quad 5 \quad 6 \diagdown 7}$ Extrem wohl

	Targetantwort	Gewichtung in Abhängigkeit von der Targetantwort
Target Scoring Item-basiert (TS-ITEM)	1 oder 7	(Antwort der Versuchsperson – Targetantwort) * **1.0**
	2 oder 6	(Antwort der Versuchsperson – Targetantwort) * **1.2**
	3 oder 5	(Antwort der Versuchsperson – Targetantwort) * **1.5**
	4	(Antwort der Versuchsperson – Targetantwort) * **2.0**

Aggregation der Items entsprechend ihrer Zugehörigkeit:

Szenario	Inhalt
$SV_g = Mean\ (Item_1, Item_2,...,Item_x)$	$SV_{(v,a,b,f)} = Mean\ (Item_1, Item_2,...,Item_x)$
$g \triangleq$ Szenario (z.B.: Katrin)	$v \triangleq$ verbal $b \triangleq$ Bild
$x \triangleq$ Itemanzahl eines Szenarios	$a \triangleq$ auditiv $f \triangleq$ Film
	$x \triangleq$ Itemanzahl einer Inhaltsdomäne

	Targetantwort	Gewichtung in Abhängigkeit von der Targetantwort
Target Scoring Situations-basiert (TS-SIT)	1 oder 7	(Antwort der Versuchsperson – Targetantwort)^2 * **1.00**
	2 oder 6	(Antwort der Versuchsperson – Targetantwort)^2 * **1.44**
	3 oder 5	(Antwort der Versuchsperson – Targetantwort)^2 * **2.25**
	4	(Antwort der Versuchsperson – Targetantwort)^2 * **4.00**

Aggregation der Items entsprechend ihrer Zugehörigkeit zu den Situationen:

$$Sit_x = \sqrt{\sum}\left(Item_1, Item_2, ... , Item_x\right)$$

$x \triangleq$ Anzahl der Situationen

Aggregation der Situationen entsprechend ihrer Zugehörigkeit:

Szenario	Inhalt
$SV_g = \sum(Sit_1, Sit_2, ... , Sit_x)$	$SV_{(v,a,b,f)} = \sum(Sit_1, Sit_2, ... , Sit_x)$
$g \triangleq$ Szenario (z.B.: Katrin)	$v \triangleq$ verbal $b \triangleq$ Bild
$x \triangleq$ Situationsanzahl eines Szenarios	$a \triangleq$ auditiv $f \triangleq$ Film
	$x \triangleq$ Itemanzahl einer Inhaltsdomäne

Abbildung 15: Ermittlung der Targetscores auf der Basis von Items und Situationen

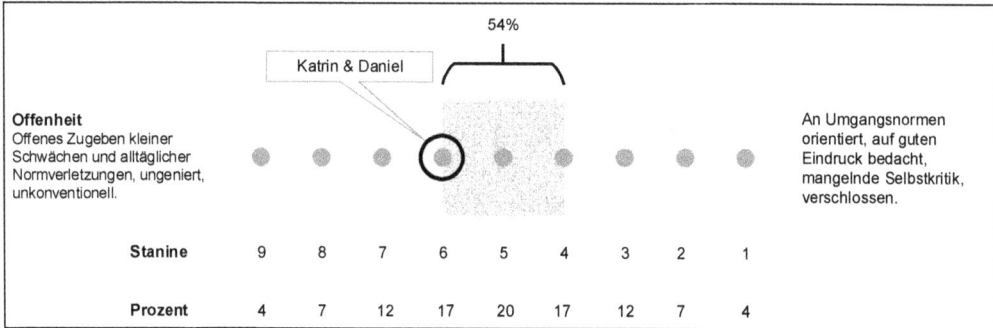

Abbildung 16: Tendenz zu sozial erwünschten Antworten bei Katrin und Daniel (in Anlehnung an den Auswertungsbogen des FPI-R (Fahrenberg et al., 2001).

Jeweils 17 Items wurden mit nur einer Stufe Unterschied beantwortet und können unter Berücksichtigung des zeitlichen Abstandes und des Antwortformates (Analogskalen) als positiv bewertet werden. Interessant sind hingegen die Items mit zwei oder mehr Stufen Unterschied. Bei *Katrin* handelt es sich in vier von fünf Items um Emotionen, während sich die Items bei Daniel gleichmäßig auf die Informationskomponenten verteilen. Darüber hinaus kommen Items mit größeren Abweichungen in jeder Präsentationsart (v, a, b, f) vor.

Zusammenfassend kann die Stabilität der Targetantworten als sehr positiv eingestuft werden und unterstützt darüber hinaus die Validität der abgegebenen Antworten. Außerdem sollte überlegt werden, die Items mit großen Abweichungen (>2) aus den Szenarien auszuschließen.

Tabelle 13: Stabilität der Targetantworten nach vier Jahren

Abweichung*	Katrin		Daniel	
	Anzahl der Items	Prozent	Anzahl der Items	Prozent
0	21	48.8	24	44.4
1	17	39.5	17	31.5
2	2	4.7	8	14.8
>2	3	7.0	5	9.3
	$\sum$ 43	$\sum$ 100%	$\sum$ 54	$\sum$ 100%

Anmerkung. * Eine Abweichung von 0 bedeutet eine identische Targetantwort 2010 und 2014, Abweichung von 1/2/>2 bedeutet, dass die Targetantwort 2014 ± 1/2/>2 Stufe(n) der Likert-Skala neben der Targetantwort von 2010 liegt.

7.3.4   Globale Einschätzung der Targetpersönlichkeit

Am Ende eines jeden Szenarios wird der Proband aufgefordert, eine generelle Einschätzung der Persönlichkeit (Neurotizismus, Extraversion, Offenheit für Erfahrungen, Verträglichkeit und Gewissenhaftigkeit) und des Beziehungsverhaltens (dominant/untergeordnet, distanziert/nah und rivalisierend/kooperativ) der Targetperson vorzunehmen. Hierzu stehen ebenfalls siebenstufige Likert-Skalen zur Verfügung. Die Grundlage für die Ermittlung der richtigen Antworten liefern die Ergebnisse aus den Selbstberichtsverfahren NEO-PI-R und IIP-C. Die Skalen beider Fragebögen können einen kontinuierlichen Wert zwischen null und vier annehmen. Dementsprechend wurden Wertebereiche für die sieben Stufen der Likert-Skala gebildet (eine Stufe auf der Likertskala umfasst 0.57 Einheiten auf der Skala im Fragebogen). Dadurch ergeben sich ebenfalls Targetantworten zwischen eins und sieben. Anschließend können beide Berechnungsmöglichkeiten des Targetscorings angewendet werden.

7.3.5   Group Consensus Scoring

Eine alternative Auswertungsmethode zum *Target Scoring* stellt das *Group Consensus Scoring* (GCS) dar. Hierbei wird das Antwortverhalten in einer Referenzstichprobe genutzt, um die richtige Lösung zu bestimmen (vgl. Kapitel 5.3.3). Zunächst werden die relativen Häufigkeiten der sieben Antwortalternativen eines jeden Items in der Referenzstichprobe ermittelt. Anschließend wird die Antwort des Probanden durch die prozentuale Antworthäufigkeit in der Referenzstichprobe ersetzt. Haben sich zum Beispiel 50% einer Stichprobe für die Antwortalternative sieben entschieden und ein Proband entscheidet sich ebenfalls bei diesem Item für die Ausprägung sieben, erhält er einen Wert von .50. Je häufiger ein Proband den Konsens der Stichprobe teilt, desto größer wird sein aggregierter Wert. Eine situationsbasierte Zusammenfassung wird aufgrund bereits erörterter Vorteile ebenfalls durchgeführt, bevor abschließend analog zum *Target Scoring* die Einzelitems entsprechend ihrer Zugehörigkeit zu einem Szenario oder zu einer Inhaltsdomäne aggregiert werden.

8. Studie 1

8.1 Fragestellung und Hypothesen

In der ersten Studie wurden die neukonstruierten Szenarien hinsichtlich ihrer psychometrischen Eigenschaften und der Konstruktvalidität untersucht. In Übereinstimmung mit der Klassischen Testtheorie (KTT) werden die Itemkennwerte (Schwierigkeit, Varianz und Interkorrelation) und die Skaleneigenschaften (Reliabilität) der Szenarien überprüft. Darüber hinaus sollen Hinweise für die Konstruktvalidität der neuen Szenarien ermittelt werden. Hierbei handelt es sich zum einen um die faktoranalytische Passung der Szenarien in den bestehenden Untertest zum sozialen Verständnis des Magdeburger Tests zur sozialen Intelligenz. Zum anderen soll eine Einbettung des sozialen Verständnisses in das nomologische Netzwerk anderer Konstrukte erfolgen. Hierbei soll die Abgrenzung des sozialen Verständnisses zur allgemeinen Intelligenz (diskriminante Validität) sowie ein systematischer Zusammenhang zu einem inhaltlich ähnlichen Konstrukt der Emotionserkennungsleistung aufgezeigt werden.

Da verschiedene Festlegungen hinsichtlich eines Akkuratheitskriteriums für das soziale Verständnis getroffen werden können, sollen die Auswertungsmethoden *Target Scoring* (TS) und *Group Consensus Scoring* (GCS) miteinander verglichen werden (vgl. Kapitel 5.3.1 und 7.3). Die in Kapitel 5.3.3 ausgeführten Untersuchungen konnten zeigen, dass das GCS für die Bestimmung der richtigen Lösung in einem sozialen Wissenstest geeignet ist, während es für die Auswertung eines kognitiven Fähigkeitstest zu viele methodische Schwächen aufweist (z.B. keine Bestimmung der Itemschwierigkeiten, nur anwendbar auf leichte und mittelschwere Items). Daher ist die präferierte Auswertungsmethode für das soziale Verständnis das *Target Scoring*. Innerhalb des TS werden vier Berechnungsarten vergleichend betrachtet. In Kapitel 7.3 (Abbildung 15) wurden die Möglichkeiten erläutert, einen Gesamtwert für das soziale Verständnis zu bilden. Es können Itemmittelwerte entlang der Inhaltsdimensionen oder durch ihre Zugehörigkeit zu einem Szenario berechnet werden. Da die Items eines Szenarios nicht unabhängig voneinander sind, wird eine Aggregation entlang der Szenarien bevorzugt. Außerdem können alle Einzelitems entweder direkt zu einem Mittelwert aggregiert oder zuvor zu Situationsscores zusammengefasst werden. Ob die verschiedenen Vorgehensweisen einen Einfluss auf die psychometrischen Eigenschaften und die Konstruktvalidierung besitzen, soll in der nachfolgenden Untersuchung ermittelt werden.

8.1.1 Psychometrische Eigenschaften

Zusätzlich zu den Itemkennwerten der Szenarien *Katrin* und *Daniel* soll die interne Konsistenz der Gesamtskalen betrachtet werden. Zu diesem Zweck wird Cronbachs Alpha als Maß für die Homogenität ermittelt, welches bei tendenziell eher heterogenen Konstrukten die untere Grenze der Reliabilität darstellt. In der Untersuchung von Conzelmann, Weis und Süß (2013, vgl. Kapitel 3.2.3.1) ergaben sich bei der Berechnung von Cronbachs Alpha eine Vielzahl an Items mit negativen Trennschärfen (25 - 56% je Szenario). Nach der Entfernung der Items betrugen die Alpha-Koeffizienten zwischen .62 und .86. Diese Studie verwendete das *Target Scoring* und aggregierte die Items entlang der Szenarien. In der vorliegenden Untersuchung werden weniger Items mit negativen Trennschärfen erwartet, wenn vor der Bestimmung der Gesamtwerte Situations-scores gebildet werden. Die Höhe der Alpha-Koeffizienten sollte für die situationsbasierten Ge-samtwerte im Vergleich zur itembasierten Auswertung geringer ausfallen, da mit einem Test-längeneffekt für Alpha gerechnet wird. Hingegen sollten die Homogenitätswerte in vergleichbarer Höhe zur Studie von Conzelmann und Kollegen (2013) ausfallen, wenn TS-Item zur Anwendung kommt (*Hypothese 1*).

8.1.2 Konstruktvalidität

Da die Szenarien *Katrin* (SV-KS) und *Daniel* (SV-DS) als eine Ergänzung für den Untertest zum sozialen Verständnis des MTSI-3 entwickelt wurden, wird einerseits eine mittlere positive Korre-lation zwischen den neukonstruierten Szenarien erwartet (*Hypothese 2a*) und andererseits positive Zusammenhänge mit den bestehenden Szenarien (*Hypothese 2b*). Die Hypothese 2b soll zusätzlich durch eine konfirmatorische Faktorenanalyse überprüft werden, die einen gemeinsamen Faktor für das soziale Verständnis auf latenter Ebene annimmt. Erneut sind die verschiedenen Berech-nungsmethoden des TS und das GCS von Interesse. Demzufolge kann der latente Faktor des sozialen Verständnisses auf der Grundlage inhaltsbezogener Indikatoren (Abbildung 17a) oder durch die Gesamtwerte der Szenarien (Abbildung 17b) zustande kommen. Eine bessere Modell-güte wird bei einer inhaltsbezogenen Zusammenfassung erwartet als bei einer Aggregation ent-lang der Szenarien. Dies sollte sich unabhängig von der Berechnungsart und den Scoring-methoden zeigen.

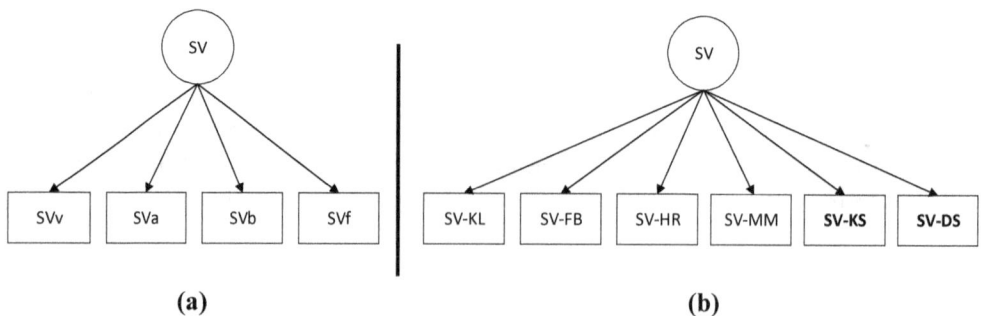

(a)   (b)

Abbildung 17: Faktoranalytische Messmodelle des sozialen Verständnisses

Anmerkung. Schwarz hervorgehoben sind die Neukonstruktionen Katrin und Daniel. SV = soziales Verständnis; SVv = soziales Verständnis verbal; SVa = soziales Verständnis auditiv; SVb = soziales Verständnis Bild; SVf = soziales Verständnis Film; SV-KL = Szenario Katja; SV-FB = Szenario Fred; SV-HR = Szenario Hannelore; SV-MM = Szenario Markus; SV-KS = Szenario Katrin; SV-DS = Szenario Daniel.

Bei entsprechender Modellgüte wird der Zusammenhang zwischen dem sozialen Verständnis und den anderen Konstrukten des Magdeburger Modells zur sozialen Intelligenz betrachtet. Hierbei sollen die Einzelaufgaben der sozialen Intelligenzkonstrukte (soziales Verständnis, soziales Wissen, soziales Gedächtnis und soziale Wahrnehmung) zu Faktorenwerten zusammengefasst und miteinander korreliert werden. Es werden positive Korrelationen zwischen dem sozialen Verständnis und den übrigen Konstrukten des MTSI-3 erwartet (*Hypothese 2c*).

Neben einer Überprüfung der faktoranalytischen Validität soll eine Einbettung des sozialen Verständnisses in das nomologische Netzwerk anderer Konstrukte erfolgen. Die Kapitel 3.2.3 und 6.1 haben deutlich gemacht, dass eine Abgrenzung des Kernkonstruktes zur allgemeinen Intelligenz (AI) erforderlich ist. Nach Schneider, Ackerman und Kanfer (1996) besitzen nonverbale Testmaterialien zur sozialen Intelligenz (Filmaufnahmen, Bilder) eine geringere Ähnlichkeit mit Testaufgaben der allgemeinen Intelligenz, während verbale SI-Materialien Anforderungen aufweisen, die den Aufgaben des schlussfolgernden Denkens ähnlich sind. Die Szenarien des sozialen Verständnisses des MTSI setzen sich sowohl aus nonverbalen als auch aus verbalen Testmaterialien zusammen. In einer Untersuchung von Conzelmann, Weis und Süß (2013) wurden bereits diskriminante Koeffizienten zwischen dem SV des MTSI und der AI aufgezeigt. In Übereinstimmung mit den Anforderungen an neue Intelligenzkonstrukte und bisherigen Befunden zum sozialen Verständnis des MTSI werden auch für die vorliegende Untersuchung Nullkorrelationen bzw. Zusammenhänge in geringer Höhe zwischen den neukonstruierten Szenarien und der allgemeinen Intelligenz erwartet (*Hypothese 3*).

Darüber hinaus sollen systematische Zusammenhänge zwischen dem sozialen Verständnis und einem inhaltlich ähnlichen Konstrukt untersucht werden. In Kapitel 4 wurde eine Abgrenzung des sozialen Verständnisses aus dem Magdeburger Modell zur sozialen Intelligenz zu inhaltlich ähnlichen Forschungsbereichen vorgenommen, wobei vielfältige Überschneidungen mit anderen etablierten Konstrukten deutlich wurden. Zu diesen Konstrukten gehören die kognitive Empathie, soziale Perspektivenübernahme, emotionale Intelligenz und „Theory of Mind", deren gemeinsame basale Anforderung das Erkennen von Emotionen in anderen Personen ist. Das Erkennen und die Interpretation von Emotionen stellt auch im sozialen Verständnis eine wichtige Komponente dar, wodurch ein positiver Zusammenhang zwischen den eingesetzten Szenarien und einem Leistungstest zur Emotionserkennung zu erwarten ist (*Hypothese 3c*). Allerdings weisen die Emotionserkennungsleistung und das soziale Verständnis eine Asymmetrie auf, die nach Wittmann (1990) den Zusammenhang zwischen den Konstrukten begrenzt, wodurch ein vergleichsweise kleiner Korrelationskoeffizient (Cohen, 1992) zu erwarten ist.

Da die Szenarien des MTSI multimediabasiert entwickelt wurden und entsprechend des facetten-theoretischen Modells vier Inhaltsbereiche aufweisen (Film-, Bild-, Ton- und Textmaterialien), sollte ein Leistungstest zur Emotionserkennung zum Einsatz kommen, der ebenfalls multimediabasiert ist. Dementsprechend wurde der *Multimodal Emotion Recognition Test* (MERT; Bänziger, Grandjean & Scherer, 2009) ausgewählt, welcher die Emotionserkennungsleistung bei zehn verschiedenen Emotionen misst. Kritisch anzumerken ist der Einsatz von Schauspielern, die die Emotionen häufig in übertriebener Art und Weise zum Ausdruck bringen. Allerdings konnte bei der Planung der Untersuchung kein standardisiertes Messverfahren ausfindig gemacht werden, welches Emotionserkennungsfähigkeiten ohne den Einsatz von Schauspielern misst.

8.2 Methoden

Die Untersuchung wurde im Rahmen des Projektes „Facettentheoretische Fundierung der sozialen Intelligenz, leistungsbasierte Diagnostik und Validierung des Konstruktes" geplant und durchgeführt. Dieses von der DFG geförderte Projekt beinhaltete vielseitige Fragestellungen bezüglich der fünf Fähigkeitskonstrukte der sozialen Intelligenz. Dadurch kamen vielfältige Messinstrumente zum Einsatz, die nur zum Teil für die vorliegende Arbeit relevant sind. Im Abschnitt 8.2.2 „Messinstrumente" und 8.2.3 „Durchführung" sind dementsprechend nur die Methoden erläutert, die das Soziale Verständnis und die dazugehörige Fragestellung betreffen. Innerhalb des Magdeburger Tests zur sozialen Intelligenz (MTSI-3) wurde außerdem auf die Darstellung der sozialen Flexibilität für die vorliegende Arbeit verzichtet.

8.2.1 Stichprobe

Im Zeitraum von April bis August 2010 haben insgesamt 158 Probanden an der zweitägigen Untersuchung teilgenommen. Zwei Probanden mussten aus dem Datensatz entfernt werden, da mit ihnen kein Termin für einen zweiten Untersuchungstag vereinbart werden konnte. Beide Probanden gaben als Grund einen Mangel an zeitlichen Ressourcen an, wodurch sich die finale Stichprobe auf 155 Probanden (77 weiblich, 49.7 %) reduzierte. Diese Stichprobe beinhaltet 104 Teilnehmer, die bereits an der Erstuntersuchung 2008/2009 teilgenommen hatten. Das durchschnittliche Alter der Gesamtstichprobe betrug 32.97 Jahre ($SD = 9.80$; *Range* = 18 - 51). Die Verteilung des höchsten Bildungsabschlusses kann in Abbildung 18a eingesehen werden und zeigt, dass ca. 75 Prozent ein Abitur oder eine Hoch- bzw. Fachhochschulreife absolviert haben. Des Weiteren befindet sich ein Balkendiagramm in Abbildung 18b, welches die Verteilung des Alters getrennt für männliche und weibliche Probanden darstellt. Die Teilnehmer, die nicht an der Erstuntersuchung teilgenommen hatten, wurden durch das Auslegen von Handzetteln, einem Zeitschriftenartikel in der Regionalzeitung „Magdeburger Volksstimme" und mit Hilfe persönlicher Kontakte bereits teilnehmender Probanden akquiriert. Als Aufwandsentschädigung erhielten die Probanden entweder eine Geldsumme oder sie verzichteten auf die Hälfte des Geldes und erhielten im Gegenzug eine Rückmeldung ihrer Ergebnisse.

8.2.2 Messinstrumente

Soziale Intelligenz

In der Wiederholungsuntersuchung kam der Magdeburger Test zur Sozialen Intelligenz in seiner dritten Version (MTSI-3; Süß et al., 2010) zum Einsatz. Wie bereits im Kapitel 3.1.2 ausführlich beschrieben, beruht die Testbatterie auf dem integrativen Modell zur sozialen Intelligenz nach Weis und Süß (2005) und wurde facettentheoretisch mit einer inhaltsgebundenen und einer operativen Facette aufgebaut. Im MTSI-3 werden erstmalig alle fünf operativen Fähigkeitsbereiche gemessen. Außerdem handelt es sich um ein multimediales und computergestütztes Test-

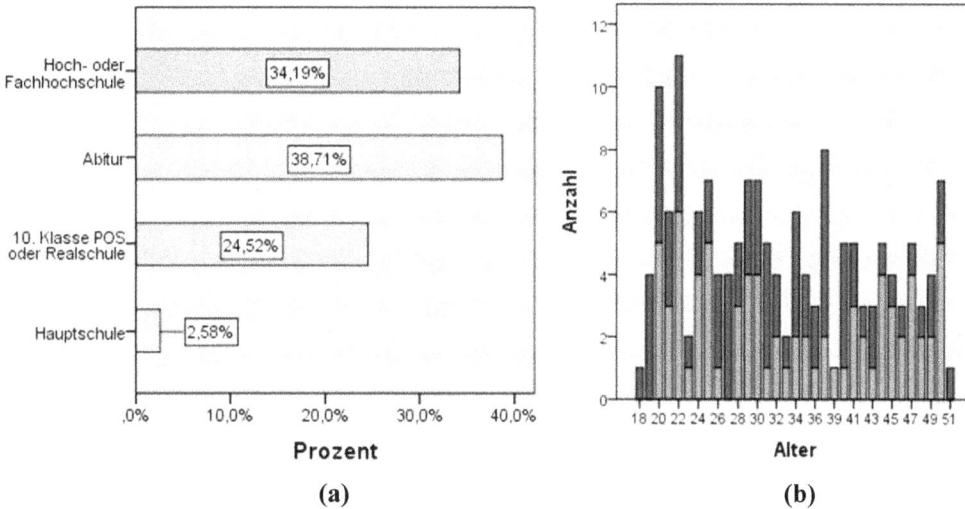

(a)   (b)

Abbildung 18: Prozentuale Verteilung des höchsten Bildungsabschlusses

Anmerkung. (a) POS = Polytechnische Oberschule; (b) Blau = männlich; Grün = weiblich. *N*=155.

verfahren, da die Inhalte einer jeden Fähigkeit aus geschriebener und gesprochener Sprache sowie Bild- und Filmaufnahmen bestehen. Der Test wird mit Hilfe der Software WMC (Version 1.3.0; Becker, 2012) präsentiert. In Tabelle 14 wird ein kurzer Überblick über die Zusammensetzung der Testbatterie gegeben. Eine ausführliche Aufgabenbeschreibung erfolgt im Anschluss.

Soziales Verständnis

Neben den beiden Neukonstruktionen *Katrin* und *Daniel* gehören vier weitere Szenarien zum MTSI-3: *Katja, Fred, Hannelore* und *Markus*. Die Testkonstruktion und der Ablauf wurden bereits in den Kapiteln 7.1 und 7.2 ausführlich beschrieben und werden an dieser Stelle ausgespart. Die Auswertung der Szenarien kann in Form von *Target Scoring, Group Consensus Scoring* und *Expert Consensus Scoring* erfolgen. Letzteres steht allerdings nicht für die neukonstruierten Szenarien *Katrin* und *Daniel* zur Verfügung, weshalb auf eine Darstellung in der vorliegenden Arbeit verzichtet wurde. Außerdem kann die Bildung eines Gesamtwertes für das soziale Verständnis entweder durch ein Aggregat aller zu einem Szenario gehörenden Situationen oder entlang der vier Inhaltsdimensionen vorgenommen werden. Beide Varianten und die verschiedenen Scoringmethoden wurden in vorherigen Kapiteln (5.3.1 und 7.3) erläutert.

Tabelle 14: Zusammensetzung des Magdeburger Tests zur Sozialen Intelligenz (MTSI-3)

Operationen	Inhalte			
	verbal (v)	**auditiv (a)**	**Bild (b)**	**Film (f)**
Soziales Verständnis (SV)	Szenarienansatz: 6 Szenarien			
Soziales Gedächtnis (SG)	**SGv:** Korrespondenz- gedächtnis	**SGa:** Gedächtnis für Gespräche	**SGb:** Gedächtnis für Personen	**SGf:** Gedächtnis für Situationen
Soziale Wahrnehmung (SW)	**SWv:** Wahrnehmung von sozialen Inhalten in Texten	**SWa:** Emotions- wahrnehmung in Stimmen	**SWb:** Wahrnehmung von Körpersprache	**SWf:** Wahrnehmung von Körpersprache
Soziale Flexibilität (SF)	In mehrdeutigen und neuartigen Situationen sollen Unterschiedliche Erklärungen für das Zustandekommen einer Situation oder mögliche Verhaltensweisen einer Zielpersonen generiert werden; Aufteilung nach Inhalten			
Soziales Wissen (SK)	Berufsspezifisches soziales Wissen soll aus Sicht von Chef/Kollege/Kunde für folgende Berufsgruppen angewandt werden: Lehrer, Fachinformatiker für Systemintegration, Metallarbeiter & Friseur			

Soziales Gedächtnis

In den Aufgaben zum sozialen Gedächtnis (SG) müssen sich die Versuchsteilnehmer sozial relevante Stimuli einprägen und diese entweder frei reproduzieren oder unter einer Auswahl von Alternativen wiedererkennen. Es handelt sich auch beim sozialen Gedächtnis um realistisches Stimulusmaterial, welches der Einteilung in die Inhaltsdimensionen folgt und dementsprechend am Computer präsentiert wird. Die Einzelitems einer jeden Aufgabe sind dichotom kodiert, da ein Item entweder richtig oder falsch von den Probanden erinnert wurde. Für jede Aufgabe wird ein Mittelwert aller korrekt erinnerten Items gebildet.

Soziales Gedächtnis verbal – SGv. Die Probanden werden dazu angehalten, sich die sozial relevanten Details von insgesamt vier verschiedenen Schriftstücken (Briefe und E-Mails) einzuprägen. Zum Einprägen der Schriftstücke haben sie jeweils ein bis zwei Minuten Zeit. Im Anschluss sollen sie konkrete Fragen beantworten. Dafür haben sie in Abhängigkeit von der Anzahl der Fragen eben-falls zwischen ein und zwei Minuten zur Verfügung. Es sind sowohl offene als auch geschlossene Antwortformate (Ratewahrscheinlichkeit 20%) enthalten.

Soziales Gedächtnis auditiv – SGa. Am Computer werden vier Tonaufzeichnungen präsentiert, in denen unterschiedlich viele Personen zu hören sind. Die Probanden werden instruiert, sich so viele sozial relevante Details wie möglich einzuprägen. Nach jedem Tonausschnitt beantworten die Probanden erneut konkrete Fragen zu den Gesprächen auf dem Antwortbogen. Die Antwortformate sind mit denen der SGv identisch.

Soziales Gedächtnis bildhaft – SGb. Innerhalb einer Minute werden den Versuchspersonen Fotografien von 16 unterschiedlichen Personen (jeweils acht Männer und Frauen) auf dem Bildschirm dargeboten. Pro Bildschirmseite sind die Oberkörper von 4 Zielpersonen abgebildet. Diese tragen keinen Schmuck, Brillen oder andere auffällige Anhaltspunkte, die ein Erinnern unabhängig von der Zielperson ermöglichen würden. Die Probanden sind angehalten, mit Hilfe der Tastatur selbstständig zwischen den Seiten zu wechseln und sich das Aussehen der Personen einzuprägen. Im Anschluss müssen sie die richtige Person aus fünf Alternativen wiedererkennen, dafür haben sie pro Item 15 Sekunden Zeit. Die Zielpersonen tragen dann andere Kleidung. Die Distraktoren sind den Zielpersonen hinsichtlich Geschlecht, Alter, Haarfarbe und Körperform möglichst ähnlich. Die Probanden geben ihre richtige Antwort per Mausklick auf das Foto der von ihnen wiedererkannten Person.

Soziales Gedächtnis videobasiert – SGf. Den Probanden werden fünf Videoaufnahmen von Personen in alltäglichen sozialen Interaktionen (zum Beispiel: Telefongespräch, Mannschaftssport und Spieleabend) vorgegeben. Sie sollen auf die Mimik, Gestik und die Verhaltensweisen der Zielpersonen achten und sich diese einprägen. Anschließend werden ihnen hintereinander fünf kurze Videoausschnitte präsentiert. Vier Ausschnitte sind Distraktoren und nicht Teil des ursprünglichen Videos. Innerhalb von 20 Sekunden müssen die Probanden per Mausklick ihre Antwortalternative auswählen. Dieser Untertest kam in der vorliegenden Studie erstmalig zum Einsatz und wurde im Rahmen der Bachelorarbeit von Krämer (2010) konstruiert.

Soziale Wahrnehmung

Bei der sozialen Wahrnehmung müssen die Probanden so schnell wie möglich auf verschiedene soziale Hinweisreize in den Text-, Ton-, Bild- und Filmmaterialien reagieren. Es handelt sich erneut um realistisches Stimulusmaterial, welches am Computer präsentiert wird. Die Reaktionszeiten, welche die Probanden benötigen, um mit Hilfe der Computermaus oder Tastatur auf die Hinweisreize zu reagieren, werden von der Software WMC in Echtzeit gespeichert. Für jede Aufgabe wird ein Mittelwert der Reaktionszeiten für korrekt wahrgenommene Items berechnet. Jede Aufgabe wird durch mindestens zwei Beispiele eingeübt.

Soziale Wahrnehmung verbal – SWv. Bei dieser Aufgabe sollen Sätze auf ihren Inhalt hin beurteilt werden. Die Aufgabe besteht aus zwei Teilen; während zunächst per Tastatur entschieden werden muss, ob es sich um einen Satz mit oder ohne sozialen Inhalt handelt, soll bei der zweiten Teilaufgabe beurteilt werden, ob in einem Satz Positives oder Negatives ausgedrückt wird. Für jeden Satz haben die Probanden zwölf Sekunden Zeit, um eine Entscheidung zu fällen.

Soziale Wahrnehmung auditiv – SWa. Es werden kurze Gesprächsausschnitte zwischen zwei Personen präsentiert. Die Probanden werden instruiert, auf die Gefühle der Stimmen zu achten, nicht aber auf den Inhalt der Sätze. Auf dem Bildschirm werden immer zwei Gefühle (emotional vs.

neutral; positiv vs. negativ; ironisch vs. ärgerlich) und die dazugehörige Taste auf der Tastatur dargeboten. Die Probanden sollen so schnell wie möglich die entsprechende Taste drücken, wenn sie eines der abgebildeten Gefühle wahrgenommen haben.

Soziale Wahrnehmung bildhaft – SWb. In den vier Teilaufgaben werden Fotografien von sozialen Interaktionen (zum Beispiel: Teambesprechungen, Familienfeiern und Arbeitseinsätze) präsentiert. Die Probanden müssen sich in jeder Teilaufgabe so schnell wie möglich zwischen zwei unterschiedlichen Antwortalternativen entscheiden. Über welchen Sachverhalt sie eine Entscheidung abgeben müssen und mit welchen Tasten Sie entsprechend reagieren, wird vor jeder Fotografie auf dem Bildschirm dargestellt.

Soziale Wahrnehmung videobasiert – SWf. Die videobasierten Wahrnehmungsaufgaben sind nach demselben Prinzip wie die SWb aufgebaut. Der einzige Unterschied ist die Präsentation von dynamischen Bildmaterialien. Die Probanden müssen sich so schnell wie möglich per Tastatur zwischen zwei Antwortalternativen entscheiden:

1. Die Handbewegung erfolgt unabhängig vom Gespräch oder unterstützt das Gespräch.
2. Die Zielperson wendet sich von der Interaktionsperson ab oder nährte sich körperlich.
3. Die Zielperson schweift gedanklich ab oder nimmt Blickkontakt zum Interaktionspartner auf.
4. Ein Gespräch wird von der Zielperson selbstständig begonnen oder sie reagiert auf jemanden.

Soziales Wissen

Berufsspezifisches soziales Wissen wurde im MTSI in Form von Situational Judgement Tests erfasst. Die im MTSI-3 enthaltenen Berufsgruppen sind Friseur, Lehrer, Fachinformatiker für Systemintegration und Produktionsarbeiter in der metallverarbeitenden Industrie. Bei der Auswahl der Berufe wurde auf unterschiedliche Branchen und Ausbildungsvoraussetzungen geachtet. Den Probanden werden einerseits tatsächlich stattgefundene Beschreibungen von beruflichen Alltagssituationen vorgegeben und andererseits eine Reihe von alternativen Verhaltensweisen zur Auswahl gestellt. Jede Verhaltensweise muss auf einer 7-stufigen Ratingskala bewertet werden, ob sie vom Chef / Kollegen / Kunden in dieser Situation akzeptiert werden würde („überhaupt nicht akzeptiert" bis „sehr akzeptiert"). Die Situationen und Verhaltensalternativen wurden mit Hilfe der Methode der kritischen Ereignisse (Flanagan, 1954) erstellt. Sowohl Experten mit mehrjähriger Berufserfahrung in ihrer Branche als auch Novizen wurden gebeten, typische und schwierige Situationen detailliert zu beschreiben und unterschiedlich akzeptierte Verhaltensweisen zu den einzelnen Situationen zu generieren. Es wurden nur interpersonelle und realistische Verhaltensweisen in den Test aufgenommen. Die vier Berufsgruppen des MTSI-3 besitzen insgesamt 38 unterschiedliche Situationen, von denen jeweils zwei bis acht Verhaltensweisen von den Probanden eingeschätzt werden müssen. Für die Probanden gibt es während der Bearbeitung keine Zeitbeschränkungen. Die Auswertung kann in Form von *Group Consensus Scoring* und *Expert*

Consensus Scoring erfolgen. Eine ausführliche Beschreibung der Expertenstichprobe ist bei Nötzold und Süß (2015) zu finden.

Allgemeine Intelligenz

Zur Erfassung der Intelligenzstruktur kam der *Berliner Intelligenzstruktur-Test* (BIS-4) von Jäger, Süß und Beauducel (1997) zum Einsatz. Der BIS ist ein Papier-Bleistift-Verfahren und wurde auf der Grundlage des Berliner Intelligenzstrukturmodells (BIS) von Jäger (1982, 1984) konzipiert. Das Modell geht in seiner Kernannahme davon aus, dass an jeder Intelligenzleistung neben anderen Bedingungen alle intellektuellen Fähigkeiten mit unterschiedlicher Gewichtung beteiligt sind. Es wurden sieben generelle Fähigkeitskonstrukte definiert, die sich in vier Operationen (Bearbeitungsgeschwindigkeit, Merkfähigkeit, Einfallsreichtum und Verarbeitungskapazität) und drei Inhalte (figural-bildhaft, verbal und numerisch) unterscheiden lassen. Die Fähigkeits-konstrukte können hierarchisch geordnet werden, sind allerdings nicht unabhängig voneinander. Die Definitionen der Fähigkeitskonstrukte können im Anhang B (Tabelle B1) eingesehen werden. An der Spitze der Generalitätsebene steht die Allgemeine Intelligenz (AI), die als Integral aller Fähigkeiten zu verstehen ist. Da in der vorliegenden Untersuchung nicht alle 45 Aufgaben des BIS-4 vorgegeben wurden, sind die eingesetzten Aufgaben pro Facette in der Abbildung 19 veranschaulicht.

Um die Durchführungsobjektivität zu gewährleisten, wurde die Instruktion des BIS-4 auss-chließlich von zuvor geschulten Projektmitarbeiterinnen vorgenommen. Darüber hinaus wurden Stoppuhren eingesetzt, um die im Handbuch vorgegebene Bearbeitungszeit exakt einzuhalten. Die Auswertungsobjektivität wurde für das Konstrukt Einfallsreichtum mit Hilfe des Computerprogrammes „BIS-E" (Version 2.2, Süß & Werz, 1997) sichergestellt, während für die übrigen Fähigkeitskonstrukte Auswertungsschablonen zum Einsatz kamen. Die Autoren weisen bezüglich der Aufgaben zum Einfallsreichtum darauf hin, dass es zu Einschränkungen der Objektivität kommen kann, wenn als Auswertungsmethode die Vielfalt der Antworten (X-Modus) herangezogen wird. Bei dieser Auswertung werden die Antworten der Probanden Kategorien zugeordnet, wodurch die Ideenflexibilität erfasst werden soll. Diese Einschränkung trifft ebenfalls auf die computergestützte Auswertung zu, da das Aufstellen eines erschöpfenden Kategoriensystems vermutlich illusorisch ist. Gleichwohl empfehlen die Autoren den X-Modus, da er das Konstrukt Einfallsreichtum besser repräsentiert als die Menge der produzierten Ideen (U-Modus, Ideenflüssigkeit). In der vorliegenden Untersuchung wurde der Empfehlung gefolgt. Im Anhang B (Tabelle B2) ist eine Übersicht der Referenzstichproben dargestellt, die für die Auswertung der Einfallsreichtumsaufgaben eingesetzt wurden.

Im Handbuch des BIS-4 sind Koeffizienten für Cronbachs Alpha angegeben, die auf der Grund-lage der Einzelaufgaben berechnet wurden und zwischen .75 (Merkfähigkeit) und .89 (Allgemeine Intelligenz) liegen. Aufgrund der Heterogenität der Aufgaben betonen die Autoren, dass die interne Konsistenz für die Reliabilitätsschätzung nicht geeignet ist und nur für Vergleichszwecke im Manual angeben ist. Brunner und Süß (2005) untersuchten die Reliabilität der AI und der sieben Fähigkeitskonstrukte des BIS-4 bei insgesamt 1233 Probanden und berücksichtigten die Annahme einer multidimensionalen Zusammensetzung der Skalenscores.

	figural	**verbal**	**numerisch**
Bearbeitungs-geschwindigkeit	BD Buchstaben-Durchstreichen OE Old English SD Symbole - Durchstreichen	UW Unvollständige Wörter TG Teil-Ganzes KW Klassifizieren von Wörtern	SI Sieben-Teilbar XG X-Größer RZ Rechenzeichen
Merkfähigkeit	WE Wege-Erinnern OG Orientierungs-Gedächtnis FM Firmen-Zeichen	WM Worte Merken PS Phantasiesprache ST Sinnvoller Text	ZZ Zweistellige Zahlen ZP Zahlen-Paare ZW Zahlen-Wiedererkennen
Einfallsreichtum	ZF Zeichen-Fortsetzen LO Layout OJ Objekt-Gestaltung	AM Anwendungs-Möglichkeiten EF Eigenschaften-Fähigkeiten IT Insight-Test	
Verarbeitungs-kapazität	AN Analogien CH Charkow AW Abwicklungen	WS Wortschatz WA Wortanalogien TM Tatsache-Meinung	RD Rechnerisches Denken ZN Zahlenreihen SC Schätzen

Abbildung 19: Berliner Intelligenzstrukturmodell und eingesetzte Aufgaben (nach Jäger, 1982, 1984)

Mit Hilfe von konfirmatorischen Faktorenanalysen wurde die Gesamtvarianz einer Skala in drei Varianzanteile zerlegt: Varianz, die auf die allgemeine kognitive Fähigkeit g, auf das entsprechende Fähigkeitskonstrukt und auf den Fehlervarianzanteil zurückgeht. Die Koeffizienten für die Gesamtreliabilität setzten den „wahren" Varianzanteil (g und Sekundärfaktor) ins Verhältnis zur gesamten Skalenvarianz. Diese Werte variierten in der berichteten Stichprobe zwischen .78 und .93. Daneben bestimmten die Autoren den Konstruktreliabilitätskoeffizienten Omega, der für die „wahre" Varianz nur den Sekundärfaktor ohne g-Anteil berücksichtigt. Die gewichteten Koeffizienten lagen zwischen .52 und .90. Brunner und Süß (2005) schlussfolgerten für ihre Untersuchung, dass die Gesamtreliabilitäten zufriedenstellend waren, während nur für die AI eine befriedigende Konstruktreliabilität ermittelt wurde. In einer Untersuchung von Jäger (1982) wurden nach vierjährigem Zeitabstand bei 347 Probanden Koeffizienten zwischen .70 (Einfallsreichtum) und .88 (Allgemeine Intelligenz) gefunden. Diese Koeffizienten sind bemerkenswert, wenn man zum einen den großen zeitlichen Abstand beachtet und zum anderen die Bemerkung der Autoren berücksichtigt, dass einige Aufgaben in der Wiederholungsuntersuchung modifiziert, ergänzt oder ausgetauscht wurden. Die gute strukturelle Übereinstimmung des Testverfahrens mit dem Modell wurde mittels konfirmatorischer Faktorenanalyse (Süß & Beauducel, 2015) und

Multidimensionaler Skalierung (Süß, 2015) aufgezeigt, sofern eine Parcelbildung für die Aufgaben des BIS-4 vorgenommen wurde. Die Konstruktvalidität des Verfahrens wurde darüber hinaus durch Zusammenhänge der BIS-Fähigkeiten u.a. mit Arbeitsgedächtniskapazität (Süß, Oberauer, Wittmann, Wilhelm & Schulze, 2002) und komplexem Problemlösen (Süß, 1996) unterstützt. Auch die prädiktive Kriteriumsvalidität konnte durch zufriedenstellende Bezüge zu Schulnoten (Süß, 2001) und den Ergebnissen in einer Hochschuleingangsprüfung in Brasilien (Kleine & Jäger, 1989) aufgezeigt werden.

Zusammenfassend überzeugt das Verfahren hinsichtlich der Hauptgütekriterien und ist insbesondere zur Erfassung spezieller Intelligenzfähigkeiten geeignet, weshalb es in dieser Untersuchung für die Überprüfung der diskriminaten Validität Anwendung findet. Das Testverfahren hat sich laut den Autoren als Forschungsinstrument bewährt. Eine Einzelfalldiagnostik ist allerdings nur eingeschränkt möglich, da die vorliegende Normierung bisher nur an 16- bis 19-jährigen Schülern aus der Schweiz vorgenommen wurde.

Emotionenerkennen

Für die Bestimmung des Zusammenhanges zwischen dem sozialen Verständnis und der Emotionserkennungsleistung wurde der *Multimodal Emotion Recognition Test* (MERT; Bänziger, Grandjean & Scherer, 2009) ausgewählt. Dieser Test beinhaltet zehn verschiedene Emotionen, die von zehn professionellen Schauspielern dargestellt werden. Die zehn Emotionen ergeben sich aus vier Emotionsfamilien, die jeweils in zwei verschiedene Intensitäts- und Erregungslevel unterteilt wurden: *Ärger* (heißer Ärger/kalter Ärger), *Angst* (panische Furcht/Angst), *Trauer* (stille Trauer/Verzweiflung) und *Freude* (stille Freude/überschäumende Freude). Ergänzt wurden diese acht Emotionen durch *Ekel* und *Verachtung*, die allerdings nicht weiter untergliedert sind. Durch diese Aufteilung ist eine Unterscheidung in Emotionserkennung zwischen den Familien (MERT-FR) und innerhalb der einzelnen Familien (MERT-IR) möglich, die entsprechend eine grobe und eine feine Emotionserkennungsfähigkeit widerspiegeln. Eine weitere Besonderheit des MERT liegt in der Unterscheidung von vier Präsentationsarten: Video ohne Ton, Audio, Video kombiniert mit Ton und Bilder, wobei letztere aus den Videoclips extrahiert wurden. Die Tonaufnahmen wurden durch inhaltsleere Phantasiesätze realisiert, die den Eindruck einer richtigen, aber unbekannten Sprache vermitteln. Für jede Emotion wurden drei Filmclips mit verschiedenen Schauspielern gedreht und in allen vier Präsentationsarten vorgegeben. Dementsprechend ergeben sich 30 Items pro Präsentationsart und 120 Items für den gesamten Test. Die Materialien des MERT werden am Computer appliziert und die Bearbeitungsdauer beträgt durchschnittlich 45 Minuten, wobei eine Pause nicht vorgesehen ist. Nach der Präsentation eines jeden Items muss sich der Proband zwischen den zehn Emotionen als Antwortalternative entscheiden.

Die Itemschwierigkeit, definiert als der prozentuale Anteil der Teilnehmer, welche die korrekte Lösung eines Items ermitteln konnten, wurde von Bänziger et al. (2009) als zufriedenstellend eingeschätzt, da nur 28% der Items eine hohe Wiedererkennungsrate von mehr als 80% in ihrer untersuchten Stichprobe aufwiesen ($N = 72$). Demgegenüber besaßen nur 4% der Items eine Erkennungsrate unterhalb der Ratewahrscheinlichkeit von 10%. Die Autoren vergleichen diese Ergebnisse mit anderen Emotionserkennungstests (PONS; Rosenthal, Hall, DiMatteo, Rogers &

Archer, 1979; JACFEE; Biehl et al., 1997, DANVA; Nowicki & Duke, 1994; ERI; Scherer & Scherer, 2011) und ziehen ein positives Resümee, da ihr Test deutlich weniger Items mit sehr hohen Erkennungsraten aufweist. Bezüglich der Reliabilität des Gesamtwertes wurde eine gemittelte Urteilerübereinstimmung zwischen den Probanden von .38 und eine Retest-Reliabilität von .78 nach sechswöchiger Unterbrechung berichtet. Aufgrund der individuellen Unterschiede in der Emotionserkennungsleistung der Probanden wird nicht nur die Stabilität, sondern auch die Konsistenz des Antwortmusters als gut von Bänziger et al. (2009) bewertet.

Eine Analyse der Faktorenstruktur mit Hilfe einer Varimax-rotierten Hauptkomponentenanalyse ergab zwei Faktoren, welche die Autoren als visuelle und auditorische Emotionserkennungskompetenz bezeichnen. Darüber hinaus ergab eine Konstruktvalidierung mit den Persönlichkeitsfaktoren des NEO-FFI (französische Übersetzung von Rolland, Parker & Stumpf, 1998) diskriminante Validitätskoeffizienten, während konvergente Koeffizienten zwischen .22 bis .51 zu den bereits oben erwähnten anderen Emotionserkennungstests erzielt wurden (Bänziger et al., 2009). Zusammenfassend scheint der MERT ein differenziertes und umfassendes Verfahren zur Messung der Emotionserkennungsleistung zu sein, obwohl Hinweise zur Kriteriumsvalidität und eine Normierungsstichprobe für die Individualdiagnostik bisher fehlen. Trotzdem eignet er sich durch seine dem MTSI ähnelnde Unterteilung in die Präsentationsarten Video-, Bild- und Tonmaterial für eine Konstruktvalidierung. Kritisch anzumerken sind die bereits erwähnte Asymmetrie zum sozialen Verständnis (Wittmann, 1990) und die Verwendung von Schauspielern.

8.2.3 Durchführung

Die vorliegende Studie wurde in Form von Gruppentestungen mit 5 bis 20 Teilnehmern im Computerkabinett des Institutes für Psychologie der Otto-von-Guericke Universität Magdeburg realisiert. Alle Teilnehmer absolvierten zwei Untersuchungstage, die jeweils sechs Stunden Zeit in Anspruch nahmen (inklusive Pausen). Jeder Untersuchungstag bestand aus vier Testblöcken, die zwischen 71-95 Minuten dauerten und durch 10-15 minütigen Pausen unterbrochen waren. Die Probanden bekamen eine Abfolge von verschiedenen kognitiven Aufgaben vorgelegt, die entweder am Computer oder auf Papier zu beantworten waren. Der MTSI-3, der MERT, eine Reaktionszeitaufgabe und das Arbeitsgedächtnis wurden am Computer administriert, wobei beachtet werden muss, dass die Aufgabenmaterialien des sozialen Wissens und der sozialen Flexibilität zwar am Computer präsentiert wurden, die Erfassung der Antworten allerdings auf Papier erfolgte. Die akademische Intelligenz wurde hingegen vollständig als Papier-Bleistift-Verfahren durchgeführt. In der Abbildung 20 kann der Ablauf der Testung für beide Untersuchungstage getrennt und die Durchführungszeiten der einzelnen Aufgaben eingesehen werden. Aus Platzgründen sind nur die Aufgaben dargestellt, die für die vorliegende Untersuchung relevant sind.

Tag 1:

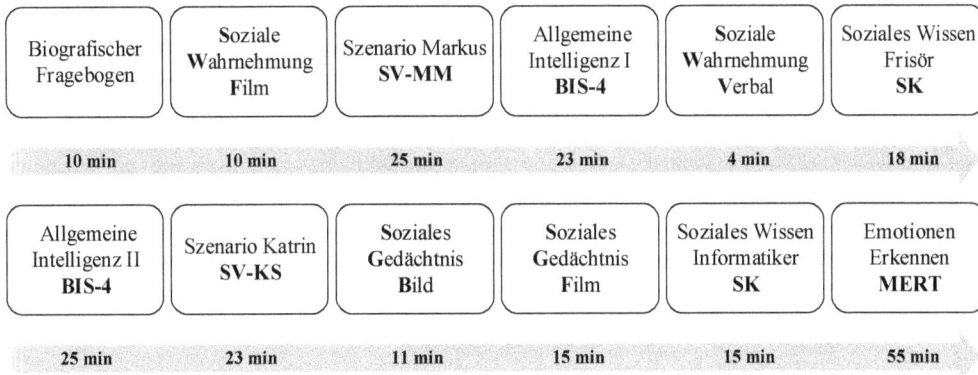

Tag 2:

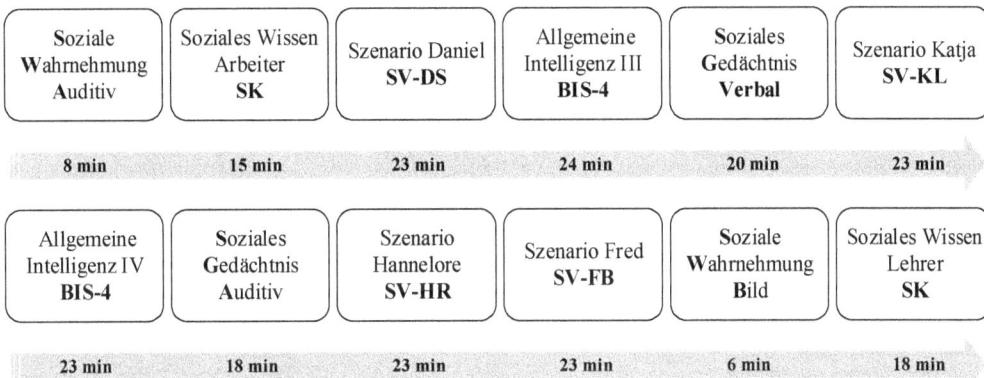

Abbildung 20: Ablauf der beiden Untersuchungstage - Studie 1

Anmerkung. BIS-4 = Berliner Intelligenzstruktur-Test; MERT = Multimodal Emotion Recognition Test.

8.3 Ergebnisse

Alle statistischen Analysen wurden mit den Programmen: IBM SPSS® (Version 22), SigmaPlot (Systat Software, San Jose, CA), EQS 6.2 (Bentler, 2006) und Mplus 7 (Muthén & Muthén, 2015) durchgeführt. Bevor die aufgestellten Hypothesen untersucht werden, sollen die Anzahl fehlender Werte, Ausreißer und die deskriptiven Statistiken aller eingesetzten Konstrukte inspiziert werden. Nur das soziale Verständnis wird hinsichtlich seiner deskriptiven Werte im Rahmen der Hypothese 1 untersucht.

8.3.1   Vorbereitende Analysen

Soziales Verständnis (SV). Die Rohwerte aller Szenarien wurden zunächst hinsichtlich fehlender Werte analysiert. Die Items wiesen zwischen 0 und 3.2% fehlende Werte auf, sodass kein Item von den statistischen Analysen ausgeschlossen werden musste. Anschließend erfolgte die Anwendung von *Target Scoring* (TS) und *Proportion Consensus Scoring* (PCS) auf die Rohwerte (vgl. Kapitel 7.3). Für beide Scoringmethoden wurde sowohl eine inhaltsbezogene als auch eine szenarienbasierte Zusammenfassung vorgenommen. Beim TS wurde zusätzlich zwischen der Aggregation aller Einzelitems (TS-ITEM) und einer situationsbasierten Auswertung (TS-SIT) unterschieden, während die Werte des PCS ausschließlich situationsbasiert aggregiert wurden. Dadurch ergeben sich für TS-ITEM, TS-SIT und PCS jeweils sechs szenarien- und vier inhalts-basierte Mittelwerte. Anschließend erfolgte mit Hilfe von *Influence Plots* eine Überprüfung der 30 Aufgabenmittelwerte auf Ausreißer. Ausreißerwerte, die eine Pearson-Korrelation um mindestens .05 veränderten, wurden durch das 5. bzw. 95. Perzentil ersetzt. Dies betraf 0.9% der Werte des TS-ITEM, 1.6% der Werte des TS-SIT und 1.5% der Werte des PCS. Aufgrund der Histogramme mit Normalverteilungskurve sowie der Schiefe- und Kurtosiswerte (vgl. Tabelle 15) wird für die Aufgaben des sozialen Verständnisses von einer Normalverteilung ausgegangen. Ein Test auf Normalverteilung wurde für die eingesetzten Aufgaben nicht durchgeführt, da es sich bei solchen Signifikanztests um Nullhypothesentests handelt. Werden diese Tests auf eine große Stichprobe angewendet, ergibt sich auch bei kleinen Verteilungsabweichungen ein signifikantes Ergebnis.

Soziales Gedächtnis (SG), Soziale Wahrnehmung (SW) und Soziales Wissen (SK). Jedes der drei Konstrukte besitzt vier Testaufgaben, die auf Ausreißerwerte (Boxplots und Influence Plots) und deskriptiv auf Normalverteilung geprüft wurden. Die ermittelten Werte für Schiefe und Kurtosis aller eingesetzten Aufgaben des MTSI-3 waren unauffällig, allerdings zeigte sich in den Histogrammen eine schiefe Verteilung für das verbale und bildbasierte soziale Gedächtnis. Demzufolge wurden die Aufgaben von SW und SK mit Hilfe einer exploratorischen Faktorenanalyse zu einem Faktor zusammengefasst und die Faktorenwerte der Probanden regressionsanalytisch ermittelt. Beim SG wurde die nicht vorhandene Normalverteilung berücksichtigt und die Faktorenwerte wurden auf der Grundlage einer Korrelationsmatrix ermittelt, die sowohl Pearson- als auch Spearmans-Rho-Koeffizienten beinhaltete. Die Cronbachs Alpha-Koeffizienten der Faktorenwerte lagen zwischen .46 (SW) und .86 (SF).

Berliner Intelligenz Struktur Test – BIS-4. Die Rohwerte der Aufgaben wurden entsprechend dem BIS-4-Manual (Jäger et al., 1997) zunächst in Punktwerte und anschließend in Standardwerte umgerechnet und wiesen zwischen 0 und 3.9% fehlende Werte auf. Anschließend erfolgte eine Aggregation der Standardwerte entsprechend ihrer Zugehörigkeit zu den Operationen bzw. zu den Inhalten (Operations- bzw. Inhaltsparcel). Dadurch ergeben sich für die Fähigkeitsbereiche und Inhaltsdomänen vier Operations- bzw. drei Inhaltsparcel, welche zu Faktorenwerten zusammengefasst wurden und die folgenden Fähigkeiten abbilden: Bearbeitungsgeschwindigkeit, Merkfähigkeit, Verarbeitungskapazität, Einfallsreichtum sowie verbale, figurale und numerische Fähigkeiten. Die Allgemeine Intelligenz wurde durch einen Mittelwert der operationsgebundenen Skalen gebildet.

Die Aufgaben des BIS-4 wiesen hinsichtlich Ausreißerwerten (Influence Plots) und Itemkennwerten keinerlei Auffälligkeiten auf. In Anhang B (Tabelle B3) können die Cronbachs Alpha-Koeffizienten eingesehen werden. Alle Aufgaben des BIS-4 waren hinsichtlich Normalverteilung unauffällig.

Multimodal Emotion Recognition Test – MERT. Im MERT werden zwei Emotionserkennungsleistungen unterschieden: zwischen den Emotionsfamilien (MERT-FR) und innerhalb der einzelnen Familien (MERT-IR). Entsprechend wurden die Antworten der Probanden als richtig kodiert, wenn entweder die Emotionsfamilie (Ärger) oder das Intensitätslevel einer Familie (kalter bzw. heißer Ärger) korrekt erkannt wurde. Anschließend wurden alle Items entweder zu Gesamtmittelwerten korrekt erkannter Emotionsfamilien (FR) oder korrekt zugeordneter Intensitätslevel (IR) zusammengefasst. Zusätzlich erfolgte eine Bildung von Mittelwerten entlang der vier Präsentationsarten (Video ohne Ton, Audio, Video kombiniert mit Ton und Bildern), wodurch sich insgesamt zehn Emotionserkennungsleistungen für den MERT ergaben. Eine Analyse fehlender Werte konnte für die Skalen nicht vorgenommen werden, da der MERT internetbasiert durchgeführt wurde und die Ergebnisse erst nach Beendigung der Studie an die Versuchsleiter übermittelt wurden. Eine Kodierung der fehlenden Werte als falsches Ergebnis war zu diesem Zeitpunkt bereits erfolgt. Bei einer Überprüfung der Skalen hinsichtlich Ausreißerwerten wurden 15 Werte durch das 5. Perzentil ersetzt (1.94 % der Werte). In Anhang B (Tabelle B4) sind die Itemkennwerte und Cronbachs Alpha-Koeffizienten der MERT-Aufgaben dargestellt. Während die MERT-FR-Skalen sehr gute interne Konsistenzen aufwiesen, zeigten die MERT-IR-Skalen inakzeptable Homogenitätswerte ($\alpha = .20 - .53$). Darüber hinaus wurden für die IR-Skalen nur geringe Standardabweichungen ($SD = .09 - .12$) ermittelt. Zudem wiesen Kurtosis-Werte und Histogramme der MERT-FR-Skalen eine Abweichung von der Normalverteilung auf, sodass für die Überprüfung der Hypothese 3c Spearmans-Rho-Korrelationen zum Einsatz kamen.

8.3.2 Psychometrische Eigenschaften

In Tabelle 15 können die deskriptiven Statistiken und Cronbachs Alpha-Koeffizienten der 30 Skalenmittelwerte des sozialen Verständnisses eingesehen werden. Begonnen wurde mit der szenarienbasierten Aggregation und dem *Target Scoring* itembasiert (TS-ITEM), gefolgt vom *Target Scoring* situationsbasiert (TS-SIT) und dem *Proportion Consensus Scoring* (PCS). Diese Reihenfolge wurde für die inhaltsbezogene Zusammenfassung und alle folgenden Ergebnisdarstellungen beibehalten.

Auffällig war eine Abhängigkeit der Itemkennwerte und Homogenitätswerte der Skalen von den Berechnungsarten und Scoringmethoden. Während beim TS-ITEM für Szenario *Fred* die geringste Schwierigkeit ermittelt wurde, besaß Szenario *Hannelore* den größten Schwierigkeitswert. Die Mittelwerte des TS-SIT können nicht direkt als Schwierigkeit einer Aufgabe interpretiert werden, da die Skalenbildung auf Summenwerte beruht und die Skalen dementsprechend abhängig von der Anzahl eingehender Items sind. Nach Berücksichtigung der Itemanzahl ergaben sich für *Daniel*, *Katrin* und *Fred* die geringsten Schwierigkeitswerte (.86 und .87), während Szenario *Markus* (1.19) den höchsten Wert erzielte. Bei der Anwendung des PCS können keine Aussagen über die Schwierigkeit der Szenarien getroffen werden, stattdessen erfolgt eine Betrachtung des mittleren Konsensus der Probanden. Nach Berücksichtigung der Itemanzahl zeigte sich, dass der Konsensus der Probanden nur geringe Unterschiede zwischen den Szenarien aufwies (.17 – .22).

Die Cronbachs Alpha-Koeffizienten fielen bei der Anwendung des TS-ITEM aufgrund einer höheren Anzahl eingehender Items größer aus. Die Neukonstruktionen *Katrin* und *Daniel* zeigten respektable Ausgangskoeffizienten (.60/.61) und erreichten nach der Itemselektion interne Konsistenzen von .78 und .75. Diese Werte verringerten sich bei einer situationsbasierten Auswertung, unabhängig ob es sich um TS oder PCS handelte, da eine geringere Anzahl an Situationsscores in die Berechnungen einging. Nur Szenario *Hannelore* wies bezüglich der Homogenität die größte Unabhängigkeit von Berechnungs- und Scoringmethoden auf. Während im TS-ITEM zwischen 0.04 und 26.8% der Items aufgrund negativer Trennschärfen aus der Skalenbildung ausgeschlossen werden mussten (*Katrin*: 22.6%, SV-*Daniel*: 23.2%), führte die situationsbasierte Zusammenfassung nur zu einer negativen Trennschärfe im Szenario *Katja*. Dies wird zusätzlich durch die untere Grenze der Spannweite für die Trennschärfe-Koeffizienten verdeutlicht, die für TS-SIT und PCS größer ausfiel.

Bei der inhaltsbezogenen Aggregation der Skalen zeigte das bildbasierte Material die geringste Schwierigkeit, wohingegen das filmbasierte soziale Verständnis den größten Schwierigkeitswert für das TS-ITEM erzielte. Dies veränderte sich durch die Anwendung des TS-SIT, in dem das auditive Material die geringste (.89) und das verbale soziale Verständnis die größte (1.00) Schwierigkeit aufwies. Auch bei der inhaltsgebundenen Zusammenfassung des PCS konnte eine geringe Spannweite des mittleren Konsensus zwischen .19 und .22 ermittelt werden.

Analog zur szenarienbasierten Bildung der Mittelwerte konnte ein Abfall in der Höhe der Alpha-Koeffizienten von TS-ITEM zu TS-SIT sowie PCS verzeichnet werden. Es wurden zwar mehr Items mit negativen Trennschärfen (16.7 bis 26.2%) im TS-ITEM ermittelt, jedoch zeigte die untere Grenze der Trennschärfe-Koeffizienten bei TS-SIT und PCS nur punktuell erhöhte Werte. Generell erzielten die inhaltsgebundenen Skalen nur leicht erhöhte Homogenitätswerte im Vergleich zur szenarienbasierten Auswertung.

Tabelle 15: Studie 1 - Deskriptive Statistik und interne Konsistenz SV

Aufgabe	Item-Anzahl	M	SD	Min; Max	Skew	Kurt	r_{it}-Range	α
SV-KL[a]	30 (41)	-1.82	.37	-2.85; -1.12	-.49	-.02	.01; .29	.59 (.40)
SV-FB[a]	33 (36)	-1.62	.39	-2.70; -.56	-.34	.38	.01; .39	.71 (.63)
SV-HR[a]	47 (49)	-2.14	.39	-3.46; -1.00	-.23	.36	.00; .42	.76 (.75)
SV-MM[a]	32 (39)	-1.76	.37	-2.80; -.98	-.49	.28	.00; .39	.59 (.50)
SV-KS[a]	**48 (62)**	**-1.73**	**.37**	**-2.91; -.94**	**-.54**	**-.15**	**.01; .46**	**.78 (.60)**
SV-DS[a]	**53 (69)**	**-2.05**	**.35**	**-3.07; -1.27**	**-.21**	**.07**	**.03; .44**	**.75 (.61)**
SV-KL[b]	7 (8)	35.25	5.28	25.01; 50.94	.39	-.16	.09; .27	.40 (.34)
SV-FB[b]	8	31.18	5.69	16.96; 49.63	.34	.47	.12; .39	.50
SV-HR[b]	9	52.37	8.00	30.64; 72.13	.24	-.09	.17; .48	.69
SV-MM[b]	8	38.04	6.11	22.95; 56.71	.35	.15	.11; .31	.41
SV-KS[b]	**9**	**54.22**	**6.03**	**41,58; 69.97**	**.16**	**-.53**	**.13; .33**	**.51**
SV-DS[b]	**8**	**59.61**	**6.63**	**43.44; 80.54**	**.23**	**.09**	**.19; .39**	**.64**
SV-KL[c]	8	8.84	.49	7.17; 9.84	-.60	-.15	.26; .37	.61
SV-FB[c]	6 (8)	6.91	.42	5.54; 7.93	-.30	-.08	.09; .34	.43 (.32)
SV-HR[c]	9	10.20	.60	8.57; 11.49	-.33	-.54	.18; .40	.62
SV-MM[c]	8	8.90	.51	7.46; 10.12	-.31	-.01	.07; .29	.46
SV-KS[c]	**9**	**12.22**	**.59**	**10.16; 13.39**	**-.42**	**.18**	**.04; .40**	**.51**
SV-DS[c]	**8**	**11.79**	**.57**	**10.31; 12.89**	**-.65**	**-.04**	**.17; .35**	**.54**
SVv[a]	48 (65)	-1.82	.34	-2.74; -1.07	-.50	-.05	.03; .35	.72 (.58)
SVa[a]	75 (90)	-1.94	.32	-2.89; -1.22	-.37	.08	.01; .50	.77 (.70)
SVb[a]	58 (69)	-1.74	.26	-2.53; -1.18	-.34	-.17	.00; .39	.64 (.55)
SVf[a]	59 (72)	-2.00	.32	-2.94; -1.36	-.34	-.27	.02; .37	.71 (.58)
SVv[b]	11 (12)	60.88	6.94	43.38; 82.43	.39	.48	.00; .25	.44 (.41)
SVa[b]	13	80.45	9.51	58.86; 105.33	.26	-.08	.15; .46	.66
SVb[b]	13	64.53	7.61	48.12; 88.88	.54	.09	.02; .35	.47
SVf[b]	12	67.01	8.21	50.63; 88.05	.36	-.28	.10; .37	.59
SVv[c]	12	14.12	.73	12.19; 15.58	-.61	-.11	.00; .42	.63
SVa[c]	13	17.21	.83	14.78; 18.99	-.41	-.13	.19; .46	.69
SVb[c]	12 (13)	14.06	.71	12.12; 15.37	-.54	-.24	.01; .39	.56 (.52)
SVf[c]	11 (12)	14.46	.57	11.75; 14.66	-.51	-.11	.05; .37	.50 (.44)

Anmerkung. In Klammern befinden sich die Parameter vor der Entfernung von Items mit negativen Trennschärfen. Schwarz hervorgehoben sind die Neukonstruktionen Katrin und Daniel. SV = Soziales Verständnis; SV-KL = Szenario Katja; SV-FB = Szenario Fred; SV-HR = Szenario Hannelore; SV-MM = Szenario Markus; SV-KS = Szenario Katrin; SV-DS = Szenario Daniel; v = verbal; a = auditiv; b = Bild; f = Film. [a] Target Scoring itembasiert; [b] Target Scoring situationsbasiert; [c] Proportion Consensus Scoring. N = 155.

8.3.3 Faktoranalytische Passung der Szenarien Katrin und Daniel

Zunächst wurde die faktoranalytische Passung der Szenarien *Katrin* und *Daniel* in den Untertest zum sozialen Verständnis überprüft. Hierzu wurden Pearson-Korrelationen zwischen den Skalenmittelwerten der Szenarien und inhaltsgebundenen Verständnisaufgaben untereinander berechnet. In Tabelle 16 sind die Korrelationskoeffizienten für die Berechnungs- und Scoringmethoden separat dargestellt. Die Zusammenhänge zwischen SV-KS und SV-DS sind schwarz hervorgehoben ($r = .36 - .44$). Das Interkorrelationsmuster zwischen allen eingesetzten Szenarien wies für das TS-SIT und PCS die meisten signifikanten Zusammenhänge auf, wohingegen die Anwendung des TS-ITEM zu Nullkorrelationen zwischen *Hannelore* und den Szenarien *Katrin*, *Daniel* sowie *Markus* führte. Da im TS-ITEM eine große Anzahl an Items aufgrund negativer Trennschärfen aussortiert werden musste, kann vermutet werden, dass die Nullkorrelationen im TS-ITEM ein Resultat der ausgeschlossenen Items sind. Dementsprechend wurden die aussortierten Items von *Katrin*, *Daniel* und *Markus* jeweils zu einem Mittelwert zusammengefasst und mit Szenario *Hannelore* korreliert. Dabei wurden Zusammenhänge zwischen $r = .16$ ($p = .05$) und $r = .28$ ($p = .00$) ermittelt. Unabhängig von den Scoringmethoden wiesen die inhaltsgebundenen Skalenwerte stabilere Korrelationsmuster mit höheren Zusammenhängen auf. Zusätzlich wurden die verschiedenen Berechnungs- und Scoringmethoden der korrespondieren Szenarien und Inhalte auf ihre Interkorrelation überprüft. Das Ergebnis kann in Tabelle 17 eingesehen werden. Diese Tabelle zeigt einerseits die Überlappungsbereiche zwischen den Scoringmethoden derselben Aufgabe (Hauptdiagonale) und andererseits die Zusammenhänge zwischen den Aufgaben verschiedener Scoringmethoden. Letzteres verdeutlicht die Interkorrelation der Aufgaben, die nicht auf gemeinsame Varianz durch identische Scoringmethoden zurückgeführt werden kann.

Tabelle 16: Interkorrelation der sozialen Verständnisskalen

		KL	FB	HR	MM	KS			SVv	SVa	SVb
TS-ITEM	SV-FB	.36**						SVa	.52**		
	SV-HR	.35**	.49**					SVb	.41**	.41**	
	SV-MM	.28**	.37**	.12				SVf	.48**	.52**	.52**
	SV-KS	.20*	.18*	-.04	.24**						
	SV-DS	.21*	.27**	.12	.32**	**.44**					
TS-SIT	SV-FB	.39**						SVa	.47**		
	SV-HR	.41**	.46**					SVb	.46**	.50**	
	SV-MM	.43**	.44**	.26**				SVf	.49**	.64**	.60**
	SV-KS	.22**	.25**	.12	.34**						
	SV-DS	.24**	.41**	.38**	.39**	**.38**					
PCS	SV-FB	.35**						SVa	.52**		
	SV-HR	.62**	.43**					SVb	.48**	.59**	
	SV-MM	.42**	.32**	.33**				SVf	.46**	.55**	.56**
	SV-KS	.27**	.37**	.42**	.43**						
	SV-DS	.55**	.38**	.47**	.43**	**.36**					

Anmerkung. Hervorgehoben sind die Interkorrelationen von Katrin und Daniel. TS-ITEM = Target Scoring itembasiert; TS-SIT = Target Scoring situationsbasiert; PCS = Proportion Consensus Scoring; SV = Soziales Verständnis; SV-KL = Szenario Katja; SV-FB = Szenario Fred; SV-HR = Szenario Hannelore; SV-MM = Szenario Markus; SV-KS = Szenario Katrin; SV-DS = Szenario Daniel; v = verbal; a = auditiv; b = Bild; f = Film. * Korrelation ist signifikant bei $p < .05$; ** signifikant bei $p < .01$. $N = 155$.

Tabelle 17: Interkorrelation der Berechnungs- und Scoringmethoden

		TS-SIT						PCS					
		KL	FB	HR	MM	KS	DS	KL	FB	HR	MM	KS	DS
TS-ITEM	SV-KL	**-.67****	-.37**	-.38**	-.28**	-.26**	-.31**	**.52****	.26**	.30**	.17*	.32**	.34**
	SV-FB	-.33**	**-.90****	-.48**	-.44**	-.30**	-.45**	.33**	**.53****	.31**	.29**	.25**	.23**
	SV-HR	-.41**	-.49**	**-.96****	-.27**	-.15	-.39**	.40**	.17*	**.41****	.20*	.05	.25**
	SV-MM	-.34**	-.33**	-.10	**-.90****	-.30**	-.37**	.33**	.32**	.24**	**.57****	.31**	.40**
	SV-KS	-.02	-.13	.06	-.21*	**-.78****	-.30**	.05	.16*	.20*	.11	**.58****	.13
	SV-DS	-.02	-.22**	-.12	-.26**	-.38**	**-.84****	.07	.16*	.18*	.10	.25**	**.36****
PCS	SV-KL	**-.66****	-.37**	-.42**	-.40**	-.17*	-.23**						
	SV-FB	-.31**	**-.59****	-.16*	-.34**	-.23**	-.22**						
	SV-HR	-.32**	-.34**	**-.46****	-.31**	-.24**	-.26**						
	SV-MM	-.38**	-.31**	-.20*	**-.64****	-.29**	-.21**						
	SV-KS	-.29**	-.27**	-.08	-.34**	**-.62****	-.24**						
	SV-DS	-.42**	-.31**	-.29**	-.45**	-.28**	**-.48****						

		TS-SIT				PCS			
		SVv	SVa	SVb	SVf	SVv	SVa	SVb	SVf
TS-ITEM	SVv	**-.88****	-.52**	-.48**	-.52**	**.61****	.35**	.34**	.26**
	SVa	-.45**	**-.94****	-.47**	-.62**	.40**	**.60****	.31**	.36**
	SVb	-.39**	-.43**	**-.88****	-.51**	.38**	.38**	**.67****	.33**
	SVf	-.44**	-.49**	-.49**	**-.85****	.35**	.31**	.31**	**.45****
PCS	SVv	**-.52****	-.43**	-.41**	-.41**				
	SVa	-.31**	**-.61****	-.43**	-.45**				
	SVb	-.35**	-.36**	**-.68****	-.40**				
	SVf	-.26**	-.38**	-.39**	**-.58****				

Anmerkung. TS-ITEM = Target Scoring itembasiert; TS-SIT = Target Scoring situationsbasiert; PCS = Proportion Consensus Scoring; SV = Soziales Verständnis; SV-KL = Szenario Katja; SV-FB = Szenario Fred; SV-HR = Szenario Hannelore; SV-MM = Szenario Markus; SV-KS = Szenario Katrin; SV-DS = Szenario Daniel; v = verbal; a = auditiv; b = Bild; f = Film. * Korrelation ist signifikant bei $p < .05$. ** Korrelation ist signifikant bei $p < .01$. N = 155.

Die höchsten Korrelationen wiesen die beiden *Target Scorings* TS-ITEM und TS-SIT auf. Bei den szenarienbasierten Koeffizienten war der Zusammenhang zwischen TS-SIT und PCS geringfügig größer als zwischen TS-ITEM und PCS. Bei den inhaltsbezogenen Skalen wurde ein höheres, aber dennoch vergleichbares Korrelationsmuster zwischen den korrespondierenden Elementen gefunden. Die Interkorrelation verschiedener Szenarien mit verschiedenen Scoringmethoden zeigte, dass insbesondere das TS-ITEM bei den Neukonstruktionen *Katrin* und *Daniel* zu Nullkorrelationen oder geringfügigen Zusammenhängen mit den übrigen Szenarien führte, auf die TS-SIT oder PCS angewendet wurde. Erfolgte die Auswertung der Neukonstruktionen hingegen mit TS-SIT und PCS, zeigten sie deutlich mehr signifikante Zusammenhänge mit den anderen Szenarien. Auch zwischen den Szenarien *Katrin* und *Daniel* wurde eine Korrelation in geringer Höhe von $r = .13$ ermittelt, wenn TS-ITEM auf *Katrin* und PCS auf *Daniel* angewendet wurde. In allen übrigen Kombinationen fiel der Zusammenhang zwischen den Neukonstruktionen signifikant aus (.24 bis .38). Bei den inhaltsbezogenen Skalen wurden erneut höhere und stabilere Korrelationsmuster gefunden.

In einem nächsten Schritt wurden die Zusammenhangsmuster aus Tabelle 16 durch konfirmatorische Faktorenanalysen überprüft. Hierbei beruht der latente Faktor des sozialen Verständnisses entweder auf den Gesamtwerten der Szenarien oder auf den inhaltsbezogenen Indikatoren. Für jedes Modell wurden entsprechend der Scoringmethoden drei separate Analysen durchgeführt. Die Ergebnisse sind in Abbildung 21 dargestellt.

Unabhängig von den Scoringmethoden zeigen die inhaltsbezogenen Indikatoren eine bessere Anpassungsgüte als die szenarienbasierte Zusammenfassung, was einerseits durch ein stabileres Korrelationsmuster (Tabelle 16) und andererseits durch eine geringere Anzahl an Freiheitsgraden begünstigt wurde. Innerhalb der szenarienbasierten Modelle wiesen das TS-SIT und PCS den besten Daten-Fit auf. Innerhalb dieser beiden Scoringmethoden erzielen die Szenarien *Katrin* und *Daniel* akzeptable Ladungen (.43/.52 und .60/.70) auf dem latenten Sozialen-Verständnis-Faktor.

Darüber hinaus wurde der Zusammenhang zwischen dem sozialen Verständnis und den anderen Konstrukten des Magdeburger Modells zur sozialen Intelligenz betrachtet. Hierbei wurden alle Aufgaben eines Konstruktes in einer exploratorischen Faktorenanalyse zu einem Faktor zusammengefasst und die Faktorenwerte der Probanden regressionsanalytisch ermittelt. Für das soziale Verständnis ergeben sich sechs Faktorenwerte: zwei Aggregationsmethoden (Szenarien vs. Inhalt) und jeweils drei Scoringmethoden, während die übrigen Konstrukte zu jeweils einem Faktorenwert aggregiert wurden.

Positive Zusammenhänge der sozialen Verständnisfaktoren konnten nur zum sozialen Wissens (SK) ermittelt werden, während das soziale Verständnis mit den übrigen Konstrukten Nullkorrelationen zeigte. Die signifikanten Interkorrelationen zwischen den Konstrukten SV und SK sind in Tabelle 18 grau hervorgehoben. Während die Scoringmethoden TS-ITEM und TS-SIT einen Zusammenhang in vergleichbarer Höhe zum sozialen Wissen aufwiesen, fiel die Korrelation bei Anwendung des PCS geringer aus.

Tabelle 18: Interkorrelation der Faktorenwerte des MTSI-3

		TS-ITEM		TS-SIT		PCS		α
		SV-S	SV-I	SV-S	SV-I	SV-S	SV-I	
TS-I	SV-S							.68
	SV-I	.96**						.78
TS-S	SV-S	-.90**	-.92**					.75
	SV-I	-.91**	-.93**	.99**				.81
PCS	SV-S	.62**	.63**	-.70**	-.68**			.80
	SV-I	.61**	.63**	-.69**	-.68**	.99**		.81
	SK	-.49**	-.52**	.56**	.57**	-.37**	-.37**	.75
	SG	-.09	-.10	.04	.04	.08	.08	.51
	SW	.04	.01	.01	.02	-.08	-.07	.46

Anmerkung. TS-I, TS-ITEM = Target Scoring itembasiert; TS-S, TS-SIT = Target Scoring situationsbasiert; PCS = Proportion Consensus Scoring; SV = Soziales Verständnis; SV-S = Faktorenwerte soziales Verständnis szenarienbasiert; SV-I = Faktorenwerte soziales Verständnis inhaltsbasiert; SK = Soziales Wissen; SG = Soziales Gedächtnis; SW = Soziale Wahrnehmung. * Korrelation ist signifikant bei $p < .05$. ** Korrelation ist signifikant bei $p < .01$. $N = 155$.

Ladungen:

TS-ITEM/TS-SIT/PCS

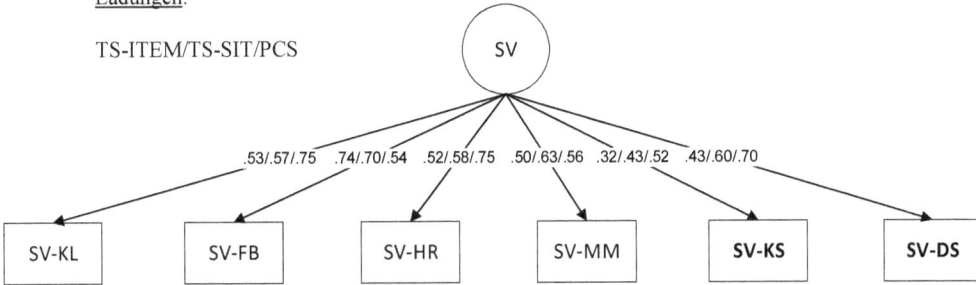

Anpassungsgüte für die szenarienbasierten Modelle des sozialen Verständnisses

Modell	χ^2	df	P (χ^2)	CFI	SRMR	RMSEA	CI 90%
Szenarien TS-ITEM	49.08	9	.000	.732	.100	.170	.125; .217
Szenarien TS-SIT	26.35	9	.001	.909	.060	.112	.064; .162
Szenarien PCS	28.67	9	.000	.925	.054	.119	.072; .169

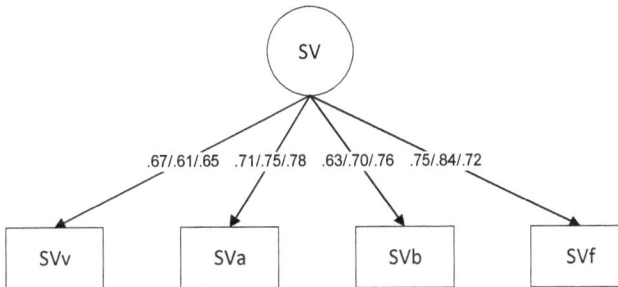

Anpassungsgüte für die inhaltsbasierten Modelle des sozialen Verständnisses

Modell	χ^2	df	P (χ^2)	CFI	SRMR	RMSEA	CI 90%
Inhalte TS-ITEM	3.46	2	.178	.991	.025	.069	.000; .187
Inhalte TS-SIT	1.57	2	.456	1.000	.015	.000	.000; .148
Inhalte PCS	.47	2	.790	1.000	.008	.000	.000; .102

Abbildung 21: Anpassungsgüte der SV-Modelle

Anmerkung. TS-Item = Target Scoring itembasiert; TS-SIT = Target Scoring situationsbasiert; PCS = Proportion Consensus Scoring; SV = Soziales Verständnis; SV-KL = Szenario Katja; SV-FB = Szenario Fred; SV-HR = Szenario Hannelore; SV-MM = Szenario Markus; SV-KS = Szenario Katrin; SV-DS = Szenario Daniel; v = verbal; a = auditiv; b = Bild; f = Film. N = 155.

8.3.4   Einbettung von SV in das nomologische Netzwerk anderer Konstrukte

Abschließend wurde eine Einbettung des sozialen Verständnisses in das nomologische Netzwerk anderer Konstrukte vorgenommen. Hierbei erfolgte einerseits eine Überprüfung der Eigenständigkeit gegenüber der Allgemeinen Intelligenz und dem verbalen schlussfolgernden Denken und andererseits eine Ermittlung systematischer Bezüge zur Emotionserkennungsleistung, gemessen mit dem *Multimodal Emotion Recognition Test* (MERT). Im Anhang B (Tabelle B6) sind die Pearson-Korrelationen der inhaltsbezogenen und szenarienbasierten Skalen sowie der entsprechenden Faktorenwerte mit dem *Berliner Intelligenz Struktur-Test* (BIS-4) dargestellt. Es wurden unabhängig von den Scoringmethoden und Aggregationsarten Nullkorrelationen zwischen den Skalen und Faktorenwerten des sozialen Verständnisses und den Fähigkeitsbereichen des BIS-4 gefunden.

Die Korrelationsbefunde zum MERT sind in Tabelle 19 abgebildet. Da keine Normalverteilung für die MERT-Aufgaben vorlag, kamen Spearmans-Rho-Korrelationen zum Einsatz. Die Skalen und Faktorenwerte des sozialen Verständnisses zeigten hauptsächlich Nullkorrelationen zu den Mittelwerten korrekt erkannter Emotionsfamilien (FR) und korrekt zugeordneter Intensitätslevel (IR). Teilweise konnten signifikante Bezüge ermittelt werden, die allerdings ausnahmslos eine unerwartete Richtung aufwiesen. Ein identisches Korrelationsmuster ergab sich für die MERT-Mittelwerte, die entsprechend der vier Präsentationsarten gebildet wurden. Während die Anwendung des PCS durchgängig zu Nullkorrelationen führte, ergaben sich die meisten unerwarteten Zusammenhänge des TS-ITEM und TS-SIT zu den Mittelwerten korrekt zugeordneter Intensitätslevel (IR). Hierbei muss beachtet werden, dass im Rahmen der vorbereitenden Analysen für die IR-Aufgaben inakzeptable Alpha-Koeffizienten und unzureichende Varianzen gefunden wurden (vgl. Anhang B, Tabelle B4). Außerdem wiesen auch die IR- und FR-Skalen des MERT zueinander entweder Nullkorrelationen oder signifikant negative Bezüge auf (Anhang B, Tabelle B5).

8.4 Diskussion

Die erste Studie der vorliegenden Arbeit verfolgte zwei Hauptziele: zum einen sollten die psychometrischen Eigenschaften der neukonstruierten Szenarien *Katrin* und *Daniel* untersucht werden und zum anderen sollte eine Konstruktvalidierung für den Untertest zum sozialen Verständnis vorgenommen werden. Letzteres wurde untergliedert in die faktoranalytische Passung der neuen Szenarien in den bestehenden Untertest und in die Einbettung des sozialen Verständnisses in das nomologische Netzwerk anderer Konstrukte. Zudem wurde der Einfluss verschiedener Berechnungsarten und Scoringmethoden auf die Ergebnisse untersucht.

8.4.1   Psychometrische Eigenschaften

Die eingesetzten Skalenmittelwerte der sozialen Verständnisaufgaben wiesen keine Verletzung der Normalverteilungsannahme sowie unauffällige Itemvarianzen und Schwierigkeitswerte auf. Allerdings war die Aufgabenschwierigkeit abhängig von den angewendeten Berechnungsmethoden.

Tabelle 19: Korrelationen zwischen SV und MERT

		FR	FRa	FRf	FRaf	FRb	IR	IRa	IRf	IRaf	IRb
TS-ITEM	SV-KL	-.14	-.07	-.09	-.06	-.10	-.15	-.07	-.22**	-.01	-.14
	SV-FB	-.05	-.11	-.14	-.10	-.14	-.20*	-.13	-.23**	-.12	-.05
	SV-HR	-.10	-.09	-.09	-.04	-.08	-.24**	-.17*	-.31**	-.14	-.10
	SV-MM	.14	-.05	-.11	-.06	.01	-.08	-.07	-.14	-.11	.14
	SV-KS	.02	-.06	-.12	-.16*	-.12	-.04	.06	-.09	-.09	.02
	SV-DS	.08	-.04	-.06	-.07	.01	.04	.04	.03	-.03	.08
	SV-S	-.16*	-.12	-.15	-.12	-.10	-.19*	-.11	-.25**	-.12	-.02
	SVv	-.04	-.01	-.07	-.07	.01	-.12	-.11	-.17*	-.09	.06
	SVa	-.17*	-.13	-.12	-.13	-.12	-.25**	-.14	-.28**	-.19*	-.12
	SVb	-.15	-.13	-.14	-.15	-.12	.04	.06	.01	-.02	.03
	SVf	-.13	-.12	-.12	-.08	-.10	-.18*	-.07	-.25**	-.09	-.05
	SV-I	-.18*	-.15	-.17*	-.15	-.13	-.17*	-.09	-.24**	-.13	-.02
TS-SIT	SV-KL	.04	.02	-.03	-.02	.01	.11	.06	.11	-.03	.12
	SV-FB	.18*	.13	.15	.13	.16	.08	.04	.15	.05	-.04
	SV-HR	.16*	.15	.13	.10	.14	.24**	.12	.31**	.18*	.12
	SV-MM	.10	.09	.09	.09	.05	.10	.05	.15	.15	-.09
	SV-KS	.12	.08	.04	.11	.09	.04	.01	.12	-.04	-.02
	SV-DS	.13	.14	.13	.15	.10	.07	.01	.06	.14	.02
	SV-S	.18*	.16*	.14	.14	.13	.15	.08	.20*	.11	.00
	SVv	.04	.02	.05	.04	.02	.05	.05	.12	.04	-.06
	SVa	.19*	.15	.11	.15	.13	.17*	.06	.21**	.15	.08
	SVb	.16*	.15	.13	.14	.13	.10	.06	.10	.09	.02
	SVf	.19*	.18*	.14	.12	.18*	.15	.06	.21**	.08	.02
	SV-I	.19*	.18*	.15	.15	.14	.15	.07	.21**	.11	-.01
PCS	SV-KL	-.07	-.03	-.05	.02	-.11	-.02	-.01	-.07	-.08	-.01
	SV-FB	-.10	-.08	-.08	-.03	-.13	-.02	.06	-.03	.06	.05
	SV-HR	-.09	-.10	-.10	-.01	-.09	-.08	-.05	-.10	-.04	.03
	SV-MM	.00	.00	-.05	.03	.04	-.04	-.07	-.06	.01	.09
	SV-KS	-.06	-.02	-.05	-.04	-.06	.02	.09	-.08	.02	.10
	SV-DS	-.07	-.09	-.07	-.03	-.08	.06	.14	-.04	.01	.10
	SV-S	-.10	-.09	-.10	-.03	-.10	-.01	.02	-.07	.04	.08
	SVv	-.11	-.10	-.10	-.09	-.09	-.06	.00	-.08	-.06	.06
	SVa	-.01	.02	-.01	.07	-.04	-.03	.01	-.07	.07	-.01
	SVb	-.13	-.11	-.13	-.06	-.12	.07	.07	-.02	.03	.11
	SVf	-.07	-.05	-.06	-.01	-.08	-.02	.06	-.09	.02	.03
	SV-I	-.11	-.09	-.11	-.04	-.11	-.01	.03	-.07	.03	.08

Anmerkung. TS-ITEM = Target Scoring itembasiert; TS-SIT = Target Scoring situationsbasiert; PCS = Proportion Consensus Scoring; SV = Soziales Verständnis; SV-KL = Szenario Katja; SV-FB = Szenario Fred; SV-HR = Szenario Hannelore; SV-MM = Szenario Markus; SV-KS = Szenario Katrin; SV-DS = Szenario Daniel; v = verbal; a = auditiv; b = Bild; f = Film; SV-S = Faktorenwerte soziales Verständnis szenarienbasiert; SV-I = Faktorenwerte soziales Verständnis inhaltsbasiert; SV-S = Faktorenwerte soziales Verständnis szenarienbasiert; SV-I = Faktorenwerte soziales Verständnis inhaltsbasiert; MERT = The Multimodal Emotion Recognition Test; FR = Emotionserkennung zwischen den Emotionsfamilien; IR = Emotionserkennung innerhalb der Emotionsfamilien; a = auditiv; b=Bild; f = Film; af = Fim mit Ton. * Korrelation ist signifikant bei $p < .05$. ** Korrelation ist signifikant bei $p < .01$. $N = 155$.

Studie 1 – Diskussion

Beispielsweise lagen die Schwierigkeitswerte der Neukonstruktionen *Katrin* und *Daniel* im TS-ITEM zwischen den Werten des leichtesten und des schwersten Szenarios, während sie im TS-SIT zu den leichtesten Szenarien gehörten. Möglich ist, dass die verschiedenen Berechnungsmethoden des *Target Scorings* die unterschiedlichen Schwierigkeitswerte verursacht haben. Während im TS-ITEM zunächst ein Differenzwert (Rohantwort des Probanden minus Targetantwort) gebildet wurde und anschließend eine Aggregation der Einzelitems entsprechend ihrer Zugehörigkeit zu den Szenarien oder Inhalten erfolgte, wurde der Differenzwert im TS-SIT vor der Zusammenfassung zu Situationsscores quadriert. Durch die Erhebung der Differenzwerte ins Quadrat werden größere Abweichungen stärker gewichtet, wodurch der Einfluss schwieriger Items auf die Gesamtschwierigkeit des Szenarios im TS-SIT größer ist. Dennoch wirkt sich dieser Effekt in allen Szenarien gleichmäßig aus, sodass die Reihenfolge der Schwierigkeiten in beiden *Target Scorings* nicht vollständig unterschiedlich sein dürfte. Die Ursache für die ungleiche Reihenfolge der Schwierigkeitswerte im TS-ITEM und TS-SIT ist vielmehr in der unterschiedlichen Anzahl eingehender Items in den Gesamtmittelwert zu finden. Im TS-ITEM mussten viele Items aufgrund negativer Trennschärfen aus der Skalenbildung ausgeschlossen werden, während dies bei einer Zusammenfassung der Einzelitems zu Situationsscores (TS-SIT) nicht erforderlich war. Dadurch beruhen die Gesamtmittelwerte im TS-ITEM auf deutlich weniger Items als im TS-SIT, was die Schwierigkeit eines Szenarios beeinflusst. Ein Vergleich der Schwierigkeiten mit dem *Proportion Consensus Scoring* (PCS) konnte nicht vorgenommen werden, da der mittlere Konsensus keine Aussage über die Schwierigkeit einer Aufgabe zulässt.

Die meisten Items mit negativen Trennschärfen traten bei den Neukonstruktionen *Katrin* und *Daniel* auf, da sie in der vorliegenden Untersuchung erstmalig zum Einsatz kamen. Eine Itemselektion zur Entfernung unbrauchbarer Items und Anpassung der Bearbeitungszeit an die bestehenden Szenarien war dementsprechend Ziel der nachfolgenden Untersuchung. Aber auch bei den übrigen Szenarien wurden negative Trennschärfen im TS-ITEM ermittelt. Während die Szenarien *Hannelore* und *Fred* kaum Items mit negativen Trennschärfen aufwiesen, wurden bei *Katja* und *Markus* bis zu ein Viertel der Items entfernt. Dieses Problem konnte durch die Verwendung von Situationsscores im TS-SIT und PCS umgangen werden. Allerdings verringerte die Zusammenfassung der Items zu Situationsscores die Anzahl eingehender Items in die Berechnung der Cronbachs Alpha-Koeffizienten. Resultat einer reduzierten Itemanzahl waren geringere Homogenitätswerte im TS-SIT und PCS im Vergleich zum TS-ITEM. Während *Hannelore*, *Fred*, *Katrin* und *Daniel* entsprechend der ersten Hypothese Cronbachs Alpha-Koeffizienten in vergleichbarer Höhe ($\alpha \geq .60$) zur Studie von Conzelmann und Kollegen (2013) aufwiesen, lagen die Homogenitätswerte für *Katja* und *Markus* unter den Ergebnissen früherer Studien.

Für die inhaltsgebundene Aggregation wurden vergleichbare Befunde festgestellt. Aufgrund einer geringeren Anzahl eingehender Items wurde ebenfalls ein Abfall in der Höhe der Alpha-Koeffizienten von TS-ITEM zu TS-SIT sowie PCS verzeichnet. Auch die Höhe der ermittelten Homogenitätswerte erwies sich als analog zur szenarienbasierten Auswertung. Positiv zu verzeichnen ist die Integration der Situationsscores von *Katrin* und *Daniel* bei der inhaltsgebundenen Skalenbildung im TS-SIT und PCS. Die Situationen der Neukonstruktionen korrelierten in ausreichender Höhe mit den Situationen der anderen Szenarien, sodass sie bei der

Skalenbildung nicht ausgeschlossen werden mussten. Dies lieferte einen ersten Hinweis auf die Kompatibilität der Neukonstruktionen mit den Szenarien des bestehenden Untertests.

Bevor die faktoranalytische Passung der Neukonstruktionen *Katrin* und *Daniel* im Detail betrachtet wird, soll die Eignung von Cronbachs Alpha als Reliabilitätsschätzung für das soziale Verständnis diskutiert werden. Bei der Testkonstruktion wurden möglichst heterogene Target-personen ausgewählt, damit eine breite Vielfalt an sozialen Situationen in den Test zum sozialen Verständnis eingeht. Dementsprechend sind die Situationen und Items der Szenarien als sehr heterogen einzustufen, wodurch eine geringe interne Konsistenz begünstigt wird. Dieses Problem trat auch bei früheren Versuchen auf, die soziale Intelligenz zu operationalisieren. Beispielsweise begründeten O'Sullivan, Guilford und deMille (1965) die gefundenen niedrigen internen Konsistenzen einiger Testaufgaben des *Four Factor Test of Social Intelligence* (Spearman-Brown-Formel zwischen .21 und .84) ebenfalls mit der Heterogenität dieser Testaufgaben. Ebenso verhielt es sich in einer Studie von Costanzo und Archer (1989), welche die *Interpersonal Perception Task* (Kuder-Richardson-Formel: .52) einsetzten. Auch Stricker und Rock (1990) fanden in ihrer Untersuchung beim *Test of Implied Meaning* eine reduzierte Reliabilität von .62.

Die Konstruktheterogenität und ihre Folgen für die Reliabilität von Situational Judgment Tests (SJT) wurde bereits von verschiedenen Autoren diskutiert (u.a. McDaniel & Nguyen, 2001; Ploy-hart & Ehrhart, 2003), doch erst von Kasten und Freund (2013) systematisch untersucht. Sie führten eine metaanalytische Reliabilitätsgeneralisierung von SJTs durch und ermittelten ein durchschnittliches Cronbachs Alpha von .68. Werden die Koeffizienten der vorliegenden Unter-suchung mit diesem Durchschnittswert verglichen, so liegen die Szenarien *Fred*, *Hannelore*, *Katrin* und *Daniel*, die mit TS-ITEM ausgewertet wurden, darüber. Für TS-SIT (ausgenommen *Hanne-lore*) und PCS wurden hingegen Koeffizienten berechnet, die unter dem Durchschnittswert lagen. Alternativ könnte die Konstruktheterogenität der sozialen Verständnisaufgaben berücksichtigt werden, indem McDonalds Omega (McDonald, 1999) als Maß für die Konstruktreliabilität bestimmt wird. Bei der Berechnung von Omega kann entweder nur die Varianz berücksichtigt werden, die auf einen Generalfaktor zurückgeht oder zusätzlich die Varianz von eventuell vorhandenen Gruppenfaktoren bestimmt werden. Darüber hinaus könnte dem Konzept der Score Generalisierung (Thompson, 2003) Rechnung getragen werden, indem für die Omega-Koeffizienten mithilfe von Bootstrapping Konfidenzintervalle bestimmt werden. Ein Berech-nungsbeispiel für die Allgemeine Intelligenz geben Brunner und Süß (2005).

Da bereits in der Untersuchung von Conzelmann, Weis und Süß (2013) unbefriedigende Homogenitätswerte für das soziale Verständnis auftraten, wurde in einer Untersuchung von Süß und Kollegen (2015) zusätzlich die Stabilität für einen Zeitabstand von eineinhalb Jahren bestimmt. Für alle Konstrukte des Magdeburger Tests zur sozialen Intelligenz konnten in dieser Untersuchung gute Stabilitätswerte ermittel werden (vgl. Süß et al., 2015).

Zusammenfassend kann bereits bei den Itemkennwerten und Skaleneigenschaften eine Ab-hängigkeit der Ergebnisse von der verwendeten Scoringmethode bzw. Berechnungsart festgestellt werden. Während im TS-ITEM die Alpha-Koeffizienten als zufriedenstellend eingestuft wurden, war der Anteil an Items mit negativen Trennschärfen in dieser Auswertungsmethode inakzep-tabel. Letzteres wurde durch die Berechnung von Situationsscores abgewendet, resultierte allerdings in geringeren Homogenitätswerten. Diese Befundlage trat sowohl in der szenarien- als auch in der inhaltsbasierten Auswertung auf.

8.4.2 Faktoranalytische Passung der Szenarien Katrin und Daniel

Zunächst wurde die Interkorrelation der Neukonstruktionen überprüft und die Hypothese 2a, welche besagt, dass eine mittlere positive Korrelation zwischen *Katrin* und *Daniel* besteht, für alle drei Scoringmethoden bestätigt. Die Zusammenhänge zu den bestehenden Szenarien fielen hingegen heterogener aus. Szenario *Hannelore* wies im TS-ITEM zu den Neukonstruktionen und Szenario *Markus* Nullkorrelationen auf. Im TS-SIT zeigte *Hannelore* nur noch einen nicht signifikanten Zusammenhang zum Szenario *Katrin* und im PCS traten keine Nullzusammenhänge mehr auf. Dementsprechend kann die Hypothese 2b, dass die Neukonstruktionen positive Korrelationen mit den übrigen Szenarien aufweisen, nur teilweise für die *Target Scorings* und vollständig für die Auswertung mit PCS unterstützt werden. Erneut könnten die unterschiedlichen Korrelationsmuster ein Resultat der Anzahl eingehender Items in die Mittelwertsbildung sein. Szenario *Hannelore* wies bereits im TS-ITEM kaum Items mit negativen Trennschärfen auf, während aus den anderen Szenarien (ausgenommen *Fred*) deutlich mehr Items entfernt wurden. Da im TS-SIT und PCS durch die Bildung von Situationsscores alle Items in den Szenarien *Katrin*, *Daniel* und *Markus* verblieben, konnte nicht ausgeschlossen werden, dass die signifikanten Zusammenhänge zwischen *Hannelore* und diesen Szenarien auf den Items beruhen, die im TS-ITEM aufgrund negativer Trennschärfen eliminiert wurden. Um dies zu überprüfen, wurde aus den eliminierten Items eines Szenarios im TS-ITEM ein Mittelwert gebildet und mit Szenario *Hannelore* interkorreliert. Tatsächlich hingen die ausgeschlossenen Items von *Katrin*, *Daniel* und *Markus* signifikant mit der Skala *Hannelore* zusammen. Das Beibehalten dieser Items im TS-SIT führte bei *Daniel* und *Markus* zu einer signifikanten Korrelation, wohingegen *Katrin* nicht zufallskritisch abgesichert werden konnte. Im PCS fielen hingegen alle Korrelationen signifikant aus. Da im PCS analog zum TS-SIT alle Items durch die Bildung von Situationsscores im Gesamtmittelwert erhalten blieben, muss die Scoringmethode für den signifikanten Zusammenhang zwischen *Hannelore* und *Katrin* verantwortlich sein. Die Idee des *Group Consensus Scorings* liegt in einer gemeinsamen Wissensbasis einer Population, von der gewünscht ist, dass sie die richtige Lösung vorgibt. Dementsprechend könnte die gemeinsame Wissensbasis der vorliegenden Stichprobe ein stabiles und signifikantes Korrelationsmuster zwischen den Szenarien erzeugt haben. Dies bedeutet allerdings nicht, dass GCS besser geeignet ist, um die richtige Lösung zu bestimmen. Bei keiner Form von Consensus Scoring kann ausgeschlossen werden, dass es sich um eine Annäherung an eine populäre Meinung handelt, statt um die korrekte Antwort.

Die gefundenen Korrelationsmuster besaßen erwartungsgemäß einen Einfluss auf die Modellgüte der szenarienbasierten Auswertung. Die Nullkorrelationen im TS-ITEM führten zu einem schlechten Daten-Fit, während TS-SIT und PCS eine gute Anpassungsgüte erzielten. Allerdings war der RMSEA (Root-Mean-Square-Error of Approximation) bei beiden situationsbasierten Methoden erhöht. Dieser absolute Fit-Index ist sensitiv gegenüber fehlspezifizierten Ladungen und Pfaden und spiegelt die starke Variation der Ladungshöhe wider. Die Interkorrelationshöhe der Szenarien war ausreichend, um einen gemeinsamen latenten Faktor anzunehmen, die Korrelationen fielen in ihrer Höhe allerdings zu unterschiedlich aus. Ob Moderatoren (wahrgenommene und tatsächliche Ähnlichkeit, Antworttendenzen etc.) die verschiedenen Interkorrelationshöhen zwischen den Szenarien verursacht haben, kann mit der vorliegenden Studie nicht abschließend geklärt werden. Allerdings sollte der Einfluss von Moderatoren auf die Interkorrelationshöhe (vgl. Kapitel 5.4) Bestandteil zukünftiger Untersuchungen sein.

Die inhaltsbezogene Auswertung verursachte ein stabiles und von den Scoringmethoden unabhängiges Korrelationsmuster. Die Inhalte wiesen signifikant positive Interkorrelationen in vergleichbarer Höhe auf. Außerdem ließen sich die Situationen der Neukonstruktionen mühelos in die Gesamtmittelwerte integrieren. Dementsprechend positiv fiel auch die Modellgüte für den inhaltsbezogenen latenten Faktor aus. Dieser Befund war erwartungsgemäß, da die Probanden während der Bearbeitung eines Szenarios sukzessiv Wissen über eine Targetperson aufbauen, was ihr Antwortverhalten beeinflusst. So stehen bei Items, die später im Szenario präsentiert werden, mehr Informationen zur Verfügung, als bei zuvor präsentierten Items. Diese Abhängigkeit bleibt bei einer inhaltsgebundenen Aggregation unbeachtet und wirkt sich auf die Interkorrelation der Inhaltsskalen und die Modellgüte aus. Zudem basiert der latente Faktor nur auf vier Indikatoren, während der szenarienbasierte Faktor auf sechs Indikatoren beruht. Dadurch besitzen die inhaltsbezogenen Modelle weniger Freiheitsgrade, was ebenfalls den besseren Daten-Fit begünstigt.

Um die Überlappungsbereiche der Scoringmethoden beurteilen zu können, wurde die Interkorrelation derselben Szenarien mit unterschiedlichen Scorings betrachtet. Die beiden *Target Scorings* korrelierten naturgemäß sehr hoch miteinander. Allerdings verdeutlichen die geringeren Zusammenhänge zwischen TS-ITEM und TS-SIT bei *Katja*, *Katrin* und *Daniel* erneut den Einfluss der von der Skalenbildung im TS-ITEM ausgeschlossenen Items auf die Interkorrelationen. Dadurch lassen sich auch die höheren Korrelationen zwischen TS-SIT und PCS im Vergleich zu TS-ITEM und PCS begründen. Zusätzlich wurden die Zusammenhänge unterschiedlicher Szenarien mit verschieden Scoringmethoden überprüft. Diese Auswertung zeigte den Anteil gemeinsamer Varianz der Szenarien, der nicht auf die Scoringmethode zurückgeführt werden kann. Am aussagekräftigsten ist der Vergleich zwischen TS-SIT und PCS, da sie aufgrund der Situationsscores auf denselben Items beruhen, die Akkuratheitskriterien allerdings verschieden sind. Trotz unterschiedlicher Scoringmethoden wurde nur eine Nullkorrelation (*Katrin* und *Hannelore*) ermittelt, d.h. die Szenarien teilten sich noch genügend gemeinsame Varianz, auch wenn die richtige Lösung auf unterschiedliche Art und Weise festgelegt wurde. Für die inhaltsbezogene Aggregation wurden identische Ergebnisse gefunden. Erneut erzeugte die Abhängigkeit der Items und Situationen ein höheres und stabileres Interkorrelationsmuster im Vergleich zur szenarienbasierten Auswertung. Dementsprechend fiel auch die gemeinsame Varianz, die nicht auf identische Scoringmethoden zurückgeführt werden kann, größer aus.

Ob die übriggebliebene gemeinsame Varianz zwischen den Szenarien die Fähigkeit im sozialen Verständnis (Differentielle Genauigkeit) oder eine der anderen Komponenten nach Cronbach (1955) widerspiegelt, kann für den MTSI-3 nicht überprüft werden. Um Cronbachs Modell anwenden zu können, wird mindestens *ein* Beurteiler benötigt, der *mehrere* Zielpersonen hinsichtlich *mehrerer* Merkmale eingeschätzt hat. Die Merkmale, die der Beurteiler einschätzen muss, müssen für jede Zielperson identisch sein. Dies trifft auf die Szenarien zum sozialen Verständnis nicht zu, da jedes Szenario andere soziale Situationen und Items (Merkmale) beinhaltet. Auch das Komponentenmodell von Kenny (1994; Kenny, West, Malloy & Albright, 2006), welches eine Beurteilerkomponente, eine Zielpersonenkomponente und eine Beziehungskomponente unterscheidet, kann auf die Szenarien des MTSI nicht angewendet werden. Dieses Modell benötigt ein Blockdesign, d.h. jedes Mitglied einer Interaktion schätzt alle anderen Mitglieder ein und wird selbst von allen anderen Anwesenden eingeschätzt. Demzufolge müssten auch die Targetpersonen eine Einschätzung der Probanden vornehmen.

Darüber hinaus gibt es alternative Scoringmethoden, die den Einfluss von Antworttendenzen sowohl beim Beurteiler als auch bei der Targetperson berücksichtigen. Beispielsweise das *correlation-based Scoring* (CBS; Snodgrass, 2001), welches zur Bestimmung der richtigen Lösung eine Produkt-Moment-Korrelation zwischen den Antworten der Targetperson und denen des Beurteilers bildet. Allerdings müssen verschiedene Nachteile bei dieser speziellen Art des *Target Scorings* berücksichtigt werden (u.a. Anzahl der vorhandenen Items, Bestimmung von Schwierigkeitswerten und Reliabilitätskoeffizienten). Bei Weis (2008) wurden kleine, aber signifikante Zusammenhänge zwischen den korrespondierenden SV-Aufgaben des MTSI gefunden, die einerseits mit CBS und andererseits mit *Target Scoring* (itembasiert) ausgewertet wurden. Dieser Befund verdeutlicht, dass auch bei einer Berücksichtigung von Antworttendenzen noch ein gemeinsamer Varianzanteil im sozialen Verständnis vorhanden war. Allerdings basieren beide Scoringmethoden (CBS und TS) auf der Targetantwort, sodass andere Kritikpunkte am *Target Scoring* durch diesen Befund noch nicht ausgeräumt werden können. Beispielsweise könnte bei der Targetperson eine mangelnde Introspektionsfähigkeit, eine Neigung zu sozial erwünschten Antworten oder eine eingeschränkte Fähigkeit dem empfundenen mentalen Zustand eine adäquate verbale Bezeichnung zu geben, vorliegen und die Zuverlässigkeit der richtigen Lösung nachteilig beeinflussen (u.a. MacCann et al., 2004; Mayer & Geher, 1996). Bei der Konstruktion der Szenarien wurden sowohl die Stabilität der Targetantworten als auch die Tendenz zu sozial erwünschten Antworten überprüft (vgl. Seidel, 2007; Weis, 2008). Auch in der vorliegenden Arbeit wurden *Katrin* und *Daniel* gebeten, ihre Szenarien nach vier Jahren erneut zu beantworten. Fast neunzig Prozent der Items im Szenario *Katrin* und beinahe achzig Prozent der Items im Szenario *Daniel* wurden von den Targetpersonen entweder in identischer Weise beantwortet oder wiesen eine Abweichung von nur einer Stufe auf der Ratingskala auf (vgl. Kapitel 7.3.3). Da die Stabilität mit Analogskalen erhoben wurde und erst im Anschluss in das Ratingformat transformiert wurde, kann dieses Ergebnis als sehr positiv für die Validität der Targetantworten eingestuft werden. Auch die Ergebnisse der Skala Offenheit aus dem *Freiburger Persönlichkeitsinventar* (FPI-R; Fahrenberg, Hampel & Selg, 2001), fiel für die Targetpersonen der Neukonstruktion und den übrigen Szenarien des MTSI-3 unauffällig aus (Seidel, 2007; Weis, 2008).

Ein weiterer Kritikpunkt am *Target Scoring* ist die Tatsache, dass die Targetperson mehr Informationen über ihre mentalen Zustände und Beziehungen zu anderen besitzt als ein außenstehender Beurteiler (Mayer & Geher, 1996). Diese zusätzlichen Informationen könnte eine Targetperson bei der Beantwortung der SV-Items berücksichtigt haben, stehen einem Beurteiler im Testmaterial u. U. aber gar nicht zur Verfügung. Während der Testkonstruktion wurde versucht dieses Problem durch unabhängige Rater abzumildern (vgl. Seidel, 2007; Weis, 2008). Für die Szenarien *Katrin* und *Daniel* haben neben der Autorin zwei weitere Mitarbeiter das Testmaterial hinsichtlich der vorhanden sozialen Hinweisreize in Augenschein genommen. Die unabhängigen Ratings wurden einerseits mit den Antworten der Targetpersonen während der Materialsammlung und andererseits mit der finalen Targetantwort abgeglichen. Zudem wurde in einer Untersuchung von Süß und Kollegen (2015) ein *Expert Consensus Scoring* (ECS) für die Szenarien *Katja*, *Fred*, *Hannelore* und *Markus* erstellt. Es wurden mittlere bis große Korrelationskoeffizienten (Cohen, 1992) zwischen den korrespondierenden Szenarien gefunden, die einerseits mit *Target Scoring* und andererseits mit ECS ausgewertet wurden. Dieser und die zuvor aufgeführten Befunde unterstützten die Eignung des *Target Scorings* zur Bestimmung der richtigen Lösung im SV-MTSI.

Zusammenfassend kann festgestellt werden, dass eine Integration der neukonstruierten Szenarien *Katrin* und *Daniel* in den bestehenden Untertest zum sozialen Verständnis erfolgreich war. Eine Abhängigkeit von den Scoringmethoden war aufgrund einer Vielzahl an negativen Trennschärfen im TS-ITEM gegeben. Die von der Mittelwertsbildung ausgeschlossenen Items verursachten Nullkorrelationen zwischen einigen Szenarien. Die Bildung von Situationsscores konnte das Problem beheben und führte zu besseren Interkorrelationen im TS-SIT und PCS. Beide situationsbasierten Auswertungsmethoden (TS-SIT und PCS) wiesen ein vergleichbares Zusammenhangsmuster auf und führten zu einem latenten sozialen Verständnisfaktor.

In einem nächsten Schritt wurde der Zusammenhang zwischen dem sozialen Verständnis und den anderen Konstrukten des Magdeburger Modells zur sozialen Intelligenz betrachtet. Es konnten nur signifikant positive Zusammenhänge zwischen dem sozialen Verständnis (SV) und dem sozialen Wissen (SK) ermittelt werden. Letzteres basierte auf einem *Expert Consensus Scoring*, welches durch eine separate Expertenstichprobe in einer Untersuchung von Nötzold und Süß (2015) gewonnen wurde. Das Korrelationsmuster zwischen den beiden Konstrukten war abhängig von den eingesetzten Scoring- und Berechnungsmethoden beim sozialen Verständnis. Für die szenarien- und inhaltsbasierte Auswertung der sozialen Verständnisaufgaben waren die Zusammenhänge mit SK am größten, wenn *Target Scoring* zum Einsatz kam. Bei der Anwendung von PCS auf die SV-Aufgaben wurden geringere Bezüge mit SK ermittelt.

Mayer und Geher (1996) kamen für einen Emotionstest zu einem ähnlichen Ergebnis. Die Autoren verglichen *Target Scoring* und *Group Consensus Scoring* (GCS) bei verbalen Emotionsbeschreibungen und ermittelten nur eine geringe Korrelation zwischen den Scoringmethoden ($r = .18$). In der vorliegenden Arbeit wurde dieser Befund allerdings nicht bei identischen Aufgaben gefunden, da kleine bis mittlere Zusammenhänge zwischen *Target Scoring* und GCS im sozialen Verständnis ermittelt wurden. Die unterschiedlichen Interkorrelationen lagen bei verschiedenen Aufgabentypen (SV und SK) vor und verdeutlichen, dass *Target Scoring* (SV) und *Expert Consensus Scoring* (SK) mehr gemeinsame Varianz teilten. Da die Interkorrelation zwischen SV und SK nur bei der Beteiligung von GCS (SV) verringert war, könnte die Ursache in einer Besonderheit von *Group Consensus Scorings* liegen. Im *Target Scoring* (SV) und *Expert Consensus Scoring* (SK) wird die richtige Lösung von unterschiedlichen Individuen festgelegt, die darüber hinaus auch unabhängig von der vorliegenden Stichprobe waren und dennoch zeigten die Konstrukte SV und SK signifikante Bezüge zueinander. Barchard, Hensley und Anderson (2013) verglichen *Group* und *Expert Consensus Scoring* mit der richtigen Lösung eines Vokabeltests und konnten zeigen, dass die Experten näher an der richtigen Lösung lagen als die Laien. Werden diese Befunde auf das soziale Verständnis übertragen, kann geschlussfolgert werden, dass für die Bestimmung der richtigen

Lösung im sozialen Verständnis eher das *Target Scoring* als das *Group Consensus Scoring* geeignet ist. Im Rahmen der diskriminaten Validitätsbefunde werden die getroffenen Ausführungen und Schlussfolgerungen weiter vertieft.

Die fehlenden Zusammenhänge zu den Konstrukten soziale Wahrnehmung und soziales Gedächtnis sollen noch in Verbindung mit den Stufen der sozialen Informationsverarbeitung (Fiedler & Bless, 2003) diskutiert werden. In Kapitel 5.2 wurden die Konstrukte des Magdeburger Modells zur sozialen Intelligenz (Weis & Süß, 2005) den Stufen der Informationsverarbeitung zugeordnet. Die soziale Wahrnehmung (SW) wurde den basalen Informationsverarbeitungsprozessen *Wahrnehmung, Aufmerksamkeit* und *Enkodierung* der ersten Stufe zugeordnet, da auch Bless und Kollegen (2004) alle Interpretationsanforderungen explizit aus dem Enkodierungsprozess ausschließen. Die *Interpretation* und alle darauf aufbauenden Schlussfolgerungen und Urteile entsprechen dem sozialen Verständnis. Demzufolge wäre die soziale Wahrnehmung eine notwendige Voraussetzung für die nachfolgenden Funktionen und müsste auch entsprechend dem Magdeburger Modell der SI mit dem sozialen Verständnis korreliert sein. Die Konstrukte soziales Wissen und soziales Gedächtnis wurden der Stufe *Organisiertes Wissen und Gedächtnis* zugeordnet. In den sozialen Gedächtnisaufgaben (SG) sollen episodische und semantische soziale Hinweisreize abgespeichert und direkt im Anschluss entweder durch freie Reproduktion oder durch Wiedererkennen abgerufen werden. Sowohl bei Bless und Kollegen (2004) als auch im Magdeburger Modell der SI wurde postuliert, dass das soziale Wissen einen Einfluss auf die kognitiven Fähigkeiten besitzt, da es die Wahrnehmung und Enkodierung sozialer Hinweisreize beeinflussen und via Top-down-Verarbeitung auch die *Interpretation* sozialer Informationen steuern kann. Allerdings waren in der vorliegenden Studie nur das soziale Verständnis und das berufsspezifische soziale Wissen interkorreliert. Es wäre möglich, dass die Operationalisierung der sozialen Wahrnehmung mithilfe von Reaktionszeiten den fehlenden Zusammenhang zum SV erklärt. In den SW-Aufgaben des MTSI sollen die Probanden möglichst schnell reagieren, wenn sie sozial relevante Hinweisreize im Testmaterial wahrnehmen, während sie bei der Bearbeitung der Szenarien nicht unter Zeitdruck stehen. Möglicherweise ist die schnelle Wahrnehmung sozialer Hinweisreize in den sozialen Verständnisaufgaben im Vergleich zu einem korrekt ablaufenden Enkodierungsvorgang weniger bedeutend.

Der bedeutendste Unterschied zwischen den SG- und SV-Aufgaben liegt in der Art der präsentierten sozialen Hinweisreize. Während im sozialen Gedächtnis objektive Reize wie beispielsweise unterschiedliche Gesichter oder Gesprächsinformationen gespeichert und abgerufen werden müssen, sind die sozialen Hinweisreize in den Szenarien deutlich komplexer. Zudem müssen die enkodierten Hinweisreize einer SV-Testaufgabe nicht explizit benannt werden sondern „nur" die gezogenen Schlussfolgerungen abgegeben werden. Diese Unterschiede könnten die fehlenden Zusammenhänge verursacht haben. Außerdem wiesen sowohl der Faktorenwert der sozialen Wahrnehmung als auch der des sozialen Gedächtnisses nur eine mäßige interne Konsistenz auf, was ebenfalls den Zusammenhang mit dem sozialen Verständnis reduziert haben könnte.

Hingegen waren die Aufgaben zum sozialen Verständnis und sozialen Wissen signifikant interkorreliert. Wie im Kapitel 5.2 deutlich wurde, sind die neueintreffenden Stimuli und das vorliegende soziale Wissen stark miteinander verbunden. Weder die datengesteuerte Bottom-up- noch die zielgesteuerte Top-down-Verarbeitung kann eigenständig erfolgen, sodass die empirische

Korrelation zwischen SV und SK gut mit den theoretischen Grundlagen vereinbar ist. Da im sozialen Wissen von den Probanden verlangt wird, die Akzeptanz von sozialen Verhaltensweisen in einer beruflichen Situation aus verschiedenen Perspektiven zu beurteilen (Vorgesetzter, Kollege etc.), könnte diese Perspektivenübernahme den gemeinsamen Varianzanteil widerspiegeln. Allerdings könnte auch argumentiert werden, dass dieser Befund für eine übermäßige Nutzung bereits im Gedächtnis vorhandener prozeduraler Wissensstrukturen in den SV-Aufgaben spricht. In einer Studie von Baumgarten, Süß und Weis (2014) wurde experimentell überprüft, ob eine gute Leistung im sozialen Verständnis des MTSI auf der Grundlage der sozialen Hinweisreize *oder* mithilfe der Hintergrundinformationen über die Targetpersonen sowie der kontextuellen Hinweisreize zustandekommt. Diese Untersuchung konnte zeigen, dass die sozialen Hinweisreize für eine gute Leistung in den Szenarien notwendig waren, während Kontextinformationen nicht ausreichend waren, um eine adäquate Leistung zu erbringen.

Zusammenfassend kann festgestellt werden, dass in der vorliegenden Arbeit nur eine signifikante Korrelation zwischen dem sozialen Verständnis und dem sozialen Wissen ermittelt wurde. Die fehlenden empirischen Zusammenhänge zum sozialen Gedächtnis und zur sozialen Wahrnehmung sollten in zukünftigen Studien genauer untersucht und diskutiert werden (vgl. Süß et al., 2015).

8.4.3   *Einbettung von SV in das nomologische Netzwerk anderer Konstrukte*

Abschließend erfolgte eine Einbettung des sozialen Verständnisses in das nomologische Netzwerk anderer Konstrukte. Zunächst wurde die Eigenständigkeit des sozialen Verständnisses in Bezug auf die allgemeine Intelligenz (AI) überprüft. In früheren Versuchen die soziale Intelligenz zu operationalisieren, konnten nicht immer diskriminate Koeffizienten zur AI aufgezeigt werden (u.a. Barnes & Sternberg, 1989; Orlik, 1978; Stricker & Rock, 1990). Unabhängig von den Scoringmethoden und Aggregationsarten konnten Nullkorrelationen zwischen den Skalen und Faktorenwerten des sozialen Verständnisses und den Fähigkeitsbereichen des *Berliner Intelligenz Struktur-Tests* (BIS-4) ermittelt werden. Auch die neukonstruierten Szenarien *Katrin* und *Daniel* zeigten keinerlei systematische Zusammenhänge. Dadurch konnte die Hypothese 3, die besagte, dass das Kernkonstrukt der sozialen Intelligenz ein von der allgemeinen Intelligenz unabhängiges Konstrukt ist, bestätigt werden. Dieses Ergebnis wurde bereits in der Untersuchung von Conzelmann, Weis und Süß (2013) gefunden und mit der vorliegenden Studie repliziert. In Verbindung mit den bisherigen Befunden zur faktoranalytischen Passung des sozialen Verständnisses und dem Zusammenhang zum sozialen Wissen liegen erste Hinweise für die Konstruktvalidität des Untertests zum sozialen Verständnis des MTSI vor.

Allerdings wurde in der Korrelationsmatrix zur diskriminanten Validität eine Besonderheit festgestellt. Während es bei den beiden *Target Scorings* fast gar keine signifikanten Bezüge gab und bei den wenigen, die ermittelt wurden, keine Systematik gefunden werden konnte, zeigte das *Proportion Consensus Scoring* vermehrt kleine Zusammenhänge zur Merkfähigkeit. Inhaltlich könnte die Korrelation auf die Nutzung der gemeinsamen Wissensbasis im *Group Consensus Scoring* zurückgeführt werden. Eine positive Korrelation zwischen Konstrukten, die mit GCS ausgewertet wurden, und der Merkfähigkeiten bedeutet, dass ein Proband umso häufiger die populäre

Antwort der Stichprobe trifft, je größer seine Fähigkeit zum aktiven Einprägen und Wiedererkennen von verschiedenartigem Material ist. Da der *Berliner Intelligenzstruktur-Test* nur minimale Wissensanforderungen enthält, könnte eine Alternativerklärung in einer Besonderheit des *Group Consensus Scoring*s liegen. Mit der vorliegenden Untersuchung kann nicht abschließend geklärt werden, welche Besonderheit im GCS für diesen Befund verantwortlich war und ob ggf. Moderatoren den Zusammenhang erklären können.

Bei Seidel (2007) wurde der Zusammenhang zwischen den sozialen Verständnisaufgaben des MTSI-2 (*Proportion Consensus Scoring* und *Target Scoring* itembasiert) und den Fähigkeitskonstrukten des BIS-4 konfirmatorisch überprüft. Bei beiden Scoringmethoden wurde ein vergleichbar guter Datenfit gefunden, wenn der Zusammenhang zwischen SV und der Merkfähigkeit angenommen bzw. weggelassen wurde. Gleiches galt für die Bearbeitungsgeschwindigkeit und schlussfolgerndes Denken. Dies deutet darauf hin, dass beide Scoringmethoden unabhängig von den Fähigkeitskonstrukten des BIS sind, da sich das Modell nicht signifikant verschlechterte, wenn die Bezüge nicht spezifiziert waren. Seidel (2008) ermittelte einen nicht signifikanten latenten Zusammenhang für das itembasierte *Target Scoring* und die Merkfähigkeitsaufgaben des BIS-4 von .12, verzichtete allerdings auf eine Darstellung des Zusammenhangs beim PCS. Auch in der vorliegenden Arbeit wurden zwischen dem PCS und der Merkfähigkeit vergleichsweise kleine aber signifikante Zusammenhänge gefunde. MacCann (2010) fand einen mittleren signifikanten Zusammenhang zwischen der emotionalen Intelligenz, die mit GCS ausgewertet wurde, und verbalem schlussfolgernden Denken ($r = .45$) sowie eine starke Korrelation mit der kristallinen Intelligenz ($r = .71$). Die Zusammenhänge änderten sich nicht, wenn auch die Tests zum schlussfolgernden Denken und zur kristallinen Intelligenz mit GCS ausgewertet wurden. MacCann (2010) schlussfolgerte, dass die Anwendung von GCS keine Methodenvarianz verursache und unterstützte diese Interpretation durch faktoranalytische Modelle. Bedauerlicherweise kamen in der Untersuchung von MacCann keine weiteren Scoringmethoden zum Einsatz. Daher kann nicht ausgeschlossen werden, dass ebenfalls Nullkorrelationen zwischen der emotionalen Intelligenz und der fluiden bzw. kristallinen Intelligenz ermittelt werden, wenn ein anderes Scoring auf die emotionale Intelligenz angewendet wird. Es konnten keine weiteren Studien ausfindig gemacht werden, die den Zusammenhang zwischen neuen Intelligenzkonstrukten und der Allgemeinen Intelligenz mit verschiedenen Scoringmethoden untersucht haben. Da die Bestimmung der richtigen Lösung allerdings zu den schwerwiegendsten Problemen neuer Intelligenzkonstrukte gehört, sollte systematisch überprüft werden, ob es an der Methode des GCS liegt, dass gemeinsame Varianz mit der Merkfähigkeit und ggf. weiteren intellektuellen Fähigkeiten erzeugt wird und welche Erklärungsmöglichkeiten in Betracht kommen.

Ferner erfolgte eine Überprüfung systematischer Zusammenhänge zwischen dem sozialen Verständnis und der Emotionserkennungsleistung, gemessen mit dem *Multimodal Emotion Recognition Test* (MERT). Die Emotionserkennungsleistung wurde als ein inhaltlich ähnliches Konstrukt angesehen, weil sie als eine wichtige Voraussetzung für einen Teilbereich des sozialen Verständnisses herausgearbeitet wurde. Nachdem ein Individuum die sozialen Hinweisreize einer Situation wahrgenommen hat, erfolgt im Rahmen des Enkodierungsprozesses u.a. die Emotionserkennung (vgl. Kapitel 5.2.1). Wurde die korrekte Emotion erkannt, schließen sich Interpretation und Einschätzung der Implikationen an. Dementsprechend wurde ein systematischer Zusammenhang mit der Emotionserkennungsleistung erwartet. Dennoch zeigten die Skalen und Faktorenwerte des sozialen Verständnisses entweder Nullkorrelationen zu den Mittelwerten korrekt erkannter Emotionsfamilien (FR) und korrekt zugeordneter Intensitätslevel (IR) oder unerwartete Zusammenhänge. Bei der Auswertung mit PCS wurden ausschließlich Nullkorrelationen gefunden, während bei den beiden *Target Scorings* hauptsächlich Nullkorrelationen und einige signifikante aber unerwartete Bezüge auftraten. Allerdings waren die meisten Zusammenhänge, die eine negative Richtung aufwiesen, bei den Mittelwerten korrekt zugeordneter Intensitätslevel (IR) zu finden. Da für diese Skalen inakzeptable Alpha-Koeffizienten, eine starke Varianzeinschränkung und sogar negative Korrelationen mit den MERT FR-Skalen vorlagen, wurde den unerwarteten Bezügen keine Bedeutung beigemessen.

Für die MERT FR-Skalen war die psychometrische Qualität allerdings nicht eingeschränkt, weshalb die dort gefunden Nullkorrelationen auf anderen Ursachen basieren müssen. Einerseits weisen die Emotionserkennungsleistung und das soziale Verständnis eine Asymmetrie auf, die nach Wittmann (1990) den Zusammenhang zwischen den Konstrukten begrenzt, andererseits werden im MERT Schauspieler zur Darstellung der Emotionen verwendet, wodurch der emotionale Ausdruck vermutlich mit einer größeren Intensität und in Übereinstimmung mit einem sozialen Stereotyp dargestellt wird. Oftmals wird argumentiert, dass Schauspieler eine Emotion authentisch darstellen, weil sie sich eine zur Emotion passende Situation vorstellen und auf diese Weise die gewünschte Emotion in sich selbst erzeugen können. Trotz alledem fällt bei einer Sichtung des visuellen Materials des MERT auf, dass die vorgegebenen emotionalen Ausdrücke eine deutlich größere Intensität im Vergleich zu Alltagssituationen aufweisen. Der Untertest SV-MTSI wurde nicht mit Hilfe professioneller Schauspieler oder Laiendarsteller konstruiert, wodurch Emotionen, dem Alltag entsprechend, eine geringere Intensität besitzen oder Darstellungsregeln unterliegen können (vgl. Kapitel 5.5.1). Zudem sind die sozialen Hinweisreize im SV-MTSI nicht auf das Gesicht oder den Oberkörper beschränkt, sondern müssen aufgrund der geringeren Intensität auch aus anderen Bereichen (Körperhaltung, Haut etc.) gewonnen werden. Während im MERT die Targetpersonen frontal zu sehen sind, alle einen identischen Abstand zur Kamera aufweisen und in den Tonaufnahmen die Lautstärke und Tonqualität abgestimmt wurden, sind die Alltagssituationen im SV-MTSI vergleichsweise wenig standardisiert. Ferner beschränken sich die FR-Skalen des MERT auf die Basisemotionen, wohingegen die Targetpersonen bei der Konstruktion der Szenarien auch Spielarten von Emotionen (Niedergeschlagenheit, Wohlfühlen etc.) nannten, wodurch die Probanden im SV-MTSI breitere Emotionsbegriffe einschätzen müssen. All diese Unterschiede zwischen MERT und SV-MTSI könnten die fehlenden systematischen Zusammenhänge verursacht haben. Zusammenfassend kann festgestellt werden, dass die Hypothese 3c nicht bestätigt werden konnte, da das soziale Verständnis keine Bezüge zum MERT zeigte.

Im Kapitel vier der vorliegenden Arbeit wurden etablierte Konstrukte der psychologischen Forschung genannt, die viele Überschneidungspunkte mit dem sozialen Verständnis aufweisen und dementsprechend geeignet wären, systematische Zusammenhänge aufzuzeigen. Dazu gehören die Konstrukte Empathie, Rollen- und Perspektivenübernahme, emotionale Intelligenz und „Theory of Mind".

Allerdings wäre bei der Auswahl eines geeigneten Verfahrens zu beachten, dass es sich um einen Leistungstest handelt, der nicht nur verbales Material verwendet und nach Möglichkeit nicht mit Schauspielern arbeitet. Außerdem sollte das ausgewählte Testverfahren stichhaltige Studien zu den psychologischen Gütekriterien vorweisen können, damit ein systematischer Zusammenhang zum sozialen Verständnis überzeugend ist. Ein solches Testverfahren konnte bisher nicht ausfindig gemacht werden, sodass in Anlehnung an Süß und Sander (2003) sowie Brackett und Kollegen (2006) ein eigenes Selbstberichtsverfahren zum sozialen Verständnis konstruiert wurde, um den Zusammenhang zwischen Selbstberichtsverfahren und leistungsbasierter Messung genauer untersuchen zu können. Dies erfolgte in der nachfolgenden Studie.

Werden die Ergebnisse der ersten Studie zusammengefasst, so ist die Integration der neukonstruierten Szenarien *Katrin* und *Daniel* in den bestehenden Untertest zum sozialen Verständnis gelungen. Die Beurteilung der psychometrischen Eigenschaften des gesamten Untertests war von den eingesetzten Scoringmethoden und Berechnungsarten abhängig. Aufgrund der Ergebnisse zur internen Konsistenz und faktoranalytischen Passung des Messmodells zum sozialen Verständnis sind das situationsbasierte *Target Scoring* sowie das *Proportion Consensus Scoring* dem TS-ITEM vorzuziehen. Allerdings lassen die unterschiedlichen Zusammenhänge zwischen dem sozialen Verständnis und dem sozialen Wissen in Abhängigkeit von der Scoringmethode Zweifel an der Eignung des *Proportion Consensus Scoring* aufkommen. Eine größere Unabhängigkeit von den Scoringmethoden zeigte die inhaltsbezogene Aggregation des sozialen Verständnisses im Vergleich zur szenarienbasierten Zusammenfassung. Obwohl die Ergebnisse, die auf den Inhaltsdimensionen beruhen, stabiler und überzeugender ausfallen, darf nicht außer Acht gelassen werden, dass die besseren Ergebnisse durch die Abhängigkeit der Items bedingt sind. Dementsprechend ist eine szenarienbasierte Aggregation aus methodischer Sicht vorzuziehen. Durch die Bildung von Situationsscores wird die Abhängigkeit der Items, die zu einer sozialen Situation gehören, berücksichtigt. Zumindest diese Abhängigkeit wird beim TS-SIT auch bei einer inhaltsbasierten Zusammenfassung beachtet.

Bezüglich der diskriminanten Validität konnte die vorliegende Studie die Eigenständigkeit des sozialen Verständnisses zur Allgemeinen Intelligenz replizieren, allerdings keine systematischen Bezüge zur Emotionserkennungsleistung aufzeigen. Um die Anforderungen an ein psychologisches Testverfahren zu erfüllen, müssen für das soziale Verständnis weitere Studien zur Konstrukt- und Kriteriumsvalidität erfolgen. Mit den nachfolgenden Untersuchungen wurde für die Szenarien *Katrin* und *Daniel* der Versuch vorgenommen, den Anforderungen gerecht zu werden.

9. Studie 2

9.1 Fragestellung und Hypothesen

Zwei Ziele werden mit der nachfolgenden Untersuchung verfolgt: Einerseits soll eine Kürzung der Szenarien *Katrin* und *Daniel* vorgenommen und die psychometrischen Eigenschaften der Kurzversionen ermittelt werden, andererseits wird der Zusammenhang der leistungsbasierten Messung mit Selbstberichtsverfahren zu sozialen Fähigkeiten ermittelt.

9.1.1 Kurzversion Katrin und Daniel

Eine Itemselektion soll unangemessene Items aus den Szenarien *Katrin* und *Daniel* entfernen und eine Angleichung an die Bearbeitungszeit der übrigen Szenarien bewirken. Gleichzeitig wird erwartet, dass die ermittelten psychometrischen Eigenschaften (d.h. Itemkennwerte, interne Konsistenz) aus der ersten Studie erhalten bleiben (*Hypothese 1a*). Darüber hinaus soll der mittlere positive Zusammenhang zwischen den Szenarien *Katrin* und *Daniel* repliziert werden (*Hypothese 1b*). Weiterhin ist ein Vergleich der Auswertungsmethoden *Target Scoring* (TS) und *Group Consensus Scoring* (GCS) von Interesse. Der Einfluss der Berechnungsarten des TS (Einzelitems vs. Situationsscores) und der beiden Scoringmethoden auf die Itemkennwerte, interne Konsistenz und Zusammenhangsbefunde wird für alle Hypothesen der zweiten Studie untersucht. Ein Vergleich zwischen szenarienbasierter und inhaltsbezogener Aggregation wird in Studie zwei nicht vorgenommen, da nur noch die Neukonstruktionen *Katrin* und *Daniel* zum Einsatz kommen und die Anzahl der Items bzw. Situationen von zwei Szenarien für eine inhaltsgebundene Auswertung nicht ausreichend sind.

9.1.2 Zusammenhang von Leistungs- und Selbstberichtsmaßen

In der zweiten Untersuchung soll in Anlehnung an Süß und Sander (2003) sowie Brackett und Kollegen (2006) ein eigenkonstruiertes Selbstberichtsverfahren zum sozialen Verständnis (SSV) eingesetzt werden. Das SSV soll inhaltlich eng an die Testaufgaben zum sozialen Verständnis angelehnt werden und eine Selbsteinschätzung der Probanden hinsichtlich ihrer Fähigkeiten im sozialen Verständnis abbilden. Ferner erfolgt eine Überprüfung der Korrelationen zwischen SSV und den Leistungstests zum sozialen Verständnis (SV-KS und SV-DS) sowie zu anderen sozialen Selbstberichtsverfahren.

In Kapitel 3.2.1 (Tabelle 4) wurde eine exemplarische Übersicht über Selbstberichtsverfahren zusammengestellt, die soziale Aspekte operationalisieren. Das *Inventar sozialer Kompetenzen* (ISK; Kanning, 2009) sowie der Fragebogen *Soziale Intelligenz als Trait-Konzept* (SR; Amelang, Schwarz & Wegemund, 1989) zeigten gute Reliabilitäten und überzeugende Validitätshinweise, weshalb sie für die folgende Untersuchung ausgewählt wurden. Der SSV wurde zum einen vor der Bearbeitung der Szenarien *Katrin* und *Daniel* (Prä-SSV) und zum anderen im Anschluss an die leistungsbasierte Messung vorgegeben (Post-SSV). Es wurde erwartet, dass der Prä-SSV positive Korrelationen zum ISK und SR aufweist (*Hypothese 2a*), während alle eingesetzten Selbstberichts-

145

verfahren Nullkorrelation mit den Aufgaben zum sozialen Verständnis zeigen (*Hypothese 2b*). Nach der Erfahrung im Leistungstest (SV-KS und SV-DS) sollten die Probanden eine realistischere Einschätzung der eigenen Fähigkeiten im sozialen Verständnis vornehmen, wodurch geringere Zusammenhänge zwischen dem Post-SSV und den Selbstberichtsverfahren ISK und SR im Vergleich zum Prä-SSV erwartet werden (*Hypothese 2c*). Darüber hinaus sollte die realistischere Einschätzung der eigenen sozialen Fähigkeiten zu einer signifikanten Korrelation zwischen dem Post-SSV und den Szenarien *Katrin* und *Daniel* führen (*Hypothese 2d*). In Abbildung 22 sind der Ablauf und die vermuteten Zusammenhangsbefunde grafisch veranschaulicht.

Sowohl Süß und Sander (2003) als auch Brackett und Kollegen (2006) konnten Geschlechtsunterschiede in der Selbsteinschätzung intellektueller Fähigkeiten und emotionaler Intelligenz feststellen. Die männlichen Probanden zeigten in der Selbsteinschätzung der allgemeinen Intelligenz eine größere Genauigkeit und eine Tendenz zur Selbstüberschätzung (Süß & Sander, 2003), während Brackett und Kollegen (2006) nur bei den weiblichen Teilnehmern eine Veränderung der Selbsteinschätzung in der emotionalen Intelligenz feststellen konnten. Die Selbsterfahrung im Leistungstest zur emotionalen Intelligenz hatte bei Frauen einen Abfall in der Korrelationshöhe zwischen Prä- und Post-Einschätzung zur Folge, hingegen blieben die Korrelationen bei Männern unverändert. Außerdem interkorrelierte die Leistung in der emotionalen Intelligenz bei Frauen mit der eigenen Prä- und Post-Einschätzung, wohingegen sich zwischen der Leistung und der Selbsteinschätzung bei Männern nur Nullzusammenhänge zeigten. Dies deutet auf eine größere Genauigkeit in der Selbsteinschätzung der emotionalen Intelligenz bei Frauen hin. Infolgedessen werden auch für die Selbsteinschätzungen im sozialen Verständnis unterschiedliche Korrelationsmuster für Männer und Frauen erwartet. Da das soziale Verständnis und die emotionale Intelligenz eindeutige Überschneidungsbereiche aufweisen (vgl. Kapitel 4.3), wird ein stärkerer Abfall der Korrelationen zwischen Post-SSV und ISK und SR (im Vergleich zum Prä-SSV) für Frauen erwartet (*Hypothese 2e*).

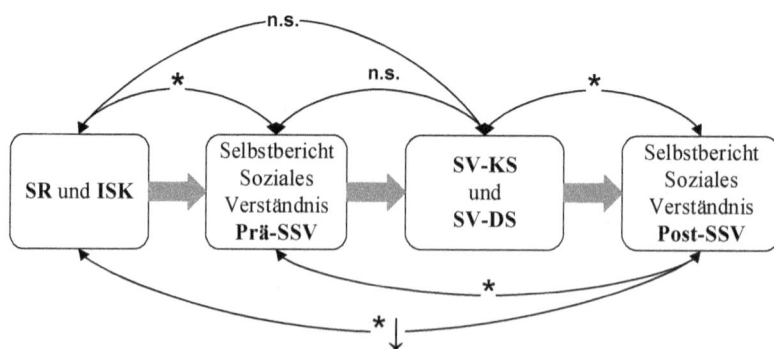

Abbildung 22: Ablauf und Hypothesen der Konstruktvalidierung

Anmerkung. SR = Soziale Intelligenz als Trait-Konzept; ISK = Inventar sozialer Kompetenzen; SSV = Selbstbericht soziales Verständnis; SV-KS = Szenario Katrin; SV-DS = Szenario Daniel. * Korrelation ist signifikant bei $p < .05$. n.s. = nicht signifikante Korrelation. *↓ = Abfall des korrelativen Zusammenhangs.

Ferner wird erwartet, dass weibliche Teilnehmer ihre eigene Leistung im sozialen Verständnis genauer einschätzen können und sich dieser Effekt durch die Erfahrungen im Leistungstest weiter verstärkt. Dadurch sollten die Korrelationen zwischen Post-SSV und den Szenarien *Katrin* und *Daniel* bei Frauen in größerer Höhe ausfallen (*Hypothese 2f*).

9.2 Methoden

9.2.1 Stichprobe

An dieser Untersuchung haben insgesamt 103 Studierende (60 weiblich; 58.3 %) der Otto-von-Guericke Universität Magdeburg teilgenommen. Die Studie wurde zum einem während der Lehrveranstaltungszeit des Sommersemesters 2011 ($N = 68$) im Rahmen der Bachelorarbeit von Thomas (2011) und zum anderen im Sommersemester 2012 ($N = 35$) durchgeführt. Der größte Teil dieser Stichprobe setzt sich aus Psychologiestudenten ($N = 76$; 73.78 %) im Bachelorstudiengang des zweiten und vierten Semesters zusammen. Um eine ungefähre Gleichverteilung der Geschlechter zu erzielen, wurden mit Hilfe von Aushängen im Institut für Sportwissenschaft und durch das Austeilen von Handzetteln in Lehrveranstaltungen insgesamt 27 männliche Probanden des Studiengangs Sport und Technik akquiriert. Alle Teilnehmer konnten im Datensatz verbleiben, da keine Gründe für einen Ausschluss ausfindig gemacht werden konnten. Nur 13 Probanden (13.6 %) gaben an, bereits an einer früheren Untersuchung zum sozialen Verständnis teilgenommen zu haben. Da diese zum Zeitpunkt der hier beschriebenen Studie bereits ein bis zwei Jahre zurück lag, sind Erinnerungseffekte als unwahrscheinlich zu bewerten. Das durchschnittliche Alter der Gesamtstichprobe betrug 23.97 Jahre ($SD = 4.76$; Range = 17 - 44). Für die Teilnahme an der Untersuchung erhielten die Studierenden auf Wunsch eine persönliche Rückmeldung ihrer Ergebnisse und Versuchspersonenstunden, die sie im Rahmen des Psychologie- und Sportstudiums erwerben müssen.

9.2.2 Messinstrumente

Allgemeine soziale Kompetenz

Die soziale Kompetenz wurde mit dem *Inventar sozialer Kompetenzen* (ISK; Kanning, 2009) erhoben. Hierbei handelt es sich um ein Fragebogeninstrument, welches allgemeine soziale Kompetenzen in Form von Selbstberichten erfasst. Kanning beschreibt das ISK als Breitbandverfahren, da die eingesetzten Skalen keinen Bezug zu einem bestimmten sozialen Setting aufweisen. Insgesamt beinhaltet das Verfahren 108 Items, die mit Hilfe einer vierstufigen Skala von 1 („trifft gar nicht zu") bis 4 („trifft sehr zu") von den Probanden bewertet werden. Die Items werden zu 17 allgemeinen sozialen Kompetenzen zusammengefasst (Primärskalen), die wiederum zu vier übergeordneten sozialen Kompetenzen gruppiert werden: soziale Orientierung, Offensivität, Selbststeuerung und Reflexibilität. In Tabelle 20 befindet sich eine Übersicht über die Primär- und Sekundärskalen des ISK und die entsprechende Itemanzahl.

Tabelle 20: Übersicht über die Primär- und Sekundärskalen des ISK

Primärskalen	Itemanzahl	Sekundärskalen	Itemanzahl
Prosozialität (PS)	7		
Perspektivenübernahme (PÜ)	6		
Wertepluralismus (WP)	7	Soziale Orientierung (SO)	32
Kompromissbereitschaft (KO)	6		
Zuhören (ZU)	6		
Durchsetzungsfähigkeit (DF)	7		
Konfliktbereitschaft (KB)	5	Offensivität (OF)	24
Extraversion (EX)	6		
Entscheidungsfreudigkeit (EF)	6		
Selbstkontrolle (SK)	6		
Emotionale Stabilität (ES)	6	Selbststeuerung (SE)	27
Handlungsflexibilität (HF)	6		
Internalität (IN)	9		
Selbstdarstellung (SD)	7		
Direkte Selbstaufmerksamkeit (DS)	6	Reflexibilität (RE)	25
Indirekte Selbstaufmerksamkeit (IS)	6		
Personenwahrnehmung (PW)	6		

Die Durchführungs- und Auswertungsobjektivität können aufgrund des standardisierten Vorgehens als hoch bewertet werden. Die internen Konsistenzen (Cronbachs α) der Primärskalen werden im Manual als zufriedenstellend eingeschätzt und liegen für die Normierungsstichprobe (N = 4.208) im Bereich von .69 bis .84. Die Sekundärskalen zeigen gute Konsistenz-Werte: .87 für Offensivität, Selbststeuerung und Reflexibität und .90 für die Skala soziale Orientierung. Darüber hinaus werden sehr hohe Stabilitäten (.80 bis .86) im Manual berichtet. Hierbei muss allerdings berücksichtigt werden, dass es sich um Persönlichkeitsmerkmale handelt, die Stichprobengröße nur 47 Studierende betrug und ein Zeitabstand von 13 - 17 Wochen gewählt wurde. Die systematischen Zusammenhänge des ISK zu ausgewählten Skalen anderer Selbstberichtsfragebögen sowie die diskriminaten Validitäten zur fluiden Intelligenz werden im Manual als sehr gut bewertet. Diverse Studien zur kriterienbezogenen Validität, u.a. mit Arbeitszufriedenheit (r_{so} = .03 - .22) und Arbeitsleistung (r_{so} = .06 - .32) verschiedener Berufsgruppen, Lebenszufriedenheit (r_{so} = .17 - .22) und Networking im Studium (r_{so} = .13), berichten von zufriedenstellenden Korrelationen (Kanning, 2009). Allerdings handelt es sich bei den im Manual eingesetzten Kriterien ausnahmslos um Selbsteinschätzungen. In einer Studie von Jansen, Melchers und Kleinmann (2012) wurden als Kriterien Fremdeinschätzungen der beruflichen Leistung und Bobachterbeurteilungen eines simulierten Assessment Centers bei 107 Teilnehmern eines Bewerbungstrainings erhoben. In einer Hierarischen Regression wies der ISK über Interviewleistung hinaus einen inkrementellen Beitrag zur Varianzaufklärung von aufgabenbezogener Leistung im AC auf ($\Delta R^2 = .12, p < .05$).

Sozialverhalten

Als weiteres Selbstberichtsverfahren kamen die 40 hochprototypischen Items des Fragebogens *Soziale Intelligenz als Trait-Konzept* (SR; Amelang, Schwarz & Wegemund, 1989) zum Einsatz. Dieses Verfahren grenzt sich zum ISK durch seine besondere Konstruktionsweise ab. Insgesamt wurden von Amelang und Kollegen 80 Items mit Hilfe des Verhaltens-Häufigkeitsansatzes entwickelt. Diesem Ansatz liegt die Idee zugrunde, dass die relative Auftretenshäufigkeit von kontextgebundenen Verhaltensweisen ein Maß für die dahinterliegende Disposition einer Person darstellt (Alston, 1975; Buss & Craik, 1980). Dementsprechend werden die Probanden im SR gebeten, die Häufigkeit der von ihnen gezeigten prototypischen und situationsgebundenen sozialen Verhaltensweisen auf einer vierstufigen Skala zwischen 1 („noch nie") und 4 („oft") einzuschätzen. Amelang und Kollegen (1989) berichten ein Cronbachs α von .83 für die hochprototypischen Items und .91 für die Gesamtskala, darüber hinaus konnte eine Untersuchung von Weis (2008) eine vergleichbare Höhe von .88 aufzeigen. Die konvergenten Validitätsbelege zu selbst- und fremdeingeschätztem Sozialverhalten sowie die diskriminanten Validitätskoeffizienten zu ebenfalls selbst- und fremdeingeschätzter Allgemeiner Intelligenz sind laut den Autoren als zufriedenstellend zu bewerten (Amelang et al., 1989).

Leistungstest soziales Verständnis

Bevor diese Untersuchung durchgeführt wurde, fand innerhalb der Szenarien eine Itemselektion statt. Ziel der Kürzung war eine Verringerung der Bearbeitungszeit und die Identifikation von unangemessenen Items. Da beim Konstruktionsprozess neben der Autorin nur eine weitere Projektmitarbeiterin an der Itemauswahl und Formulierung beteiligt war, war es an dieser Stelle besonders wichtig, eine unabhängige Person die Szenarien sichten zu lassen. Im Rahmen ihrer Bachelorarbeit glich Thomas (2011) erneut die Anwesenheit der sozialen Hinweisreize mit den Items ab. Zusätzlich prüfte sie die Itemformulierungen auf Verständlichkeit. Abschließend wurden die Schwierigkeitswerte und Trennschärfen der Items aus der Wiederholungsuntersuchung ($N = 155$) in Augenschein genommen. Auf der Grundlage dieser Kriterien wurden aus dem Szenario *Katrin* eine komplette soziale Situation (Situation zwei, auditives Material) und insgesamt 19 Items entfernt. Die Aufteilung in jeweils zwei öffentliche und private Film-, Bild-, Ton- und Textmaterialien blieb allerdings erhalten. Das Szenario *Daniel* wurde um insgesamt 15 Items gekürzt. Die daraus resultierenden Veränderungen bezüglich der Anzahl der abgefragten Items und ihre Zugehörigkeit zu den Informationsbereichen können im Anhang A (Tabelle A5 und A6) eingesehen werden. Dementsprechend kamen in dieser Untersuchung erstmalig die gekürzten Szenarien *Katrin* und *Daniel* zum Einsatz. Da sich Aufbau und Ablauf nicht weiter verändert haben, sei an dieser Stelle auf die Beschreibung des sozialen Verständnisses in Kapitel sieben verwiesen.

Selbstbericht soziales Verständnis (SSV)

Um die Übereinstimmung von Selbstberichtsverfahren und dem Leistungstest zum sozialen Verständnis untersuchen zu können, musste zunächst ein Selbstberichtsfragebogen konstruiert werden, welcher die Einschätzung der sozialen Fähigkeiten beinhaltet, die benötigt werden, um die Szenarien KS und DS zu beantworten. Die Konstruktion fand in Zusammenarbeit mit Thomas (2011) statt und orientierte sich an einer früheren Studie von Süß und Sander (2003) zur Übereinstimmung von selbstberichteter und leistungsbezogener akademischer Intelligenz. Die Itemformulierung wurde dementsprechend eng an die Definition des sozialen Verständnisses und seine kognitiven Anforderungen (vgl. Kapitel 3.1.2) angelehnt. Zusätzlich veranschaulichten konkrete Beispiele die jeweilige Fragestellung. Die Beantwortung erfolgte durch einen Vergleich der eigenen sozialen Fähigkeiten mit der von Gleichaltrigen bzw. jungen Erwachsenen entlang einer Normalverteilungskurve. Die Probanden waren aufgefordert, den Prozentsatz an Gleichaltrigen zu schätzen, der geringere soziale Fähigkeiten als sie selbst besitzt. Inhaltlich unterscheiden sich die Items hinsichtlich der Darbietungsform sozialer Hinweisreize (visuelles, auditives und verbales Material) und die Art der Fragestellung (Einschätzen von Emotionen, Kognitionen und Beziehung zu Dritten). Abschließend wurde von den Probanden eine globale Beurteilung ihres allgemeinen sozialen Verständnisses verlangt. Da der SSV einmal vor dem Leistungstest und ein weiteres Mal nach den Szenarien vorgegeben wurde, mussten zwei Versionen des SSV konstruiert werden. Der Post-SSV wurde einerseits um konkrete Beispiele aus den zuvor präsentierten Szenarien und andererseits um zwei globale Selbsteinschätzungsfragen ergänzt. Da die Probanden im Post-SSV *Katrin* und *Daniel* bereits kennengelernt hatten, konnte zusätzlich eine globale Selbsteinschätzung des sozialen Verständnisses bezogen auf die Targetpersonen vorgenommen werden. Die Items und ein Beispiel für das Antwortformat können im Anhang C (Tabelle C1) eingesehen werden.

9.2.3   Durchführung

Die Untersuchung wurde in Form von Gruppentestungen mit 5 bis 15 Versuchsteilnehmern pro Gruppe durchgeführt. Alle Testungen fanden im Computerkabinett des Institutes für Psychologie der Otto-von-Guericke Universität Magdeburg statt. Die Durchführungszeiten orientierten sich an den Freistunden in den Stundenplänen der Bachelorstudierenden. Jede Testung dauerte durchschnittlich eineinhalb Stunden. Zu Beginn wurden die allgemeine Instruktion und der biografische Fragebogen vorgegeben. Im Anschluss folgten die zwei Selbstberichtsfragebögen SR und ISK. Der Prä-SSV wurde der Untersuchungsintension entsprechend vor den Szenarien KS und DS appliziert, erst nach der erfolgreichen Bearbeitung der Leistungstests wurde der Post-SSV ausgeteilt. Zur besseren Visualisierung des Ablaufes und der Bearbeitungszeiten ist eine Zusammenfassung in Abbildung 23 dargestellt.

Biografischer Fragebogen	Sozial-verhalten **SR**	Soziale Kompetenz **ISK**	Selbstbericht Soziales Verständnis **Prä-SSV**	PAUSE	Szenario **KS & DS**	Selbstbericht Soziales Verständnis **Post-SSV**
5 min	10 min	20 min	20 min	10 min	40 min	5 min

Abbildung 23: Ablauf der Konstruktvalidierung - Studie 2

Anmerkung. SR = Soziale Intelligenz als Trait-Konzept; ISK = Inventar sozialer Kompetenzen; SSV = Selbstbericht soziales Verständnis; KS = Szenario Katrin; DS = Szenario Daniel.

9.3 Ergebnisse

Alle statistischen Analysen wurden mit den Programmen IBM SPSS® (Version 22) und Sigma-Plot (Systat Software, San Jose, CA) durchgeführt. Bevor die aufgestellten Hypothesen untersucht werden, sollen die Anzahl fehlender Werte, Ausreißer und die deskriptiven Statistiken aller eingesetzten Verfahren berichtet werden. Nur das soziale Verständnis wird hinsichtlich seiner deskriptiven Werte im Rahmen der Hypothese 1a untersucht.

9.3.1   Vorbereitende Analysen

Soziales Verständnis – SV-KS und SV-DS. Die Rohwerte beider Szenarien wurden zunächst auf fehlende Werte untersucht. Alle eingesetzten Items wiesen zwischen 0 und 1% fehlende Werte auf, sodass kein Item von den statistischen Analysen ausgeschlossen wurde. Anschließend erfolgte die Anwendung von *Target Scoring* (TS-ITEM und TS-SIT) und *Proportion Consensus Scoring* (PCS). Die Berechnungsschritte sind mit denen der ersten Studie identisch und können in Kapitel 7.3 nachvollzogen werden. Eine inhaltsbezogene Aggregation der Items wurde für Studie 2 nicht vorgenommen, da die Itemanzahl zweier Szenarien für dieses Vorgehen nicht ausreichend ist. Dadurch ergeben sich für Szenario *Katrin* und *Daniel* jeweils drei szenarienbasierte Mittelwerte der verschiedenen Scoringmethoden. Die Mittelwerte wurden auf Ausreißer geprüft (Boxplots und Influence Plots) und 1.5% der Werte des TS-ITEM, 0.5% der Werte des TS-SIT und 1.5% der Werte des PCS durch das 5. bzw. 95. Perzentil ersetzt. Der Kolmogorov-Smirnov-Z-Test und die Histogramme mit Normalverteilungskurven zeigten für alle drei Skalenmittelwerte von Szenario *Katrin* eine Abweichung von der Normalverteilung. Dementsprechend werden in den nachfolgenden Korrelationsanalysen Spearmans-Rho-Koeffizienten für *Katrin* verwendet. Außerdem wurde auf eine Bildung von Faktorenwerte für die Gesamtskala zum sozialen Verständnis verzichtet und stattdessen ein Mittelwert aus beiden Szenarien (SV_{mean}) gebildet.

Soziale Intelligenz als Trait-Konzept – SR. Die Häufigkeiten der gezeigten prototypischen sozialen Verhaltensweisen wurden für jeden Probanden zu einem Summenwert zusammengefasst. Die Einzelitems wiesen zwischen 0 und 1% fehlende Werte auf und wurden ggf. bei der anschließenden Mittelwertsbildung berücksichtigt. In Tabelle 21 sind Itemanzahl, Mittelwert, Standardabweichung, Spannweite, Schiefe, Kurtosis, Kolmogorov-Smirnov-Test auf Normalverteilung und Cronbachs Alpha als Maß der Homogenität für den finalen SR-Mittelwert dargestellt. Die ange gebenen Werte können als unauffällig eingestuft werden. Ausreißerwerte konnten für SR nicht ermittelt werden.

Inventar sozialer Kompetenzen – ISK. Entsprechend dem Manual des ISK wurden die Items der Primär- und Sekundärskalen aufsummiert und anschließend die Normwerte für Studierende angewendet. Für den gesamten ISK ergaben sich weder fehlende Werte noch die Interkorrelation beeinflussende Ausreißer. Im Anhang C (Tabelle C2 und C3) sind die Korrelationsmatrizen der Primär- und Sekundärskalen dargestellt. Die Bildung eines Gesamtwertes für die soziale Kompetenz ist aufgrund mehrerer Nullkorrelationen nicht gerechtfertigt. Für die nachfolgenden Analysen wurde die Sekundärskala soziale Orientierung (SO) ausgewählt, da sie die größte definitorische Überschneidung mit dem sozialen Verständnis aufweist. Diese Skala setzt sich aus den Primärskalen *Prosozialität, Perspektivenübernahme, Wertepluralismus, Kompromissbereitschaft* und *Zuhören* zusammen. Tabelle 21 beinhaltet die deskriptive Statistik der Skala SO.

Selbstbericht soziales Verständnis – SSV. Die sieben Items des Prä-SSV und die neun Items des Post-SSV wurden zunächst auf fehlende Werte und Ausreißer geprüft. Während die Items des Prä-SSV keine fehlenden Werte aufwiesen, zeigten sich 2.9% fehlende Werte für die letzten beiden Items des Post-SSV. Diese Items befanden sich auf der Rückseite der Druckausgabe und wurden trotz mündlicher Aufforderung von einigen Probanden übersehen und nicht bearbeitet. Diese Werte wurden durch den personenbezogenen Mittelwert ersetzt. Ersetzungen durch das 5.bzw. 95 Perzentil waren bei 0.8% der Werte des Prä-SSV und 1.6% des Post-SSV nötig. Anschließend wurden die Items zu Mittelwerten zusammengefasst, die deskriptive Statistik für Prä- und Post-SSV können in Tabelle 21 eingesehen werden. Zudem zeigte ein T-Test für abhängige Stichproben ($T = 4.28$, $p = .000$), dass der Mittelwert des Prä-SSV signifikant größer als der Mittelwert des Post-SSV ausgefallen war.

9.3.2 Psychometrische Eigenschaften und Interkorrelation der Kurzversionen

Die Szenarien *Katrin* und *Daniel* kamen in dieser Untersuchung erstmalig als gekürzte Version zum Einsatz und wurden hinsichtlich ihrer psychometrischen Eigenschaften mit der ersten Untersuchung verglichen.

Tabelle 21: Studie 2 - Deskriptive Statistik und interne Konsistenz der Selbstberichtsverfahren

Aufgabe	Item-anzahl	*M*	*SD*	Min; Max	Skew	Kurt	KS-Z	(p)	r_{it}-Range	α
SR	40	2.74	.34	1.75; 3.50	-.54	.77	.08	.18	.10; .55	.90
ISKso	5	98.88	10.17	70; 124	-.27	.57	.07	.20	.47; .64	.78
Prä-SSV	7	65.69	10.78	36.43; 94.43	-.17	.51	.08	.08	.37; .74	.87
Post-SSV	9	61.95	9.36	40.78; 84.22	.35	-.07	.07	.19	.60; .80	.90

Anmerkung. SR = Soziale Intelligenz als Trait-Konzept; ISKso = Inventar sozialer Kompetenzen –Soziale Orientierung; SSV = Selbstbericht soziales Verständnis. $N = 103$.

Die Itemselektion führte in der zweiten Untersuchung zu einer geringeren Anzahl an Items mit negativen Trennschärfen im TS-ITEM (SV-KS: 11.6% und SV-DS: 12.9%) und zu erhöhten Cronbachs Alpha-Koeffizienten für beide Formen des *Target Scorings* (vgl. Tabelle 22).Erneut führte die größere Anzahl eingehender Items in die Berechnung der internen Konsistenz beim TS-ITEM zu größeren Homogenitätswerten als beim TS-SIT. Allerdings können alle ermittelten Alpha-Koeffizienten als zufriedenstellend bewertet werden. Im PCS wurden hingegen interne Konsistenzwerte ermittelt, die geringer ausfallen und vergleichbar mit der ersten Untersuchung sind. Zudem wies Szenario *Katrin* (M_{TS-SIT} = .87) geringere Schwierigkeitswerte als Szenario *Daniel* (M_{TS-SIT} = 1.01) bei beiden Arten des *Target Scorings* auf und der mittlere Konsensus besaß erneut eine schwache Variationsbreite (SV-KS = .23 und SV-DS = .19). Außerdem blieb die mittlere positive Interkorrelation der beiden Szenarien in der zweiten Studie erhalten: .44 (TS-ITEM), .46 (TS-SIT) und .31 (PCS).

Da die studentische Stichprobe der zweiten Studie eine homogenere Zusammensetzung bezüglich der demographischen Eigenschaften aufwies, wurde die Kurzversion zusätzlich auf die heterogene Stichprobe der ersten Studie angewendet. Die Ergebnisse sind in den letzten drei Spalten der Tabelle 22 dargestellt. Werden die Ergebnisse der Voll- und Kurzversion innerhalb der heterogenen Stichprobe (N = 155) verglichen, zeigen sich für das TS-ITEM nur wenige Items mit negativen Trennschärfen und analoge Alpha-Koeffizienten. Die Anwendung des TS-SIT führte zu guten Trennschärfen und erhöhten Homogenitätswerten, während sich die Werte des PCS nur geringfügig veränderten (vgl. Tabelle 15, Kapitel 8.3.2). Die Interkorrelationen der gekürzten Szenarien *Katrin* und *Daniel* blieben in der heterogenen Stichprobe stabil: .46 (TS-ITEM), .42 (TS-SIT) und .37 (PCS). Im Anhang C (Tabelle C4) können die Interkorrelationen zwischen den gekürzten Neukonstruktionen und den übrigen vier Szenarien, die in Studie eins zum Einsatz kamen, eingesehen werden.

9.3.3 Zusammenhang von Leistungs- und Selbstberichtsmaßen

Die zweite Untersuchung diente einer Überprüfung des Zusammenhangs zwischen Selbstberichtsverfahren und leistungsbasierter Messung. Hierzu wurden Selbstberichte zu sozialen Fähigkeiten (SR und ISK) und ein selbstkonstruierter Fragebogen zum sozialen Verständnis (Prä-SSV) vor der leistungsbasierten Erhebung vorgegeben und im Anschluss noch einmal der Post-SSV eingesetzt. Um die Hypothesen 2a bis 2d zu überprüfen, wurden die Inter-korrelationen zwischen allen eingesetzten Verfahren ermittelt und in Tabelle 23 getrennt für die Scoringmethoden dargestellt. Die hellgrau unterlegten Dreiecke der Tabelle repräsentieren Hypothese 2a, welche mittlere positive Zusammenhänge zwischen Prä-SSV, ISK und SR post-ulierte. In allen Dreiecken sind identische Werte zu finden, da diese Interkorrelationen von den Scoringmethoden unabhängig sind. Sie wiesen Zusammenhänge zwischen .33 und .53 auf.

Das weiße Viereck beinhaltet die Hypothese 2b und nimmt Nullkorrelationen zwischen den Szenarien und Prä-SSV, ISK sowie SR an. Die Ergebnisse der Vierecke variieren in Abhängigkeit von den Scoringmethoden. Während die Anwendung der *Target Scorings* für das Szenario *Daniel* einen tendenziellen Zusammenhang mit der Skala soziale Orientierung aus dem ISK zeigte, führ-

Tabelle 22: Studie 2 - Deskriptive Statistik und interne Konsistenz SV-Katrin und SV-Daniel

Aufgabe	Item-anzahl	M	SD	Min; Max	Skew	Kurt	r_{it}-Range	α	Item-anzahl[#]	M[#]	SD[#]	Min; Max	Skew	Kurt	r_{it}-Range[#]	α[#]
SV-KS[a]	38 (43)	-1.71	.50	-3.08; -.83	-.73	.10	.02;.60	.86 (.82)	40 (43)	-1.53	.37	-2.58; -.77	-.48	-.45	.04;.47	.77 (.74)
SV-DS[a]	47 (54)	-2.22	.44	-3.25;-1.32	-.28	-.41	.02;.67	.83 (.77)	53 (54)	-2.04	.35	-2.98; -1.27	-.10	-.19	.05;.44	.75 (.74)
SV[mean] [a]	--	-1.96	.40	-3.03;-1.14	-.47	-.11	--	--	--	--	--	--	--	--	--	--
SV-KS[b]	8	37.80	7.92	24.76; 63.38	.80	.29	.15;.59	.71	8	36.14	6.53	21.35; 52.68	.42	-.41	.17;.43	.61
SV-DS[b]	8	54.73	8.27	39.89; 82.23	.62	.38	.38;.58	.75	8	52.04	7.26	35.43; 70.79	.04	-.27	.23;.50	.68
SV[mean] [b]	--	46.16	6.71	32.99; 64.93	.52	-.25	--	--	--	--	--	--	--	--	--	--
SV-KS[c]	7 (8)	7.90	.56	6.42; 9.22	-.46	.15	.11;.38	.60 (.54)	8	9.73	.53	8.67; 10.91	-.12	-.43	.05;.37	.48
SV-DS[c]	8	10.26	.50	8.50;11.20	-.69	.67	.09;.32	.47	8	10.35	.52	9.01; 11.50	-.49	-.16	.16;.32	.50
SV[mean] [c]	--	9.08	.41	8.06;10.08	-.17	-.40	--	--	--	--	--	--	--	--	--	--

Anmerkung. In Klammern befinden sich die Parameter vor der Entfernung von Items mit negativen Trennschärfen. SV$_{mean}$ = Soziales Verständnis - Gesamtmittelwert der Szenarien; SV-KS = Szenario Katrin; SV-DS = Szenario Daniel; [a] Target Scoring itembasiert. [b] Target Scoring situationsbasiert. [c] Proportion Consensus Scoring. [#] Anwendung der Kurzversion auf den Datensatz der ersten Studie (*N* = 155). *N* = 103.

Tabelle 23: Interkorrelation der Gesamtstichprobe

		SR	ISK$_{SO}$	Prä-SSV	Post-SSV	SV-KS
TS-ITEM	SR					
	ISK$_{SO}$	.53**				
	Prä-SSV	.50**	.33**			
	Post-SSV	.31**	.16	.62**		
	SV-KS	.08	.09	.12	.20*	
	SV-DS	.04	.19†	.13	.05	.44**
	SV$_{mean}$	.11	.15	.16	.13	--
TS-SIT	SV-KS	-.08	-.15	-.13	-.18†	
	SV-DS	-.03	-.17†	-.11	.00	.46**
	SV$_{mean}$	-.11	-.18†	-.15	-.10	--
PCS	SV-KS	.04	.08	-.01	-.06	
	SV-DS	.18†	.26**	.10	.07	.31**
	SV$_{mean}$	.19†	.22*	.08	.03	--

Anmerkung. Schwarz hervorgehoben sind die Interkorrelationen von Katrin und Daniel. TS-ITEM = Target Scoring itembasiert; TS-SIT = Target Scoring situationsbasiert; SR = Soziale Intelligenz als Trait-Konzept; ISKSO = Inventar sozialer Kompetenzen –Soziale Orientierung; SSV = Selbstbericht soziales Verständnis; SV-KS = Szenario Katrin; SV-DS = Szenario Daniel; SVmean = Soziales Verständnis - Gesamtmittelwert der Szenarien. † Korrelation ist signifikant bei p < .10. * Korrelation ist signifikant bei p < .05. ** Korrelation ist signifikant bei p < .01. N = 103.

te das PCS zu einem signifikanten Zusammenhang zwischen SV-DS sowie SV$_{mean}$ und der sozialen Orientierung. Im PCS wurden zusätzlich Tendenzen zwischen SV-DS sowie SV$_{mean}$ und der Skala SR ermittelt. Alle übrigen Zusammenhänge wiesen ein nicht signifikantes Ergebnis auf.

Im horizontalen und dunkelgrau unterlegten Balken der Tabelle 23 ist Hypothese 2c zu finden, welche signifikant geringere Zusammenhänge zwischen Post-SSV, ISK und SR im Vergleich zum Prä-SSV vermutete. Diese Korrelationen sind ebenfalls von den Scoringmethoden unabhängig. Der Abfall der Korrelation zwischen SR und dem Prä-SSV von $r = .50$ auf .31 mit dem Post-SSV wurde mit Hilfe von Fisher-Z auf Signifikanz geprüft. Die Abnahme konnte zufallskritisch abgesichert werden ($Z = 2.45$, $p = .007$). Selbiges traf auf den Abfall der Korrelation zwischen ISK und Prä-SSV von $r = .33$ auf .16 zu ($Z = 2.03$, $p = .021$). Außerdem enthält der horizontale Balken die Interkorrelation von Prä- und Post-SSV ($r = .62$).

Der vertikale dunkelgraue Balken entspricht der Hypothese 2d und postulierte signifikante Zusammenhänge zwischen Post-SSV und den Szenarien *Katrin* und *Daniel*. Während Szenario *Katrin* im TS-ITEM einen signifikanten Zusammenhang mit dem Post-SSV zeigte, ist dieser Zusammenhang im TS-SIT nur noch tendenziell vorhanden. Im PCS und bei allen übrigen Zusammenhängen wurden Nullkorrelationen ermittelt.

Erwartete Geschlechtsunterschiede im Abfall der Korrelationshöhe von Prä-SSV zu Post-SSV (Hypothese 2e) und die Vermutung einer höheren Korrelation zwischen Post-SSV und den Szenarien *Katrin* und *Daniel* bei weiblichen Probanden (Hypothese 2f) führten zu einer getrennten Analyse der vorliegenden Daten. Zunächst wurden die Cronbachs Alpha-Koeffizienten aller eingesetzten Verfahren für Männer ($N = 43$) und Frauen ($N = 60$) berechnet. Es konnten keine Unterschiede zu den Koeffizienten der Gesamtstichprobe ausfindig gemacht werden. Zusätzlich wurden alle Skalenwerte auf Normalverteilung (Shapiro-Wilk) überprüft. In der weiblichen Teilstichprobe wurde die Normalverteilungsannahme bei Szenario *Katrin* und SV_{mean} für alle drei Scoringmethoden verletzt, während dies in der männlichen Stichprobe nur bei *Katrin* (TS-ITEM und TS-SIT) der Fall war (vgl. Anhang C, Tabelle C5). Dementsprechend werden bei den nachfolgenden Analysen der betreffenden Skalen Spearmans-Rho-Koeffizienten für korrelative Analysen und der Mann-Whitney-U-Test zum Vergleich der zentralen Tendenz verwendet.

Anschließend wurde ein Mittelwertsvergleich zwischen Männern und Frauen bei den eingesetzten Verfahren durchgeführt (vgl. Anhang C, Tabelle C5). Nur im Selbsteinschätzungsverfahren SR konnte ein signifikanter Unterschied ($T = -2.07$, $p = .04$, $d = .44$) festgestellt werden, da Frauen ihr soziales Verhalten signifikant höher einschätzten als Männer. Derselbe Trend konnte auch für die soziale Orientierung des ISK ermittelt werden ($T = -1.93$, $p = .06$). Während Männer und Frauen im Szenario *Katrin* keine Leistungsunterschiede zeigten, erzielten Frauen im Szenario *Daniel* tendenziell eine bessere Leistung als Männer (TS-ITEM: $T = -1.91$, $p = .06$ und TS-SIT: $T = 1.81$, $p = .07$). Aufgrund dieser Ergebnisse wurde ein Mittelwertsvergleich der Kurzversionen in der heterogenen Stichprobe ($N = 155$) nachgeholt. Frauen und Männer wiesen in Studie 1 keine Unterschiede in der Bearbeitung von *Katrin* (TS-ITEM: $T = -1.86$, $p = .06$ und TS-SIT: $T = 1.34$, $p = .18$) und *Daniel* (TS-ITEM: $T = -.87$, $p = .39$ und TS-SIT: $T = .40$, $p = .69$) auf. Abschließend erfolgte die korrelative Auswertung getrennt für beide Geschlechter. In Tabelle 24 und 25 sind die Ergebnisse dargestellt.

Tabelle 24: Interkorrelation der weiblichen Probanden

		SR	ISK$_{SO}$	Prä-SSV	Post-SSV	SV-KS
TS-ITEM	SR					
	ISK$_{SO}$	.43**				
	Prä-SSV	.41**	.12			
	Post-SSV	.17	.00	.59**		
	SV-KS	-.07	-.03	-.06	-.01	
	SV-DS	-.06	.09	-.05	-.08	.33*
	SV$_{mean}$	-.12	-.02	-.02	-.05	--
TS-SIT	SV-KS	.05	-.01	.08	.07	
	SV-DS	.07	-.08	-.02	.11	.47**
	SV$_{mean}$	.10	-.03	.03	.10	--
PCS	SV-KS	-.10	-.05	-.11	-.18	
	SV-DS	-.08	.15	.07	-.01	.22†
	SV$_{mean}$	-.10	.06	-.03	-.10	--

Anmerkung. Schwarz hervorgehoben sind die Interkorrelationen von Katrin und Daniel. TS-ITEM = Target Scoring itembasiert; TS-SIT = Target Scoring situationsbasiert; SR = Soziale Intelligenz als Trait-Konzept; ISK$_{SO}$ = Inventar sozialer Kompetenzen –Soziale Orientierung; SSV = Selbstbericht soziales Verständnis; SV-KS = Szenario Katrin; SV-DS = Szenario Daniel; SV$_{mean}$ = Soziales Verständnis - Gesamtmittelwert der Szenarien. † Korrelation ist signifikant bei $p < .10$. *Korrelation ist signifikant bei $p < .05$. ** Korrelation ist signifikant bei $p < .01$. $N = 60$.

Tabelle 25: Interkorrelation der männlichen Probanden

		SR	ISK$_{SO}$	Prä-SSV	Post-SSV	SV-KS
TS-ITEM	SR					
	ISK$_{SO}$	.57**				
	Prä-SSV	.54**	.49**			
	Post-SSV	.49**	.38**	.69**		
	SV-KS	.22	.23	.29†	.46**	
	SV-DS	.05	.23	.26	.22	.57**
	SV$_{mean}$	.22	.26	.34*	.39**	--
TS-SIT	SV-KS	-.19	-.25	-.33*	-.52**	
	SV-DS	-.04	-.20	-.19	-.14	.48**
	SV$_{mean}$	-.19	-.28	-.32*	-.37*	--
PCS	SV-KS	.21	.16	.07	.17	
	SV-DS	.38*	.35*	.10	.18	.36*
	SV$_{mean}$	.35*	.30†	.10	.21	--

Anmerkung. Schwarz hervorgehoben sind die Interkorrelationen von Katrin und Daniel. TS-ITEM = Target Scoring itembasiert; TS-SIT = Target Scoring situationsbasiert; SR = Soziale Intelligenz als Trait-Konzept; ISK$_{SO}$ = Inventar sozialer Kompetenzen –Soziale Orientierung; SSV = Selbstbericht soziales Verständnis; SV-KS = Szenario Katrin; SV-DS = Szenario Daniel; SV$_{mean}$ = Soziales Verständnis - Gesamtmittelwert der Szenarien. † Korrelation ist signifikant bei $p < .10$. * Korrelation ist signifikant bei $p < .05$. ** Korrelation ist signifikant bei $p < .01$. N = 43.

Bei den weiblichen Probanden fiel die Interkorrelation zwischen SR, ISK und Prä-SSV ($r = .12$ - .42) im Vergleich zu den männlichen Probanden ($r = .49$ - .47) geringer aus (hellgrau unterlegte Dreiecke). Für die Skala SR der Frauen konnte der postulierte Abfall in der Korrelationshöhe von Prä-SSV zu Post-SSV zufallskritisch abgesichert werden ($Z = 2.13$, $p = .017$). Hingegen zeigten Männer nur geringfügige Veränderungen in den korrelativen Bezügen von Prä- zu Post-SSV (dunkelgraue horizontale Balken).

Die erwarteten Nullkorrelationen zwischen der leistungsbasierten Messung und den Selbstberichtsverfahren SR, ISK und Prä-SSV (weiße Vierecke) konnten nur für weibliche Probanden in allen drei Scoringmethoden gefunden werden. Bei männlichen Probanden zeigte der Prä-SSV schon vor der Erfahrung im Leistungstest einen tendenziellen Zusammenhang mit Szenario *Katrin* und eine signifikante Korrelation mit dem Gesamtmittelwert des sozialen Verständnisses (TS ITEM). Im TS-SIT wurde eine zufallskritische Absicherung für beide Zusammenhänge gefunden. Hingegen verursachte das PCS Nullkorrelationen zwischen den Szenarien und dem Prä-SSV und zeigte stattdessen signifikante Korrelationen zwischen SR sowie ISK und dem Szenario *Daniel*. Auch der Gesamtmittelwert zeigte eine signifikante Korrelation mit der Skala SR. Der Post-SSV wies bei den weiblichen Probanden keine signifikanten Zusammenhänge mit den Szenarien *Katrin* und *Daniel* auf, während bei den männlichen Probanden für das Szenario *Katrin* und den Gesamtmittelwerten beider *Target Scorings* signifikante Bezüge ermittelt wurden. Im PCS zeigten sich analog zu den Frauen ausschließlich Nullkorrelationen. Zusätzlich wurde ein Mittel wertsvergleich zwischen Prä- und Post-SSV getrennt für beide Geschlechter durchgeführt. Die Verringerung der durchschnittlichen Einschätzung von Prä-SSV ($M = 64.02$) zu Post-SSV ($M = 62.40$) konnte bei den männlichen Probanden nicht zufallskritisch abgesichert werden ($T = 1.17$, $p = .250$). Die weiblichen Teilnehmer verringerten hingegen ihre Selbsteinschätzung im sozialen Verständnis ($M_{\text{Prä-SSV}} = 66.88$, $M_{\text{Post-SSV}} = 61.63$) signifikant nach der Testerfahrung ($T = 4.83$, $p = .000$, $d = .59$).

Ein unterschiedliches Korrelationsmuster konnte auch für den Zusammenhang zwischen den Szenarien *Katrin* und *Daniel* ermittelt werden. Bei den männlichen Probanden fiel die Interkorrelation der Szenarien für TS-ITEM und PCS größer aus, während der Zusammenhang beim TS-SIT für beide Geschlechter gleich hoch war. Beim PCS der Frauen wurde zwischen *Katrin* und *Daniel* nur noch ein tendenzieller Zusammenhang gefunden.

9.4 Diskussion

In der zweiten Studie der vorliegenden Arbeit wurde das Hauptaugenmerk einerseits auf die Kürzung der Szenarien *Katrin* und *Daniel* und andererseits auf die Untersuchung der Zusammenhänge von leistungsbasierter Messung und Selbstberichtsverfahren zu sozialen Fähigkeiten gelegt. Die Diskussion ist entsprechend aufgeteilt und beginnt mit den psychometrischen Eigenschaften der Kurzversionen, bevor die Zusammenhangsbefunde betrachtet werden.

9.4.1 Psychometrische Eigenschaften und Interkorrelation der Kurzversion

Auch in der vorliegenden Untersuchung wurden die Szenarien mit verschiedenen Scoring-methoden ausgewertet. Erneut kamen die beiden *Target Scorings* (TS-ITEM und TS-SIT) und das *Proportion Consensus Scoring* (PCS) zum Einsatz. Die Itemselektion war für beide Szenarien erfolgreich, da im TS-ITEM nur noch sehr wenige Items mit negativen Trennschärfen ermittelt wurden und die Cronbachs Alpha-Koeffizienten weiterhin im sehr guten Bereich lagen. Zudem zeigten die Szenarien im TS-SIT trotz einer geringeren Anzahl eingehender Items in die Berechnung der Cronbachs Alpha-Koeffizienten sehr gute Homogenitätswerte. Alle vier internen Konsistenzwerte des *Target Scorings* lagen über dem von Kasten und Freund (2013) ermittelten durchschnittlichen Cronbachs Alpha für SJTs. Im PCS blieben die Koeffizienten unter dem Erwartungswert, waren aber mit den Werten der ersten Untersuchung vergleichbar. Aufgrund der geringen Anzahl an Items mit negativen Trennschärfen ist die Übereinstimmung der Skalenmittelwerte zwischen allen Scoringmethoden größer als in der vorangegangenen Unter-suchung und variierende Ergebnisse können eher auf Eigenschaften einer Scoringmethode zurückgeführt werden. Da in der zweiten Studie eine studentische Stichprobe zum Einsatz kam, könnten die sehr guten Alpha-Koeffizienten und Trennschärfen ein Artefakt der homogenen Stichprobe sein. Dementsprechend erfolgte eine Anwendung der Kurzversionen auf den Daten-satz der ersten Untersuchung, um Itemkennwerte und interne Konsistenzwerte mit einer hetero-genen Stichprobe zu vergleichen. Es konnte bestätigt werden, dass bei den Kurzversionen nur sehr wenige Items mit negativen Trennschärfen im TS-ITEM auftreten. Bei beiden *Target Scorings* konnte zwar eine Verringerung der Homogenitätswerte festgestellt werden, allerdings blieben die Werte im sehr guten bis akzeptablen Bereich. Für das PCS lagen auch in der heterogenen Stichprobe deutlich kleinere Koeffizienten vor. Zu beachten ist, dass das entscheidende Kriterium der Itemselektion das Vorhandensein sozialer Hinweisreize im Testmaterial war, aber auch die Itemschwierigkeiten und Trennschärfen der ersten Studie berücksichtigt wurden. Außerdem dürfen Reihenfolgeeffekte vorgegebener Items nicht unterschätzt werden. Obwohl diese Items nicht ausgewertet wurden, erfolgte dennoch eine Beantwortung durch die Probanden. Dementsprechend sollten sich die Kurzversionen erneut an einer unabhängigen heterogenen Stichprobe beweisen.

Hinsichtlich der Itemschwierigkeit zählten die Szenarien *Katrin* (SV-KS) und *Daniel* (SV-DS) in der ersten Untersuchung zu den Szenarien mit geringen Schwierigkeitswerten. In der vorliegenden Untersuchung konnte für die Kurzversion von SV-KS ein zur ersten Untersuchung vergleichbarer Schwierigkeitswert ermittelt werden. Auch die Anwendung der Kurzversion SV-KS auf die heterogene Stichprobe bestätigte einen analogen Schwierigkeitswert. Hingegen wurde bei der Kurzversion von Szenario *Daniel* eine deutlich größere Schwierigkeit im Vergleich zur Vollversion ermittelt. Dies wurde durch die Itemselektion verursacht, da die Anwendung der Kurzversion auf die heterogene Stichprobe ebenfalls eine Vergrößerung der Schwierigkeit zur Folge hatte. Dementsprechend hat die Itemselektion bei Szenario *Katrin* die Schwierigkeit der Gesamtskala nicht verändert, während sie bei *Daniel* zu einer Erhöhung der Schwierigkeit geführt hat. Die hier vorgenommenen Vergleiche beziehen sich vollständig auf das situationsbasierte *Target Scoring*, da die Skalenmittelwerte dieser Scoringmethode in beiden Studien die größte Übereinstimmung aufweisen. Im PCS kann eine Bestimmung der Schwierigkeit aufgrund der Konsensbildung nicht vorgenommen werden, allerdings blieb der mittlere Konsensus von der Itemselektion unbeeinflusst.

In der vorliegenden Untersuchung verursachte die geringe Schwierigkeit von Szenario *Katrin* eine schiefe Verteilung des Gesamtmittelwertes. Die Verletzung der Normalverteilungsannahme war bei allen drei Scoringmethoden gegeben. Als Ursache kommt die selektive Stichprobe infrage, die einen großen Anteil an Psychologiestudentinnen enthielt, die möglicherweise eine größere Ausprägung des sozialen Verständnisses im Vergleich zur Normalpopulation aufweisen. Allerdings konnte im Szenario *Katrin* bei den Psychologiestudentinnen im Vergleich zur heterogenen Stichprobe der ersten Studie kein Leistungsunterschied festgestellt werden. Selbstverständlich handelt es sich bei der heterogenen Stichprobe nicht um eine repräsentative Normstichprobe, weshalb ein fehlender Mittelwertunterschied die Annahme erhöhter Ausprägung bei Psychologiestudentinnen nicht vollständig entkräftet. Auf mögliche Geschlechtsunterschiede hinsichtlich der Leistung im sozialen Verständnis wird an anderer Stelle detailliert eingegangen. Zusammenfassend kann die Hypothese 1a, dass die Itemkennwerte und Cronbachs Alpha-Koeffizienten der Szenarien *Katrin* und *Daniel* mit denen der ersten Untersuchung vergleichbar sind, für die Alpha-Koeffizienten bestätigt werden. Hinsichtlich der Schwierigkeit hat die Itemselektion allerdings zu einer Veränderung bei Szenario *Daniel* geführt.

Anschließend wurde die Interkorrelation der Szenarien *Katrin* und *Daniel* für die vorliegende Untersuchung überprüft. Die mittleren positiven Zusammenhänge blieben auch bei den Kurzformen für alle Scoringmethoden erhalten und wiesen eine vergleichbare Höhe zur ersten Studie auf. Dadurch konnte die Hypothese 1b, dass eine signifikant positive und mittlere Korrelation zwischen SV-KS und SV-DS besteht, bestätigt werden. Erneut wurden die gekürzten Szenarien auf die heterogene Stichprobe der ersten Untersuchung angewendet und dort einerseits die Interkorrelation zwischen SV-KS und SV-DS und andererseits die Zusammenhänge mit den übrigen vier Szenarien überprüft. Die mittlere Korrelation zwischen den Kurzversionen konnte auch in diesem Datensatz für alle Scoringmethoden repliziert werden. Die Bezüge zu den übrigen Szenarien fielen hingegen heterogener aus. Szenario *Katrin* zeigte im TS-ITEM nur einen signifikanten Zusammenhang zum Szenario *Markus*, während SV-KS im TS-SIT zusätzlich mit *Fred* und im PCS mit allen übrigen Szenarien korrelierte. Die gekürzte Version von Szenario *Daniel* zeigte hingegen eine Nullkorrelation im TS-ITEM (*Hannelore*) sowie TS-SIT (*Katja*) und ebenfalls signifikante Zusammenhänge zu allen übrigen Szenarien im PCS. Dieser Befund stellt die Integrationsfähigkeit der gekürzten Neukonstruktionen in den bestehenden Untertest zum sozialen Verständnis infrage. Allerdings dürfen erneut Reihenfolgeeffekte der vorgegeben Items, die nicht ausgewertet wurden, allerdings von den Probanden beantwortet wurden, nicht vernachlässigt werden. Dementsprechend sollte die Interkorrelation der Kurzversionen SV-KS und SV-DS mit den bestehenden Szenarien in einer separaten Untersuchung erneut überprüft werden.

Zusammenfassend können für die Kurzversionen *Katrin* und *Daniel* sehr gute psychometrische Eigenschaften festgestellt werden. Beide Formen des *Target Scorings* erzielten in dieser Untersuchung gute Homogenitätswerte und im TS-ITEM wurden nur sehr wenige Items mit negativen Trennschärfen ermittelt. Zudem blieb die mittlere positive Korrelation zwischen den Neukonstruktionen erhalten. Das PCS verursachte hingegen unzureichende interne Konsistenzwerte bei *Katrin* und *Daniel* sowie eine verringerte Interkorrelation. Hinsichtlich der Schwierigkeit blieb das Szenario *Katrin* nach der Itemselektion ein vergleichsweise leichtes Szenario, während *Daniel* einen höheren Schwierigkeitswert erzielte. Sollten aus Zeitgründen nur die beiden Neukonstruktionen in zukünftigen Untersuchungen vorgegeben werden, kann durch die veränderte Schwierigkeit von *Daniel* ein breiteres Fähigkeitsspektrum bei den Probanden abgedeckt werden.

9.4.2   Zusammenhang von Leistungs- und Selbstberichtsmaßen

Das Hauptziel der zweiten Untersuchung lag in einer näheren Betrachtung der Interkorrelation selbstberichteter sozialer Fähigkeiten und der leistungsbasierten Erhebung durch die Szenarien *Katrin* und *Daniel*. Hierzu wurde ein eigener Selbstberichtsfragebogen zum sozialen Verständnis entwickelt, der eng an die Anforderungen im sozialen Verständnis des MTSI-3 angelehnt wurde. Dieses Selbstberichtsinventar (Prä-SSV) wurde zusammen mit etablierten Selbstberichtsverfahren (ISK, SR) vor den Szenarien zum sozialen Verständnis vorgegeben und im Anschluss noch einmal der Post-SSV eingesetzt. Zunächst wurden die Befunde der Gesamtstichprobe betrachtet und im Anschluss eine separate Korrelationsanalyse für weibliche und männliche Probanden durchgeführt. In dieser Reihenfolge sollen auch die Ergebnisse diskutiert werden.

Bezüglich der Itemkennwerte und Homogenitätswerte konnten keine Besonderheiten bei den eingesetzten Selbstberichtsverfahren festgestellt werden, die einen Einfluss auf die Korrelationsbefunde ausgeübt hätten. Erwartungsgemäß zeigte das Selbstberichtsverfahren zur sozialen Orientierung aus dem *Inventar sozialer Kompetenzen* (ISKso), das selbstberichtete soziale Verhalten gemessen mit den Verfahren *Soziale Intelligenz als Trait-Konzept* (SR) und das Selbstberichtsverfahren zum sozialen Verständnis (Prä-SSV) signifikant positive Zusammenhänge (Hypothese 2a). Dieser Befund kann einerseits als Konstruktvalidierung für den neukonstruierten Selbstberichtsfragebogen zum sozialen Verständnis (Prä-SSV) angesehen werden und andererseits die gemeinsame Methodenvarianz repräsentieren, die eine Korrelationen beeinflussen kann, wenn für die Konstrukte dieselbe Methode (Selbstbericht) gewählt wird (u.a. Campbell & Fiske, 1959; Podsakoff, MacKenzie, Lee & Podsakoff, 2003). Die Korrelation des Prä-SSV mit dem sozialen Verhalten (SR) fiel im Vergleich zur sozialen Orientierung größer aus. Die erhöhte Korrelation kann auf die verhaltensnahe Konstruktion beider Verfahren zurückgeführt werden. Während die Items des ISK keinen Bezug zu einem bestimmten sozialen Setting aufweisen, sind die Fragen im Prä-SSV und SR situationsspezifisch und kontextgebunden. Dennoch korrelieren SR und ISKso in vergleichbarer Höhe wie SR und Prä-SSV miteinander. Möglicherweise geht dieser Befund auf die prototypischen Items des SR-Fragebogens zurück.

Die Hypothese 2b, dass Nullkorrelationen zwischen der leistungsbasierten Erhebung und den Selbstberichtsverfahren ISKso, SR und Prä-SSV bestehen, wurde aus den Ergebnissen von Cattell (1966) sowie Weis, Seidel und Süß (2006) abgeleitet. Für die beiden *Target Scorings* konnte diese Hypothese bestätigt werden, da nur wenige tendenzielle Bezüge zum ISKso gefunden wurden. Im PCS zeigten sich hingegen signifikante und tendenzielle Zusammenhänge mit ISKso und SR für das Szenario *Daniel* und den Gesamtmittelwert zum sozialen Verständnis. Wie spätere Befunde zeigen werden, wurde die Korrelation im PCS innerhalb der Stichprobe der männlichen Teilnehmer erzeugt und soll entsprechend an dieser Stelle diskutiert werden.

Die Selbsterfahrung im Bereich der eigenen Leistung, welche die Teilnehmer während der Bearbeitung der Szenarien *Katrin* und *Daniel* gesammelt hatten, sollte die Selbsteinschätzung im Prä-SSV verändern. Diese veränderte Selbsteinschätzung sollte sich einerseits in geringeren Zusammenhängen zwischen Post-SSV, ISK und SR (Hypothese 2c) äußern und andererseits in signifikanten Zusammenhängen zwischen Post-SSV und den Szenarien resultieren (Hypothese 2d). Erwartungsgemäß konnte ein signifikanter Abfall in der Korrelationshöhe von Prä- zu Post-SSV gefunden und zusätzlich durch einen Mittelwertsvergleich zwischen Prä- und Post-SSV unterstützt werden. Dementsprechend haben die Probanden tatsächlich ihre Selbsteinschätzung durch die Erfahrung im Leistungstest verändert. Allerdings kann mit dem vorliegenden Untersuchungsdesign nicht ausgeschlossen werden, dass eine Regression zur Mitte von Prä- zu Post-SSV aufgetreten ist. Die Hinzunahme einer aktiven Kontrollgruppe, die zwischen der Beantwortung der Selbstberichtsverfahren eine andere Aufgabe bearbeitet, hätte die Evidenz der Ergebnisse stärken können. Der postulierte signifikante Zusammenhang zwischen dem Post-SSV und den Szenarien konnte nur für das Szenario *Katrin* im TS-ITEM und tendenziell im TS-SIT bestätigt werden. Gründe für das Ausbleiben der Korrelation im Gesamtdatensatz konnten während der separaten Analyse für Frauen und Männer ausfindig gemacht werden. Auf diese Befunde und mögliche Erklärungen wird im Folgenden eingegangen.

Zunächst wurden Mittelwertsvergleiche herangezogen, um mögliche Unterschiede zwischen den Geschlechtern zu überprüfen. Es konnte eine signifikant höhere Selbsteinschätzung im sozialen Verhalten (SR) und eine tendenziell erhöhte soziale Orientierung (ISKso) bei Frauen festgestellt werden. Amelang, Schwarz und Wegemund (1989) berichten in ihrem Fragebogen *Soziale Intelligenz als Trait-Konstrukt* ebenfalls von signifikant größeren Werten in den hochprototypischen Verhaltensweisen bei Frauen. Allerdings wurde dieser Befund bei einer Stichprobe von zwölf Frauen ermittelt, die aus dem Freundes- und Bekanntenkreis der Autoren stammten. Hingegen werden im ISK von Kanning (2009) nur sehr geringe Unterschiede zwischen Männer und Frauen berichtet, die Effektstärken zwischen .01 und .08 aufweisen.

Hinsichtlich der tatsächlichen Leistung zeigten Frauen allerdings nur im Szenario *Daniel* und nur bei den *Target Scorings* eine tendenziell bessere Leistung als die männlichen Probanden. Einerseits kann dieser Befund als eine weibliche Selbstüberschätzung der eigenen sozialen Fähigkeiten interpretiert werden, die sie im Leistungstest allerdings nicht unter Beweis stellen konnten. Andererseits müssen die unterschiedlichen Schwierigkeiten der Szenarien berücksichtigt werden: Während Männer im leichten Szenario eine vergleichbare Leistung erzielten, zeigten Frauen bei größerer Schwierigkeit zumindest in der Tendenz eine bessere Leistung. Da in der vorliegenden Stichprobe die meisten weiblichen Teilnehmer Psychologie studierten, kann dieses Ergebnis ein reiner Selektionseffekt sein. Sich in andere Menschen hineinzuversetzen, deren Gedanken und Gefühle korrekt zu verstehen sowie deren Implikationen einzuschätzen und zu bewerten, ist im psychologischen Berufsbild eine grundlegende Fähigkeit. Deshalb erfolgte eine Überprüfung der Kurzversionen hinsichtlich Geschlechtsunterschiede im heterogenen Datensatz. Es wurde nur eine tendenziell bessere Leistung von Frauen im Szenario *Katrin* im TS-ITEM festgestellt. In einer Stichprobe, die keine Psychologen beinhaltet und in der nur rund ein Drittel der Teilnehmer ein Studium absolviert hatte, zeigten Frauen im leichten Szenario eine tendenziell bessere Leistung. Demzufolge darf der Selektionseffekt in der vorliegenden Untersuchung nicht unterschätzt werden. Bezüglich der Selbsteinschätzungen im Prä- und Post-SSV konnten keine Geschlechtsunterschiede im Mittelwertsvergleich ausfindig gemacht werden. Allerdings verringerte sich, im Gegensatz zur gleichbleibenden Einschätzung der Männer, die Selbsteinschätzung bei Frauen signifikant vom Prä- zum Post- SSV. Während die weiblichen Teilnehmer ihr Selbstbild nach der Erfahrung im Leistungstest anpassten, blieb das Selbstbild der männlichen Probanden unverändert.

Die korrelativen Analysen unterstützten die bisher diskutierten Befunde. Die männlichen Teilnehmer wiesen bei allen Selbsteinschätzungsverfahren signifikant positive und vergleichsweise hohe Interkorrelationen auf. Dies zeigt, dass das männliche Selbstbild konsistent in allen Selbsteinschätzungsmaßen war. Auch der geringe Abfall in der Korrelationshöhe von Prä- zu Post-SSV unterstützte den Mittelwertsvergleich und zeigte, dass Männer ihr Selbstbild durch die Erfahrung im Leistungstest nicht verändert hatten. Allerdings war eine starke Veränderung bei den männlichen Probanden auch nicht notwendig, da die Selbsteinschätzung der eigenen sozialen Fähigkeiten bereits vor der Leistungserfahrung genauer war. In beiden *Target Scorings* zeigten sich tendenzielle und signifikante Bezüge zwischen dem Prä-SSV und Szenario *Katrin* sowie dem Gesamtmittelwert zum sozialen Verständnis. Diese Korrelationen fielen für den Post-SSV signifikant und größer aus. Nur die Selbsteinschätzung vor und nach der Selbsterfahrung im schwierigeren Szenario *Daniel* konnte nicht zufallskritisch abgesichert werden. Zusammenfassend kann für die männliche Stichprobe der vorliegenden Untersuchung festgestellt werden, dass sie ein konsistenteres und genaueres Selbstbild über ihre eigenen sozialen Fähigkeiten aufwiesen. Im

Mittelwertsvergleich konnte zunächst keine Veränderung des Selbstbildes durch die Selbsterfahrung festgestellt werden, die Korrelationsanalyse zeigte hingegen dennoch eine genauere Einschätzung nach der Erfahrung im Leistungstest. Allerdings war eine große Veränderung des Selbstbildes bei den männlichen Probanden auch nicht notwendig, da ihre Selbsteinschätzung schon zu Beginn der Testung mit der eigenen Leistung korrelierte.

Bei den weiblichen Probanden wurden nur signifikante Korrelationen zwischen dem sozialen Verhalten (SR) und der sozialen Orientierung (ISKso) sowie dem Prä-SSV gefunden. Dementsprechend ist das Selbstbild über die eigenen sozialen Fähigkeiten im Vergleich zu den männlichen Teilnehmern bei Frauen schon vor der leistungsbasierten Erhebung inkonsistenter. Zudem zeigte das Selbstbild, welches sie vor der Selbsterfahrung über ihre eigenen sozialen Fähigkeiten abgegeben hatten, keinerlei Übereinstimmungen mit der tatsächlichen Leistung. Analog zum Mittelwertsvergleich wurde deutlich, dass Frauen nach der Selbsterfahrung ihre Selbsteinschätzung signifikant veränderten, da nur noch Nullkorrelationen zwischen dem Post-SSV und SR sowie ISKso zu finden waren. Demzufolge konnte die Hypothese 2e, das der Abfall in der Korrelationshöhe von Prä- zu Post-SSV für Frauen größer ausfällt, bestätigt werden. Allerdings war das veränderte Selbstbild nicht realistischer, da es weiterhin Nullkorrelationen mit der tatsächlichen Leistung zeigte, wodurch die Hypothese 2f, die das Gegenteil postuliert hatte, nicht bestätigt werden konnte.

Zusammengefasst bedeuten diese Befunde für die weiblichen Teilnehmer der vorliegenden Studie, dass sie ihre eigenen sozialen Fähigkeiten in einem Selbstberichtsverfahren bis zu einer halben Standardabweichung höher einschätzten als die männlichen Probanden, in anderen Selbstberichten allerdings ein inkonsistenteres Selbstbild abgegeben hatten. Zudem zeigten Frauen in der tatsächlichen Leistung vergleichbare oder nur tendenziell bessere Leistungen als Männer. Die Selbsterfahrung verursachte bei den Frauen allerdings eine signifikante Veränderung der eigenen Meinung, welche sie in der Nachbefragung um mehr als eine halbe Standardabweichung nach unten korrigierten. Die Korrektur ließ die Selbsteinschätzung allerdings nicht realistischer werden, was auf eine Überkorrektur des Selbstbildes hindeutet.

Süß und Sander (2003) hatten für männliche Probanden ebenfalls eine genauere Selbsteinschätzung der eigenen intellektuellen Fähigkeiten gefunden, allerdings auch eine Tendenz zur Selbstüberschätzung. Dass Frauen dazu tendieren, ihre Fähigkeiten zu unterschätzen, während Männer zur Selbstüberschätzung neigen, ist auch in anderen Leistungsbereichen ein typischer Befund (Lenney, 1977). Daher könnte die Überschätzung der weiblichen Probanden in der vorliegenden Untersuchung entweder ein Stichprobenartefakt sein oder durch geschlechtsspezifische Stereotypen zustande kommen. Lenney (1977) konnte zeigen, dass die Unterschätzung der eigenen Leistung bei Frauen abhängig von der Beschaffenheit der spezifischen Aufgabe war. Beispielsweise lag in einer Studie von Lehmann und Jüling (2010) die Selbsteinschätzung von geisteswissenschaftlichen Aufgaben bei Schülerinnen der zwölften Klasse signifikant über der Selbsteinschätzung ihrer männlichen Mitschüler, während der Effekt bei naturwissenschaftlichen Aufgaben umgekehrt ausfiel. Dies könnte auch auf die sozialen und intellektuellen Fähigkeiten zutreffen, wobei die sozialen Fähigkeiten eher dem weiblichen Stereotyp zugeschrieben werden und die intellektuellen Fähigkeiten entsprechend ein Teil des männlichen Stereotyps sind. Eine andere Erklärungsmöglichkeit für die Überschätzung der Frauen könnte erneut das Berufsbild von Psychologinnen sein. Die Psychologiestudentinnen haben eventuell sozial erwünschte Antworten abgegeben, damit sie den Anforderungen ihrer Berufsgruppe entsprechen oder glauben tatsächlich, dass sie bessere soziale Fähigkeiten im Vergleich zu Gleichaltrigen besitzen. Im Review von Lenney (1977) war die Unterschätzung der eigenen Fähigkeiten von Frauen abhängig von den Personen, mit denen sie sich vergleichen mussten. In der vorliegenden Untersuchung wurden die Teilnehmer nur im Prä- und Post-SSV gebeten, ihre sozialen Fähigkeiten mit Personen in ihrem Alter bzw. jungen Erwachsenen zu vergleichen. Wenn Psychologiestudentinnen tatsächlich glauben würden, dass sie bessere soziale Fähigkeiten als Gleichaltrige aufweisen, hätte die Überschätzung in den SSVs am größten sein müssen. Tatsächlich wurde kein Geschlechtsunterschied in den SSVs festgestellt, was gegen ein Stichprobenartefakt spricht. Schlussendlich muss in der vorliegenden Arbeit ungeklärt bleiben, ob die Geschlechtsunterschiede auch in einer heterogenen Stichprobe aufgetreten wären.

Abschließend werden die divergierenden Befunde von *Target Scoring* und PCS diskutiert. Während bei den weiblichen Teilnehmern für alle Scoringmethoden Nullkorrelationen zwischen den Szenarien und den Selbsteinschätzungsverfahren ermittelt wurden, traten in der Korrelationsmatrix der Männer signifikante Bezüge auf. Bei beiden *Target Scorings* zeigten das Szenario *Katrin* und der Gesamtmittelwert keinerlei Zusammenhänge mit den Selbstberichten SR und ISKso, allerding tendenzielle und signifikante Bezüge mit dem Prä- und Post-SSV. Im PCS korrelierten hingegen Szenario *Daniel* und der Gesamtmittelwert mit SR und ISKso und wiesen im Gegensatz dazu Nullkorrelationen zu den SSVs auf. Bei beiden Befunden trat der Zusammenhang nur bei einem von beiden Szenarien auf, das jeweils andere Szenario konnte nicht zufallskritisch abgesichert werden. Dies war möglicherweise Resultat der geringen Teststärke. Da die Items des Prä- und Post-SSVs eng an die Anforderungen im sozialen Verständnis angelehnt wurden und auch eine Veranschaulichung durch Beispiele aus den Szenarien erfolgte, ist eine Korrelation zwischen den SSVs und der tatsächlichen Leistung überzeugender als die Korrelation zwischen den Szenarien und den Selbstberichtsverfahren SR und ISKso. Dieser Befund spricht erneut für eine Anwendung des *Target Scorings* für die Szenarien zum sozialen Verständnis. Dass Daten, die mit einem Selbstberichtsfragebogen erhoben wurden, nur geringe Übereinstimmungen mit einem objektiven Test aufweisen, konnte bereits Cattel (1966) zeigen. Möglicherweise sind die signifikanten Bezüge, die nur im PCS auftreten, ein Hinweis auf eine weitere Besonderheit des *Group Consensus Scorings*. Neben einer Korrelation mit intellektuellen Fähigkeiten (vgl. Studie 1) wurden in der vorliegenden Untersuchung auch Zusammenhänge mit typischem Verhalten ermittelt, sodass bei der Bestimmung der richtigen Lösung mit PCS auch Persönlichkeitseigenschaften einen Einfluss haben.

Insgesamt konnte die zweite Studie nur für die männlichen Probanden einen erwartungstreuen Zusammenhang zwischen dem selbstkonstruierten Verfahren zum sozialen Verständnis und den Szenarien *Katrin* und *Daniel* zeigen. Männer zeigten bereits vor der leistungsbasierten Erhebung eine präzisere Einschätzung der eigenen sozialen Fähigkeiten im Vergleich zu Frauen. Die Ergebnisse der weiblichen Stichprobe konnten hingegen verdeutlichen, dass Selbstberichtsverfahren zur Erfassung von sozialen Fähigkeiten trotz vorheriger Erfahrung in einem Leistungstest ungeeignet sind.

10. Studie 3

10.1   Fragestellung und Hypothesen

Das Ziel der dritten Untersuchung besteht in einer Kriteriumsvalidierung der Szenarien *Katrin* und *Daniel*. In Kapitel 6.2 wurden relevante Außenkriterien für den Untertest zum sozialen Verständnis diskutiert und SV als ein relevanter Prädiktor für das Kriterium *Verkaufserfolg* herausgearbeitet. Des Weiteren wurde die soziale Interaktionssituation einer Spendensammlung mit einer Verkaufssituation verglichen und das Kriterium *Erfolg in einer Spendensammlung* als adäquate Alternative eingestuft. Empirisch gefundene Determinanten, die erfolgreiche Verkäufer besitzen sollten, wurden in Tabelle 10 aufgelistet und auf erfolgreiche Spendensammler übertragen. Für die vorliegende Studie wurden Determinanten ausgewählt, die Zusammenhänge mit objektivem Verkaufserfolg (z.B. Verkaufszahlen, Unternehmensdaten) aufzeigen konnten: soziale Fähigkeiten, physische Attraktivität, Extraversion, Gewissenhaftigkeit, Hilfsbereitschaft, verbale kognitive Fähigkeiten und Leistungsmotivation. Die sozialen Fähigkeiten werden durch das soziale Verständnis repräsentiert und bilden gemeinsam mit den übrigen Determinanten die personseitigen Voraussetzungen für sozial kompetentes Verhalten während einer Spendensammlung. Ob dieses Verhalten zum Erfolg führt, kann quantitativ über die Höhe der *Spendensumme in Euro* bestimmt werden. Die Anzahl potenzieller Spender oder das Vorhandensein von konkurrierenden Verkaufssituationen (z.B. andere Spendensammlungen) sind mögliche situative Kontextvariablen, die ebenfalls einen Einfluss auf die Performanz der Spendensammler ausüben können und entweder experimentell oder statistisch für alle Teilnehmer konstant gehalten werden sollten.

In der Abbildung 24 wurden die theoretischen Vorüberlegungen in das Rahmenmodell sozial kompetenten Verhaltens von Süß, Weis und Seidel (2005) integriert, welches die Grundlage für die nachfolgenden Hypothesen bildet. Erwartet wird ein positiver signifikanter Zusammenhang zwischen der Leistung im sozialen Verständnis (SV-KS und SV-DS) und der eingenommenen Spendensumme in Euro (*Hypothese 1*). Auch die übrigen Determinanten sollten korrelative Bezüge zur Spendensumme aufweisen, wenn die angenommene Vergleichbarkeit zwischen Spendensammlung und Verkaufssituation gültig ist (*Hypothese 2*). Darüber hinaus sollte das soziale Verständnis inkrementelle Varianz zu bereits bekannten Prädiktoren der Verkaufsleistung aufweisen (*Hypothese 3*).

Neben dem objektiven Kriterium *Spendensumme in Euro* soll von den Teilnehmern eine Selbsteinschätzung ihrer Leistung im Verkauf und bei der Spendensammlung erfolgen. Diese subjektiven Kriterien werden ebenfalls hinsichtlich der aufgestellten Hypothesen überprüft. Außerdem wird der Einfluss von *Target Scoring* (TS) und *Group Consensus Scoring* sowie den beiden Berechnungsarten des TS (Einzelitems vs. Situationsscores) auf den Prädiktor-Kriterium Zusammenhang zwischen sozialem Verständnis und den objektiven und subjektiven Kriterien ermittelt.

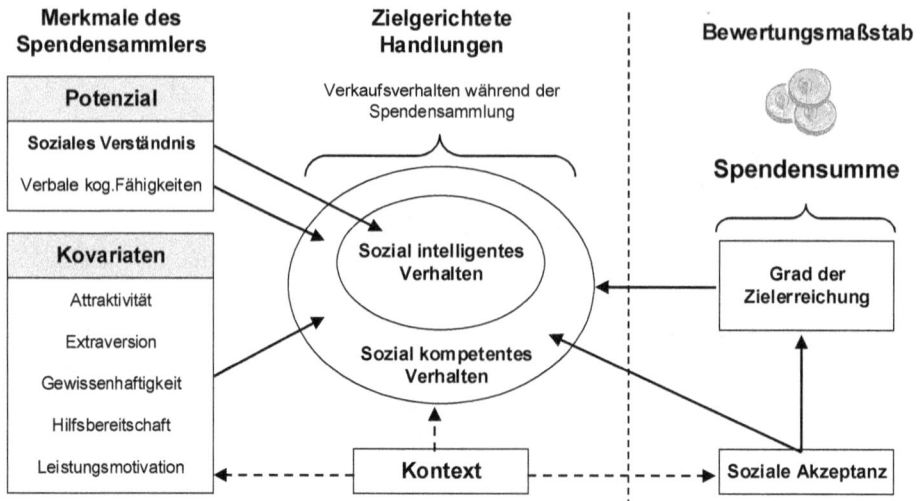

Abbildung 24: Anwendung des Rahmenmodells sozial kompetenten Verhaltens (Süß et al., 2005) auf eine Spendensammlung

10.2   Methoden

10.2.1   Stichprobe

Insgesamt haben 43 Probanden an der vorliegenden Untersuchung teilgenommen, wobei im ersten Untersuchungszeitraum im Jahr 2012 insgesamt 25 Testpersonen untersucht wurden. Während die erste Studie im Rahmen der Masterarbeit von Deibele (2013) durchgeführt wurde, erfolgte im darauffolgenden Jahr die Erweiterung der Teilnehmeranzahl um weitere 18 Probanden. Da es sich bei der gesamten Stichprobe ausnahmslos um Psychologiestudenten der Otto-von-Guericke-Universität Magdeburg handelte, war der Anteil weiblicher Teilnehmer ($N = 34$; 79.1 %) besonders groß. Die Probandenakquise erfolgte hauptsächlich über die Verteilung von Flugblättern während der Einführungsveranstaltung der Bachelorstudenten und in den Statistiktutorien. Durch Aushänge im Institut für Psychologie und als E-Mails verschickte Rundschreiben wurde zusätzlich versucht, möglichst viele Studierende zu erreichen. Das durchschnittliche Alter der Versuchsteilnehmer betrug 22.77 Jahre ($SD = 4.96$; *Range* = 18 - 45). Elf Teilnehmer gaben an, schon einmal für eine gemeinnützige Organisation (u.a. Amnesty International, Greenpeace) Spenden gesammelt zu haben und 14 Teilnehmer betreuten bereits Verkaufs- und Verkostungsstände in der Vergangenheit (u.a. Kuchenbasar, Glühweinstand). Der überwiegende Teil der Stichprobe (60.47 %) war noch nie im Verkaufsbereich tätig und 53.5 % der Teilnehmer schätzte das eigene Verkaufstalent als durchschnittlich ein (jeweils 23.3 % eher talentiert bzw. eher untalentiert). Darüber hinaus gab es keine gelernten Verkäufer unter den Teil nehmern. Als Gegenleistung für ihren Aufwand erhielten die Probanden Versuchspersonenstunden und eine persönliche Rückmeldung ihrer Ergebnisse.

10.2.2 Messinstrumente

10.2.2.1 Kriterien

Spendensumme und Verhaltensbeobachtung

Die Leistung der Teilnehmer im Rahmen einer Spendensammlung für den gemeinnützigen Verein „Wildwasser Magdeburg e. V." fungierte als objektives Kriterium für die vorliegende Feldstudie. Der Verein wurde ausgewählt, da keine andere karitative Organisation auf die postalische Anfrage reagierte und außerdem ein regionaler Bezug wünschenswert war. Zwischen „Wildwasser" und der Abteilung für Psychologische Methodenlehre, Psychodiagnostik und Evaluationsforschung des Institutes für Psychologie der Universität Magdeburg wurde ein Vertrag geschlossen, in dem sich die Versuchsleiter verpflichteten, die Versuchsteilnehmer während der Spendensammlung zu beaufsichtigen und das eingesammelte Geld nach Abschluss der Studie vollständig an die Organisation auszuzahlen. Bei der eingesammelten *Spendensumme in Euro* handelt es sich um ein monetäres Kriterium, welches mit Hilfe einer Feldstudie erhoben wurde und dementsprechend durch unkontrollierbare Besonderheiten beeinflusst sein könnte. Um eine gewisse Standardisierung zu erzielen, wurde der Sammelort auf den Mensavorplatz der Otto-von-Guericke-Universität Magdeburg[1] beschränkt. Außerdem wurde darauf geachtet, dass die ausgewählten Wochentage und die Uhrzeiten, an denen die Spenden gesammelt wurden, bei allen Versuchsteilnehmern zu möglichst identischen Bedingungen führten.

Zuerst wurde die Uhrzeit auf die Mittagspause von 12:45 bis 13:15 Uhr festgelegt, um eine ausreichende und gleichmäßige Anzahl an potentiellen Spendern auf dem Mensavorplatz zu garantieren. Um zwei Probanden hintereinander testen zu können, wurde der erste Zeitraum auf 12:35 bis 12:55 Uhr und der zweite Zeitraum auf 13:05 bis 13:25 Uhr festgelegt. Dadurch ergaben sich insgesamt 20 Minuten für jeden Teilnehmer, die sich aus zehn Minuten der Hauptzeit und zehn Minuten der Nebenzeit einer Mittagspause zusammensetzten. Die Wochentage, an denen die Spendensammlung durchgeführt wurde, wurden hauptsächlich von den Freistunden in den Stundenplänen der Bachelorstudierenden im ersten und dritten Semester bestimmt. Außerdem sollten bezüglich des Publikumsverkehrs vergleichbare Wochentage garantieren, dass kein Proband mehr oder weniger potentielle Spender antrifft. Während der erste Teil der Studie im Jahr 2012 montags, dienstags und freitags durchgeführt wurde, waren im Jahr 2013 Montag, Dienstag und Mittwoch die ausgewählten Tage. Der Freitagstermin wurde nur in Ausnahmefällen angeboten, da der Versuchsleiter befürchtete, dass insbesondere an diesem Tag weniger Studierende und Mitarbeiter den Mensavorplatz besuchten. Eine telefonische Befragung im Studentenwerk Magdeburg ergab, dass unabhängig vom Wochentag täglich 2800 Essen gekocht werden und erfahrungsgemäß Dienstag bis Donnerstag die am stärksten besuchten Tage sind.

---

[1]Die Erlaubnis auf dem Gelände der Otto-von-Guericke-Universität Magdeburg eine Spendensammlung im Rahmen eines psychologischen Experiments durchzuführen, wurde zuvor eingeholt.

Das Wintersemester insgesamt und insbesondere der November gehören zur beliebtesten Jahreszeit, die Mensa zu besuchen. Die Kunden der Mensa sind zu 85 - 90% Studierende der Universität, wobei Mitarbeiter und Gäste den restlichen Anteil bilden.

Auf dem Mensavorplatz befinden sich außerdem die Bibliothek, die jährlich durchschnittlich 664.291 Bücher ausleiht und 309 Tage im Jahr geöffnet hat, wodurch sich rund 2.150 ausgeliehene Bücher pro Tag ergeben. Ebenfalls durch eine Befragung konnte in Erfahrung gebracht werden, dass Montag der am stärksten frequentierte Tag der Woche ist, weil die Bibliotheksmitarbeiter morgens Abgabeerinnerungen und Mahnungen an die Nutzer verschicken. Beachtet man die Öffnungszeiten der Mensa und der Bibliothek und berechnet die durchschnittliche Kundschaft, die innerhalb der 20-minütigen Sammlung theoretisch die Mensa oder Bibliothek besuchen, ergeben sich 311 Besucher für die Mensa und 48 ausgeliehene Bücher. Selbstverständlich handelt es sich hierbei nur um eine grobe Schätzung, da es zum einen zu zeitlichen Schwankungen der Besucherzahlen kommt und zum anderen Kunden gibt, die entweder mehrere Bücher oder gar kein Buch ausleihen, nur Bücher zurückgeben oder in der Mensa selbst mitgebrachtes Essen verzehren. Dennoch kann der rege Publikumsverkehr am Sammlungsort durch die berichteten Zahlen besser abgeschätzt werden. Es kann sogar davon ausgegangen werden, dass deutlich mehr Besucher in diesem Zeitraum den Vorplatz passieren, da sich der größte Hörsaal der Universität, das Bibliotheks-Café, der Infopoint der Universität und das Rechenzentrum ebenfalls dort befinden.

Diese Einrichtungen konnten jedoch keine Aussagen über die tägliche Anzahl ihrer Besucher machen. Ziel vieler über den Mensavorplatz laufender Studierender sind außerdem die Wohnheime und Sporteinrichtungen, die sich direkt hinter dem Vorplatz befinden. Die Abbildung 25 gibt einen Eindruck über die Besucherdichte. Beide Fotos entstanden Ende Oktober 2013 zur Mittagspause.

Abbildung 25: Besucher auf dem Mensavorplatzes am Montag, den 21.10.2013, 13:05Uhr.

Während der Spendensammlung wurde das Verhalten der Versuchsteilnehmer auf einem Beobachtungsbogen protokolliert, der im Anhang D (Abbildung D1) eingesehen werden kann. Der mitlaufende Versuchsleiter notierte zehn verschiedene häufigkeitsbasierte Verhaltensweisen. Davon bezogen sich vier Variablen auf die vom Probanden ausgesuchten Passanten: die Anzahl der angesprochenen Personen, deren Geschlecht, ob sie bereits vorher angesprochen worden sind, und ob eine Geldspende erfolgte. Diese Angaben wurden erhoben, um systematische Unterschiede bei den Versuchsteilnehmern und den Spendern entdecken und um diese ggf. statistisch kontrollieren zu können. Weitere sechs Verhaltensweisen bezogen sich auf den Spendensammler: „Stellt sich jemandem in den Weg.", „Tritt freundlich auf.", „Bringt die standardisierten Informationen von Wildwasser verständlich rüber.", „Zeigt Verständnis bei Nichtspende.", „Bleibt hartnäckig bei Nichtspende." und „Zeigt Dankbarkeit bei Spende.". Diese Variablen ergaben sich durch gemeinsame Vorüberlegungen mit der Masterstudentin Anna Deibele. Im Anhang D (Tabelle D2) sind die Verhaltensweisen beschrieben, auf deren Grundlage die Variablen des Beobachtungsbogens protokolliert wurden. Dieses Beobachtungsschema ergab sich nicht nur aus Überlegungen, sondern wurde zusätzlich während eines Testlaufs überprüft und ergänzt. Anfang Oktober 2012 wurde ein Proband um einen Probelauf auf dem Mensavorplatz gebeten, der von einem der Versuchsleiter mit dem Beobachtungsbogen protokolliert und vom anderen Versuchsleiter mit Hilfe einer Videokamera aufgezeichnet wurde. Die Videoaufnahme ermöglichte eine Überarbeitung des Beobachtungsbogens, indem die Anzahl der gerade noch gleichzeitig zu protokollierenden Verhaltensweisen festgestellt und weiter ausdifferenziert werden konnte. Der überarbeitete Beobachtungsbogen wurde von beiden Versuchsleiterinnen erneut mit Hilfe des Videos erprobt und es konnte eine Interrater-Reliabilität von $r_s = .96$ für die sechs Verhaltensweisen des Spendensammlers ermittelt werden. Die Kontrollvariablen (Geschlecht der Angesprochenen etc.) konnten bei der Bestimmung der Interrater-Reliabilität nicht mit aufgenommen werden, da die Kamera bewusst auf den Probanden gerichtet war und nicht immer die angesprochenen Personen zeigte.

Selbsteinschätzung Verkaufstalent und Spendensammlung

Im biografischen Fragebogen wurden die Teilnehmer gebeten, eine Selbsteinschätzung ihres Verkaufstalents abzugeben. Dafür mussten sie auf einem fünf-stufigen Item („sehr talentiert" bis „sehr untalentiert") folgende Frage beantworten: Wie schätzen Sie ihr Verkaufstalent im Vergleich zu Gleichaltrigen ein? Dieses Item wurde als subjektives Kriterium *Verkaufstalent* verwendet.

Im Anschluss an die Spendensammlung wurde von den Probanden eine Selbsteinschätzung ihrer eigenen Leistung während der Spendensammlung verlangt. Folgende Fragen waren auf einer fünf-stufigen Skala von „stimme voll zu" bis „stimme überhaupt nicht zu" zu beantworten:

1. Ich konnte mich in die Ziele der Organisation „Wildwasser" sehr gut hineinversetzen.
2. Das Thema der Spendensammlung ging mir emotional sehr nah.
3. Ich habe mich mehr auf das Sammeln konzentriert als auf das Thema.
4. Wenn ich selbst *von mir* angesprochen worden wäre, hätte ich im Rahmen meiner finanziellen Möglichkeiten großzügig gespendet.
5. Ich habe mir gezielt Personen ausgesucht und diese dann angesprochen.
6. Nach einer erfolglosen Spende habe ich meine Taktik geändert.

Diese Fragen werden als subjektives Kriterium für den *Erfolg bei der Spendensammlung* genutzt. Dafür sollen sie bei entsprechender positiver Interkorrelation zu einem Mittelwert zusammengefasst werden.

10.2.2.2 Prädiktoren

Soziales Verständnis

Das Soziale Verständnis wurde durch die gekürzten Szenarien *Katrin* und *Daniel* operationalisiert. Da seit der letzten Untersuchung keine weiteren Veränderungen an den Szenarien vorgenommen wurden und diese in den Kapiteln sieben und 9.2.2 ausführlich beschrieben worden sind, werden an dieser Stelle keine weiteren Ausführungen gemacht.

	figural	verbal	numerisch
Bearbeitungsgeschwindigkeit		UW Unvollständige Wörter TG Teil-Ganzes KW Klassifizieren von Wörtern	
Merkfähigkeit		WM Worte Merken PS Phantasiesprache ST Sinnvoller Text	
Einfallsreichtum		AM Anwendungs-Möglichkeiten EF Eigenschaften-Fähigkeiten IT Insight-Test	
Verarbeitungskapazität		WS Wortschatz WA Wortanalogien TM Tatsache-Meinung	

Abbildung 26: Eingesetzte verbale Aufgaben des BIS-4 (nach Jäger, 1982, 1984)

Verbale Intelligenz

Zur Erfassung der verbalen Intelligenz kamen Aufgaben aus dem *Berliner Intelligenzstruktur-Test* (BIS-4) von Jäger und Kollegen (1997) zum Einsatz. Die Wahl fiel auf dieses Verfahren, da es sich sehr gut zur Erhebung spezieller Intelligenzfähigkeiten wie in dieser Untersuchung verbale Aspekte der Intelligenz eignet. Da das Modell und der Leistungstest ausführlich in Kapitel 8.2.2 beschrieben wurden, werden an dieser Stelle nur die eingesetzten Aufgaben in Abbildung 26 veranschaulicht. Auch in dieser Untersuchung wurde der Test durch eine geschulte Versuchsleiterin unter Verwendung von Stoppuhren durchgeführt. Die Bearbeitungszeit betrug nur 30 Minuten, da figurale und numerische Aufgaben nicht vorgegeben wurden. Erneut wurde eine computergestützte Auswertung der Einfallsreichtumsaufgaben vorgenommen, wobei die Referenzstichprobe um die 155 Teilnehmer aus der Studie 1 erweitert wurde (Anhang B, Tabelle B2).

Extraversion und Gewissenhaftigkeit

Die Merkmalsbereiche des Fünf-Faktorenmodells der Persönlichkeit wurden mit Hilfe der deutschen Übersetzung des *Revised NEO Personality Inventory* (NEO-PI-R; Ostendorf & Angleitner, 2004) erfasst. Das Verfahren unterscheidet zwischen den Dimensionen Neurotizismus (N), Extraversion (E), Offenheit für Erfahrungen (O), Verträglichkeit (A) und Gewissenhaftigkeit (C). Jedes der Konstrukte wird in sechs Facetten untergliedert, die in Abbildung 27 aufgeführt sind. Diese Facetten basieren laut Muck (2004) nicht auf faktoranalytischen Ergebnissen oder empirischen Befunden, sondern sind top-down (von den Dimensionen zu den Facetten) durch persönliche Urteile der Originalautoren entstanden. Sie weisen genügend spezifische Varianz auf und bieten daher Potential für inkrementelle und prädiktive Validität (Muck, 2004). In Hinblick auf das Kriterium Spendensumme und der relativ heterogenen Zusammensetzung der Facetten kamen nicht nur die generellen Persönlichkeitseigenschaften in der Auswertung zum Einsatz, sondern zusätzlich einige spezifische Facetten, mit denen Zusammenhänge zum Kriterium zu erwarten waren. Das NEO-PI-R beinhaltet insgesamt 240 Items und seine Bearbeitung dauert durchschnittlich ca. 35 Minuten. Jedes Item muss von den Probanden auf einer fünfstufigen Likert-Skala („starke Ablehnung" bis „starke Zustimmung") beantwortet werden. Im ersten Erhebungszeitraum wurde das NEO-PI-R für den Großteil der Probanden während des Statistiktutoriums erhoben. Die restlichen Teilnehmer füllten den Fragebogen selbstständig zu Hause aus. Die Testrezension von Andresen und Beauducel (2008) bescheinigt dem NEO-PI-R eine gesicherte Objektivität, die insbesondere durch die standardisierte Instruktion, die umfangreiche Auswertungssyntax und die vielfältigen Interpretationshilfen im Manual zustande kommt. Während die interne Konsistenz der Hauptskalen zwischen .87 und .92 liegt, variiert Cronbachs Alpha der Facetten zwischen .53 - .85 und kann gerade noch als akzeptabel angesehen werden. Die Höhe der Stabilitätskoeffizienten ist abhängig vom Zeitintervall zwischen den Messungen und liegt bei fünfjähriger Pause zwischen .74 und .78 für die Hauptfaktoren und zwischen .53 und .78 für die einzelnen Facetten. Sehr beeindruckend ist die Anzahl der im Manual angegebenen Untersuchungen zur Konstruktvalidität, wobei die Mehrzahl Faktorenanalysen darstellt,

Neurotizismus (N)	Verträglichkeit (A)	Offenheit für Erfahrungen (O)
N1: Ängstlichkeit	A1: Vertrauen	O1: Offenheit für Phantasie
N2: Reizbarkeit	A2: Freimütigkeit	O2: Offenheit für Ästhetik
N3: Depression	A3: Altruismus	O3: Offenheit für Gefühle
N4: Soziale Befangenheit	A4: Entgegenkommen	O4: Offenheit für Handlungen
N5: Impulsivität	A5: Bescheidenheit	O5: Offenheit für Ideen
N6: Verletzlichkeit	A6: Gutherzigkeit	O6: Offenheit des Werte- und Normsystems

Extraversion (E)	Gewissenhaftigkeit (C)
E1: Herzlichkeit	C1: Kompetenz
E2: Geselligkeit	C2: Ordnungsliebe
E3: Durchsetzungsfähigkeit	C3: Pflichtbewusstsein
E4: Aktivität	C4: Leistungsstreben
E5: Erlebnishunger	C5: Selbstdisziplin
E6: Frohsinn	C6: Besonnenheit

Abbildung 27: Persönlichkeitsbereiche und Facetten des NEO-PI-R (nach Ostendorf & Angleitner, 2004)

welche die fünf Faktoren als Markiervariablen nutzen und die Skalen anderer Persönlichkeits-verfahren ihnen zugeordnet sind. Die Ergebnisse dieser Analysen zeigen, dass das NEO-PI-R umfassender operationalisiert ist als die anderen eingesetzten Verfahren. Keinerlei Angaben finden sich hingegen bezüglich der Kriteriumsvalidität. Muck (2004) verweist auf die vielfältigen Befunden der Originalversion und vermutet eine Übertragung auf das deutschsprachige Inventar. Weitere aufgeführte Kritikpunkte bei Muck betreffen die postulierte Orthogonalität der Dimensionen, die sich empirisch nicht abbilden lässt, und die Anzahl der Faktoren, die bei verschiedenen Autoren mehr als nur fünf Domänen vermuten lassen.

Hilfsbereitschaft

Die Hilfsbereitschaft (Prosozialität) gegenüber Mitmenschen wurde mit Hilfe der Skala soziale Orientierung (SO) aus dem *Freiburger Persönlichkeitsinventar* (FPI-R; Fahrenberg, Hampel & Selg, 2001) erfasst. Personen mit einem hohen Testwert fühlen laut Manual eine soziale Verant-wortung für andere Menschen und drücken ihre Hilfsbereitschaft aus. Sie gehen auf die Sorgen anderer ein und sind motiviert, zu helfen, zu trösten und zu pflegen. Außerdem sind sie zu Geldspenden und Mithilfe in sozialen Einrichtungen bereit. Personen mit niedrigem Testwert betonen die Selbstverantwortung des Einzelnen für seine Lebensbedingungen und sehen für Sozialhilfe den Staat als zuständig an. Bitten um Geldspenden sind ihnen lästig und bei karikati-ven Aufgaben würden sie sich wahrscheinlich nicht engagieren (Fahrenberg et al., 2001). Die Selbstbeurteilungsskala beinhaltet zwölf Items, welche durch die zwei Antwortoptionen „stimmt" und „stimmt nicht" von den Probanden bewertet werden. Die Skala ist hinsichtlich Objektivität und der Repräsentativität der Normierungsstichprobe ($N = 3740$) als gut zu bewerten. Obwohl die Normierungsstichprobe bereits 1997 erhoben wurde, muss deren Aktualität nicht infrage gestellt werden. Ein Vergleich hinsichtlich Struktur, Reliabilitätskoeffizienten, Kenn- und Normwerten des FPI-R zwischen den beiden Repräsentativerhebungen aus den Jahren 1982 ($N = 2035$) und 1997 zeigte zu vernachlässigende Veränderungen innerhalb des 16-Jahre-Intervalls (Rohrmann & Spinath, 2011). Die interne Konsistenz der SO ($a = .73$) und der an Herz-Kreislauf-Patienten ($N = 80$) erhobene Stabilitätskoeffizient von .67 nach einem Jahr sind als zufriedenstellend zu bewerten. Die Übereinstimmung von $r = .40$ zwischen SO und einer Fremdeinstufung des Verhaltens bei hoher Bekanntschaft ($N = 113$), sowie $r = .38$ bei niedriger Bekanntschaft ($N = 92$) wird als Validitätsbeleg von Schmidt und König (1986) angesehen. Auffällig hingegen ist die Unabhängigkeit der Skala SO von den anderen neun Subskalen des FPI-R. Für die vorliegende Untersuchung kann dieser Befund allerdings vernachlässigt werden.

Im Jahr 2013 kam eine weitere Hilfsbereitschaftsskala zum Einsatz, da die Auswertung der SO für den Erhebungszeitraum 2012 zum einen eine geringe interne Konsistenz ($a = .36$) und zum anderen Items ohne Variabilität zwischen den Personen ergab. Ausgewählt wurde die Skala Nurturance (Nu, Hilfsbereitschaft) aus der deutschen Version der *Personality Research Form* (PRF; Stumpf, Angleitner, Wieck, Jackson, & Beloch-Till, 1985). Personen mit einer hohen Merkmalsausprägung werden im Manual als Menschen beschrieben, die Zuneigung und Trost vermitteln, sich um anderen Menschen kümmern, ihnen Unterstützung und Gefälligkeiten anbieten und, wenn es ihnen möglich ist, anderen sehr gern helfen. Die Probanden wurden gebeten, die 16 Items der Parallelform KA mit „stimmt" oder „stimmt nicht" zu beantworten. Laut den Autoren können die Standards für Durchführungs-, Auswertungs- und Interpretationsobjektivität bei korrekter Anwendung des PRF leicht eingehalten werden. Informationen zur Reliabilität der Hilfsbereitschaftsskala liefern akzeptable interne Konsistenzkoeffizienten von .69 sowohl für Cronbachs Alpha als auch der korrigierten Spearman-Brown-Formel. Zusätzlich werden Stabilitätskoeffizienten von .79 bei einjährigem Zeitabstand ($N = 140$) und .78 bei zweijährigem Zeitabstand ($N = 58$) und die Paralleltestreliabilität zur Form KB mit .66 angeben. Stumpf und Kollegen (1985) stützten die Faktorenstruktur der PRF mit einer faktoranalytischen Auswertung. Ostendorf, Angleitner und Ruch (1986) untersuchten die konvergente Validität der 14 PRF-Skalen, indem sie die Merkmalsbeschreibung dieser Skalen zu einer globalen Ratingskala umformten. Dieses Rating gaben die Autoren zum einen der Stichprobe selbst und zum anderen sechs Gleichaltrigen mit unterschiedlichem Bekanntschaftsgrad vor. Die Skala Hilfsbereitschaft des PRF korrelierte zu .52 mit der globalen Ratingskala (Selbsteinschätzung) und zu .40 mit der globalen Fremdeinschätzung (gemittelt über alle sechs Bekannten). Gleichzeitig scheint die Hilfsbereitschaft relativ unabhängig von anderen Persönlichkeitsinventaren (vgl. Stumpf et al., 1985) zu sein, was von den Autoren für eine stärkere und differenziertere Repräsentation des Konstruktes spricht. Darüber hinaus untersuchten Riemann und Schumacher (1996) die Kriteriumsvalidität zwischen der deutschen PRF und Verkaufserfolg von Außendienstmitarbeitern einer Versicherungsgesellschaft. Ihren Verkaufserfolg mussten die 64 Außendienstmitarbeiter selbst einschätzen, indem sie sich Leistungspunkte für ihren beruflichen Erfolg gaben. Die Skala Hilfsbereitschaft wies eine Korrelation von -.21 mit dem um Alter, Geschlecht und Dauer der Zugehörigkeit im Unternehmen bereinigten Verkaufserfolg auf. Obwohl es sich hierbei nicht um ein objektives Kriterium handelt, scheint der Einsatz des Verfahrens für die Zielstellung der hier berichteten Untersuchung zweckdienlich zu sein, da das Spendensammeln und der Verkaufs-erfolg viele Überschneidungspunkte aufweisen (vgl. Kapitel 6.2.3).

Attraktivität

Im Verlauf der Untersuchung wurde jeder Spendensammler um eine Fotoaufnahme gebeten. Alle Teilnehmer wurden darüber informiert, dass ihr Bild ausschließlich zu Forschungszwecken verwendet wird und anhand des Bildes eine Einschätzung ihrer Sympathie und Attraktivität vorgenommen wird. Alle Teilnehmer gaben schriftlich ihr Einverständnis zur Aufnahme und positionierten sich frontal vor einer weißen Wand. Die Versuchsleiter bemühten sich um identische Helligkeit im Raum und Abstand zum Teilnehmer während der Aufnahme und forderten alle Spendensammler auf, zu lächeln. Nach Abschluss der Untersuchung wurden die Bilder mit einem Bildbearbeitungsprogramm aufgehellt, scharf gezeichnet und auf einheitliche Größe zugeschnitten. Da zur Messung der Sympathie und Attraktivität kein standardisiertes Messverfahren ausfindig gemacht werden konnte, wurde eine Literaturrecherche zu diesem Themenbereich durchgeführt und nach erfolgreichen Operationalisierungen der Konstrukte gesucht. Wie bereits Hassebrauck (1993) feststellte, werden in den meisten Arbeiten Mittelwerte von 7- oder 9-stufige Ratingskalen verschiedener Beurteiler als Indikatoren für die Attraktivität einer Person verwendet. Dabei erfolgt die Messung in den meisten Fällen nur mit Hilfe von einem Einzelitem in Form einer direkten Frage nach der Attraktivität bzw. Sympathie der abge-bildeten Person. Diese „truth-by-consensus" Methode führt zu relativ guten Urteilerüberein-stimmungen. Hingegen verwendeten DeShield, Kara und Kaynak (1996) insgesamt vier Items nach dem Verfahren des semantischen Differentials mit den Eigenschaftspaaren: attraktiv – unattraktiv, hübsch – hässlich, elegant – unelegant, sexy – unsexy. Die Einschätzung der Attrak-tivität musste für jedes Item auf einer 7-stufigen Ratingskala vorgenommen werden.
Die Autoren berichten eine Faktorenanalyse mit diesen vier Items bei 963 Probanden, die ihre Annahme der Eindimensionalität ($\lambda = 2.65$, Varianzaufklärung = 66.4%) unterstützt. Leider fehlen in dieser Publikation Angaben zu Urteilerübereinstimmungen der eingesetzten Attraktivi-tätsskala. Für die vorliegende Untersuchung wurden die Fotografien der 43 Spendensammler in die Software WMC (Version 1.3.0; Becker, 2012) eingebunden. Im Anschluss an die Präsentation eines jeden Bildes musste per Mausklick die abgebildete Person evaluiert werden. Die vier Items von DeShield et al. (1996) wurden um das Eigenschaftspaar sympathisch – unsympathisch ergänzt und ebenfalls auf einer 7-stufigen Ratingskala vorgegeben.

Stichprobe – Attraktivität

Die Fotografien wurden von 32 Mitarbeitern verschiedener psychologischer Institute (Universi-täten Magdeburg, Koblenz-Landau und Luxemburg) bewertet. Die Beschränkung auf Mitarbeiter war notwendig, da eine Bewertung von den eigenen Kommilitonen durch die Teilnehmer nicht erwünscht war. Es bearbeiteten jeweils 16 männliche und weibliche Mitarbeiter die 20-minütige Testung. Eine Kurzanleitung für den Umgang mit WMC und eine Instruktion zur Einschätzung der Attraktivität und Sympathie wurde durch die Versuchsleiterin entweder mündlich oder telefonisch direkt vor Start der Bewertung gegeben. Um die Anonymität zu gewährleisten, wurde nur das Geschlecht und der Altersrange (25 bis 58 Jahre) der Teilnehmer erfasst.

Motivmessung

Zu den folgenden Konstrukten wurde nur eine Hypothese bezüglich der Leistungsmotivation formuliert. Alle weiteren Motive wurden erfasst, da die Untersuchung in Kooperation mit einem weiteren Mitarbeiter der Abteilung für Methodenlehre, Diagnostik und Evaluationsforschung durchgeführt wurde. Trotzdem werden die vollständigen Verfahren berichtet und alle gemessenen Motive kurz erläutert. Darüber hinaus erfolgte eine Unterscheidung zwischen der expliziten und impliziten Motivmessung, weshalb ein Fragebogen und ein projektives Verfahren zum Einsatz kamen.

Explizite Motivmessung

Erneut wurden drei Skalen Achievement (Ac, Leistungsstreben), Affiliation (Af, Geselligkeit) und Dominance (Do, Dominanzstreben) aus der deutschen Version der *Personality Research Form* (PRF; Stumpf, Angleitner, Wieck, Jackson, & Beloch-Till, 1985) ausgewählt. Sie sollen die Motive Leistung, Anschluss und Macht repräsentieren. Eine Kurzbeschreibung der Inhalte kann in Tabelle 26 eingesehen werden. Der erstellte Fragebogen beinhaltete insgesamt 47 Items der Parallelform KA mit dem dichotomen Antwortformat „stimmt" oder „stimmt nicht". Die bereits bei der Skala Hilfsbereitschaft (Nu) ausgeführten Beschreibungen zur Objektivität und Faktorenstruktur sind selbstverständlich auch für diese Skalen zutreffend.

Tabelle 26: Eingesetzte Motivskalen und ihre inhaltliche Beschreibung einer Person mit hoher Merkmalsausprägung (aus Stumpf et al., 1985).

Motiv	Beschreibung einer Person mit hoher Merkmalsausprägung
Ac - Leistungstreben	Strebt danach, schwierige Aufgaben zu lösen; stellt sich hohen Anforderungen und ist gewillt, auf ferne Ziele hinzuarbeiten; geht selbstsicher auf Wettbewerb ein; nimmt bereitwillig Mühen auf sich, um hervorragende Leistung zu vollbringen.
Af - Geselligkeit	Ist gern mit Freunden oder überhaupt mit anderen Menschen zusammen; akzeptiert andere Leute bereitwillig; gibt sich Mühe, Freundschaften einzugehen und Verbindungen zu anderen Menschen aufrechtzuerhalten.
Do - Dominanzstreben	Versucht, seine Umwelt unter Kontrolle zu halten und andere Leute zu beeinflussen oder zu lenken; vertritt seine Meinung nachdrücklich; gefällt sich in der Rolle des Anführers und kann sie spontan übernehmen.

Die internen Konsistenzkoeffizienten für Cronbachs Alpha bzw. der korrigierten Spearman-Brown-Formel werden im Manual mit .70/.69 (Ac), .75/.76 (Af) und .82/.79 (Do) angegeben. Darüber hinaus liegen die Stabilitätskoeffizienten nach einem Jahr (Ac: .78, Af: .88, Do: .83) und nach zwei Jahren (Ac: .63, Af: .82, Do: .82) ebenfalls im sehr guten Bereich. Auch an dieser Stelle soll die Konstruktvalidierungsstudie von Ostendorf et al. (1986) Erwähnung finden. Für die Motivskalen wurden Korrelationen zwischen einer Selbsteinschätzung auf einer globalen Rating-skala und den PRF-Skalen in Höhe von .54 (Ac), .66 (Af) und .73 (Do) berichtet. Die Zusammenhänge mit einer globalen Fremdeinschätzung, welche über sechs Bekannte gemittelt wurde, betragen .46 (Ac), .56 (Af) und .50 (Do).

Hingegen fallen die Beziehungen zu anderen Persönlichkeitsinventaren für diese drei Skalen sehr unterschiedlich aus. Während Affiliation in beinahe allen aufgeführten Untersuchungen des PRF-Manuals mit Konstrukten der Extraversion und Geselligkeit signifikante Zusammenhänge zeigt (zum Beispiel: Eysenck Personality Inventory und FPI), ist die Achievement-Skala nicht eindeutig zuordbar und weist ihre höchste Korrelation mit der Skala Regelbewusstsein aus dem 16 PF auf. Dominance weist zwar zur gleichnamigen Skala im 16 PF und zu Maskulinität im FPI bedeu-tende Zusammenhänge auf, allerdings muss erwähnt werden, dass vergleichbare Korrelationen auch zur Extraversion und Geselligkeit bestehen, weshalb von inhaltlichen Überschneidungen mit den jeweiligen Konstrukten ausgegangen werden muss. In der bereits oben berichteten Studie zur Kriteriumsvalidität (Riemann & Schumacher, 1996) wiesen nur die Skalen Affiliation (-.25) und Dominance (-.21) Korrelationen mit dem Verkaufserfolg auf. Überraschenderweise gab es keine Zusammenhänge mit der Skala Achievement (-.04). Nach Herauspartialisierung biogra-fischer Daten (Alter, Geschlecht und Dauer im Unternehmen) blieb nur für die Skala Affiliation (-.21) ein Zusammenhang übrig.

Implizite Motivmessung

Im Operanten Multi-Motiv Test (OMT; Kuhl, Scheffer & Eichstaedt, 2003) werden ebenfalls die drei Motive Beziehung und Bindung (Anschluss) sowie Leistung und Macht erhoben. Dazu werden den Probanden 15 mehrdeutige Bilder vorgegeben, zu denen sie jeweils vier Fragen in kurzen Sätzen beantworten sollen. Der Proband muss das Material wahrnehmen und sich mit einer der abgebildeten Personen identifizieren. Diese Prozesse sollen Komponenten der Persönlichkeit freilegen, da laut Murray (S. 1, 1943) „Menschen die Tendenz haben, eine ambigue soziale Situation in Übereinstimmung mit früheren Erfahrungen und aktuellen Bedürfnissen zu interpretieren". Die von den Probanden formulierten Tendenzen sind die Grundlage für die Auswertung im OMT. Zunächst wird kodiert, ob eines der Hauptmotive erkennbar ist und inwiefern in der Tendenz eine Aufsuchungs- oder Vermeidungsmotivation geäußert wurde. Liegt ein Aufsuchungsmotiv vor, muss entschieden werden, inwieweit selbstregulatorische Prozesse oder externe situative Auslöser beteiligt sind. Zusätzlich muss auf diesen Ebenen zwischen positiven und negativen Affekten unterschieden werden. Dadurch ergeben sich für jedes Motiv fünf verschiedene Ebenen, die selbstregulatorische Prozesse in die Motivationstheorie nach Heckhausen integrieren (Kuhl, 2010). Jeder Ebene ist ein zu interpretierendes Bild im OMT zugeordnet. Kuhl (2010) berichtet Urteilerübereinstimmungen von .85 sowie im Bereich hoher und niedriger Kennwerte ein Cronbachs Alpha von über .70. Geringere interne Konsistenzen im mittleren Verteilungsbereich sind laut Kuhl theoretisch begründbar, weil Motive untereinander konkurrieren, und nur bei starker oder schwacher Ausprägung ein Motiv einen konsistenten Einfluss ausüben kann.

Positiv interpretiert werden die erwarteten Nullkorrelationen des OMT mit Fragebögen zur expliziten Motivmessung (Motives, Values, Preferences Inventory und NEO-FFI; vgl. Scheffer, 2001), sowie die Konvergenzen zu anderen projektiven Verfahren, die u.a. im Auswertungsmanual von Kuhl und Scheffer (2001) berichtet werden (z.B.: das Bindungsmotiv des OMT und der Familiensystem-Test oder Übereinstimmungen zum Thematischen Apperzeptionstest). Bei Scheffer (2001) werden darüber hinaus Zusammenhänge mit relevanten Außenkriterien aufgezeigt. Dazu gehören die signifikanten Interkorrelationen zwischen dem Notendurchschnitt von Studierenden und den Leistungsmotiven „Misserfolgsbewältigung" (.23) und „Leistungsdruck" (.22).

10.2.3 Untersuchungsdesign

Die Datenerhebung wurde innerhalb von zwei Kalenderjahren zweimal in identischer Weise durchgeführt. Während die erste Erhebung vom 12.10. bis zum 19.12.2012 stattfand, wurde die zweite Erhebung ein Jahr später im Zeitraum vom 21.10. bis zum 26.11.2013 durchgeführt. Die Unterbrechung war nötig, da mit jeder durchgeführten Spendensammlung die Anzahl der bereits angesprochenen Passanten größer wurde. Dies soll an den beiden letzten Sammelterminen beispielhaft verdeutlicht werden. Im Jahr 2012 sprach der letzte Proband insgesamt 86 Passanten an, wovon 9 bereits angesprochen worden. Dies entspricht 10.47% der von ihm angesprochenen Passanten. Ein vergleichbares Bild zeigte sich 2013 mit 11.9% Mehrfachangesprochenen bei der letzten Sammlung. Es wäre unfair gegenüber den zeitlich späteren Spendensammlern gewesen, wenn sie deutlich häufiger Passanten vorfänden, die bereits gespendet haben oder Passanten, die zumindest schon einmal angesprochen wurden. Ferner wurden keine Sammeltermine mehr vereinbart, wenn abzusehen war, dass sich das Wetter nicht länger zum Aufenthalt im Freien eignen würde. Diese Maßnahme war nötig, um zu gewährleisten, dass jeder Proband ungefähr dieselbe Anzahl an potentiellen Spendern am Sammelort vorfindet.

Innerhalb einer Datenerhebung absolvierte jeder Proband zwei Sitzungen, die zeitlich nah beieinander lagen, sodass von einer konkurrenten Validitätsbestimmung ausgegangen werden kann. In der ersten Sitzung wurde die „Spendensumme" als Kriterium in Form einer Einzeltestung erfasst. Der zweite Termin diente zur Erhebung der Prädiktorvariablen und wurde als Gruppentestung durchgeführt.

10.2.3.1 Durchführung Spendensammlung

Die Spendensammlung wurde in Form von Einzelerhebungen durchgeführt. Im Rahmen der persönlichen Begrüßung wurde der Proband informiert, dass er an der Erprobung eines neuartigen Assessment Centers für Berufe im Gesundheitssektor mitwirkt und dabei eine Reihe kognitiver Tests, Fragebögen und praktische Übungen absolvieren muss. Diese Coverstory wurde ausgewählt, um die eigentliche Fragestellung der Untersuchung gegenüber den Probanden nicht preisgeben zu müssen. Anschließend wurde das Rollenspiel „Spendensammlung" instruiert und der biografische Fragebogen vorgegeben. Die Versuchspersonen hatten 15 Minuten Zeit, sich selbstständig auf die Spendensammlung vorzubereiten. Eine schriftliche Zusammenfassung über die Arbeit und Ziele der Organisation und originale Informationsbroschüren von „Wildwasser Magdeburg e.V." dienten den Probanden als Hilfestellung bei der Planung ihres Vorgehens. Nach Beendigung der Vorbereitungszeit wurden die Teilnehmer mit einem roten T-Shirt und einer Spendendose ausgestattet, auf denen jeweils das Logo von „Wildwasser" zu sehen war. Im Erhebungszeitraum 2013 wurde zusätzlich ein Foto von jedem Spendensammler aufgenommen. Die Probanden wurden darüber informiert, dass Mitarbeiter aus dem Institut für Psychologie eine Einschätzung hinsichtlich Sympathie der Abgebildeten vornehmen werden. Alle Teilnehmer gaben ihr schriftliches Einverständnis und ließen sich fotografieren. Am Startpunkt auf dem Mensavorplatz, der für alle Probanden identisch war, wurde ein Countdown von 20 Minuten im Mobiltelefon der Versuchsleiterin eingestellt. Während der Spendensammlung wurde u.a. die Anzahl der angesprochenen Passanten, die Anzahl der Spender und weitere als nützlich erachtete Verhaltensweisen der Probanden in einem Beobachtungsbogen notiert, welcher bereits im Kapitel 10.2.2.1 ausführlich beschrieben wurde. Im Anschluss kehrten Versuchsleiter und Proband gemeinsam zurück zum Institut für Psychologie, um das Spendengeld zu zählen. Teilnehmer, die im Rahmen des Statistiktutoriums nicht an der Erhebung des Fünf-Faktoren-Modells der Persönlichkeit teilgenommen hatten, wurden gebeten, den NEO-PI-R zu Hause auszufüllen und zur zweiten Sitzung, der Gruppentestung, wieder mitzubringen. Ein Abschlussfragebogen, der mögliche Strategien und eine Selbsteinschätzung der Probanden (subjektives Kriterium) bezüglich des Sammelerfolges abfragte, beendete die erste Sitzung. Insgesamt dauerte die Durchführung ca. 60 Minuten und ist graphisch in Abbildung 28 veranschaulicht.

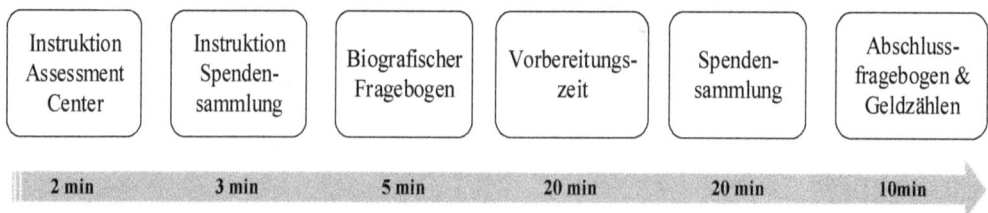

Instruktion Assessment Center	Instruktion Spendensammlung	Biografischer Fragebogen	Vorbereitungszeit	Spendensammlung	Abschlussfragebogen & Geldzählen
2 min	3 min	5 min	20 min	20 min	10min

Abbildung 28: Ablauf der Spendensammlung - Studie 3

Anmerkung. Die Vorbereitungszeit beinhaltete die 15 min selbstständige Planung des Vorgehens, das Ankleiden des T-Shirts, die Fotoaufnahme und den Gang zum Mensavorplatz.

10.2.3.2 Durchführung Gruppentestung

Die Prädiktoren wurden in Gruppensitzungen mit fünf bis zehn Probanden pro Testung erhoben. Alle Testungen fanden im Computerkabinett des Institutes für Psychologie der Otto-von-Guericke-Universität Magdeburg statt und dauerten jeweils ca. 2.5 Stunden. Im Rahmen der Begrüßung generierten die Teilnehmer ihren Probandencode und erhielten eine allgemeine Instruktion. Alle Leistungstests und Fragebögen wurden in Papier-Bleistift-Form vorgegeben, abgesehen vom Untertest Soziales Verständnis des MTSI-3, welcher am Computer appliziert wurde. In Abbildung 29 kann die Reihenfolge der eingesetzten Testverfahren und ihre durchschnittliche Bearbeitungsdauer eingesehen werden. Zu beachten ist, dass der Ablauf im Jahr 2013 um die Skala Hilfsbereitschaft ergänzt wurde. Die Hinzunahme einer weiteren Skala zur Erfassung von Hilfsbereitschaft war notwendig, da die psychometrische Qualität der Skala Soziale Orientierung im ersten Erhebungszeitraum zweifelhaft erschien.

10.3   Ergebnisse

Die nachfolgenden statistischen Analysen wurden mit den Programmen IBM SPSS® (Version 22) und SigmaPlot (Systat Software, San Jose, CA) durchgeführt. Bevor die aufgestellten Hypothesen untersucht werden, erfolgt eine Quantifizierung der Spendensammlung und eine Darstellung der deskriptiven Statistiken getrennt für die Prädiktoren und Kriterien.

10.3.1   Vorbereitende Analysen – Kriterien

Begonnen wurde mit einer Betrachtung des objektiven Kriteriums *Spendensumme in Euro* und den zusätzlich erhobenen Merkmalen *Anzahl der angesprochenen Passanten*, deren *Geschlecht* und *Anzahl der Spender*. Obwohl das Ergebnis des Shapiro-Wilk-Tests nur eine Verletzung der Normalverteilungsannahme für die *Spendensumme* anzeigte, wurde auch für die übrigen Variablen nicht von einer Normalverteilung ausgegangen. Aufgrund der Histogramme mit Normalverteilungskurven und der geringen Teststärke von Nullhypothesentests bei kleinen Stichproben wurden verteilungsfreie Verfahren verwendet.

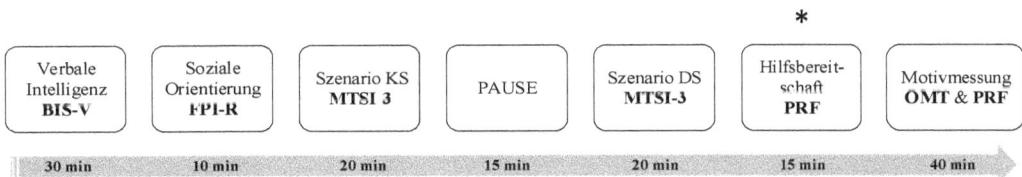

Abbildung 29: Ablauf der Gruppentestung - Studie 3

Anmerkung. BIS-V = Berliner Intelligenzstruktur-Test, verbale Aufgaben; FPI-R = Freiburger Persönlichkeitsinventar; KS = Szenario Katrin; DS = Szenario Daniel; MTSI-3 = Magdeburger Test zur Sozialen Intelligenz, 3. Version; PRF = Deutsche Personality Research Form; OMT = Operanter-Motiv-Test; * Skala Hilfsbereitschaft kam nur im Jahr 2013 zum Einsatz.

Für den ersten Spendensammler sind keine Informationen über das Geschlecht angesprochener Passanten und Spender vorhanden, da der Beobachtungsbogen an diesem Teilnehmer erprobt wurde. Für alle weiteren Skalen konnten weder Ausreißer (Influence Plots) noch fehlende Werte ermittelt werden. Zudem war eine Bestimmung der Reliabilität für die Spendensumme und Verhaltensweisen nicht möglich, da für jeden Probanden nur eine Spendensammlung durchgeführt wurde.

In Tabelle 27 sind Summenwerte, Median, Interquartilsabstand (IQA) und Spannweite für die Untersuchungszeiträume und Gesamtstichprobe dargestellt. Um die durchschnittlichen Einnahmen eines Spendensammlers bestimmen zu können, wurde für jeden Teilnehmer ein Quotient aus der *Spendensumme* und der *Anzahl der Spender* gebildet.

Beide Untersuchungszeiträume wurden mit dem Mann-Whitney-U-Test darauf untersucht, ob sie aus formgleich verteilten Populationen mit identischem Medianwert stammen. Es konnten keine signifikanten Unterschiede für die *Spendensumme, Anzahl angesprochener Passanten* und *Anzahl der Spender* ermittelt werden. Nur der Median des *Quotienten* ($U = -2.95$, $p = .00$) fiel im Jahr 2012 größer aus. Darüber hinaus wurde an der Gesamtstichprobe überprüft, ob die zentrale Tendenz angesprochener weiblicher ($Md = 25.50$) und männlicher ($Md = 29.50$) Passanten übereinstimmte, was durch ein nicht signifikantes Ergebnis im Wilcoxon-Test ($U = -1.49$, $p = .14$) unterstützt wurde. Allerdings ließen sich von den angesprochenen Passanten mehr Männer ($Md = 9$) zu einer Spende überreden als Frauen ($Md = 7$): $U = -2.07$, $p = .04$.

Tabelle 27: Quantifizierung des Kriteriums und Merkmale der Spendensammlung

	2012	2013	Gesamt
N	25	18	43
Spendensumme	381.12 €	294.40 €	675.52 €
Md	14.44 €	13.86 €	14.34 €
IQA	8.34 €	13.45 €	10.35 €
Min; Max	4 €; 25.18 €	7.11 € ; 40.40 €	4 €; 40.40 €
Quotient	--	--	--
Md	1.02 €	0.79 €	0.88 €
IQA	0.30 €	0.27 €	0.33 €
Min; Max	0.72 €; 2.00 €	0.49 €; 1.35 €	0.49 €; 2.00 €
∑ Angesprochene	1458	1099	2557
Md	55	61.5	59
IQA	33	32	31
Min; Max	30; 87	28; 108	28; 108
∑ Spender	387	357	744
M (Md)	15	18	17
SD (IQA)	8	16	10
Min; Max	2; 29	7; 37	2; 37

Anmerkung. Quotient $= \dfrac{\text{Spendensumme}}{\text{Anzahl der Spender}}$

Jeder Proband schätzte sein Verkaufstalent im Vergleich mit Gleichaltrigen auf einem fünf-stu-figen Einzelitem und seine Leistung bei der Spendensammlung auf insgesamt sechs Items ein. Diese Items dienten als subjektive Kriterien für *Verkaufstalent* und *Erfolg bei der Spendensammlung*. Die Interkorrelation der sechs Items der Spendensammlung können im Anhang D (Tabelle D3) eingesehen werden. Da die Items „Ich habe mich mehr auf das Sammeln konzentriert als auf das Thema.", „Ich habe mir gezielt Personen ausgesucht und diese dann angesprochen." und „Nach einer erfolglosen Spende, habe ich meine Taktik geändert." hauptsächlich Nullkorrelationen und eine signifikant negative Korrelation untereinander und mit den übrigen drei Items aufwiesen, wurden sie aus den nachfolgenden Analysen ausgeschlossen. Die übrigen drei Items („Ich konnte mich in die Ziele der Organisation „Wildwasser" sehr gut hineinversetzen.", „Das Thema der Spendensammlung ging mir emotional sehr nah." und „Wenn ich selbst von mir angesprochen worden wäre, hätte ich im Rahmen meiner finanziellen Möglichkeiten großzügig gespendet.") wurden zu einem Mittelwert zusammengefasst und bilden das subjektive Kriterium *Erfolg bei der Spendensammlung*. Für die Spearman-Rho-Korrelation zwischen dem Item *Verkaufstalent* und dem Gesamtmittelwert *Erfolg bei der Spendensammlung* wurde ein signifikantes Ergebnis (r_s = .42, p = .01) ermittelt. Das *Verkaufstalent* wies einen Median von Md = 3 (IQA = .50, Range = 2–4) auf, während für den *Erfolg bei der Spendensammlung* ein Median von Md = 3.83 (IQA = .75, Range = 2–5) ermittelt wurde. Die Histogramme der subjektiven Kriterien zeigten für beide Variablen eine Abweichung von der Normalverteilung.

Abschließend erfolgte eine Betrachtung der Korrelation zwischen den objektiven und subjektiven Kriterien. Die Zusammenhänge sind in Tabelle 28 dargestellt. Objektive und subjektive Kriterien wiesen in der vorliegenden Untersuchung keine signifikanten Zusammenhänge auf. Während die Selbsteinschätzungen miteinander korrelierten, zeigten bei den objektiven Kriterien nur die *Spendensumme in Euro* und der gebildete *Quotient* einen signifikanten Zusammenhang mit der *Anzahl der Spender*.

Tabelle 28: Interkorrelation objektiver und subjektiver Kriterien

Kriterien	SE	Q	AA	AS	SE-VT	SE-S
SE						
Q	.10					
AA	.16	-.01				
AS	.82**	-.41**	.20			
SE-VT	.07	.13	.00	-.01		
SE-S	.17	-.17	-.07	.22	.42**	**.68#**

Anmerkung. SE = Spendensumme in Euro; Q = Quotient; AA = Anzahl Angesprochener; AS = Anzahl der Spender; SE-VT = Selbsteinschätzung Verkaufstalent; SE-S = Selbsteinschätzung Spendensammlung; # Split-Half-Reliabilität, korrigiert nach Spearman-Brown. * Korrelation ist signifikant bei p < .05. ** Korrelation ist signifikant bei p < .01. N = 43.

Studie 3 – Ergebnisse

10.3.2 Vorbereitende Analysen – Prädiktoren

Soziales Verständnis – SV-KS und SV-DS. Die Szenarien *Katrin* und *Daniel* wiesen zwischen 0 und 2.3% fehlende Werte auf, wodurch kein Item aus den statistischen Analysen ausgeschlossen werde musste. Erneut erfolgte die Anwendung von *Target Scoring* (TS-ITEM und TS-SIT) und *Proportion Consensus Scoring* (PCS). Eine Aufgabe von Szenario *Katrin* konnte aufgrund eines Programmabbruchs von einer Probandin nicht bearbeitet werden, diese Situation wurde im TS-SIT durch den personenbezogenen Mittelwert ersetzt. Eine Überprüfung der szenarienbasierten Mittelwerte auf Ausreißer führte zur Ersetzung von 3.5% der Werte des TS-ITEM, 2.3% der Werte des TS-SIT und 3.5% der Werte des PCS durch das 5. bzw. 95. Perzentil. Aufgrund der kleinen Stichprobe wurde erneut auf eine Bildung von Faktorenwerte für die Gesamtskala zum sozialen Verständnis verzichtet und stattdessen für jede Scoringmethode ein Mittelwert aus beiden Szenarien (SV$_{mean}$) gebildet. In Tabelle 29 sind Itemanzahl, Mittelwert, Standardabweichung, Spannweite, Schiefe, Kurtosis, Shapiro-Wilk-Test auf Normalverteilung und Cronbachs Alpha als Maß der Homogenität für alle eingesetzten Prädiktoren dargestellt.

Tabelle 29: Studie 3 - Deskriptive Statistik und interne Konsistenz der Prädiktoren

Aufgabe	Item-anzahl	M	SD	Min; Max	Skew	Kurt	Shapiro-Wilk	(p)	r_{it}-Range	α
SV-KS[a]	39 (43)	-1.67	.48	-2.71; -.90	-.39	-.35	.96	.13	.03; .68	.86 (.84)
SV-das	40 (54)	-2.17	.41	-2.95; -1.27	-.01	-.32	.99	.83	.02; .57	.79 (.61)
SV$_{mean}$[a]	--	-1.92	.38	-2.61; -1.09	.03	-.56	.98	.65	--	--
SV-KS[b]	8	37.31	8.44	23.81; 53.33	.23	-.82	.96	.13	.26; .58	.75
SV-DS[b]	8	53.21	5.76	41.03; 64.01	-.03	-.52	.98	.71	.17; .42	.56
SV$_{mean}$[b]	--	45.26	6.11	32.93; 55.91	-.11	-.71	.98	.61	--	--
SV-KS[c]	8	9.85	.53	8.65; 10.81	-.41	-.21	.98	.50	.04; .50	.60
SV-DS[c]	8	10.68	.48	9.64; 11.68	-.08	-.19	.98	.80	.01; .38	.37
SV$_{mean}$[c]	--	10.26	.41	9.49; 11.05	-.24	-.49	.97	.22	--	--
BIS-V	3	0.00	1.00	-2.09; 2.15	-.04	.35	.93	.18	.56; .62	.76
NEO-E	48	2.37	.41	1.44; 2.15	-35	-.08	.97	.75	.19; .75	.92
NEO-C	48	2.55	.32	1.92; 3.06	.01	-.59	.94	.33	.03; .67	.89
FPI-Rso	11	6.70	1.91	3.00; 3.17	-.10	-.52	.93	.20	.06; .45	.52
PRF-Nu*	16	11.78	1.31	9.00;14.00	-.07	.02	.94	.29	.00; .44	.54[#]
PRF-AC	16	.69	.17	.28; 1.00	-.80	.52	.93	.19	.02; .38	.61
OMT-L	5	2.74	1.25	1.00; 6.00	.45	.00	.91	.10	--	--
Attrak	5	4.31	.72	2.87; 5.60	-.11	-1.00	.95	.42	.68; .98	.95

Anmerkung. SV-KS = Szenario Katrin; SV-DS = Szenario Daniel; SV$_{mean}$ = Soziales Verständnis - Gesamtmittelwert der Szenarien; BIS-V = verbale kognitive Fähigkeiten; NEO-E = Extraversion; NEO-C = Gewissenhaftigkeit; FPIR-Rso = soziale Orientierung; PRF-Nu = Hilfsbereitschaft; PRF-AC = explizite Leistungsmotivation; OMT-L = implizite Leistungsmotivation; Attrak = Attraktivität. [a] Target Scoring itembasiert. [b] Target Scoring situationsbasiert. [c] Proportion Consensus Scoring. * Skala Hilfsbereitschaft kam nur im Jahr 2013 zum Einsatz (N = 18). [#] Split-Half-Reliabilität korrigiert nach Spearman-Brown. N = 43.

Bei der Anwendung des TS-ITEM mussten 9.3% der Items von Szenario *Katrin* und 25.9% der Items von Szenario *Daniel* aufgrund negativer Trennschärfen von der Mittelwertbildung ausgeschlossen werden. Ein Vergleich der erzielten Cronbachs Alpha-Koeffizienten mit den Werten der ersten und zweiten Studie zeigte eine leichte Erhöhung der Alphas, was auf die geringe Stichprobengröße der vorliegenden Studie zurückgeführt werden kann. Bei den Verfahren TS-SIT und PCS traten keine negativen Trennschärfen auf, allerdings fielen die Homogenitätswerte für Szenario *Katrin* in beiden Scoringmethoden größer und für Szenario *Daniel* geringer als in vorherigen Studien aus. Zudem zeigte sich ein geringerer Schwierigkeitswert für *Katrin* (M_{TS-SIT} = .87) im Vergleich zu *Daniel* (M_{TS-SIT} = .99). Hinsichtlich der Normalverteilungsannahme waren die Gesamtmittelwerte und Szenario *Daniel* im Shapiro-Wilk-Test und der graphischen Darstellung unauffällig. Die Histogramme von Szenario *Katrin* (TS-ITEM und TS-SIT) zeigten hingegen eine Abweichung von der Normalverteilung, was bei den nachfolgenden Analysen berücksichtigt wurde. Abschließend erfolgte eine Berechnung der Interkorrelation zwischen den Szenarien: r_s = .44 (p < .001, TS-ITEM), r_s = .46 (p < .001, TS-SIT) und r = .29 (p = .06, PCS). Erneut wurden mittlere positive Korrelationen zwischen *Katrin* und *Daniel* im TS-ITEM und TS-SIT ermittelt, während der geringere Zusammenhang im PCS nicht zufallskritisch abgesichert werden konnte.

Verbale Intelligenz – BIS-V. Die Rohwerte der Aufgaben wiesen keine fehlenden Werte auf und wurden entsprechend des BIS-4-Manuals (Jäger et al., 1997) zunächst in Punktwerte und anschließend in Standardwerte umgerechnet. Danach erfolgte eine Aggregation der drei Aufgaben einer Operation zu einem Mittelwert (vgl. Abbildung 26), wodurch sich insgesamt vier Mittelwerte ergaben, welche die Grundlage des Faktors verbale Intelligenz bildeten. Bei der resultierenden Skala BIS-V musste ein Ausreißer durch das 95. Perzentil ersetzt werden. Hinsichtlich der Itemkennwerte, Cronbachs Alpha und der Normalverteilungsannahme konnten keine Auffälligkeiten ermittelt werden (vgl. Tabelle 29).

Extraversion und Gewissenhaftigkeit – NEO-E und NEO-C. Entsprechend dem Handbuch des NEO-PI-R (Ostendorf & Angleitner, 2004) wurden die Items der Skalen Extraversion und Gewissenhaftigkeit zu Mittelwerten zusammengefasst. Während der Mittelwertbildung der Skala Extraversion traten bei zwei Items negative Trennschärfen auf. Trotzdem verblieben diese Items in der Skala. Fehlende Werte traten in den Einzelitems nicht auf, allerdings erfolgte eine Ersetzung von insgesamt vier Ausreißerwerten. Die deskriptive Statistik in Tabelle 29 zeigt sehr gute Homogenitätswerte und keine Auffälligkeiten hinsichtlich Itemkennwerten oder Abweichung von der Normalverteilung.

Hilfsbereitschaft – FPI-Rso und PRF Nu. Die Items des FPI und PRF wurden entsprechend der Handbücher umkodiert und jeweils zu einem Summenwert zusammengefasst. Beide Hilfsbereitschaftsskalen zeigten weder fehlende Werte noch Ausreißer. Die Skala PRF-Nu kam nur im zweiten Untersuchungszeitraum zum Einsatz, wodurch die deskriptiven Statistiken dieser Skala auf 18 Probanden beruhen. Aufgrund der reduzierten Stichprobe wurde zur Bestimmung der internen Konsistenz die Split-Half-Reliabilität der Testhälften berechnet und durch die Spearman-Brown-Formel auf .54 korrigiert. Für die Skala FPI-Rso wurde ein Cronbachs Alpha von .52 ermittelt. Auch nach Ausschluss der Items mit negativen Trennschärfen bei der Skala FPI-Rso blieb der Homogenitätswert im unteren Bereich (α = .56), weshalb alle Items für die Skalenbildung verwendet wurden. Bei den übrigen Itemkennwerten der Hilfsbereitschaftsskalen (vgl. Tabelle 29) traten hingegen keine Besonderheiten auf. Während für die Skala FPI-Rso von einer Normalverteilung ausgegangen wurde, wurden Spearmans-Rho-Koeffizienten für PRF-Nu verwendet. Abschließend wurde die Interkorrelation der Skalen berechnet: $r_s = .31$ ($p = .20$, $N = 18$). *Leistungsmotivation – PRF-Ac und OMT-L.* Für die Skala PRF-Ac wurde anlog zur Hilfsbereitschaftsskala (PRF-Nu) ein Summenwert gebildet. Der OMT besitzt fünf Bilder, die der Leistungsmotivation zugeordnet werden. Diese Bilder wurden von einem erfahrenen Mitarbeiter des Instituts für Psychologie in Magdeburg kodiert und zu einem Summenwert zusammengefasst. Fehlende Werte oder Ausreißer konnten nicht ausfindig gemacht werden. Während die Itemkennwerte der expliziten Leistungsmotivation (PRF-Ac) unauffällig waren und eine akzeptable Homogenität aufwiesen (vgl. Tabelle 29), zeigte das Histogramm eine deutliche Abweichung von der Normalverteilung.

Für die fünf Items des OMT wurden tendenziell negative und nicht signifikante Zusammenhänge ermittelt, wodurch eine Bestimmung der internen Konsistenz nicht möglich war. Auf eine Verwendung der impliziten Motivmessung für die Hypothesenprüfung wurde dementsprechend verzichtet. Zur Vollständigkeit sind in Tabelle 29 die Itemkennwerte der impliziten Leistungsmotivation dargestellt.

Attraktivität. Die Beurteilung der Attraktivität der 43 Spendensammler wurde von einer separaten Stichprobe ($N = 32$) vorgenommen. Hierzu beurteilten sie fünf Eigenschaftspaare auf einer 7-stufigen Ratingskala. Die Intra-Klassen-Korrelationen der 32 Beurteiler lagen zwischen .85 (Sympathie) und .94 (Attraktivität), sodass die absolute Übereinstimmung der Beurteiler als sehr gut eingestuft werden kann. Pro Eigenschaftspaar wurden die Ratings der 32 Probanden zu einem Mittelwert aggregiert und die interne Konsistenz der fünf Items berechnet ($\alpha = .95$). Anschließend erfolgte eine Zusammenfassung der Items zu einem Gesamtmittelwert. In Tabelle 29 sind die deskriptiven Statistiken der Gesamtskala dargestellt. Das Histogramm mit Normalverteilungskurve zeigt eine tendenziell linksschiefe Verteilung für die Gesamtskala und dementsprechend eine Verletzung der Normalverteilungsannahme.

Bevor die Hypothesenprüfung erfolgte, wurde eine Betrachtung der korrelativen Bezüge aller eingesetzten Prädiktoren vorgenommen. Bei Verletzung der Normalverteilungsannahme kamen Spearmans-Rho-Koeffizienten zum Einsatz. Die Tabelle 30 verdeutlicht, dass nur die sozialen Verständnisaufgaben des TS-ITEM und TS-SIT konstant signifikante Zusammenhänge zeigten, während sie mit dem PCS nur punktuell interkorrelierten. Zu den übrigen Prädiktoren wies das soziale Verständnis überwiegend Nullkorrelationen auf. Beide *Target Scorings* zeigten eine signifikante Korrelation in unerwarteter Richtung zwischen Szenario *Daniel* und der Hilfsbereitschaftsskala aus dem FPI. Zwischen den übrigen Prädiktoren wurden hauptsächlich Nullkorrelationen ermittelt. Lediglich die explizite Leistungsmotivation des PRF und die Skala Gewissenhaftigkeit des NEO-PI-R interkorrelierten überzufällig. Zudem zeigten die physische Attraktivität und die Skala Gewissenhaftigkeiten einen tendenziellen Zusammenhang.

Tabelle 30: Interkorrelation der Prädiktoren

Aufgaben	1 KS[a]	2	3	4	5	6	7	8	9	10	11	12	13	14	15
2 SV-DS[a]	.44**														
3 SV$_{mean}$[a]	.85**	.82**													
4 SV-KS[b]	-.98**	-.42**	-.83**												
5 SV-DS[b]	-.42**	-.85**	-.71**	.46**											
6 SV$_{mean}$[b]	-.88**	-.70**	-.92**	.92**	.79**										
7 SV-KS[c]	.51**	.10	.40**	-.52**	-.02	-.40**									
8 SV-DS[c]	.12	-.04	.04	-.17	-.16	-.19	.29†								
9 SV$_{mean}$[c]	.39**	.04	.29†	-.43**	-.11	-.37*	.83**	.78**							
10 BIS-V	-.04	-.06	-.06	.04	-.01	.01	.02	.19	.12						
11 NEO-E	.16	-.04	.05	-.09	.12	.02	.02	-.11	-.06	-.16					
12 NEO-C	-.06	-.15	-.13	.08	.20	.15	.01	-.01	.00	-.22	.17				
13 FPI-Rso	.04	-.34*	-.18	-.03	.31*	.14	.03	-.01	.02	.04	.13	-.13			
14 PRF-Nu*	-.12	-.31	-.29	.26	.38	.37	-.24	-.03	-.17	-.14	.31	.14	.31		
15 PRF-Ac	-.03	-.21	-.19	.03	.14	.09	.04	.08	.10	-.12	.18	.53**	-.13	.01	
16 Attrak	-.09	-.05	-.05	.05	-.06	-.01	-.15	.01	-.04	.00	.14	.29†	-.13	.24	.23

Anmerkung. SV-KS = Szenario Katrin; SV-DS = Szenario Daniel; SV$_{mean}$ = Soziales Verständnis - Gesamtmittelwert der Szenarien; BIS-V = verbale kognitive Fähigkeiten; NEO-E = Extraversion; NEO-C = Gewissenhaftigkeit; FPIR-Rso = soziale Orientierung; PRF-Nu = Hilfsbereitschaft; PRF-AC = explizite Leistungsmotivation; Attrak = Attraktivität. [a] Target Scoring itembasiert. [b] Target Scoring situationsbasiert. [c] Proportion Consensus Scoring. * Skala kam nur im Jahr 2013 zum Einsatz (N = 18). † Korrelation ist signifikant bei $p < .10$. * Korrelation ist signifikant bei $p < .05$. ** Korrelation ist signifikant bei $p < .01$. N = 43

Tabelle 31: Prädiktor-Kriterium Zusammenhänge

		SE	Q	AA	AS	SE-VT	SE-S
TS-ITEM	SV-KS	**-.34***	-.09	.03	-.20	-.05	-.04
	SV-DS	-.08	-.10	.08	.03	-.21	-.11
	SV$_{mean}$	*-.26†*	-.06	.06	-.14	-.16	-.14
TS-SIT	SV-KS	**.34***	.07	-.03	.21	.11	.10
	SV-DS	.04	.00	-.13	-.03	.25	.23
	SV$_{mean}$	*.27†*	.07	-.07	.14	.18	.17
PCS	SV-KS	-.20	-.01	-.25	-.13	.18	-.14
	SV-DS	.00	-.09	.15	.04	-.05	-.06
	SV$_{mean}$	-.15	-.09	-.04	-.07	.06	-.11
	BIS-V	-.07	.12	.17	-.07	-.05	.05
	NEO-E	-.24	-.01	.09	-.24	**.61****	**.47****
	NEO-C	.08	-.12	.22	.13	.20	*.29†*
	FPI-Rso	-.04	-.09	-.19	.03	.09	*.26†*
	PRF-Nu*	.32	.25	.02	.15	.30	**.51***
	PRF-AC	.10	-.17	**.31***	.23	.10	.17
	Attrak	**.38***	.03	*.30†*	**.35***	.00	.19

Anmerkung. SE = Spendensumme in Euro; Q = Quotient; AA = Anzahl Angesprochene; AS = Anzahl der Spender; SE-VT = Selbsteinschätzung Verkaufstalent; SE-S = Selbsteinschätzung Spendensammlung; TS-ITEM = Target Scoring itembasiert; TS-SIT = Target Scoring situationsbasiert; SV-KS = Szenario Katrin; SV-DS = Szenario Daniel; SV$_{mean}$ = Soziales Verständnis - Gesamtmittelwert der Szenarien; BIS-V = verbale kognitive Fähigkeiten; NEO-E = Extraversion; NEO-C = Gewissenhaftigkeit; FPIR-Rso = soziale Orientierung; PRF-Nu = Hilfsbereitschaft; PRF-AC = explizite Leistungsmotivation; Attrak = Attraktivität. * Skala Hilfsbereitschaft kam nur im Jahr 2013 zum Einsatz (N = 18). † Korrelation ist signifikant bei $p < .10$. * Korrelation ist signifikant bei $p < .05$. ** Korrelation ist signifikant bei $p < .01$. $N = 43$.

10.3.3 Prädiktor-Kriterium Zusammenhang

Zur Prüfung der aufgestellten Hypothesen wurden die Prädiktor-Kriterium Zusammenhänge mit Hilfe von Spearmans-Rho-Koeffizienten berechnet. Die Korrelationen sind in Tabelle 31 darge-stellt. Bei dem objektiven Kriterium *Spendensumme in Euro* wurde ein signifikanter Zusammenhang mit dem Szenario *Katrin* (TS-ITEM und TS-SIT) und eine tendenzielle Korrelation mit dem Ge-samtmittelwert (SV$_{mean}$) bestimmt. Die Korrelationen wiesen allerdings eine unerwartete Richtung auf. Bei den restlichen Prädiktoren zeigte nur die physische Attraktivität der Spendensammler eine signifikante Korrelation mit der *Spendensumme in Euro*. Der gebildete *Quotient* zeigte hingegen mit allen Prädiktoren Nullkorrelationen. Bei der *Anzahl angesprochener Passanten* konnte ein signifikanter Zusammenhang mit der expliziten Leistungsmotivation der Spendensammler und eine tendenzielle Korrelation mit der physischen Attraktivität ermittelt werden, während *Anzahl der Spender* nur einen signifikanten Zusammenhang mit der Attraktivität zeigte.

Die subjektiven Kriterien wiesen keine Korrelation mit leistungsbasierten Verfahren (soziales Verständnis und verbale kognitive Fähigkeiten) auf, zeigten allerdings Bezüge zur selbsteingeschätzten Extraversion. Zusätzlich wurden beim Kriterium *Erfolg bei der Spendensammlung* ein signifikanter Zusammenhang mit der Hilfsbereitschaft (PRF-Nu) und tendenzielle Bezüge zur Gewissenhaftigkeit sowie der Hilfsbereitschaftsskala aus dem FPI-R ermittelt.

10.4 Diskussion

In der letzten Untersuchung wurde für die Szenarien *Katrin* und *Daniel* eine Kriteriumsvalidierung durchgeführt. Da der Untertest zum sozialen Verständnis als ein relevanter Prädiktor für das Außenkriterium *Verkaufserfolg* eingestuft wurde, professionelle Verkäufer allerdings nicht zur Verfügung standen, wurde zunächst in Betracht gezogen, eine Verkaufssituation nachzustellen. Hierbei hätten Studierende mit Hilfe eines Verkaufsgesprächs ein Produkt an andere Studierende verkaufen müssen. Bei der Wahl eines geeigneten Produktes ist zu beachten, dass nur eigene Erzeugnisse aus Land- und Forstwirtschaft, Fischerei, Garten- und Bergbau verkauft werden dürfen, während der Verkauf anderer Produkte in Deutschland anzeigepflichtig ist. Dementsprechend kamen nur Verkaufsstände mit selbst angefertigten Lebensmitteln infrage - wie beispielsweise Kuchenbasare. Zusätzlich war wichtig, dass die Studenten tatsächlich ein Verkaufsgespräch führen müssen, da das soziale Verständnis nur in der menschlichen Interaktion während eines Verkaufsgesprächs eine bedeutende Rolle einnehmen kann. Das Produkt durfte sich folglich nicht von selbst verkaufen, sondern musste Beratung und soziale Interaktion erfordern (Fließ, 2006). Es war nicht zu erwarten, dass der Verkauf von Kuchen oder anderen kostengünstigen Lebensmitteln an Studierende tatsächlich ein Verkaufsgespräch verlangt. Daher wurde als Kriterium der *Erfolg bei einer Spendensammlung* ausgewählt und vielfältige theoretische Überschneidungen zwischen einer Verkaufssituation und einer Spendensammlung herausgearbeitet (vgl. Kapitel 6.2.3).

Zunächst erfolgt eine separate Betrachtung der Prädiktoren und des Kriteriums, wobei detailliert auf die psychometrischen Eigenschaften von *Katrin* und *Daniel* eingegangen wird. Anschließend werden die Befunde zum Prädiktor-Kriterium Zusammenhang und die Eignung der Spendensammlung als ein Äquivalent zur Verkaufssituation diskutiert.

10.4.1 Prädiktoren und Kriterien

Da Itemkennwerte und Cronbachs Alpha-Koeffizienten stichprobenabhängig sind, wird zunächst auf die vorliegende Stichprobe eingegangen. Die Zusammensetzung kann erneut als homogen bezeichnet werden, da ausschließlich Studierende der Psychologie an der Untersuchung teilgenommen haben. Dementsprechend war der größte Anteil der Teilnehmer weiblichen Geschlechts. Da die Spendensammlung bei jedem Probanden in Form einer Einzeltestung durchgeführt wurde, ergab sich auch nach zwei Untersuchungszeiträumen nur eine vergleichsweise geringe Stichprobengröße. Der Standardisierung der Kriteriumserhebung wurde besondere Bedeutung beigemessen, sodass Jahreszeit, Ort und Vorgehen für jede Spendensammlung identisch waren. Auch die Anzahl der potenziellen Spender sollte für jeden Sammler gleich groß sein, weshalb ein Erhebungszeitraum beendet wurde, wenn mehr als zehn Prozent der angesprochenen Passanten auf dem Mensavorplatz angaben, bereits von „Wildwasser Magdeburg e. V." um eine Spende gebeten worden zu sein. Folglich ergab sich eine relativ kleine, homogene und hinsichtlich des Geschlechts unausgewogene Stichprobe, weshalb die Stabilität und Replizierbarkeit der Ergebnisse angezweifelt werden kann.

Hinsichtlich der psychometrischen Eigenschaften der Prädiktoren wird mit einer Betrachtung der Szenarien *Katrin* und *Daniel* begonnen. Für das TS-ITEM wurde erneut eine größere Anzahl an Items mit negativen Trennschärfen ermittelt. Insbesondere im Szenario *Daniel* mussten für die Skalenbildung vergleichsweise viele Items ausgeschlossen werden. Dennoch erzielten beide Szenarien bereits bei den Ausgangswerten akzeptable bis sehr gute Homogenitätswerte. Im TS-SIT konnten wiederholt alle Situationsscores zu einem Mittelwert zusammengefasst und interne Konsistenzwerte ermittelt werden, die in analoger Höhe zu den vorangegangenen Studien ausfielen. Allerdings waren die Alpha-Koeffizienten von *Katrin* in allen Scoringmethoden größer als die Werte von Szenario *Daniel*, welches im PCS sogar einen inakzeptablen Homogenitätswert erzielte. Diese Befunde waren vermutlich das Resultat der geringen Stichprobengröße.

In der vorliegenden Untersuchung können erneut nur die Mittelwerte des TS-SIT eine verlässliche Aussage über die Schwierigkeit der Szenarien liefern, da zu viele Items bei der Skalenbildung im TS-ITEM ausgeschlossen werden mussten. Szenario *Katrin* erzielte abermals eine geringere Schwierigkeit im Vergleich zu *Daniel*, dieser Befund wurde zum zweiten Mal an einer homogenen Stichprobe für die Kurzversionen ermittelt. Zudem wurden die mittleren positiven Korrelationen in analoger Höhe zwischen *Katrin* und *Daniel* für beide Formen des *Target Scorings* repliziert. Hingegen konnte die Korrelation im PCS aufgrund der geringen Teststärke nicht zufallskritisch abgesichert werden.

Zusammenfassend wurden analoge psychometrische Eigenschaften für die Kurzversionen im Vergleich zu den vorangegangenen Studien ermittelt. Weiterhin wird die Anwendung des *Target Scorings* und insbesondere die Berechnungsform nach TS-SIT empfohlen, da die Ergebnisse des PCS hinsichtlich interner Konsistenz und Interkorrelation der Szenarien in der vorliegenden Untersuchung wenig überzeugend waren. Vermutlich reicht eine kleine Stichprobe nicht aus, um ein verlässliches *Group Consensus Scoring* durchführen zu können. Folglich könnte eine sukzessive Erweiterung der Berechnungsstichprobe in Betracht gezogen werden, sodass das PCS für *Katrin* und *Daniel* immer auf der Grundlage aller bisher untersuchten Probanden durchgeführt wird. Allerdings sollte zuvor systematisch untersucht werden, ob die verschiedenen Untersuchungsbedingungen (Untersuchungsplan, eingesetzte Testverfahren, Zusammensetzung der Stichprobe etc.) der Einzelstudien einen Einfluss auf das *Group Consensus Scoring* ausüben.

Bei den eingesetzten Skalen zur Hilfsbereitschaft und bei der impliziten Messung des Leistungsmotivs wurden ebenfalls Besonderheiten festgestellt. Bereits nach Abschluss des ersten Untersuchungszeitraums wurde bemerkt, dass die Hilfsbereitschaft, gemessen mit der Skala aus dem *Freiburger Persönlichkeitsinventar* (FPI-R), zu geringe Homogenitätswerte aufwies, um verlässliche

Schlussfolgerungen aus dieser Skala ziehen zu können. Darum erfolgte im zweiten Erhebungs-zeitraum zusätzlich die Vorgabe der Skala aus der deutschen Version der *Personality Research Form* (PRF). Dennoch wiesen im Gesamtdatensatz beide Hilfsbereitschaftsskalen inakzeptable Homo-genitätswerte auf, sodass alle nachfolgenden Zusammenhangsbefunde mit diesen Skalen nur vorsichtig interpretiert werden dürfen. Darüber hinaus ließen sich die Items zum Leistungsmotiv aus dem Operanten Multi-Motiv Test nicht zu einer gemeinsamen Skala aggregieren, da sie negative und nicht signifikante Interkorrelationen aufwiesen.

Infolgedessen wurde nur der Prädiktor berücksichtigt, der auf der expliziten Motivmessung aus der *Personality Research Form* basierte. Aber auch bei dieser PRF-Skala lagen die ermittelten Homogenitätswerte im unteren Bereich. Bei den übrigen Prädiktoren (verbale Intelligenz, Extra-version und Gewissenhaftigkeit, physische Attraktivität) konnten bezüglich der psychometrischen Eigenschaften und der Skalenbildung keine Probleme festgestellt werden.

Anschließend wurde die Interkorrelation aller Prädiktoren betrachtet. Signifikante Korrelationen konnten in erster Linie zwischen den beiden Formen des *Target Scorings* gefunden werden. Die korrespondierenden Szenarien, die einerseits mit *Target Scoring* und andererseits mit PCS ausgewertet wurden, zeigten nur für *Katrin* signifikante Bezüge. Als mögliche Ursache kommen erneut die kleine Stichprobengröße und zusätzlich die geringen Alpha-Koeffizienten bei der Auswertung mit PCS infrage. Bei den Interkorrelationen der Szenarien mit den übrigen Prädik-toren konnte für das Szenario *Daniel* (TS-ITEM und TS-SIT) ein unerwarteter Zusammenhang mit der Hilfsbereitschaftsskala aus dem FPI-R ermittelt werden. Da die interne Konsistenz der Hilfsbereitschaft wenig überzeugend war, wurde diesem Befund keine Bedeutung beigemessen. Außerdem zeigten die Skala Gewissenhaftigkeit und die Leistungsmotivation einen erwartungs-gemäßen Zusammenhang. Alle übrigen Korrelationen konnten nicht zufallskritisch abgesichert werden oder lagen im Nullbereich. Bezüglich der verbalen Intelligenz waren Nullkorrelationen zu erwarten, da dieser Prädiktor analog zur ersten Untersuchung keine Zusammenhänge mit den Szenarien zum sozialen Verständnis aufweisen sollte und die übrigen Prädiktoren überwiegend Selbstberichte waren. Folgt man den Ergebnissen des NEO-PI-R-Manuals, sind die Skalen Extraversion und Gewissenhaftigkeit ebenfalls unkorreliert und auch das soziale Verständnis sollte zu den Persönlichkeitseigenschaften keine Bezüge aufweisen. Alle übrigen Inter-korrelationen erscheinen ebenfalls wenig plausibel, sodass nur ein Zusammenhang zwischen den beiden Hilfsbereitschaftsskalen vermisst werden kann. Diese Korrelation konnte allerdings nicht zufallskritisch abgesichert werden, weil die PRF-Skala nur im zweiten Erhebungszeitraum zum Einsatz kam und folglich nur eine reduzierte Stichprobe vorlag. Zusammenfassend sind die vielfältigen Nullkorrelationen zwischen den Prädiktoren als unproblematisch einzustufen und lassen außerdem Raum für inkrementelle Varianz im Prädiktor-Kriterium Zusammenhang.

Hinsichtlich der Kriterien wurden sowohl ein objektives Kriterium *Spendensumme in Euro* als auch zwei subjektive Kriterien *Verkaufstalent* und *Erfolg bei der Spendensammlung* erhoben. Um die Spen-densammlung als Äquivalent einer Verkaufssituation besser charakterisieren zu können, erfolgte eine Verhaltensbeobachtung der Spendensammler. Die Anzahl der angesprochenen Passanten, deren Geschlecht sowie Anzahl und Geschlecht der Spender, wurden von den Versuchsleitern protokolliert. In beiden Untersuchungszeiträumen fiel die Anzahl angesprochener Passanten und Spender sowie die Höhe der eingesammelten *Spendensumme in Euro* identisch aus. Da sich der gemeinnützige Verein „Wildwasser Magdeburg e. V." in erster Linie an Mädchen und junge Frauen richtet, die sexuelle Gewalt erfahren haben, wurde befürchtet, dass die Spendensammler bevorzugt weibliche oder männliche Passanten ansprechen würden, was allerdings nicht bestätigt werden konnte. Obwohl gleichviele Männer und Frauen von den Spendensammlern ange-sprochen wurden, ließen sich signifikant mehr Männer zu einer Spende überreden.

Eine Bestimmung der Reliabilität war für das objektive Kriterium und die zusätzlich erhobenen Merkmale nicht möglich, da jeder Spendensammler nur an einem Standort Geld einsammeln konnte. Während der Untersuchungsplanung wurde der Versuch unternommen, weitere Stand-orte auf dem Campus der medizinischen Fakultät und der Magdeburger Fachhochschule zu orga-nisieren. Bedauerlicherweise lehnten die Einrichtungen eine Spendensammlung auf ihrem Campus ab, obwohl angegeben wurde, dass es sich um ein psychologisches Experiment handeln würde und nicht um eine reale Spendensammlung. Alternativ hätte jeder Spendensammler zwei Termine auf dem Mensavorplatz der Otto-von-Guericke Universität bekommen können. Dieses Vorgehen wurde allerdings nicht umgesetzt, da sich die Teilnehmeranzahl halbiert hätte. Demzufolge kann über die Reliabilität und Stabilität des objektiven Kriteriums keine Aussage getroffen werden. Dasselbe trifft auf das subjektive Kriterium *Verkaufstalent* zu, da es nur durch ein Einzelitem erfasst wurde. Der *Erfolg bei der Spendensammlung* erzielte allerdings eine akzeptable interne Konsistenz.

Anschließend wurden die Interkorrelationen der objektiven und subjektiven Kriterien überprüft und erwartungsgemäß bestanden keine Zusammenhänge zwischen den Selbsteinschätzungen und den objektivierbaren Merkmalen der Spendensammlung. Dagegen wurde ein mittlerer Zusam-menhang zwischen den beiden Selbsteinschätzungen gefunden, der als eine mittlere Überein-stimmung zwischen Verkaufssituation und Spendensammlung im Selbstbericht interpretiert werden kann. Im nächsten Abschnitt werden die Befunde zum Prädiktor-Kriterium Zusammen-hang diskutiert.

10.4.2 Prädiktor-Kriterium Zusammenhang

Zunächst wurden die Zusammenhänge zwischen dem objektiven Kriterium *Spendensumme in Euro* und den Prädiktoren betrachtet. Von den bekannten Prädiktoren, die in anderen Studien einen Vorhersagebeitrag zum Verkaufserfolg leisten konnten (vgl. Tabelle 10), besaß in der vor-liegenden Untersuchung nur die physische Attraktivität der Spendensammler einen signifikanten Zusammenhang zur *Spendensumme*. Das soziale Verständnis zeigte unterschiedliche Ergebnisse in Abhängigkeit von der Scoringmethode. Während das Szenario *Daniel* in allen Scoringverfahren Nullzusammenhänge aufwies, führte die Anwendung des *Target Scorings* im Szenario *Katrin* zu signifikanten Korrelationen, die allerdings eine unerwartete Richtung besaßen. Dementsprechend ist in der vorliegenden Untersuchung die Kriteriumsvalidierung des sozialen Verständnisses unter Verwendung des spezifischen Kriteriums *Spendensumme in Euro* gescheitert. Im Gegensatz zu den aufgestellten Hypothesen wiesen die kognitiven Fähigkeiten und Persönlichkeitseigenschaften der Spendensammler keinen Zusammenhang mit der *Spendensumme* auf. Nur der Prädiktor *physische Attraktivität* zeigte ein signifikantes Ergebnis.

Zunächst soll als möglich Ursache diskutiert werden, ob die Vergleichbarkeit von Spendensammlung und Verkaufssituation gegeben war. Die ersten Zweifel ergeben sich aufgrund der Tatsache, dass für die meisten bekannten Prädiktoren des Verkaufserfolges entweder Nullzusammenhänge oder sogar Korrelationen in unerwarteter Richtung ermittelt wurden. Zudem war auffällig, dass die Spendensammler innerhalb von 20 Minuten sehr große Geldbeträge eingesammelt und in dieser Zeit auch eine sehr große Anzahl an Passanten ansprechen konnten. Insgesamt wurden mehr als zweieinhalbtausend Passanten angesprochen, davon ließen sich mehr als siebenhundert zu einer Geldspende überreden und am Ende der Studie wurden fast siebenhundert Euro an den Verein „Wildwasser" übergeben. Diese Zahlen lassen ebenfalls Zweifel an der Vergleichbarkeit einer Spendensammlung mit einer realen Verkaufssituation aufkommen, insbesondere wenn berücksichtigt wird, dass die Verkaufssituation eine soziale Interaktion im Verkaufsgespräch verlangt, damit das soziale Verständnis einen Einfluss ausüben kann. Es konnte zwar beobachtet werden, dass die Spendensammler viele Gespräche mit potenziellen Spendern führten, diese waren allerdings eher kurz und dauerten nur selten länger als eine Minute. Viele Passanten ließen sich erst gar nicht auf ein Gespräch ein und lehnten die Spende von Beginn an ab, wodurch sich die sehr große Anzahl angesprochener Personen ergab. Nur wenige Passanten stellten Nachfragen oder waren an einem längeren Gespräch interessiert. Möglicherweise ist dies der entscheidende Unterschied zwischen einer Spendensammlung und einer Verkaufssituation, der vor Beginn der Untersuchung nicht in Betracht gezogen wurde. Da die potenziellen Spender selbst kein Anliegen haben, sind sie weniger motiviert, ein ausgedehntes Gespräch mit dem Spendensammler zu führen. Da die Passanten kein Bedürfnis besaßen, welches der Spendensammler erkennen und erfüllen musste, spielte auch das soziale Verständnis keine entscheidende Rolle.

Sollte tatsächlich das fehlende Anliegen eines potentiellen Spenders der entscheidende Unterschied zur Verkaufssituation sein, könnte argumentiert werden, dass ein guter Verkäufer in der Lage sein muss, ein Bedürfnis beim Kunden zu erzeugen. Dementsprechend würde der Verkäufer im Verkaufsgespräch die tatsächlichen Wünsche des Kunden unberücksichtigt lassen und versuchen, das Bedürfnis künstlich im Kunden zu induzieren. Alternativ könnte der Verkäufer sogar versuchen, dem Kunden durch soziale Manipulation ein Produkt aufzudrängen. Sollte letzteres ein Teil einer erfolgreichen Spendensammlung sein, sind die negativen Korrelationen bzw. Nullbefunde der Szenarien mit der *Spendensumme* als positiv einzustufen, da mit dem sozialen Verständnis keinesfalls die Fähigkeit zur sozialen Manipulation gemessen werden soll.

Eine Varianzeinschränkung im Kriterium *Spendensumme in Euro* als Ursache für die ausbleibenden Zusammenhänge konnte in der vorliegenden Untersuchung nicht ausfindig gemacht werden. Zudem gaben über achtzig Prozent der Studienteilnehmer an, dass sie sich gut bzw. sehr gut in die Ziele der Organisation hineinversetzen konnten, wodurch auch eine fehlende Identifikation der Spendensammler mit der Organisation unplausibel erscheint. Da die Stichprobe eher klein, homogen und hinsichtlich des Geschlechts unausgewogen war, könnten die Ergebnisse ein Artefakt der Stichprobe sein. Allerdings wurden auch erwartungsgemäße Zusammenhänge gefunden, die einen Stichprobenfehler als Ursache unwahrscheinlich erscheinen lassen. Die Höhe der *Spendensumme* und die Anzahl der Spender wurden erwartungsgemäß von der physischen Attraktivität der Spendensammler beeinflusst. Die physische Attraktivität als alleiniger Prädiktor für den Spendensammelerfolg könnte auch verursacht haben, dass signifikant mehr Männer eine Spende geleistet haben. Darüber hinaus waren gewiss auch bestimmte Merkmale der Spender relevant, wie zum Beispiel die aktuelle Stimmung, positive oder negative Erfahrungen mit Spendensammlungen oder die individuell ausgeprägte Hilfsbereitschaft. Solche Spendermerkmale konnten in der vorliegenden Untersuchung allerdings nicht berücksichtigt werden.

Zudem traten die Befunde zur physischen Attraktivität, welche durch eine unabhängige Stichprobe eingeschätzt wurde, nur beim objektiven Kriterium *Spendensumme* auf und nicht bei den Selbsteinschätzungsmaßen. Darüber hinaus war die Leistungsmotivation signifikant mit der Anzahl angesprochener Passanten korreliert und der selbsteingeschätzte *Erfolg bei der Spendensammlung* zeigte signifikante bzw. tendenzielle Bezüge mit beiden Hilfsbereitschaftsskalen, der Extraversion und der Gewissenhaftigkeit. Erwartungsgemäß konnten mehr Bezüge zwischen selbsteingeschätzten Prädiktoren und subjektiven Kriterien ermittelt werden, während objektive und subjektive Maße deutlich weniger Zusammenhänge zeigten. Auffällig bei den Selbsteinschätzungen war dennoch, dass das subjektive *Verkaufstalent* nur eine Korrelation mit der Extraversion aufwies, während alle weiteren Befunde nur beim selbsteingeschätzten *Erfolg bei der Spendensammlung* aufgetreten waren. Dies könnte einerseits auf die Tatsache zurückgeführt werden, dass dieses Kriterium nur aus einem Item bestand und entsprechend keine Aussagen über die Zuverlässigkeit der Ergebnisse gemacht werden können. Andererseits kann angezweifelt werden, dass die Studenten in der Lage waren, ihr Verkaufstalent adäquat einzuschätzen, weshalb Nullkorrelationen in einer Selbsteinschätzung plausibel erscheinen. Umgekehrt könnten die signifikanten Korrelationen beim Kriterium *Erfolg bei der Spendensammlung* durch die Einschätzung der eigenen Leistung direkt nach der Erfahrung in der Spendensammlung begünstigt worden sein. Analog zur zweiten Studie könnte die Selbsterfahrung in der Spendensammlung eine realistischere Einschätzung der eigenen Leistung verursacht haben, wodurch zumindest Zusammenhänge mit anderen Selbsteinschätzungsverfahren aufgezeigt werden konnten. Werden all diese Befunde zusammengenommen, scheint ein Stichprobenartefakt als Ursache für die ausgebliebenen Zusammenhänge zum objektiven Kriterium weniger wahrscheinlich. Dagegen scheint die Vergleichbarkeit der Spendensammlung mit einem interaktiven Verkaufsgespräch nicht gegeben zu sein.

Abschließend sollte diskutiert werden, welche Veränderungen die Vergleichbarkeit mit einer Verkaufssituation erhöhen könnten oder ob es ggf. Alternativen zur Spendensammlung gibt. Möglicherweise hätte ein minimaler Spendenbetrag von beispielsweise zwei Euro festgelegt werden sollen, damit beim potentiellen Spender ein größeres Interesse entsteht. Vermutlich wären häufiger Nachfragen aufgetreten, wozu die Organisation das Geld benötige, welche Zielsetzung sie habe und welchen Beitrag das gespendete Geld leiste. Dadurch wäre das Gespräch zwischen Spender und Spendensammler intensiver geworden und das soziale Verständnis hätte eine größere Rolle einnehmen können. Allerdings verursachen Minimalbeträge eine Varianzeinschränkung im Kriterium, die wiederum geringe Zusammenhänge begünstigen und die Anwendung von Korrekturen notwendig machen.

Alternativ könnte ein Konkurrenzgeschäft mit selbsthergestellten Lebensmitteln in Betracht gezogen werden. Es wären zwar weiterhin Produkte, die sich quasi von selbst verkaufen, allerdings träten die Verkäufer mit zwei Verkaufsständen zueinander in Konkurrenz und müssten die Kunden vom eigenen Produkt überzeugen. Wichtig wäre eine sehr gute Standardisierung der

Situation, da unterschiedliche Leistungen der Verkäufer nur auf ihre unterschiedlichen Voraussetzungen im Potenzial zurückgeführt werden sollen. Beispielsweise müssten beide Verkäufer die gleichen Chancen haben, indem sie beispielsweise identische Produkte im Angebot haben. Die Gefahr bei einer direkten Konkurrenzsituation wäre erneut, dass Merkmale wie Selbstdarstellung, Extraversion und Attraktivität in den Vordergrund rücken, wie es auf Wochenmärkten der Fall ist, wenn Händler mit lauter Stimme ihre Ware anbieten. Dementsprechend besteht die Gefahr, dass soziale Fähigkeiten abermals in den Hintergrund rücken.

Im Allgemeinen ist es wichtig, dass ein objektives Maß, wie beispielsweise Geldbeträge oder Verkaufszahlen erhoben wird, weshalb ein Rollenspiel, wie es im Assessment Center durchgeführt wird, keine überzeugende Alternative sein kann. Zwar wäre eine Standardisierung der Situation besser vorzunehmen als in einer Feldstudie, aber die Evidenz der Untersuchung wäre stark von der Güte der Verhaltensbeobachtung abhängig. Dementsprechend wäre eine Untersuchung am überzeugendsten, wenn die Befunde auf einer Stichprobe mit professionellen Verkäufern basierten. Dennoch ist nicht jede Einzelhandelsbranche für eine Kriteriumsvalidierung des sozialen Verständnisses geeignet. Essenziell ist die Interaktion mit dem Kunden, da eine Beratung in Form eines interaktiven Verkaufsgespräches auftreten muss. Solche Bedingungen sind beispielsweise bei Automobilverkäufern oder Verkäufern in Modeboutiquen anzutreffen.

Zusammenfassend kann festgestellt werden, dass die Kriteriumsvalidierung der Szenarien *Katrin* und *Daniel* in der vorliegenden Untersuchung nicht erfolgreich war. Neben der kleinen, homogenen und hinsichtlich des Geschlechtes unausgewogenen Stichprobe als möglicher Ursache für die ausbleibenden Prädiktor-Kriterium Zusammenhänge wurde insbesondere die Eignung einer Spendensammlung als Kriterium für eine Verkaufsleistung infrage gestellt. Hinsichtlich veränderter oder alternativer Vorgehensweisen, um den Verkaufserfolg in einer studentischen Stichprobe zu erheben, scheinen die diskutierten Möglichkeiten wenig überzeugend. Daher sollte für einen Prädiktor-Kriteriums Zusammenhang zwischen dem sozialen Verständnis und dem Verkaufserfolg eine Stichprobe professioneller Verkäufer herangezogen werden. Aber auch hierbei müssen Produktart, Branche und Verkaufsinteraktion passend ausgewählt werden.

11. Soziales Verständnis als psychologisches Testverfahren und Ausblick

Ziel der vorliegenden Dissertationsschrift war es, den Untertest zum sozialen Verständnis des MTSI um zwei weitere Szenarien zu ergänzen und bezüglich ihrer psychometrischen Eigenschaften und ihrer Integrationsfähigkeit in den bestehenden Untertest zu überprüfen. Darüber hinaus sollten erste Hinweise für die Konstrukt- und Kriteriumsvalidität gesammelt und die Abhängigkeit der Ergebnisse von den angewandten Auswertungsmethoden untersucht werden.

Die Konstruktion zweier Szenarien mit verbesserter Bild- und Tonqualität, mit denen der bestehende Untertest zum sozialen Verständnis des MTSI erweitert werden konnte, ist in der vorliegenden Arbeit gelungen. Hinsichtlich der psychometrischen Eigenschaften konnten überzeugende Itemkennwerte und Cronbachs Alpha-Koeffizienten gefunden werden, sofern *Target Scoring* als Akkuratheitskriterium angewandt wurde. Insbesondere die Itemselektion in der zweiten Studie führte zu stabilen internen Konsistenzen, die größtenteils über dem durchschnittlichen Cronbachs Alpha von .68 für SJTs (Kasten & Freund, 2013) lagen. Demgegenüber fielen die Homogenitätswerte bei Anwendung von *Group Consensus Scoring* in allen durchgeführten Studien deutlich geringer aus.

In allen drei Studien konnten mittlere positive Zusammenhänge zwischen den beiden Neukonstruktionen festgestellt werden, die nur bei der Auswertung mit *Target Scoring* in vergleichbarer Höhe ausfielen. Auch die Integrationsfähigkeit der neuen Szenarien in den bestehenden Untertest konnte in der ersten Studie aufgezeigt werden. Allerdings lag das überzeugendste Korrelationsmuster vor, wenn eine Zusammenfassung der Einzelitems entsprechend ihrer Zugehörigkeit zu den sozialen Situationen eines Szenarios vorgenommen wurde (TS-SIT). Außerdem waren die Ergebnisse konsistenter und überzeugender, wenn die Aggregation entlang der Inhaltsdomäne erfolgte. Allerdings bleibt bei dieser Art der Zusammenfassung die Abhängigkeit der Items innerhalb eines Szenarios unberücksichtigt, weshalb dieses Vorgehen in der vorliegenden Arbeit nicht bevorzugt wurde.

Die systematischen Korrelationen zwischen den Szenarien, die in der ersten Studie bei unterschiedlichen Scoringmethoden gefunden wurden, sollten in einer nachfolgenden Studie weiter untersucht werden. Der Einfluss von typischen Fehlerquellen bei der Beurteilung anderer Personen auf die systematische Varianz sollte ermittelt werden. Beispielsweise kann die tatsächliche und vermutete Ähnlichkeit zwischen der Targetperson und dem Probanden bestimmt werden oder eine Einschätzung der Sympathie und Attraktivität erfolgen. Sofern signifikante Korrelationen mit der Leistung im sozialen Verständnis vorliegen, könnten die Interkorrelationen der Szenarien um diese Einflussgrößen bereinigt werden. Sollten anschließend noch ausreichend große Korrelationen vorhanden sein, stärkt dies die Evidenz auf *Differentielle Genauigkeit* nach Cronbach (1955). Zudem sollte das vollständige Komponentenmodell auf die Persönlichkeitsitems der Szenarien angewandt werden.

Diese Items werden allen Probanden einer Studie am Ende eines Szenarios in identischer Weise vorgegeben und könnten in die vier Komponenten nach Cronbach (1955) zerlegt werden. Dies würde für einen Teil der Items Aufschluss über den Einfluss von Antworttendenzen im sozialen Verständnis geben. Des Weiteren konnte die Korrelation zwischen dem sozialen Verständnis und dem berufsspezifischen sozialen Wissen in der ersten Studie aufgezeigt werden, während zu den übrigen Konstrukten der sozialen Intelligenz Nullkorrelationen ermittelt wurden. Außerdem konnte das soziale Verständnis seine Unabhängigkeit gegenüber den Fähigkeitskonstrukten der allgemeinen Intelligenz unter Beweis stellen, während systematische Zusammenhänge zur Emotionserkennungsleistung ausblieben. Für das soziale Verständnis konnte dementsprechend analog zu Conzelmann, Weis und Süß (2013) sowie Süß und Kollegen (2015) gezeigt werden, dass die Vermutung von Wechsler (1958) nicht zutreffend ist. Das soziale Verständnis des MTSI-3 stellt *nicht* eine Anwendung der allgemeinen Intelligenz auf soziale Stimuli dar, sondern lässt sich von der AI abgrenzen.

In Ermangelung eines geeigneten Testverfahrens für die Einbettung der Szenarien in das nomologische Netzwerk inhaltlich ähnlicher Konstrukte wurde in der zweiten Studie ein eigenes Selbstberichtsverfahren zum sozialen Verständnis konstruiert, um den Zusammenhang mit den Neukonstruktionen zu untersuchen. Hinweise auf systematische Bezüge konnten nur in der männlichen Teilstichprobe ausfindig gemacht werden und traten nur auf, wenn *Target Scoring* zur Anwendung kam. Vermutlich gaben die Psychologiestudentinnen in den Selbstberichtsverfahren zunächst sozial erwünschte Antworten ab, damit sie dem Berufsbild eines guten Psychologen entsprachen. Nach der Selbsterfahrung im Leistungstest korrigierten sie ihr eigenes Selbstbild allerdings so erheblich, dass sie ihre selbsteingeschätzte Leistungsfähigkeit im sozialen Verständnis unrealistisch stark herabsetzten. Dementsprechend sollte in Erwägung gezogen werden, diese Studie an einer heterogenen Stichprobe zu wiederholen.

In Bezug auf die Konstruktvalidität des sozialen Verständnisses wurden noch nicht genügend Hinweise für eine verlässliche Aussage gesammelt. In zukünftigen Untersuchungen sollten Multi-trait-Multimethod-Analysen durchgeführt werden, die den Zusammenhang zwischen der Leistung im sozialen Verständnis und Fremdratings untersuchen. Der neukonstruierte Selbstberichts-fragebogen zum sozialen Verständnis (Prä-SSV) wies gute psychometrische Eigenschaften auf und könnte durch geringfügige Umformulierungen zu einem Fremdeinschätzungsverfahren modifiziert werden. Anschließend wird der Fragebogen von Familienangehörigen, Lebenspart-nern oder engen Freunden der Probanden eingeschätzt. Selbstverständlich muss eine möglichst gute Standardisierung der bekannten Einflussfaktoren (Dauer und Art der Bekanntschaft, sozialer Kontext etc.) erfolgen.

In der letzten Studie der vorliegenden Arbeit wurde eine Kriteriumsvalidierung für die Szenarien *Katrin* und *Daniel* durchgeführt. Nachdem das soziale Verständnis als ein relevanter Prädiktor für das Kriterium *Verkaufserfolg* herausgearbeitet und die soziale Interaktionssituation einer Spenden-sammlung mit einer Verkaufssituation verglichen wurde, fiel die Wahl, als Außenkriterium zu fungieren auf den *Erfolg bei einer Spendensammlung*. Prädiktor-Kriterium Zusammenhange konnten für die Neukonstruktionen nicht ermittelt werden. Einerseits könnten die Nullbefunde aufgrund der kleinen und homogenen Stichprobe zustande gekommen sein, andererseits ließen die Ergeb-nisse Zweifel an der angenommenen Vergleichbarkeit mit einer Verkaufssituation aufkommen. Ist es gewünscht, am Außenkriterium *Verkaufserfolg* festzuhalten, sollten in der nächsten Studie professionelle Verkäufer als Probanden verwendet werden. Zusammenfassend kann festgestellt werden, dass der Untertest zum sozialen Verständnis als Kernkonstrukt der sozialen Intelligenz insgesamt fünf von sieben Anforderungen an ein neues Intelligenzkonstrukt erfüllt (vgl. Tabelle 32).

Tabelle 32: Anforderung an ein neues Intelligenzkonstrukt, bezogen auf das soziale Verständnis

Anforderungen an ein neues Intelligenzkonstrukt	Anforderungen sind erfüllt			
	voll	weitgehend	teilweise	nicht
(1) Hohe Generalität	●			
(2) Basale Wissensanforderungen	●			
(3) Leistungsbasierte Messung	●			
(4) Empirische Fundierung durch objektive Testdaten	●			
(5) Zeitliche Stabilität	●[#]			
(6) Konstruktvalidität			●	
(7) Kriteriumsvalidität/en				●

Anmerkung. [#] Befunde aus der Studie von Süß, Baumgarten, Karthaus, Nötzold und Strien (2015).

Hinsichtlich der Festlegung eines Akkuratheitskriteriums wird aufgrund der vorliegenden Ergebnisse die Auswertung mit *Target Scoring* empfohlen. Bei der Anwendung von *Group Consensus Scoring* kamen aufgrund der unzulänglichen psychometrischen Eigenschaften und durch die gegensätzlichen Ergebnisse in der zweiten Untersuchung begründete Zweifel an der Eignung dieser Scoringmethode auf. Die korrelativen Bezüge zur Merkfähigkeit und Persönlichkeitseigenschaften, die nur gefunden wurden, wenn *Group Consensus Scoring* zum Einsatz kam, werfen die Frage auf, wie diese gemeinsamen Varianzanteile zustande kommen. Eine systematische Untersuchung der Besonderheiten, die diese Korrelationen erzeugen, ist nicht nur für das soziale Verständnis wichtig, sondern auch für alle Intelligenzkonstrukte, für die es keine eindeutig richtige Lösung gibt. Aber auch theoretische Überlegungen stellen die Brauchbarkeit von *Group Consensus Scoring* infrage. Wenn in der Population die Leistung im sozialen Verständnis normalverteilt ist, dann sollte die richtige Lösung *nicht* durch die Mehrheit in einer Stichprobe festgelegt werden, sondern von den Personen bestimmt werden, die sich mehr als zwei Standardabweichung über dem Durchschnitt befinden (*Expert Consensus Scoring*). Oder alternativ mit den Worten von Niccolò Machiavelli (1842, S. 73) ausgedrückt:

> ...*weil zu sehen einem Jeden gegeben ist, zu fühlen, Wenigen. Jeder sieht was du scheinest, Wenige fühlen was du tatsächlich bist: und diese Wenigen wagen sich nicht, der Meinung der Vielen, [...], zu widersetzen.*

12. Literatur

Abelson, R. P. (1981). The psychological status of the script concept. *American Psychologist*, 36, 715-729.

Ahearne, M., Gruen, T. W. & Jarvis, C. B. (1999). If looks could sell: moderation and mediation of the attractiveness effect on salesperson performance. *International Journal of Research in Marketing*, 16, 269-284.

Alston, W. P. (1975). Traits, consistency, and conceptual alternatives for personality theory. *Journal for the Theory of Social Behaviour*, 5, 17-48.

Amelang, M. & Schmidt-Atzert, L. (2006). *Psychologische Diagnostik und Intervention* (4., vollst. überarb. u. erw. Aufl.). Heidelberg: Springer Medizin.

Amelang, M., Schwarz, G. & Wegemund, A. (1989). Soziale Intelligenz als Trait-Konstrukt und Test-Konzept bei der Analyse von Verhaltenshäufigkeiten. *Zeitschrift für Differentielle und Diagnostische Psychologie*, 10, 37-57.

Andresen, B. & Beauducel, A. (2008). TBS-TK Rezension: »NEO-Persönlichkeitsinventar nach Costa und McCrae, Revidierte Fassung (NEO-PI-R)«. *Report Psychologie*, 11/12.

Ang, S., Van Dyne, L. & Koh, C. (2006). Personality Correlates of the Four-Factor Model of Cultural Intelligence. *Group & Organization Management*, 31, 100–123.

Archer, D. & Akert, R. M. (1977). Words and everything else: Verbal and nonverbal cues in social interpretation. *Journal of Personality and Social Psychology*, 35, 443-449.

Aronson, E., Wilson, T. D. & Akert, R. M. (2004). *Sozialpsychologie (4., aktualisierte Auflage)*. München: Pearson Studium.

Asch, S. E. (1946). Forming impressions of personality. *The Journal of Abnormal and Social Psychology*, 41, 258-290.

Austin, E. J. & Saklofske, D. H. (2006). Viel zu viele Intelligenzen? Über die Gemeinsamkeiten und Unterschiede zwischen sozialer, praktischer und emotionaler Intelligenz. In R. Schulze, A. Freund & R. D. Roberts (Hrsg.), *Emotionale Intelligenz. Ein internationales Handbuch* (S. 117-137). Göttingen: Hogrefe.

Bailey, D. H. & Geary, D. C. (2009). Hominid Brain Evolution. Testing Climatic, Ecological, and Social Competition Models. *Human Nature*, 20, 67–79.

Bänziger, T., Grandjean, D. & Scherer, K. R. (2009). Emotion recognition from expressions in face, voice, and body: The Multimodal Emotion Recognition Test (MERT). *Emotion, 9 (5)*, 691-704.

Barchard, K. A., Hensley, S. & Anderson, E. (2013). When proportion consensus scoring works. *Personality and Individual Differences*, 55, 14-18.

Barchard, K. A. & Russell, J. A. (2006). Bias in consensus scoring, with examples from ability emotional intelligence tests. *Psicothema*, 18, 9-54.

Bargh, J. A. & Thein, R. D. (1985). Individual construct accessibility, person memory, and the recall-judgment link: The case of information overload. *Journal of Personality and Social Psychology*, 49, 1129-1146.

Barnes, M. L. & Sternberg, R. J. (1989). Social intelligence and decoding of nonverbal cues. *Intelligence*, 13, 263-287.

Literatur

Barnett, M. A. (1987). Empathy and related responses in children. In N. Eisenberg & J. Strayer (Hrsg.), *Empathy and its development* (S. 146-162). Cambridge: Cambridge University.

Barrick, M. K. & Mount, M. R. (1991). The big five personality dimensions and job performance: a meta-analysis. *Personnel Psychology*, 44, 1-26.

Barsalou, L. W. (1985). Ideals, central tendency, and frequency of instantiation as determinants of graded structure in categories. *Journal of Experimental Psychology: Learning, Memory, and Cognition*, 11, 629-654.

Baumgarten, M., Süß, H.-M. & Weis, S. (2015). The Cue is the Key: The Relevance of Cues and Contextual Information in the Social Understanding Tasks of the Magdeburg Test of Social Intelligence. *European Journal of Psychological Assessment*. 31(1), 38-44. http://dx.doi.org/10.1027/1015-5759/a000204

Brackett, M. A., Rivers, S. E., Shiffmann, S., Lerner, N. & Salovey, P. (2006). Relating Emotional Abilities to Social Functioning: A Comparison of Self-Report and Performance Measures of Emotional Intelligence. *Journal of Personality and Social Psychology*, 91, 780-795.

Becker, T. (2008). Weiterentwicklung des Experimentalprogrammes WMC (Version 1.1.0) [Software].

Becker, T. (2012). Weiterentwicklung des Experimentalprogrammes WMC (Version 1.3.0) [Software].

Behrman, D. N. & Perreault, W. D. (1982). Measuring the performance of industrial sales-persons. *Journal of Business Research*, 10, 355-370.

Bem, D. J. (1972). Self-Perception Theory. *Advances in Experimental Social Psychology*, 6, 1-62.

Bentler, P. M. (2006). *EQS 6 Structural Equations Program Manual.* Los Angeles, CA: BMDP Statistical Software.

Berglas, S. & Jones, E. E. (1978). Drug choice as self-handicapping strategy in response to noncontingent success. *Journal of Personality and Social Psychology*, 36, 405-417.

Berscheid, E., Graziano, W., Monson, T. & Dermer, M. (1976). Outcome dependency: Attention, attribution, and attraction. *Journal of Personality and Social Psychology*, 34, 978-989.

Biehl, M., Matsumoto, D., Ekman, P., Hearn, V., Heider, K., Kudoh, T., et al. (1997). Matsumoto and Ekman's Japanese and Caucasian Facial Expressions of Emotion (JACFEE): Reliability data and cross-national differences. *Journal of Nonverbal Behavior, 21*, 3–21.

Bless, H., Fiedler, K., & Strack, F. (2004). *Social cognition: How individuals construct social reality.* Philadelphia: Psychology.

Bless, H. & Schwarz, N. (2002). Konzeptgesteuerte Informationsverarbeitung. In D. Frey & M. Irle (Hrsg.), *Theorien der Sozialpsychologie – Band III: Motivations-, Selbst- und Informations-verarbeitungstheorien* (2. Aufl.). Bern: Hans Huber.

Bluen, S. D., Barling, J. & Burns, W. (1990). Predicting sales performance, job satisfaction, and depression by using the Achievement Strivings and Impatience-Irritability dimensions of Type A behavior. *Journal of Applied Psychology*, 75, 212-216.

Bodenhausen, G. V. (1990). Stereotypes as judgmental heuristics: Evidence of circadian variations in discrimination. *Psychological Science*, 1, 319-322.

Bodenhausen, G. V. & Lichtenstein, M. (1987). Social stereotypes and information-processing strategies: The impact of task complexity. *Journal of Personality and Social Psychology*, 52, 871-880.

Brähler, E. & Brähler, C. (1993). *Paardiagnostik mit dem Gießen-Test*. Bern: Hans Huber.

Bronfenbrenner, U., Harding, J. & Gallwey, M. (1958). The measurement of skill in social perception. In D. C. McClelland, A. L. Baldwin, U. Bronfenbrenner, & F. L. Strodtbeck (Hrsg.), *Talent and Society* (S. 29-111). Princeton: Van Nostrand.

Bruner, J. S. (1957) Going beyond the information given. In J. S. Bruner (Hrsg.), *Contemporary approaches to cognition*. Cambridge: Havard University.

Brunner, M. & Süß, H.-M. (2005). Analyzing the reliability of multidimensional measures. An example of intelligence research. *Educational and Psychological Measurement*, 65, 227-240.

Buck, R. (1976). A test of nonverbal receiving ability: Preliminary studies. *Human Communications Research*, 2, 162-171.

Buck, R. (1983). Nonverbal receiving ability. In J. M. Wiemann & R. P. Harrison (Hrsg.), *Nonverbal Interaction* (S. 209-242). Beverly Hills, CA: Sage.

Buck, R. (1984). *The communication of emotion*. New York: Guilford.

Buss, D. M. & Craik, K. H. (1980). The frequency concept of dispositions: Dominance and prototypically dominant acts. *Journal of Personality*, 48 (3), 379-392.

Byrne, R. W. & Whiten, A. (1997). Machiavellian intelligence. In A. Whiten & R. W. Byrne (Hrsg.), *Machiavellian Intelligence II: Extensions and Evaluations* (S. 1-23). New York: Cambridge University.

Cacioppo, J. T. & Petty, R. E. (1982).The need for cognition. *Journal of Personality and Social Psychology*, 42, 116–131.

Campbell, D. T. & Fiske, D. (1959). Convergent and discriminant validation by the multitrait–multimethod matrix. *Psychological Bulletin*, 56, 81–105.

Cantor, N. & Mischel, W. (1977). Traits as prototypes: Effects on recognition memory. *Journal of Personality and Social Psychology*, 35, 38-48.

Cattell, R. B. (1966). The data box: Its ordering of total resources in terms of possible relational systems. In R. B. Cattell (Hrsg.), *Handbook of multivariate experimental psychology* (S. 67-128). Chicago: Rand McNally.

Chapin, F. S. (1942). Preliminary standardization of a social insight scale. *American Sociological Review*, 7, 214-225.

Chapin, F. S. (1967). *The Social Insight Test*. Palo Alto, CA: Consulting Psychologists.

Christie, R. (1970). Why Machiavelli?. In R. Christie, F. L. Geis (Hrsg.), *Studies in Machiavellianism*. New York: Academic Press.

Churchill Jr., G. A., Ford, N. M., Hartley, S. W. & Walker Jr., O. C. (1985). The determinants of salesperson performance: A meta-analysis. *Journal of Marketing Research*, 22, 103-118.

Ciarrochi, J., Scott, G., Deane, F. P. & Heaven, P. C. L. (2003). Relations between social and emotional competence and mental health: a construct validation study. *Personality and Individual Differences*, 35, 1947-1963.

Cline, V. B. (1964). Interpersonal perception. *Progress in Experimental Personality Research*, 1, 221-284.

Cohen, J. (1992). A power primer. *Psychological Bulletin*, 112, 155-159.

Conzelmann, K., Weis, S. & Süß, H.-M. (2013). New findings about Social Intelligence: Development and Application of the Magdeburg Test of Social Intelligence (MTSI). *Journal of Individual Differences*, 34, 119-137.

Costa, P. T. Jr. & McCrae, R. R. (1992). *Revised NEO Personality Inventory and NEO Five Factor Inventory Professional Manual*. Odessa, Fl: Psychological Assessment Ressources.

Costanzo, M. & Archer, D. (1989). Interpreting the expressive behaviour of others: The Interpersonal Perception Task. *Journal of Nonverbal Behaviour*, 13, 225-245.

Costanzo, M. & Archer, D. (1993). *The Interpersonal Perception Task-15 (IPT-15)* [Videotape]. Berkeley: University of California Extension Media Center.

Cronbach, L. J. (1955). Processes affecting scores on „Understanding of Others" and „Assumed Similarity". *Psychological Bulletin*, 52, 177-193.

Cronbach, L. J. (1958). Proposals leading to analytic treatment of social perception scores. In R. Tagiuri & L. Petrullo (Hrsg.), *Person perception and interpersonal behavior* (S. 353-379). Stanford, CA: Stanford University.

Crowne, K. A. (2013). An empirical analysis of three intelligences. *Canadian Journal of Behavioural Science*, 45, 105-114.

Dawson, L. E., Soper, B. & Pettijohn, C. (1992). The Effects of Empathy on Salesperson Effectiveness. *Psychology and Marketing*, 9, 297-310.

Deibele, A. (2013). *Kriteriumsvalidierung des Subtests „soziales Verständnis" aus dem Magdeburger Test zur Sozialen Intelligenz (MTSI-3)*. Unveröffentlichte Masterarbeit, Otto-von-Guericke-Universität Magdeburg.

DeShields, O. W., Kara, A. & Kaynak, E. (1996). Source effects in purchase decisions: The impact of physical attractiveness and accent of salesperson. *International Journal of Research in Marketing*, 13(1), 89-101.

Dewey, J. (1909). *Moral principles in education*. New York: Houghton Mifflin.

Dörner, D. (1986). Diagnostik der operativen Intelligenz. *Diagnostica*, 32, 290–308.

Dovidio, J. F. & Ellyson, S. L. (1982). Decoding visual dominance: Attributions of power based on relative percentage of looking while speaking and looking while listening. *Social Psychology Quarterly*, 45, 106-113.

Dymond, R. F. (1949). Personality and empathy. *Journal of Consulting Psychology*, 14, 343-350.

Earley, P. C. & Ang, S. (2003). *Cultural intelligence: Individual interactions across cultures*. Stanford, CA: Stanford University.

Ekman, P. (1976). Movements with precise meanings. *Journal of Communication*, 26(3), 14-26.

Ekman, P. (1992). An argument for basic emotions. *Cognition and Emotion*, 6, 169-200.

Ekman, P. & Friesen, W. V. (1969). The repertoire of nonverbal behavior: Categories, origins, usage, and coding. *Semiotica*, 1(1), 49-96.

Ekman, P. & Friesen, W. V. (1972). Hand movements. *Journal of Communication*, 22, 353-374.

Ekman, P. & Friesen, W. V. (1976). Measuring facial movement. *Environmental Psychology and Nonverbal Behavior*, 1(1), 56-75.

Ekman, P., Friesen, W. V. & Hager, J. C. (2002). *The facial action coding system*. London, UK: Weidenfeld & Nicolson.

Elfenbein, H. A. & Ambady, N. (2002). On the universality and cultural specificity of emotion recognition: A meta-analysis. *Psychological Bulletin*, 128(2), 203-235.

Enright, R. D. & Lapsley, D. K. (1980). Social role-taking: A review of the constructs, measures, and measurement properties. *Review of Educational Research*, 50, 647-674.

Ericsson, K. A., Krampe, R. T. & Tesch-Römer, C. (1993). The role of deliberate practice in the acquisition of expert performance. *Psychological Review*, 100, 363-406.

Ericsson, K. A. & Lehmann, A. C. (1996). Expert and exceptional performance: Evidence of maximal adaption to task constraints. *Annual Review of Psychology*, 47, 273-305.

Etzel, S. (2002). *Pro facts*. Göttingen: Hogrefe.

Fahrenberg, J., Hampel, R. & Selg, H. (2001). *FPI-R. Freiburger Persönlichkeitsinventar. 7. Überarbeitete und neu normierte Auflage: Manual*. Göttingen: Hogrefe.

Faßnacht, G. (1995). *Systematische Verhaltensbeobachtung*. München: Ernst Reinhart.

Feger, H & von Hecker, U. (1999). *Einübung in Sozialpsychologie. Band 1: Die intraindividuelle Perspektive*. Lengerich: Papst.

Feleky, A. M. (1914). The expression of emotions. *Psychological Review*, 21, 33-41.

Fennekels, G. P. (2003). *Multidirektionales Feedback 360° (MDF 360°)*. Göttingen: Hogrefe.

Fiedler, K. (2007). Information ecology and the explanation of social cognition and behavior. In A. W. Kruglanski & E. T. Higgins (Hrsg.), *Social psychology: Handbook of basic principles* (S. 201-231). New York: Guilford.

Fiedler, K. & Bless, H. (2003). Soziale Kognition. In W. Stroebe, K. Jonas & M. Hewstone (Hrsg.), *Sozialpsychologie. Eine Einführung (4., überarbeitete und erweiterte Auflage)*. Berlin: Springer.

Fincham, F. & Hewstone, M. (2003). Attributionstheorie und –forschung – Von den Grundlagen zur Anwendung. In W. Stroebe, K. Jonas & M. Hewstone (Hrsg.), *Sozialpsychologie. Eine Einführung* (4., überarbeitete und erweiterte Auflage, S. 215-263). Berlin: Springer.

Fiske, S. T. und Taylor, S. E. (1991). *Social Cognition* (2. Aufl.). New York: McGraw-Hill.

Flammer, A. (2001). *Einführung in die Gesprächspsychologie*. Bern: Huber.

Flanagan, J. C. (1954). The critical incidents technique. *Psychological Bulletin*, 51, 327-358.

Flavell, J. H. (1999). Cognitive development: Children's knowledge about the mind. *Annual Review of Psychology*, 50, 21-45.

Fließ, S. (2006). Persönlicher Verkauf. In M. Kleinaltenkamp, W. Plinke, F. Jacob & A. Söllner (Hrsg.), *Markt- und Produktmanagement – Die Instrumente des Business-to-Business-Marketing* (2., überarb. u. erw. Aufl.) (S. 549-628). Wiesbaden: Gabler.

Ford, M. F. & Tisak, M. S. (1983). A Further Search for Social Intelligence. *Journal of Educational Psychology*, 75, 196-206.

Förster, J. & Liberman, N. (2007). Knowledge Activation. In A. W. Kruglanski & E. T. Higgins (Hrsg.), *Social psychology: Handbook of basic principles* (S. 201-231). New York: Guilford.

Frauenknecht, M. & Black, D. R. (1995). Social Problem-Solving Inventory for Adolescents (SPSI-A): development and preliminary psychometric evaluation. *Journal of Personality Assessment*, 64, 522–539.

Frey, A. & Balzer, L. (2003). Beurteilungsbogen zu methodischen und sozialen Kompetenzen - smk99. In J. Erpenbeck & L. Rosenstiel (Hrsg.), *Handbuch Kompetenzmessung* (S. 323-335). Stuttgart: Schäffer-Poeschel.

Friedman, H. & Zebrowitz, L. A. (1992). The contribution of typical sex differences in facial maturity to sex role stereotypes. *Personality and Social Psychology Bulletin,*18, 430–438.

Frijda, N. H. (1958). Facial expression and situational cues. *Journal of Abnormal Social Psychology*, 57, 149-154.

Frijda, N. H. (1961). Facial expression and situational cues: a control. *Acta Psychologica*, 18, 239-244.

Funder, D. C. (1995). On the accuracy of personality judgment: A realistic approach. *Psychological Review*, 102, 652-670.

Funder, D. C. (1999). *Personality Judgment. A realistic approach to person perception.* San Diego: Academic.

Gage, N. L. & Cronbach, L. J. (1955). Conceptual and methodological problems in interpersonal perception. *Psychological Review*, 62, 411-422.

Gardner, H. (1991). *Abschied vom IQ. Die Rahmen-Theorie der vielfachen Intelligenzen.* Stuttgart: Klett-Cotta.

Gardner, H. (1999). *Intelligence reframed: Multiple intelligences for the 21st Century.* New York: Basic Books.

Gilbert, D. T., Pelham, B. W. & Krull, D. S. (1988). On cognitive busyness: When person perceivers meet persons perceived. *Journal of Personality and Social Psychology*, 54, 733-740.

Gilliland, A. R. & Burke, R. S. (1926). A measurement of sociability. *Journal of Applied Psychology*, 10, 315-326.

Gitin, S. R. (1970). A dimensional analysis of manual expressions. *Journal of Personality and Social Psychology*, 15, 271-277.

Gottfredson, L. S. (2003). Dissecting practical intelligence theory: Its claims and evidence. *Intelligence*, 31, 343-397.

Gough, H. G. (1965). A validation study of the Chapin Social Insight Test. *Psychological Reports*, 17, 255-368.

Gough, H. G. (1968). *Manual for the Chapin Social Insight Test.* Palo Alto, CA: Consulting Psychologists.

Größler, A. (1997). *Untersuchung zum Zusammenhang von Intelligenz, Wissen und komplexem Problemlösen.* Industrieseminar der Universität Mannheim.

Guilford, J. P. (1956). The structure of intellect. *Psychological Bulletin*, 53, 267-293.

Guilford, J. P. (1967). *The Nature of Human Intelligence.* New York: McGraw-Hill.

Guilford, J. P. (1981). Higher-Order Structure-Of-Intellect Abilities. Multivariate Behavioral Research, 16, 411-435.

Gruber, H. & Ziegler, A. (1996). Expertise als Domäne psychologischer Forschung. In H. Gruber & A. Ziegler (Hrsg.), *Expertiseforschung* (S. 7-16). Opladen: Westdeutscher.

Guttman, L. (1965). A faceted definition of intelligence. In R. Eiferman (Hrsg.), *Studies in psychology, scripta hierosolymitana* (Vol. 14). Jerusalem: Magnes.

Guttman, L. & Levy, S. (1991). Two structural laws for intelligence tests. *Intelligence*, 15, 79-103.

Hall, E. T. (1990). *The hidden dimension*. New York: Anchor Books.

Häder, M. & Häder S. (1994). *Die Grundlagen der Delphi-Methode. Ein Literaturbericht*. ZUMA-Arbeitsbericht Nr. 94/2. Mannheim: ZUMA.

Happé, F. G. E., Winner, E. & Brownell, H. (1998). The getting of wisdom: Theory of mind in old age. *Developmental Psychology*, 34, 358-362.

Hassebrauck, M. (1993). Die Messung der physischen Attraktivität. In M. Hassebrauck & R. Niketta (Hrsg.), *Physische Attraktivität* (S. 30-59). Göttingen: Hogrefe.

Hastie, R. & Park, B. (1986). The relationship between memory and judgment depends on whether the judgment task is memory-based or on-line. *Psychological Review*, 93, 258-268.

Hedlund, J., Forsythe, G. B., Horvath, J. A., Williams, W. M., Snook, S. & Sternberg, R. J. (2003). Identifying and assessing tacit knowledge: understanding the practical intelligence of military leaders. *The Leadership Quarterly*, 14, 117-140.

Heider, F. (1977). *Psychologie der Interpersonalen Beziehungen*. Stuttgart: Klett.

Hennig-Thurau, T. & Thurau, C. (1999). Sozialkompetenz als vernachlässigter Untersuchungsgegenstand des (Dienstleistungs-)Marketings. Einsatzmöglichkeiten und Konzeptualisierung. *Marketing – Zeitschrift für Forschung und Praxis*, 21, 297-311.

Herkner, W. (1996). *Sozialpsychologie*. Bern: Hans Huber.

Holz-Ebeling, F. & Steinmetz, M. (1995). Wie brauchbar sind die vorliegenden Fragebogen zur Messung von Empathie? Kritische Analyse unter Berücksichtigung der Iteminhalte. *Zeitschrift für Differentielle und Diagnostische Psychologie*, 16, 11-32.

Hönekopp, J. (2006). Once more: Is beauty in the eye of the beholder? Relative contributions of private and shared taste to judgments of facial attractiveness. *Journal of Experimental Psychology: Human Perception and Performance*, 32, 199-209.

Horowitz, L. M., Strauß, B. & Kordy, H. (2000*). Inventar zur Erfassung interpersonaler Probleme (IIP-D) (Deutsche Version) (2., überarbeitete und neu normierte Auflage)*. Göttingen: Hogrefe.

Hunt, T. (1928). The measurement of social intelligence. *Journal of Applied Psychology*, 12, 317-334.

Hurtz, G. M. & Donovan, J. J. (2000). Personality and job performance: The Big Five revisited. *Journal of Applied Psychology*, 85(6), 869-879.

IBM Corp. Released 2013. IBM SPSS Statistics for Windows [Software], Version 22.0. Armonk, NY: IBM Corp.

Jäger, A. O. (1982). Mehrmodale Klassifikation von Intelligenzleistungen. Experimentell kontrollierte Weiterentwicklung eines deskriptiven Intelligenzstrukturmodells. *Diagnostica*, 28, 195-226.

Jäger, A. O. (1984). Intelligenzstrukturforschung: Konkurrierende Modelle, neue Entwicklungen, Perspektiven. *Psychologische Rundschau*, 35 (1), 21-35.

Jäger, A. O., Süß, H.-M. & Beauducel, A. (1997). *Berliner Intelligenzstruktur-Test*. BIS-Test, Form 4. Göttingen: Hogrefe.

Jansen, A., Melchers, K. G. & Kleinmann, M. (2012). Der Beitrag sozialer Kompetenz zur Vorhersage beruflicher Leistung. *Zeitschrift für Arbeits- und Organisationspsychologie*, 56 (2), 87-97.

Jones, E. E. & Davis, K. E. (1965). From acts to dispositions: The attribution process in person perception. *Advances in Experimental Social Psychology*, 2, 219-266.

Literatur

Judd, C. M. & Park, B. (1988). Out-group homogeneity: Judgments of variability at the individual and group levels. *Journal of Personality and Social Psychology*, 54, 778-788.

Kahneman, D. & Tversky, A. (1972). Subjective probability: A judgment of representativeness. *Cognitive Psychology*, 3, 430-454.

Kanning, U. P. (2003). *Diagnostik sozialer Kompetenzen*. Göttingen: Hogrefe.

Kanning, U. P. (2009). *Inventar sozialer Kompetenzen: Manual*. Göttingen: Hogrefe.

Kasten, N. & Freund, P. A. (2013, September). *Eine metaanalytische Reliabilitätsgeneralisierung von Situational Judgment Tests (SJTs)*. 12. Arbeitstagung der Fachgruppe "Differentielle Psychologie, Persönlichkeitspsychologie und Psychodiagnostik" der Deutschen Gesellschaft für Psychologie, Greifswald.

Kauffeld, S. (2006). *Kompetenzen messen, bewerten, entwickeln: Ein prozessanalytischer Ansatz für Gruppen*. Stuttgart: Schäffer-Poeschel.

Kauffeld, S., Grote, S. & Frieling, E. (2003). Das Kassler-Kompetenz-Raster (KKR). In J. Erpenbeck & L. Rosenstiel (Hrsg.), *Handbuch Kompetenzmessung* (S. 261-282). Stuttgart: Schäffer-Poeschel.

Keating, D. P. (1978). *A search for social intelligence*. Journal of Educational Psychology, 70, 218-223.

Kelley, H. H. (1967). Attribution theory in social psychology. In D. Levine (Hrsg.), *Nebraska symposium on motivation* (Vol. 15, S. 192-238). Lincoln: University of Nebraska.

Kelley, H. H. (1972). Causal schemata and the attribution process. In E. E. Jones, D. E. Kanouse, H. H. Kelley, R. E. Nisbett, S. Valins & B. Weiner (Hrsg.), *Attribution: Perceiving the causes of behaviour* (S. 151-174).Morristown, NJ: General Learning.

Kenny, D. A. (1994). *Interpersonal Perception: A Social Relations Analysis*. New York: Guilford.

Kenny, D. A. & Acitelli, L. K. (2001). Accuracy and bias in the perception of the partner in a close relationship. *Journal of Personality and Social Psychology*, 80,439-448.

Kenny, D. A. & Albright, L. (1987). Accuracy in interpersonal perception: A social relations analysis. *Psychological Bulletin*, 102, 390-402.

Kenny, D. A., West, T. V., Malloy, T. E. & Albright, L. (2006). Componential Analysis of interpersonal perception data. *Personality and Social Psychology Review*, 10, 282-294.

Kleine, D. & Jäger, A.O. (1989). Kriteriumsvalidität eines neuartigen Tests zum Berliner Intelligenzstrukturmodell. Eine Untersuchung an brasilianischen Schülern und Studenten. *Diagnostica*, 35, 17-37.

Knecht, T. (2004). Was ist machiavellische Intelligenz? Betrachtungen über eine wenig beachtete Seite unserer Psyche. *Nervenarzt*, 75, 1-5.

Knoblich, G. (2002). Problemlösen und logisches Schließen. In J. Müsseler & W. Prinz (Hrsg.), *Allgemeine Psychologie* (S. 645-699). Heidelberg: Spektrum.

Krämer, J. (2010). *Verbesserung der Messgenauigkeit des Untertests "Soziales Gedächtnis Film" des Magdeburger Tests zur Sozialen Intelligenz durch Verwendung von Video-Material*. Unveröffentlichte Bachelorarbeit, Otto-von-Guericke-Universität Magdeburg.

Kruglanski, A. W. & Freund, T. (1983). The freezing and unfreezing of lay-inferences: Effects on impressional primacy, ethnic stereotyping, and numerical anchoring. *Journal of Experimental Social Psychology*, 19, 448-468.

Kruglanski, A. W. (1989). The psychology of being „right": The problem of accuracy in social perception and cognition. *Psychological Bulletin*, 106, 395-409.

Kuhl, J. (2010). Individuelle Unterschiede in der Selbststeuerung. In J. Heckhausen & H. Heckhausen (Hrsg.), *Motivation und Handeln*. Berlin: Springer.

Kuhl, J. & Scheffer, D. (2001). *Der Operante Multi-Motiv-Test (OMT): Auswertungsmanual*. Universität Osnabrück.

Kuhl, J., Scheffer, D. & Eichstaedt, J. (2003). Der Operante Motiv Test (OMT): Ein neuer Ansatz zur Messung impliziter Motive. In J. Stiensmeier- Pelster & F. Rheinberg (Hrsg.), *Diagnostik von Motivation und Selbstkonzept. Tests und Trends*. Göttingen: Hogrefe.

Lamont, L. M. & Lundstrom, W. J. (1977). Identifying successful industrial salesmen by personality and personal characteristics. *Journal of Marketing Research*, 14, 517-529

Landy, F. J. (2006). The long, frustrating, and fruitless search for social intelligence: A cautionary tale. In K. R. Murphy (Ed.), *A Critique of Emotional Intelligence – What Are the Problems and How Can They Be Fixed?* (S. 81-123). New Jersey: Lawrence Erlbaum.

Langer, E. J. (1978). Rethinking the role of thought in social interaction. In J. H. Harvey, W. J. Ickes & R. F. Kidd (Hrsg.), *New directions in attribution research* (Vol. 2, S. 33-58). Hillsdale, NJ: Erlbaum.

Lee, J.-E., Day, J. D., Meara, N. M. & Maxwell, S. E. (2002). Discrimination of social knowledge and its flexible application from creativity: A multitrait-multimethod approach. *Personality and Individual Differences*, 32, 913–928.

Lee, J.-E.,Wong, C.-M. T., Day, J. D., Maxwell, S. E. & Thorpe, P. (2000). Social and academic intelligences: A multitrait-multimethod study of their crystallized and fluid characteristics. *Personality and Individual Differences*, 29, 539–553.

Legree, P. J. (1995). Evidence for an oblique social intelligence factor. *Intelligence*, 21, 247-266.

Legree, P. J., Psotka, J., Tremble, T. & Bourne, D. R. (2005). Using Consensus based measurement to assess emotional intelligence. In R. Schulze & R. D. Roberts (Hrsg.), *An International Handbook of Emotional Intelligence* (S. 156-179). Göttingen: Hogrefe.

Lehmann, W. & Jüling, I. (2010). Mädchen und Jungen an einem mathematisch-naturwissenschaftlich orientierten Spezialgymnasium - Gleiche Chancen und gleicher Nutzen? In C. Quaiser-Pohl & Endepohls-Ulpe (Hrsg.), *Bildungsprozesse im MINT-bereich* (S. 49-63) . Münster: Waxmann.

Lenney, E. (1977). Women's Self-Confidence in Achievement Settings. *Psychological Bulletin*, 84, 1-13.

Levenson, R. W. & Ruef, A. M. (1992). Empathy: A physiological substrate. *Journal of Personality and Social Psychology*, 63, 234-246.

Lievens, F. & Chan, D. (2010). Practical Intelligence, Emotional Intelligence, and Social Intelligence. In J.L. Farr & N.T. Tippins (Hrsg.), *Handbook of Employee Selection* (S. 339-359). London: Routledge Academic.

Lievens, F., Peeters, H. & Schollaert, É. (2008). Situational judgment tests: a review of recent research. *Personnel Review*, 37, 426-441.

Lull, H. G. (1911). Moral instruction through social intelligence. *American Journal of Sociology*, 17, 47-60.

MacCann, C. E., Roberts, R. D., Matthews, G. & Zeidner, M. (2004). Consensus scoring and empirical option weighting of performance-based Emotional Intelligence (EI) tests. *Personality and Individual Differences*, 36, 645-662.

MacCann, C. (2010). Further examination of emotional intelligence as a standard intelligence: A latent variable analysis of fluid intelligence, crystallized intelligence, and emotional intelligence. *Personality and Individual Differences*, 49, 490-496.

Machiavelli, N. (1842). *Der Fürst*. Stuttgart: Cotta.

Marlowe, H. A. (1986). Social Intelligence: Evidence for Multidimensionality and Construct Independence. *Journal of Educational Psychology*, 78, 52-58.

Matthews, G., Zeidner, M. & Roberts, R. D. (2005). Emotional intelligence – An elusive ability. In O. Wilhelm & R. W. Engle (Hrsg.), *Handbook of Understanding and Measuring Intelligence* (S. 79-99). Thousand Oaks: Sage.

Mayer, J. D. (2008). Personal intelligence. *Imagination, Cognition and Personality*, 27, 209–232.

Mayer, J. D., Caruso, D. R., Panter, A. T. & Salovey, P. (2012). The Growing Significance of Hot Intelligences. *American Psychologist*, 67, 502-503.

Mayer, J. D., Caruso, D. R. & Salovey, P. (2000). Emotional intelligence meets traditional standards for an intelligence. *Intelligence*, 27, 267–298.

Mayer, J. D., & Geher, G. (1996). Emotional intelligence and the identification of emotion. *Intelligence*, 17, 89-113.

Mayer, J. D., Salovey, P., Caruso, D. R. & Sitenarios, G. (2001). Emotional intelligence as a standard intelligence. *Emotion*, 1, 232–242.

Mayer, J. D., Salovey, P., Caruso, D. R. & Sitenarios, G. (2002). *The Mayer, Salovey, and Caruso emotional intelligence test: technical manual*. Toronto, ON: Multi-Health Systems.

Mayer, J. D., Salovey, P., Caruso, D. R., & Sitarenios, G. (2003). Measuring emotional intelligence with the MSCEIT V2.0. *Emotion*, 3, 97–105.

Maylor, E. A., Moulson, J. M., Muncer, A. M. & Taylor, L. A. (2002). Does performance on theory of mind tasks decline in old age? *British Journal of Psychology*, 93, 465-485.

McBane, D. A. (1995). Empathy and the salesperson: A multidimensional perspective. *Psychology & Marketing*, 12, 349-370.

McDaniel, M. A., Hartman, N. S., Whetzel, D. L. & Grubb, W. L. (2007). Situational judgment tests, response instructions, and validity: a meta-analysis, *Personnel Psychology*, 60, 63-91.

McDaniel, M. A., Morgeson, F. P., Finnegan, E. B., Campion, M.A. & Braverman, E. P. (2001). Use of Situational Judgment Tests to predict job performance: A clarification of the literature. *Journal of Applied Psychology*, 86, 730-740.

McDaniel, M. A. & Nguyen, N. T. (2001). Situational Judgment Tests: A review of practice and constructs assessed. *International Journal of Selection and Assessment*, 9, 103-113.

McDonald, R. P. (1999). *Test theory: A unified treatment*. Mahwah, NJ: Lawrence Erlbaum.

Mead, G. H. (1934). *Mind, Self, and Society: From the standpoint of a social behaviorist*. Chicago: University.

Mead, G. H. (1992). *Mind, Self, and Society: From the standpoint of a social behaviorist*. Chicago: University.

Mehrabian, A. (1968). Relationship of attitude to seated posture, orientation, and distance. *Journal of Personality and Social Psychology*, 10, 26-30.

Mehrabian, A. (1969). Significance of posture and position in the communication of attitude and status relationships. *Psychological Bulletin*, 71, 359-372.

Moran, J. M. (2013). Lifespan development: The effects of typical aging on theory of mind. *Behavioral Brain Research*, 237, 32-40.

Moss, F. A. & Hunt, T. (1927). Are you socially intelligent? *Scientific American*, 137, 108–110.

Moss, F. A., Hunt, T., Omwake, K. T. & Woodward, L. G. (1955). *Manual for the George Washington University Series Social Intelligence Test*. Washington, D.C.: The Center for Psychological Service.

Motowidlo, S., Borman, W. & Schmit, M. (1997). A theory of individual differences in task and contextual performance. *Human Performance*, 10, 71–83.

Motowidlo, S. J., Dunette, M. D. & Carter, G. W. (1990). An alternative selection procedure: The low-fidelity simulation. *Journal of Applied Psychology*, 75, 640-647.

Muck, P. M. (2004). Rezension des „NEO-Persönlichkeitsinventar nach Costa umd McCrae (NEO-PI-R)" von F. Ostendorf und A. Angleitner. *Zeitschrift für Arbeits- und Organisationspsychologie A & O*, 48, 203-210.

Murray, H. A. (1943). *Thematic Apperceptive Test Manual*. Cambridge: Harvard University.

Muthén, L. K. & Muthén, B. O. (2015). *Mplus User's Guide. Seventh Edition*. Los Angeles, CA: Muthén & Muthén.

Nerdinger, F. W. (2001). *Psychologie des persönlichen Verkaufs* (Reihe Lehr- und Handbücher der Psychologie). München: Oldenbourg.

Nevo, B. (1993). In search of a correctness typology for intelligence. *New Ideas in Psychology*, 11, 391-397.

Nowicki, S. & Duke, M. P. (1994). Individual differences in the nonverbal communication of affect: The diagnostic analysis of nonverbal accuracy. *Journal of Nonverbal Behavior, 18,* 9–35.

Nötzold, J. & Süß, H.-M. (2015). *Development and validation of a vocational social knowledge test*. Manuskript in Vorbereitung. Abteilung für Psychologische Forschungsmethoden, Psychodiagnostik und Evaluationsforschung, Institut für Psychologie, Otto-von-Guericke-Universität Magdeburg.

Orlik, P. (1978). Soziale Intelligenz. In K. J. Klauer (Hrsg.), *Handbuch der Pädagogischen Diagnostik* (S. 341-354). Düsseldorf: Schwann.

Ostendorf, F. & Angleitner, A. (2004). *NEO-PI-R. NEO-Persönlichkeitsinventar nach Costa und McCrae. Revidierte Fassung: Manual.* Götting: Hogrefe.

Ostendorf, F., Angleitner, A. & Ruch, W. (1986). *Die Multitrait-Multimethod Analyse: Konvergente und diskriminante Validität der Personality Research Form*. Göttingen: Hogrefe.

O'Sullivan, M. (1983). Measuring individual differences. In J. M. Wiemann & R. P. Harrison (Hrsg.), *Nonverbal Interaction* (S. 243-269). Beverly Hills, CA: Sage.

O'Sullivan, M. (2007). Trolling for trout, trawling for tuna: The methodological morass in measuring emotional intelligence. In G. Matthews, M. Zeidner, & R. D. Roberts (Hrsg.), *The Science of Emotional Intelligence: Knowns and Unknowns* (S. 258 - 287). Oxford: University.

Literatur

O'Sullivan, M. & Guilford, J. P. (1966). *Six Factor Test of Social Intelligence: Manual of instructions and interpretations.* Beverly Hills, CA: Sheridan Psychological Services.

O'Sullivan, M. & Guilford, J. P. (1976). *Four Factor Tests of Social Intelligence: Manual of instructions and interpretations.* Orange, CA: Sheridan Psychological Services.

O'Sullivan, M., Guilford, J. P. & deMille, R. (1965). The measurement of social intelligence. *Psychological Laboratory Reports*, Vol. 34. Los Angeles: University of Southern California.

Pendry, L. (2014). Soziale Kognition. In K. Jonas, W. Stroebe & M. Hewstone (Hrsg.), *Sozialpsychologie* (S. 107-140). Berlin: Springer.

Perner, J. (1991). *Understanding the representational mind.* Cambridge, MA, US: The MIT.

Pittman, T. S. & Pittman, N. L. (1980). Deprivation of control and the attribution process. *Journal of Personality and Social Psychology*, 39, 377-389.

Ployhart, R.E. & Ehrhart, M.G. (2003), Be careful what you ask for: effects of response instructions on the construct validity and reliability of situational judgment tests. *International Journal of Selection and Assessment*, 11, 1-16.

Podsakoff, P. M., MacKenzie, S. B., Lee, J.-Y. & Podsakoff, N. P. (2003). Common method biases in behavioral research: A critical review of the literature and recommended remedies. *Journal of Applied Psychology*, 88, 879-903.

Posner, M. I. (1988). Introduction: What is it to be an expert? In M. T. H. Chi, R. Glaser & M. J. Farr (Hrsg.), *The nature of expertise* (S. xxix-xxxvi). Cambridge: Cambridge University.

Premack, D. & Woodruff, G. (1978). Does the chimpanzee have a theory of mind? *Behavioral & Brain Sciences*, 1, 515-526.

Probst, P. (1982). Empirische Untersuchung zum Konstrukt der "sozialen Intelligenz". In K. Pawlik (Hrsg.), *Multivariate Persönlichkeitsforschung* (S. 201–226). Bern: Hans Huber.

Regan, D. T., Straus, E. & Fazio, R. (1974). Liking and the attribution process. *Journal of Experimental Social Psychology*, 10, 385-397.

Ricks, J., Fraedrich, J. & Xiong, C. (2000). Self-monitoring and empathy as determinants of sales performance for industrial sales personnel utilizing sales data and managerial ratings. *Marketing Management Journal*, 10, 54-62.

Riemann, R. & Allgöwer, A. (1993). Eine deutschsprachige Fassung des „Interpersonal Competence Questionnaire" (ICQ). *Zeitschrift für Differentielle und Diagnostische Psychologie*, 14, 153-163.

Riemann, R. & Schumacher, F. J. (1996). Zur Validität der Deutschen Personality Research Form: Vorhersage des Verkaufserfolges von Außendienstmitarbeitern. *Zeitschrift für Differentielle und Diagnostische Psychologie*, 17 (1), 4-13.

Riggio, R. E. (1986). Assessment of basic social skill. *Journal of Personality and Social Psychology*, 51, 549-660.

Riggio, R. E., Messamer, J. & Throckmorton, B. (1991). Social and academic intelligence: Conceptually distinct but overlapping constructs. *Personality and Individual Differences*, 12, 695–702.

Rohrmann, S. & Spinath, F. M. (2011). TBS-TK Rezension: Freiburger Persönlichkeitsinventar. *Psychologische Rundschau*, 62 (4), 268-270.

Rolland, J. P., Parker, W. D. & Stumpf, H. (1998). A psychometric examination of the French translations of the NEO–PI–R and NEO–FFI. *Journal of Personality Assessment*, 71, 269–291.

Rosar, U. & Klein, M. (2009). Mein(schöner)Prof.de: Die physische Attraktivität des akademischen Lehrpersonals und ihr Einfluss auf die Ergebnisse studentischer Lehrevaluationen. *Kölner Zeitschrift für Soziologie*, 61, 621-645.

Rosch, E. (1975). Cognitive representations of semantic categories. *Journal of Experimental Psychology: General*, 104, 192-233.

Rosch, E. & Mervis, C. B. (1975). Family resemblances: Studies in the internal structure of categories. *Cognitive Psychology*, 7, 573-605.

Rosenberg, S., Nelson, C. & Vivekananthan, P. S. (1968). A multidimensional approach to the structure of personality impressions. *Journal of Personality and Social Psychology*, 9, 283-294.

Rosenthal, R., Hall, J. A., DiMatteo, M. R., Rogers, P. L. & Archer, D. (1979). *Sensitivity to Nonverbal Communication: The PONS Test*. Baltimore, MD: Johns Hopkins University.

Ross, L. D., Greene, D. & House, P. (1977). The "false consensus effect": An egocentric bias in social perception and attribution processes. *Journal of Experimental Social Psychology*, 13, 279-301.

Ross, L. D. Amabile, T. M. & Steinmetz, J. L. (1977). Social roles, social control, and biases in social-perception processes. *Journal of Personality and Social Psychology*, 35, 485-494.

Ryle, G. (1969). *Der Begriff des Geistes*. Stuttgart: Reclam.

Salovey, P. & Grewal, D. (2005). The science of emotional intelligence. *Current Directions in Psychological Science*, 14, 281-285.

Salovey, P., & Mayer, J. D. (1990). Emotional intelligence. *Imagination, Cognition and Personality*, 9, 185-211.

Scheffer, D. (2001). *Implizite Motive: Entwicklungskontexte und modulierende Mechanismen*. Unveröffentlichte Dissertation. Universität Osnabrück.

Scherer, K. R. & Scherer, U. (2011). Assessing the ability to recognize facial and vocal expressions of emotion: Construction and Validation of the Emotion Recognition Index. *Journal of Nonverbal Behavior*, 35, 305-326.

Scherer, K. R. & Wallbott, H. G. (1990). Ausdruck von Emotionen. In K. R. Scherer (Hrsg.), *Psychologie der Emotionen. Enzyklopädie der Psychologie Band 3* (S.345-422). Göttingen: Hogrefe.

Schlosberg, H. (1952). The description of facial expressions in terms of two dimensions. *Journal of Experimental Psychology*, 44, 229-237.

Schlosberg, H. (1954). Three dimensions of emotion. *Psychological Review*, 61, 81-88.

Schmidt, J. U. & König, F. (1986). Untersuchungen zur Validität der revidierten Form des Freiburger Persönlichkeitsinventars FPI-R. *Diagnostica*, 32, 197-208.

Schneider, R. J., Ackerman, P. L. & Kanfer, R. (1996). To "act wisely in human relations": Exploring the dimensions of social competence. *Personality and Individual Differences*, 4, 469–481.

Schulze, R., Wilhelm, O. & Kyllonen, P. C. (2007). New approaches to assessing emotional intelligence. In G. Matthews, M. Zeidner, & R. D. Roberts (Hrsg.), *Emotional Intelligence: Knowns and Unknowns* (S. 199-229). Oxford: Oxford University.

Seidel, K. (2007). *Social intelligence and auditory intelligence: Useful constructs?* Dissertationsschrift zur Erlangung des akademischen Grades Doktor der Philosophie, Otto-von-Guericke-Universität Magdeburg.

Sheppard, L. D. & Vernon, P. A. (2008). Intelligence and speed of information-processing: A review of 50 years of research. *Personality and Individual Differences*, 44, 535–551.

Silvera, D. H., Martinussen, M. & Dahl, T. I. (2001). The Tromsø Social Intelligence Scale, a self-report measure of social intelligence. *Scandinavian Journal of Psychology*, 42, 313-319.

Smith, E. R. & Zaraté, M. A. (1992). Exemplar-based model of social judgment. *Psychological Review*, 99, 3-21.

Snodgrass, S. E. (2001). Correlational method for assessing interpersonal sensitivity within dyadic interactions. In J. A. Hall & F. J. Bernieri (Hrsg.), *Interpersonal Sensitivity* (S. 201-218). Mahwah, NJ: LEA.

Snyder, M. & Ickes,W. (1985). Personality and social behavior. In G. Lindzey & E. Aronson (Hrsg.), *Handbook of social psychology* (S. 883–948). Reading, MA: Addison-Wesley.

Soyer, R. B., Rovenpor, J. L. & Kopelman, R. E. (1999). Narcissism and achievement motivation as related to three facets of the sales role: Attraction, satisfaction and performance. *Journal of Business and psychology*, 14, 285-304.

Spain, J. S., Eaton, L. G. & Funder, D. C. (2000). Perspectives on personality: The relative accuracy of self versus others for the prediction of emotion and behavior. *Journal of Personality*, 68, 837-867.

Spinath, B. & Spinath, F .M. (2004). Verhaltensbeobachtungen in dyadischen Interaktionssituationen. Die deutsche Form des Riverside Behavioral Q-Sort (RBQ-D). *Zeitschrift für Differentielle und Diagnostische Psychologie*, 25 (2), 105–115.

Spiro, R. L. & Weitz, B. A. (1990). Adaptive selling: Conceptualization, measurement, and nomological validity. *Journal of Marketing Research*, 27, 61-69.

Steins, G. & Wicklund, R. A. (1993). Zum Konzept der Perspektiven Übernahme: Ein kritischer Überblick. *Psychologische Rundschau*, 44, 226-239.

Sternberg, R. J. (1984). Toward a triarchic theory of human intelligence. *Behavioral and Brain Sciences*, 7, 269-315.

Sternberg, R. J. (1998). *Erfolgsintelligenz. Warum wir mehr brauchen als EQ und IQ*. München: Lichtenberg.

Sternberg, R. J. (2003). *Cognitive Psychology*. Belmont, CA: Thomson/Wadsworth.

Sternberg, R. J. & Hedlund, J. (2002). Practical Intelligence, g, and work psychology. *Human Performance*, 15, 143-160.

Sternberg, R. J. & Smith, C. (1985). Social intelligence and decoding skills in nonverbal communication. *Social Cognition*, 3, 168–192.

Sternberg, R. J., Wagner, R. K. & Okagaki, L. (1993). *Practical intelligence: The nature and role of tacit knowledge in work and at school*. New Haven, CT: Yale University.

Strang, R. (1932). An analysis of errors made in a test of social intelligence. *Journal of Educational Sociology*, 5, 291-299.

Stricker, L. J. (1982). Interpersonal competence instrument: Development and preliminary findings. *Applied Psychological Measurement*, 6, 69-81.

Stricker, L. J. & Rock, D. A. (1990). Interpersonal competence, social intelligence, and general ability. *Personality and Individual Differences*, 11, 833–839.

Stumpf, H., Angleitner, A., Wieck, T., Jackson, D. N. & Beloch-Till, H. (1985). *Deutsche Personality Research Form (PRF): Manual.* Göttingen: Hogrefe.

Süß, H.-M. (1996). *Intelligenz, Wissen und Problemlösen. Kognitive Voraussetzungen für erfolgreiches Handeln bei computersimulierten Problemen.* Lehr- und Forschungstexte Psychologie. Göttingen: Hogrefe.

Süß, H.-M. (2001). Prädiktive Validität der Intelligenz im schulischen und außerschulischen Bereich. In E. Stern, & J. Guthke (Hrsg.), *Perspektiven der Intelligenzforschung. Ein Lehrbuch für Fortgeschrittene.* (S. 109 - 135). Lengerich: Pabst Science.

Süß, H.-M. (2006). Eine Intelligenz - viele Intelligenzen? Neuere Intelligenztheorien im Widerstreit. In H. Wagner (Hrsg*.), Intellektuelle Hochbegabung. Aspekte der Diagnostik und Beratung.* Tagungsband. Bad Honnef: K. H. Bock.

Süß, H.-M. (2015, in press). The construct validity of the Berlin Intelligence Structure Model (BIS). In A. Roazzi, B. C. Souza, & W. Bilsky (Hrsg.), *Facet Theory: Searching for structure in complex social, cultural & psychological phenomena* (S. 140-156). Recife, Pernambuco (Brazil): Editora Universitária.

Süß, H.-M., Baumgarten, M., Karthaus, C., Nötzold, J., Strien, J., Seidel, K. & Weis, S. (2010). *Magdeburger Test zur Sozialen Intelligenz* (MTSI-3). Abteilung für Methodenlehre, Psychodiagnostik und Evaluationsforschung. Institut für Psychologie. Otto-von-Guericke-Universität Magdeburg.

Süß, H.-M., Baumgarten, M., Karthaus, C., Nötzold, J. & Strien, J. (2015). *Untersuchung zur Stabilität und Validität des MTSI-3.* Manuskript in Vorbereitung. Abteilung für Psychologische Forschungsmethoden, Psychodiagnostik und Evaluationsforschung, Institut für Psychologie, Otto-von-Guericke-Universität Magdeburg.

Süß, H.-M. & Beauducel, A. (2005). Faceted models of intelligence. In O. Wilhelm & R. Engle (Hrsg.), *Understanding and measuring intelligence* (S. 313-332). London: Sage.

Süß, H.-M., & Beauducel, A. (2015, in press). Modeling the construct validity of the Berlin Intelligence Structure Model. *Journal of Psychological Studies (Estudos de Psicologia).*

Süß, H.-M., Oberauer, K., Wittmann, W. W., Wilhelm, O. & Schulze, R. (2002). Working memory capacity explains reasoning ability - and a little bit more. *Intelligence*, 30, 261-288.

Süß, H.-M. & Sander, N. (2003, September). *Sind Selbsteinschätzungen von Fähigkeiten valide Prädiktoren?* 6. Arbeitstagung der Fachgruppe "Differentielle Psychologie, Persönlichkeitspsychologie und Psychodiagnostik" der Deutschen Gesellschaft für Psychologie, Halle.

Süß, H.-M., Seidel, K. & Weis, S. (2007). *Magdeburger Test zur Sozialen Intelligenz* (MTSI). Abteilung für Methodenlehre, Psychodiagnostik und Evaluationsforschung. Institut für Psychologie. Otto-von-Guericke-Universität Magdeburg.

Süß, H.-M., Seidel, K., Weis, S., Karthaus, C., Nötzold, J., & Strien, J. (2009). *Magdeburger Test zur Sozialen Intelligenz* (MTSI-2). Magdeburg: Otto-von-Guericke-University, Institute of Psychology, Department of Methodology, Diagnostics and Evaluation Research.

Süß, H.-M., Weis, S. & Seidel, K. (2005). Soziale Kompetenzen. In H. Weber & T. Rammsayer (Hrsg.), *Handbuch der Persönlichkeitspsychologie und Differentiellen Psychologie (Reihe Handbuch der Psychologie)*. Göttingen: Hogrefe.

Süß, H.-M. & Werz, M. (1997). *BIS-E. Datenbankprogramm zur Auswertung von Einfallsreichtumsaufgaben für den BIS-Test* [Software]. Göttingen: Hogrefe.

Sullivan, S. & Ruffman, T. (2004). Social understanding: How does it fare with advancing years? *British Journal of Psychology*, 95, 1-18.

Sundberg, N. D. (1966). A method for studying sensitivity to implied meanings. *Gawein* (Tijdschrift voor Psychologie), 15, 1-8.

Swann, W. B. (1984). Quest for accuracy in person perception: A matter of pragmatics. *Psychological Review*, 91, 457-477.

Tagiuri, R. (1969). Person perception. In G. Lindzey, & E. Aronson (Hrsg), *The Handbook of Social Psychology (2nd Edition, Vol. III)* (S. 395-449). Reading, Mass.: Addison-Wesley.

Thomas, M. (2011). *Vergleich von Leistungs- und Selbstberichtsmaßen zur Messung sozialer Kompetenzen anhand des Subtests soziales Verständnis des Magdeburger Tests zur Sozialen Intelligenz (MTSI-3)*. Unveröffentlichte Bachelorarbeit, Otto-von-Guericke-Universität Magdeburg.

Thompson, B. (2003). *Score reliability*. London: Sage

Thorndike, E. L. (1920a). Intelligence and it use. *Harper's Magazine*, 140, 227-235.

Thorndike, E. L. (1920b). A constant error in psychological ratings. *Journal of Applied Psychology*, 4, 25-29.

Titchener, E. (1909). *Elementary psychology of the thought processes*. New York: Academic.

Tobolski, F. P. & Kerr, W. A. (1952). Predictive value of the Empathy Test in automobile salesmanship. *Journal of Applied Psychology*, 36, 310-311.

Torgrud, L. J. & Holborn, S. W. (1992). Developing externally valid role-play for assessment of social skills: A behavior analytic perspective. *Behavioral Assessment*, 14, 245-277.

Trope, Y. (1986). Identification and inferential processes in dispositional attribution. *Psychological Review*, 93, 239-257.

Trope, Y., Cohen, O. & Maoz, Y. (1988). The perceptual and inferential effects of situational inducements on dispositional attributions. *Journal of Personality and Social Psychology*, 55, 165-177.

Tversky, A. & Kahneman, D. (1973). Availability: A heuristic for judging frequency and probability. *Cognitive Psychology*, 5, 207-232.

Tversky, A. & Kahneman, D. (1974). Judgment under uncertainty: Heuristics and biases. *Science*, 185, 1124-1131.

Underwood, B. & Moore, B. (1982). Perspective-taking and altruism. *Psychological Bulletin*, 91, 128-142.

Verbeke, W., Dietz, B. & Verwaal, E. (2011). Drivers of sales performance: a contemporary meta-analysis. Have salespeople become knowledge brokers?. *Journal of the Academy of Marketing Science*, 39, 407-428.

Vernon, P. E. (1933). Some characteristics of the good judge of personality. *Journal of Social Psychology*, 4, 42–57.

Vinchur, A. J., Schippmann, J. S., Switzer, F. S. & Roth, P. L. (1998). A meta-analytic review of predictors of job performance for salespeople. *Journal of Applied Psychology*, 83, 586-597.

Wagner, R. K. & Sternberg, R. J. (1985). Practical intelligence in real-world pursuits: the role of tacit knowledge. *Journal of Personality and Social Psychology*, 49, 436-458.

Wagner, R. K., & Sternberg, R. J. (1991). *Tacit Knowledge Inventory for Managers*. San Antonio: The Psychological Corporation Harcourt Brace.

Walker, R. E., & Foley, J. M. (1973). Social intelligence: its history and measurement. *Psychological Reports*, 33, 839-864.

Wallbott, H. G. (1990). *Mimik im Kontext – Die Bedeutung verschiedener Informationskomponenten für das Erkennen von Emotionen*. Göttingen: Hogrefe.

Watson, D. (1982). The actor and the observer: How are their perceptions of causality divergent? *Psychological Bulletin*, 92, 682-700.

Wedeck, J. (1947). The relationship between personality and 'psychological ability.' *British Journal of Psychology*, 37, 133-151.

Weber, H., & Westmeyer, H. (2001). Die Inflation der Intelligenzen. In E. Stern & J. Guthke (Hrsg.), *Perspektiven der Intelligenzforschung* (S. 251-266). Lengerich: Pabst.

Wechsler, D. (1958). *The Measurement of adult intelligence*. Baltimore: Williams & Wilkens.

Weis, S. (2008). *Theory and Measurement of Social Intelligence as a Cognitive Performance Construct*. Dissertationsschrift zur Erlangung des akademischen Grades Doktor der Philosophie, Otto-von-Guericke-Universität Magdeburg.

Weis, S., Seidel, K. & Süß, H.-M. (2006). Messkonzepte sozialer Intelligenz – Literaturübersicht und Ausblick. In R. Schulze, P. A. Freund & R. D. Roberts (Hrsg.), *Emotionale Intelligenz. Ein Internationales Handbuch*. (S. 213-234). Göttingen: Hogrefe.

Weis, S. & Süß, H.-M. (2005). Social intelligence – A review and critical discussion of measurement concepts. In R. Schulze & R. D. Roberts (Hrsg.), *International Handbook of Emotional Intelligence* (S. 203-230). Göttingen: Hogrefe.

Weis, S. & Süß, H.-M. (2007). Reviving the search for social intelligence - multitrait-multimethod study of its structure and construct validity. *Personality and Individual Differences*, 42, 3-14.

Weinstein, E. A. (1969). The development of interpersonal competence. In D. A. Goslin (Hrsg.), *Handbook of socialization theory and research* (S. 753-775). Chicago: Rand McNally.

Weinstein, N. D. (1980). Unrealistic optimism about future life events. *Journal of Personality and Social Psychology*, 39, 806-820.

Weitz, B. A. (1981). Effectiveness in Sales Interactions: A Contingency Framework. *Journal of Marketing*, 45, 85-103.

Weschke, K. & Jöns, I. (2008). Einflussfaktoren auf effektive Gruppensitzungen. In I. Jöns (Hrsg.), *Erfolgreiche Gruppenarbeit* (S. 150-160). Wiesbaden: Gabler Verlag.

Wiggins, J. S. (1979). A psychological taxonomy of trait-descriptive terms: The interpersonal domain. *Journal of Personality and Social Psychology*, 37, 395-412.

Wilhelm, P. (2004). *Empathie im Alltag von Paaren*. Bern: Huber.

Wilson, R. K. & Eckel, C. C. (2006). Judging a Book by its Cover: Beauty and Expectations in the Trust Game. *Political Research Quarterly*, 59, 189–202.

Wishner, J. (1960). Reanalysis of "impressions of personality". *Psychological Review*, 67, 96-112.

Literatur

Wispé, L. (1986). The distinction between sympathy and empathy: To call forth a concept, a word is needed. *Journal of Personality and Social Psychology*, 50, 314-321.

Witt, L. A. & Ferris, G. R. (2003). Social skill as moderator of the conscientiousness-performance relationship: Convergent results across four studies. *Journal of Applied Psychology*, 88, 809.

Wittmann, W. W. (1990). Brunswik-Symmetrie und die Konzeption der Fünf-Datenboxen. *Zeitschrift für Pädagogische Psychologie*, 4, 241-251.

Wittmann, W. W. & Süß, H.-M. (1999). Investigating the paths between working memory, intelligence, knowledge, and complex problem solving performances via Brunswik-symmetry. (S. 77-108). In P. L. Ackerman, P. C. Kyllonen & R. D. Roberts (Hrsg.), *Learning and individual Differences: Process, Trait, and Content Determinants*. Washington, D.C.: American Psychological Association.

Wong, C.-M. T., Day, J. D., Maxwell, S. E. & Meara, N. M. (1995). A multitrait-multimethod study of academic and social intelligence in college students. *Journal of Educational Psychology*, 87, 117–133.

Zerssen, D., Pfister, H. & Koeller, D.-M. (1988). The Munich personality test (MPT) - a short questionnaire for self-rating and relatives' rating of personality traits: Formal properties and clinical potential. *European Archives of Psychiatry and Clinical Neuroscience*, 238, 73-93.

13. Anhang

Anhang A

Mimik:
- Bewegung einzelner Partien oder eine Kombination der Muskulatur
- Augen (Blickrichtung, Rollen, Öffnung der Augen etc.)
- Augenbraun (Zusammenziehen, Hochziehen etc.)
- Stirn (Runzeln etc.)
- Nase (Rümpfen etc.)
- Mund (Lächeln, Schnute ziehen, Zunge schnalzen etc.)

Kopf:
- Position von Kopf zu Körper (schief, gesenkt etc.)
- Kopfbewegung (schütteln, nicken etc.)

Haut:
- Rötung im Gesicht und/oder Halsausschnitt
- Bleich werden
- Gänsehaut/Schauer
- Schwitzen (Handflächen, Stirn etc.)

Gestik:
- Finger (trommelnd auf Untergrund etc.)
- Position der Hände (gefaltet, ruhend im Schoß, an die Stirn/Kinn gelegt etc.)
- Arme (verschränkt oder offen, um den Körper gelegt, in die Seite gestemmt, Stütze des Kopfes etc.)

Körperhaltung:
- Schultern (Hängenlassen, hochziehen etc.)
- Sitzen (Beine übereinandergeschlagen, Bein(e) wippen, breitbeinig, zurück- oder vorgelehnt etc.)
- Stehen (Gewicht auf ein Bein gelagert, breitbeinig, Beine gekreuzt etc.)
- Liegen
- Neigung
- Bewegung (Schritttempo, Schrittweite etc.)

Paraverbale Kommunikation:
- Sprechmelodie, Tonhöhe, Lautstärke, Sprechgeschwindigkeit, Sprechdauer, Sprechpausen
- Interjektionen, Hochsprache vs. Dialekt

Abbildung A1: Nonverbale und paraverbale soziale Hinweisreize einer Einzelperson.

Anmerkung. Die hier aufgelisteten Elemente können einzeln beobachtet werden, sind in der Regel aber Bestandteile einer Kombination verschiedener Elemente zu einem gemeinsamen dynamischen Reizereignis.

Augen:
- Blickkontakt (Dauer, gegenseitig oder einseitig etc.)
- Erweiterung und Verengung der Pupillen
- Zeichen (zwinkern, blinzeln etc.)
- Mustern mit den Augen

Gestik:
- Handzeichen (winken, „OK", Stopp)
- Berührungen mit den Händen
- Begrüßung

Körper:
- Physische Nähe (Distanzzonen nach Hall (1990))
- Winkel zwischen Personen
- Berührungen (Umarmung, Kuscheln)
- Körperorientierung (zu- oder abgewandt ganzer Körper/Gliedmaßen)
- Relative Höhe

Paraverbale Kommunikation:
- Sprecherwechsel
- Schweigen

Abbildung A2: Nonverbale und paraverbale soziale Hinweisreize in Dyaden und Kleingruppen.

Anmerkung. Die Abbildung gibt Hinweisreize wider, die erst durch die Anwesenheit anderer Personen auftreten. Trotz alledem kann jede Einzelperson Hinweisreize aus Abbildung A1 aufweisen, die ebenfalls Schlussfolgerungen über die Beziehungen der Personen untereinander erlauben.

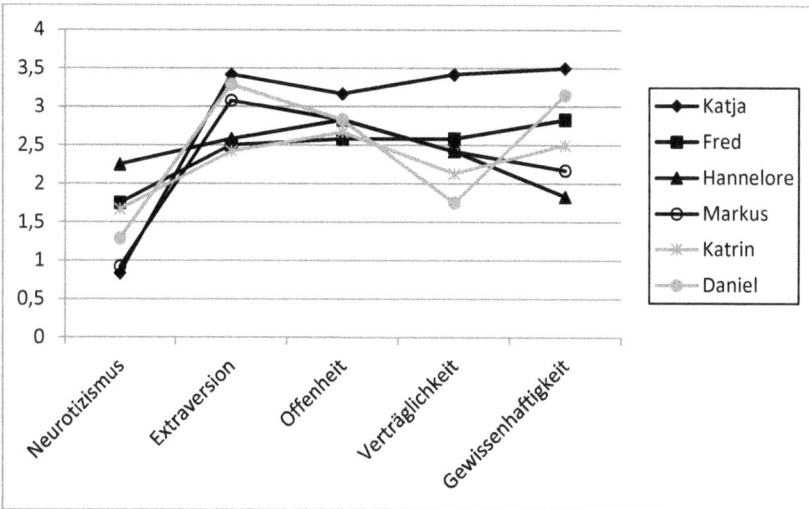

Abbildung A3: Vergleich der Persönlichkeitsprofile (Fünf-Faktorenmodell) der sechs Targetpersonen aus dem MTSI-3

Anmerkung. Die Neukonstruktionen Katrin und Daniel sind grau schattiert, ihnen wurde der NEO-PI-R zur Beantwortung vorgegeben. Die vier in schwarz dargestellten bereits im MTSI vorhandenen Targetpersonen haben hingegen die Kurzform (NEO-FFI) bearbeitet. Ein hoher Wert im Diagramm bedeutet eine hohe Ausprägung auf dem jeweiligen Konstrukt.

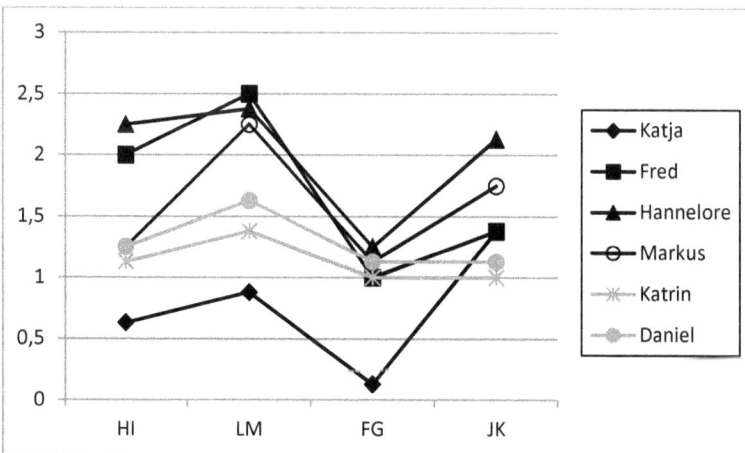

Abbildung A4: Vergleich der Profile interpersonalen Verhaltens (IIP-C) der sechs Targetpersonen (MTSI-3)

Anmerkung. HI = unterwürfig, LM = anderen nah sein, FG = introvertiert; JK = kooperativ. Die Neukonstruktionen Katrin und Daniel sind grau schattiert. Ein hoher Wert im Diagramm bedeutet eine hohe Ausprägung auf dem jeweiligen Konstrukt.

Tabelle A5: Situationsbeschreibung, Anzahl der abgefragten Items und Zugehörigkeit zu den Informationsbereichen von Szenario *Katrin*

	Situationsbeschreibung	Inhalt	Setting (P/Ö)	Item-anzahl	E/K/B
Katrin	Spätschicht an der Rezeption: Einarbeitung einer Auszubildenden im 2. Lehrjahr.	Bild	Ö	10 (9)	5/3/2 (5/3/1)
	Beschwerde bei der Restaurantleiterin über einen Kollegen: Probleme während einer Gästefeier am Vorabend.	Ton	Ö	9 (--)	2/2/5 (--)
	E-Mail an eine Freundin: sie berichtet über eine Meisterschaft im Restaurantgewerbe und über den aktuellen Stand ihrer Vorstellungsgespräche.	Text	P	4 (3)	1/2/1 (1/2/0)
	Lernt eine neue Bekannte beim Skaten mit ihrer besten Freundin kennen.	Bild	P	5 (4)	2/1/2 (2/1/1)
	Diskussion mit der Rezeptionsleiterin aufgrund von Problemen bei der Zimmerreservierung (Hotel ausgebucht, Zimmer mehrfach reserviert).	Film	Ö	6 (5)	3/1/2 (3/1/1)
	Ende der Ausbildung: E-Mail an ihre neue Chefin und Absprache der Arbeitsbedingungen vor Dienstantritt.	Text	Ö	4	0/1/3
	Umzug in eine neue Stadt: Diskussion mit ihrer Mutter über das Mittagessen für die Umzugshelfer.	Film	P	9 (5)	5/2/2 (1/2/2)
	Probleme beim Aufbau eines Badregals: Diskussion mit ihrer besten Freundin über das richtige Vorgehen.	Ton	P	8 (7)	2/1/5 (2/0/5)
	Telefonat mit einem Kunden, der einen abgelaufenen Gutschein im Hotel einlösen will.	Ton	Ö	7 (6)	2/2/3 (2/1/3)

$\sum 62$ $\quad\sum 22/15/25$

$(\sum 43)$ $\quad(\sum 16/11/16)$

Anmerkung. In Klammern sind die Werte für das gekürzte Szenario zu finden. P = Privates Setting; Ö = Öffentliches Setting; E = Anzahl der Items, die Emotionen erfragen; K = Anzahl der Items, die Kognitionen erfragen; B = Anzahl der Items, die Verhalten in Beziehungen erfragen; (--) = Situation wurde bei der Kürzung entfernt.

Tabelle A6: Situationsbeschreibung, Anzahl der abgefragten Items und Zugehörigkeit zu den Informationsbereichen von Szenario *Daniel*

	Situationsbeschreibung	Inhalt	Setting (P/Ö)	Item-anzahl	E/K/B
Daniel	E-Mail an eine Freundin aus seiner alten Heimat und Absprache über seinen nächsten Besuch.	Text	P	7 (6)	1/2/4 (1/1/4)
	Klagt einer Studienkollegin seine Sorgen über die Ergebnisse einer Wiederholungsklausur.	Ton	Ö	7 (6)	3/3/1 (3/2/1)
	Streit mit seiner Freundin nachdem er mit einer anderen Frau geflirtet hat.	Bild	P	9 (7)	4/1/4 (2/1/4)
	Literaturrecherche für ein Referat.	Film	Ö	9 (6)	4/1/4 (3/0/3)
	Diskussion mit seiner Freundin: er hat vergessen, dass sie am nächsten Tag bei einem neuen Unternehmen anfängt zu arbeiten.	Ton	P	5 (3)	3/1/1 (2/1/0)
	E-Mail über die Bachelorarbeit: sein Betreuer wird das präferierte Thema nicht betreuen.	Text	Ö	9 (7)	3/3/3 (2/3/2)
	Daniel versucht einen Videorecorder für eine Seminararbeit zu reparieren.	Bild	Ö	9 (7)	4/2/3 (2/2/3)
	Er und seine Freundin necken sich auf der Couch.	Film	P	14 (12)	5/4/5 (3/4/5)

$\sum 69$ $\sum 27/17/25$

$(\sum 54)$ $(\sum 18/14/22)$

Anmerkung. In Klammern sind die Werte für das gekürzte Szenarien zu finden. P = privates Setting; Ö = öffentliches Setting; E = Anzahl der Items, die Emotionen erfragen; K = Anzahl der Items, die Kognitionen erfragen; B = Anzahl der Items, die Verhalten in Beziehungen erfragen.

Anhang B – Studie 1

Tabelle B1: Definitionen der Fähigkeitskonstrukte des BIS-4 (nach Jäger et al., 1997)

Fähigkeitskonstrukt	Definition
B - Bearbeitungsgeschwindigkeit	Arbeitstempo, Auffassungsleichtigkeit und Konzentrationskraft beim Lösen einfach strukturierter Aufgaben von geringem Schwierigkeitsniveau.
M - Merkfähigkeit	Aktives Einprägen und kurzfristiges Wiedererkennen oder Reproduzieren von verschiedenartigem Material.
E - Einfallsreichtum	Flexible Ideenproduktion, die Verfügbarkeit vielfältiger Informationen, Reichtum an Vorstellungen und das Sehen vieler verschiedener Seiten, Varianten, Gründe und Möglichkeiten von Gegenständen und Problemen voraussetzt, wobei es um problemorientierte Lösungen geht, nicht um ein ungesteuertes Luxurieren der Phantasie.
K - Verarbeitungskapazität	Verarbeitung komplexer Informationen bei Aufgaben, die nicht auf Anhieb zu lösen sind, sondern Heranziehen, vielfältiges Beziehungsstiften, formallogisch exaktes Denken und sachgerechtes Beurteilen von Informationen erfordern.
V - Sprachgebundenes Denken	Grad der Aneignung und der Verfügbarkeit des Beziehungssystems Sprache.
N - Zahlengebundenes Denken	Grad der Aneignung und der Verfügbarkeit des Beziehungssystems Zahlen.
F - Figural-bildhaftes Denken	Einheitsstiftendes Merkmal scheint hier die Eigenart des Aufgabenmaterials zu sein, dessen Bearbeitung figural-bildhaftes und/oder räumliches Vorstellen erfordert.

Tabelle B2: Untersuchungen und Stichprobengrößen der Referenzstichproben für die Einfallsreichtumsaufgaben (X-Modus)

Untersuchung	Autoren	Jahr	N
IMF	Größler	1997	39
PL	Wittmann & Süß	1999	90
WMC	Süß, Oberauer, Wittmann, Wilhelm & Schulze	2002	135
Soziale Intelligenz* (WU 2010)	Süß, Baumgarten, Karthaus, Nötzold & Strien	2015	155

Anmerkung. IMF = Untersuchung zum Zusammenhang von Intelligenz, Wissen und komplexem Problemlösen; PL = Investigating the paths between working memory, intelligence, knowledge, and complex problem solving performances via Brunswik-symmetry; WMC = Working memory capacity explains reasoning ability - and a little bit more; WU 2010 = Wiederholungsuntersuchung zur Stabilität und Validität des MTSI-3. * Untersuchung WU 2010 diente nur bei Studie 3 als Referenzstichprobe.

Tabelle B3: Deskriptive Statistik BIS-4

	Item-anzahl	r_{it}-Range	α
BIS-g	4 [a]	.44; .64	.74
BIS-S	3 [b]	.69; .77	.86
BIS-M	3 [b]	.53; .68	.78
BIS-R	3 [b]	.58; .66	.78
BIS-E	3 [b]	.53; .58	.73
BIS-V	3 [b]	.56; .71	.79
BIS-N	3 [b]	.68; .71	.84
BIS-F	3 [b]	.71; .74	.85

Anmerkung. BIS = Berliner Intelligenz Struktur Test; BIS-g = Allgemeine Intelligenz; BIS-S = Bearbeitungsgeschwindigkeit; BIS-M = Gedächtnis; BIS-R = Reasoning; BIS-E = Einfallsreichtum; BIS-V = verbale Fähigkeiten; BIS-N = numerische Fähigkeiten; BIS-F = figurale Fähigkeiten. [a] Bis-g basiert auf den Skalenwerten der Operationen. [b] Konstrukte basieren auf den entsprechenden Operations- bzw. Inhaltsparcel und wurden durch Faktorenanalysen gebildet / Faktorenwerte. N = 155.

Tabelle B4: Deskriptive Statistik MERT

Aufgabe	Item-anzahl	*M*	*SD*	Min; Max	Skew	Kurt	α
MERT-FR	120	.47	.25	.17; .82	.04	-1.92	.98
MERT-FRa	30	.43	.21	.10; .83	.14	-1.55	.88
MERT-FRf	30	.49	.26	.13; .90	.07	-1.80	.93
MERT-FRaf	30	.49	.33	.03; .93	.01	-1.90	.96
MERT-FRb	30	.46	.24	.10; .87	.14	-1.67	.91
MERT-IR	120	.58	.07	.41; .73	-.21	-.40	.68
MERT-IRa	30	.55	.12	.23; .80	-.03	-.61	.53
MERT-IRf	30	.60	.09	.40; .77	-.33	-.27	.23
MERT-IRaf	30	.61	.08	.43; .77	-.23	-.42	.20
MERT-IRb	30	.53	.10	.27; .73	-.12	-.40	.31

Anmerkung. MERT = The Multimodal Emotion Recognition Test; FR = Emotionserkennung zwischen den Emotionsfamilien; IR = Emotionserkennung innerhalb der Emotionsfamilien; a = auditiv; b = Bild; f = Film; af = Film mit Ton. *N* =155.

Tabelle B5: Interkorrelation der MERT-Aufgaben

Aufgaben	1 FR	2	3	4	5	6	7	8	9
2 FRa	.67**								
3 FRf	.71**	.30**							
4 FRaf	.60**	.16*	.40**						
5 FRb	.67**	.32**	.37**	.23**					
6 IR	.03	-.33**	.18*	.42**	.01				
7 IRa	.05	-.23**	.13	.43**	-.04	.89**			
8 IRf	-.02	-.38**	.21**	.42**	-.12	.90**	.78**		
9 IRaf	-.09	-.40**	.04	.43**	-.11	.89**	.76**	.82**	
10 IRb	-.06	-.44**	.09	.32**	.05	.91**	.80**	.80**	.80**

Anmerkung. MERT = The Multimodal Emotion Recognition Test; FR = Emotionserkennung zwischen den Emotionsfamilien; IR = Emotionserkennung innerhalb der Emotionsfamilien; a = auditiv; b = Bild; f = Film; af = Film mit Ton. *N* =155.

Tabelle B6: Diskriminante Validität soziales Verständnis und BIS-4

		BIS-g	BIS-S	BIS-M	BIS-R	BIS-E	BIS-V	BIS-N	BIS-F
TS-ITEM	SV-KL	-.07	-.03	-.03	-.11	-.06	.02	-.08	-.12
	SV-FB	-.09	-.10	.00	-.10	-.09	-.12	-.03	-.07
	SV-HR	-.08	-.10	.03	-.07	-.11	-.11	-.02	-.06
	SV-MM	-.07	-.10	.11	-.05	-.13	-.08	-.04	-.02
	SV-KS	-.17*	-.18*	-.10	-.14	-.10	-.12	-.21**	-.11
	SV-DS	-.02	-.06	.01	-.01	.02	-.05	-.02	.01
	SV-S	-.13	-.14	-.01	-.12	-.12	-.10	-.10	-.10
	SVv	-.08	-.10	.07	-.07	-.13	-.10	-.04	-.04
	SVa	-.16*	-.19*	-.04	-.13	-.12	-.19*	-.10	-.10
	SVb	.07	-.01	.12	.02	.07	.02	-.01	.14
	SVf	-.17*	-.19*	-.04	-.13	-.13	-.15	-.09	-.17*
	SV-I	-.11	-.16*	.03	-.10	-.10	-.14	-.08	-.06
TS-SIT	SV-KL	-.10	-.03	-.16*	-.03	-.08	-.10	-.03	-.11
	SV-FB	.02	.04	-.08	.02	.07	.03	-.02	.01
	SV-HR	.05	.07	-.07	.05	.08	.06	.01	.03
	SV-MM	.04	.11	-.13	.02	.08	.06	.02	-.01
	SV-KS	.07	.17*	-.10	.08	.06	.05	.08	.05
	SV-DS	.03	.11	-.07	.02	.02	.10	-.01	-.02
	SV-S	.02	.11	-.15	.04	.06	.05	.01	-.01
	SVv	.05	.09	-.12	.07	.09	.03	.08	.00
	SVa	.07	.11	-.05	.08	.08	.11	.03	.03
	SVb	-.07	.04	-.18*	-.05	-.04	-.04	-.04	-.11
	SVf	.08	.15	-.10	.06	.11	.08	.00	.09
	SV-I	.04	.12	-.14	.05	.08	.06	.02	.01
PCS	SV-KL	.10	.01	.15	.08	.08	.12	.04	.10
	SV-FB	.19*	.06	.16*	.19*	.17*	.18*	.14	.15
	SV-HR	-.03	-.11	.00	.05	.00	.00	-.05	-.02
	SV-MM	.06	-.01	.15	.04	.02	.03	.07	.06
	SV-KS	.10	.06	.17*	.03	.03	.14	.06	.06
	SV-DS	.12	.03	.18*	.13	.04	.08	.14	.10
	SV-S	.13	.01	.19*	.12	.08	.12	.09	.10
	SVv	-.01	-.14	.13	-.01	.00	.02	-.06	.00
	SVa	.17*	.12	.13	.20*	.09	.11	.20*	.13
	SVb	.14	.05	.19*	.08	.10	.16*	.04	.13
	SVf	.06	-.04	.15	.06	.02	.07	.06	.03
	SV-I	.12	.00	.19*	.11	.06	.12	.08	.09

Anmerkung. TS-ITEM = Target Scoring itembasiert; TS-SIT = Target Scoring situationsbasiert; PCS = Proportion Consensus Scoring; SV = Soziales Verständnis; SV-KL = Szenario Katja; SV-FB = Szenario Fred; SV-HR = Szenario Hannelore; SV-MM = Szenario Markus; SV-KS = Szenario Katrin; SV-DS = Szenario Daniel; v = verbal; a = auditiv; b = Bild; f = Film; SV-S = Faktorenwerte soziales Verständnis szenarienbasiert; SV-I = Faktorenwerte soziales Verständnis inhaltsbasiert; SV-S = Faktorenwerte soziales Verständnis szenarienbasiert; SV-I = Faktorenwerte soziales Verständnis inhaltsbasiert; BIS-g = Allgemeine Intelligenz; BIS-S = Bearbeitungsgeschwindigkeit; BIS-M = Gedächtnis; BIS-R = Reasoning; BIS-E = Einfallsreichtum; BIS-V = verbale Fähigkeiten; BIS-N = numerische Fähigkeiten; BIS-F = figurale Fähigkeiten; Kv = Verarbeitungskapazität verbal. *Korrelation ist signifikant bei $p<0.05$; ** Korrelation ist signifikant bei $p<0.01$. $N=155$.

Anhang C – Studie 2

Tabelle C1: Items und Antwortformat des Prä- und Post-SSV

Beurteilung	Prä-SSV	Post-SSV
Visuell	Ich kann Personen in sozialen Situationen gut anhand von visuellen Informationen einschätzen. Es fällt mir leicht, Körperhaltungen und –bewegungen sowie Mimik und Gestik von Menschen wahrzunehmen und ihre Bedeutung einzuschätzen. Ich kann zum Beispiel auf einem (nicht gestellten) Foto korrekt erkennen, was die gezeigten Personen zum Zeitpunkt der Aufnahme gedacht und gefühlt haben und in welcher Beziehung sie zueinander stehen.	Ich konnte die Personen in den gegebenen Situationen gut anhand von visuellen Informationen einschätzen. Es fiel mir leicht, Körperhaltungen und –bewegungen sowie Mimik und Gestik von den gezeigten Personen wahrzunehmen und ihre Bedeutung einzuschätzen. Ich konnte zum Beispiel auf den Fotos von Daniel und Julia, die aufgenommen wurden, nachdem Daniel mit einer anderen Frau geflirtet hat, korrekt erkennen, wie die beiden Personen zum Zeitpunkt der Aufnahme gedacht und gefühlt haben und wie sie miteinander interagiert haben.
Verbal	Ich kann Personen in sozialen Situationen gut anhand von schriftlichen Informationen beurteilen, denn die verwendete Anrede, die Wortwahl (Umgangssprache, Grammatik etc.), oder der Satzbau geben mir darüber Auskunft. Wenn ich zum Beispiel einen Schriftwechsel zwischen zwei Personen lese, kann ich enthaltene soziale Informationen korrekt identifizieren und ihre Bedeutung einschätzen. Ich kann mich leicht in den Verfasser hineinversetzen und seine Gefühle, Gedanken und die Beziehung zum Empfänger wahrnehmen und verstehen.	Ich konnte die Personen in den gegebenen Situationen gut anhand von schriftlichen Informationen (Wortwahl, Grammatik und Satzbau etc.), einschätzen. Als ich zum Beispiel den Schriftwechsel zwischen Katrin und ihrer neuen Chefin gelesen habe, konnte ich die enthaltenen sozialen Informationen korrekt identifizieren und ihre Bedeutung einschätzen. Ich konnte mich leicht in die Verfasserin hineinversetzen und ihre Gefühle, Gedanken und die Beziehung zur Empfängerin wahrnehmen und verstehen.
Auditiv	Ich kann Personen in sozialen Situationen gut anhand von gehörten Informationen einschätzen. Wenn ich zum Beispiel ein Gespräch zweier mir fremder Personen mithöre, kann ich mir leicht vorstellen, wie die Personen denken und fühlen und wie die Beziehung der Personen zueinander die Situation beeinflusst. Ich kann beispielsweise durch die Sprechweise der Personen (Tonhöhe, Geschwindigkeit oder Aussprache) und den Gesprächsverlauf soziale Hinweise korrekt wahrnehmen, verstehen und ihre Bedeutung bewerten.	Ich konnte die Personen in den gegebenen Situationen gut anhand von gehörten Informationen einschätzen. Als ich zum Beispiel das Gespräch zwischen Daniel und seiner Bekannten zu einer Prüfung, die er möglicherweise mündlich wiederholen muss, gehört habe, konnte ich mir leicht vorstellen, wie beide Personen dachten und fühlten und in welcher Beziehung sie zueinander stehen. Ich konnte beispielsweise durch die Sprechweise und den Gesprächsverlauf soziale Hinweise korrekt wahrnehmen, verstehen und ihre Bedeutung bewerten.

Beurteilung	Prä-SSV	Post-SSV
Beziehung zu Dritten	Ich kann Beziehungen zwischen Personen in sozialen Situationen gut einordnen und einschätzen. Ich nehme Hinweise, die Aufschluss über soziale Beziehungen geben, korrekt wahr, verstehe sie leicht und ordne sie richtig in ein Gesamtbild ein. Ich kann somit ein gutes Verständnis für die Einstellung von Personen zueinander und für ihre gemeinsame Interaktion entwickeln und weiß, in welcher Beziehung sie zueinander stehen.	Ich konnte die Beziehungen zwischen den Personen in den gezeigten sozialen Situationen gut einordnen und einschätzen. Ich habe Hinweise, die beispielsweise Aufschluss über das Verhältnis von Katrin und ihrer Mutter gaben, korrekt wahrgenommen, leicht verstanden und richtig in ein Gesamtbild eingeordnet. Ich konnte somit ein gutes Verständnis für die Einstellung der beiden Personen zueinander und für ihre gemeinsame Interaktion entwickeln.
Emotionen	Ich kann mich gut in Personen einfühlen. Es ist mir leicht möglich, verschiedene Gefühle wahrzunehmen, richtig zu erkennen und zu bewerten. Ich kann entsprechende Hinweise korrekt in einen sozialen Kontext einbetten und leicht verstehen, wie verschiedene Gefühle eine soziale Situation beeinflussen und welche Auswirkungen daraus resultieren können.	Ich konnte mich gut in Personen einfühlen. Es war mir leicht möglich, beispielsweise die Gefühle von Daniel, als er mit der Gruppenarbeit für ein Seminar beschäftigt war, wahrzunehmen, nachzuvollziehen und zu bewerten. Ich konnte entsprechende Hinweise korrekt in den sozialen Kontext einbetten und leicht verstehen, welche Emotionen auf Katrin und Daniel zutreffen und welche Auswirkungen daraus resultierten.
Kognitionen	Ich kann die Gedanken und Absichten von Personen gut identifizieren und bewerten. Ich kann leicht nachvollziehen, welche Gedankengänge Personen verfolgen und wie sich diese in sozialen Situationen äußern. Zum Beispiel nehme ich Gedanken bei Personen wahr, noch bevor sie diese explizit geäußert haben. Ich kann korrekt einschätzen, wie sich Gedanken und Absichten auf soziale Situationen auswirken.	Ich konnte die Gedanken und Absichten von Personen gut identifizieren und bewerten. Ich konnte zum Beispiel leicht nachvollziehen, was Katrin gedacht hat, als sie mit ihrer Freundin beim Umzug ein Möbelstück zusammengebaut hat, und wie sie ihre Gedanken und Absichten in der gegebenen Situation geäußert hat. Ich konnte korrekt einschätzen, wie sich diese auf die soziale Situation ausgewirkt haben.
Global	Ich kann Personen in sozialen Situationen insgesamt gut einschätzen. Ich kann mich leicht in andere Menschen hineinversetzen und entwickle somit leicht ein Verständnis für das Verhalten der beteiligten Personen. Ich kann soziale Hinweise, wie zum Beispiel Mimik, Gestik und Verhaltensweisen leicht wahrnehmen, sie richtig bewerten und ihre Auswirkungen auf eine soziale Situation korrekt einschätzen.	Ich konnte die Personen in den gegebenen sozialen Situationen insgesamt gut einschätzen. Ich konnte mich leicht in andere Menschen hineinversetzen und habe somit leicht ein Verständnis für das Verhalten der beteiligten Personen entwickelt. Ich konnte soziale Hinweise, zum Beispiel zum eigenen Befinden einer Person, leicht wahrnehmen, sie richtig bewerten und ihre Auswirkungen korrekt einschätzen. Insgesamt lag ich mit meiner Einschätzung der Gedanken, Gefühle und Beziehungen von Katrin und Daniel richtig.

Beurteilung	Prä-SSV	Post-SSV
Katrin	/	Ich konnte Katrin in den gegebenen Situationen gut einschätzen. Ich konnte mich leicht in sie hineinversetzen und ihr Verhalten in den gezeigten sozialen Situationen gut nachvollziehen. Ich habe bewusste und unbewusste Hinweise, die Katrin zu ihren Gedanken und Gefühlen gegeben hat, gut wahrgenommen und verstanden. Außerdem konnte ich mich in die sozialen Beziehungen zu Freunden, Verwandten und Arbeitskollegen von Katrin gut hineinversetzen und diese angemessen beurteilen. Ich habe leicht ein Verständnis für ihre Einstellungen entwickelt.
Daniel	/	Ich konnte Daniel in den gegebenen Situationen gut einschätzen. Ich konnte mich leicht in ihn hineinversetzen und sein Verhalten in den gezeigten sozialen Situationen gut nachvollziehen. Ich habe bewusste und unbewusste Hinweise, die Daniel zu seinen Gedanken und Gefühlen gegeben hat, gut wahrgenommen und verstanden. Außerdem konnte ich mich in die sozialen Beziehungen zu Freunden, Verwandten und Arbeitskollegen von Daniel gut hineinversetzen und diese angemessen beurteilen. Ich habe leicht ein Verständnis für seine Einstellungen entwickelt.
Antwort-format	-3 0,1% -2 2,3% -1 16% 31% 0 50% 69% 1 84% 2 97,7% 3 99,9%	

Ich glaube, dass _____% der Personen in meinem Alter bzw. der jungen Erwachsenen schlechter in der eben beschriebenen Fähigkeit sind als ich.

Tabelle C2: Interkorrelation der Primärskalen des ISK

Aufgaben	1	2	3	4	5	6	7	8	9	10	11	12	13	14	15	16	17
1 ISK-PS	**.74**																
2 ISK-PÜ	.44**	**.83**															
3 ISK-WP	.48**	.41**	**.70**														
4 ISK-KO	.43**	.48**	.49**	**.88**													
5 ISK-ZU	.51**	.32**	.31**	.29**	**.86**												
6 ISK-DF	.02	.10	-.09	-.02	.05	**.82**											
7 ISK-KB	.00	.08	.08	-.03	.02	.59**	**.82**										
8 ISK-EX	.36**	.28**	.28**	.23*	.28**	.29**	.11	**.88**									
9 ISK-EF	.15	.12	.15	.17	.19	.37*	.10	.32**	**.84**								
10 ISK-SK	.15	.28**	.27**	.26*	.23*	.10	-.04	.07	.30**	**.64**							
11 ISK-ES	.28**	.20c	.28**	.14	.39**	.17	.01	.31**	.41**	.49**	**.80**						
12 ISK-HF	.19	.28**	.16	.17	.31**	.52**	.27**	.37**	.57**	.56**	.51**	**.69**					
13 ISK-IN	.08	.14	.07	-.07	.33**	.17	.06	.24*	.30**	.11	.34**	.39**	**.82**				
14 ISK-SD	-.16	.07	-.13	.05	-.16	.26**	.15	.27**	.01	.10	-.21*	.06	-.14	**.77**			
15 ISK-DS	.05	.25*	.04	.13	-.15	-.12	.13	-.23*	-.33**	-.06	-.29**	-.10	-.20*	.17	**.77**		
16 ISK-IS	.16	.35**	.15	.26**	.12	-.07	.08	-.03	-.09	.13	-.26**	-.08	-.25*	-.48**	.45**	**.79**	
17 ISK-PW	.26**	.62**	.27**	.29**	.21*	.12	.27**	.26**	.07	.17	.07	.26**	.02	.25*	.30**	.56**	**.83**

Anmerkung. ISK = Inventar sozialer Kompetenzen; PS = Prosozialität; PÜ = Perspektivenübernahme; WP = Wertepluralismus; KO = Kompromiss-bereitschaft; ZU = Zuhören; DF = Durchsetzungsfähigkeit; KB = Konfliktbereitschaft; Ex = Extraversion; EF = Entscheidungsfreudigkeit; SK = Selbstkontrolle; ES = Emotionale Stabilität; HF = Handlungsflexibilität; IN = Internalität; SD = Selbstdarstellung; DS =Direkte Selbstaufmerksamkeit; IS = Indirekte Selbstaufmerksamkeit; PW= Personenwahrnehmung. * Korrelation ist signifikant bei p < .05. ** Korrelation ist signifikant bei p < .01. N = 103.

Tabelle C3: Interkorrelation der Sekundärskalen des ISK

Task	1	2	3	4
1 ISK-SO	**.78**			
2 ISK-OF	.26**	**.61**		
3 ISK-SE	.37**	.47**	**.70**	
4 ISK-RE	.25*	.12	-.10	**.70**

Anmerkung. ISK = Inventar sozialer Kompetenzen; SO = Soziale Orientierung; OF= Offensivität; SE = Selbststeuerung; RE = Reflexibilität. * Korrelation ist signifikant bei p < .05. ** Korrelation ist signifikant bei p < .01. N = 103

Tabelle C4: Interkorrelation der gekürzten Szenarien KS und DS mit den Szenarien der ersten Studie

		KL	FB	HR	MM	KS
TS-ITEM	SV-FB	.36**				
	SV-HR	.35**	.49**			
	SV-MM	.28**	.37**	.12		
	SV-KS	.12	.14	-.09	.25**	
	SV-DS	.21**	.29**	.13	.31**	**.46**
TS-SIT	SV-FB	.38**				
	SV-HR	.41**	.46**			
	SV-MM	.43**	.44**	.26**		
	SV-KS	.10	.18*	-.01	.25**	
	SV-DS	.09	.31**	.25**	.30**	**.42**
PCS	SV-FB	.35**				
	SV-HR	.62**	.43**			
	SV-MM	.42**	.32**	.33**		
	SV-KS	.19*	.33**	.39**	.41**	
	SV-DS	.52**	.35**	.45**	.45**	**.37**

Anmerkung. TS-ITEM = Target Scoring itembasiert; TS-SIT = Target Scoring situationsbasiert; PCS = Proportion Consensus Scoring; SV = Soziales Verständnis; SV-KL = Szenario Katja; SV-FB = Szenario Fred; SV-HR = Szenario Hannelore; SV-MM = Szenario Markus; SV-KS = Szenario Katrin; SV-DS = Szenario Daniel; *Korrelation ist signifikant bei p<0.05; ** Korrelation ist signifikant bei p<0.01. N=155.

Tabelle C5: Deskriptive Statistiken und Mittelwertsvergleich zwischen männlichen und weiblichen Probanden

Aufgabe	α_w	α_m	Shap.-Wilk$_w$	(p)	Shap.-Wilk$_m$	(p)	M_w / Md_w	SD_w / IQA_w	M_m / Md_m	SD_m / IQA_m	T / U	(p)
SR	.84	.93	.98	.36	.98	.46	2.80	.27	2.65	.41	-2.07	.04
ISKso	.77	.78	.98	.27	.99	.95	100.50	9.40	96.63	10.86	-1.93	.06
Prä-SSV	.80	.92	.98	.64	.96	.14	66.88	9.28	64.02	12.51	-1.34	.19
Post-SSV	.89	.92	.98	.38	.97	.23	61.63	9.39	62.40	9.41	.41	.69
SV-KS[a]	.85	.83	.93	.00	.95	.08	-1.62	.52	-1.64	.78	-.61	.54
SV-DS[a]	.72	.83	.97	.11	.96	.17	-2.15	.41	-2.32	.47	-1.91	.06
SV[a]	--	--	.95	.02	.97	.40	-1.87	.36	-2.00	.69	-1.35	.18
SV-KS[b]	.74	.67	.93	.00	.95	.05	35.03	9.49	36.36	13.32	-1.23	.22
SV-DS[b]	.68	.81	.97	.19	.96	.11	53.43	7.28	56.28	8.65	1.81	.07
SV[b]	--	--	.96	.05	.97	.39	44.60	9.00	47.38	10.28	-1.60	.11
SV-KS[c]	.57	.62	.96	.03	.98	.62	8.00	.62	7.89	.81	-1.51	.13
SV-DS[c]	.40	.53	.97	.15	.96	.17	10.31	.46	10.21	.50	-1.00	.32
SV[c]	--	--	.97	.08	.98	.79	9.18	.49	8.94	.64	-1.67	.10

Anmerkung. SR = Soziale Intelligenz als Trait-Konzept; ISK$_{SO}$ = Inventar sozialer Kompetenzen – Soziale Orientierung; SSV = Selbstbericht soziales Verständnis; SV-KS = Szenario Katrin; SV-DS = Szenario Daniel; SV = Soziales Verständnis - Gesamtmittelwert der Szenarien. [a] Target Scoring itembasiert. [b] Target Scoring situationsbasiert. [c] Proportion Consensus Scoring. N_w = 60. N_m = 43.

Anhang D – Studie 3

Code des Versuchsteilnehmers:

Nr. Spendensammlung	1	2
Campus	Uni	FH

Verhaltensweise	**1**	**2**	**3**	**4**	**5**	**6**	**7**	**8**	**9**	**10**	**11**	**12**	**13**	**14**	**15**	**16**	**17**	**18**	**19**	**20**	**21**	**22**	**23**	**24**	**25**
Geschlecht des Angesprochenen. **(w/m)**																									
Spende? **(j/n)**																									
Passant wurde bereits angesprochen.																									
Geht mit vorbeigehenden Passanten mit.																									
Stellt sich jemandem in den Weg.																									
Tritt freundlich auf.																									
Bringt die stand. Infos von Wildwasser verständlich rüber.																									
Zeigt Verständnis bei Nichtspende.																									
Bleibt hartnäckig bei Nichtspende.																									
Zeigt Dankbarkeit bei Spende.																									
Passant ist Bekannter. **(VP, MB, AD)**																									

Besonderheiten?

Abbildung D1: Beobachtungsbogen für die Spendensammlung

Tabelle D2: Beschreibung charakteristischer Verhaltensweisen für die protokollierten Beobachtungsvariablen

Item des Beobachtungsbogens	Beschreibung dazugehöriger Verhaltensweisen
Geht mit vorbeigehenden Passanten mit.	- Geht mit vorbeigehenden Personen mind. 5 Schritte mit
Stellt sich jemandem in den Weg.	- Stellt sich jemanden in den Weg, sodass er anhalten muss - Blockiert eine Person mit der Hand oder Arm
Tritt freundlich auf.	- Lächeln bei Ansprache - Offene Körperhaltung (keine verschränkten Arme) - Benutzt Höflichkeitsfloskeln bei Ansprache und Verabschiedung
Bringt die stand. Infos von Wildwasser verständlich rüber.	- Erklärt das Anliegen in einfachen Sätzen - Erklärt die Ziele von Wildwasser kurz und prägnant (max. 20 Sek.) - Trägt das Anliegen frei vor - Nimmt die Flyer zur Hilfe (kein Pkt., wenn Flyer wortlos hingegeben wird mit der Bemerkung, ihn sich durchzulesen) - negativ: verhaspelt sich mehr als dreimal, verliert den Faden, fragt Versuchsleiter um Hilfe
Zeigt Verständnis bei Nichtspende.	- Kopfnicken nach Ablehnung einer Spende - Verbale Äußerung „In Ordnung / ich kann Sie verstehen / vielleicht ein anderes Mal / kein Problem"
Bleibt hartnäckig bei Nichtspende.	- Zählt weitere Argumente nach Ablehnung auf - Stellt sich in den Weg des Nichtspenders - Fordert den Nichtspender verbal auf, zu bleiben („einen Moment noch", „bitte warten Sie", „schauen Sie sich bitte noch den Flyer an")
Zeigt Dankbarkeit bei Spende.	- Bedankt sich verbal im Namen der Organisation oder im Namen der Kinder - Drückt durch eine Geste die Dankbarkeit aus: Gibt dem Spender die Hand, machte das „Daumen hoch"-Zeichen - Bekräftigt die Spende verbal („Damit haben Sie etwas Gutes getan / Das Geld kommt 100% an")

Tabelle D3: Interkorrelation der Selbsteinschätzung Erfolg bei der Spendensammlung

Item	1	2	3	4	5
2 Spende - 2	.41**				
3 Spende - 3	-.45**	-.10			
4 Spende - 4	.25	.48**	-.08		
5 Spende - 5	.28†	.08	-.15	.14	
6 Spende - 6	-.17	-.09	.17	-.12	.05

Anmerkung. † Korrelation ist signifikant bei $p < .10$. * Korrelation ist signifikant bei $p < .05$. ** Korrelation ist signifikant bei $p < .01$. $N = 43$.

Fragen des subjektiven Kriteriums *Erfolg bei der Spendensammlung*:

1. Ich konnte mich in Ziele der Organisation „Wildwasser" sehr gut hineinversetzen.

2. Das Thema der Spendensammlung ging mir emotional sehr nah.

3. Ich habe mich mehr auf das Sammeln konzentriert als auf das Thema.

4. Wenn ich selbst *von mir* angesprochen worden wäre, hätte ich im Rahmen meiner finanziellen Möglichkeiten großzügig gespendet.

5. Ich habe mir gezielt Personen ausgesucht und diese dann angesprochen.

6. Nach einer erfolglosen Spende habe ich meine Taktik geändert.

Wissenschaftlicher Werdegang

Angaben zur Person

Geburtsdatum :	13.10.1984
Geburtort:	Magdeburg
Staatsangehörigkeit:	deutsch

Akademische Ausbildung

10/2004 – 03/2009	Otto-von-Guericke-Universität Magdeburg Studium zur Diplom-Psychologin (Note: 1,1)
04/2009 – 06/2015	Otto-von-Guericke-Universität Magdeburg Promotion zum Dr. phil. (magna cum laude)

Publikationen

Baumgarten, M., Süß, H.-M. & Weis, S. (2015). The Cue is the Key: The Relevance of Cues and Contextual Information in the Social Understanding Tasks of the Magdeburg Test of Social Intelligence. *European Journal of Psychological Assessment*, 31(1), 38-44. http://dx.doi.org/10.1027/1015-5759/a000204

Lange, S., Lehmann, W., Baumgarten, M. & Jüling, I. (2012). *Spitzenleistungen – ein Mix aus Leidenschaft, Lernen und spezifischer Kognition*. Arbeitskreis Begabungsforschung und Begabungsförderung e.V. (Jahresheft 2012). Rostock: ABB-e.V.

Danksagung

Zu besonderem Dank bin ich meinem Doktorvater Prof. Dr. Heinz-Martin Süß verpflichtet, der mich in dieser Phase meiner akademischen Laufbahn begleitet hat und mir seinen unerschöpflichen Fundus an wissenschaftlichen Hinweisen zur Verfügung gestellt hat. Bei Prof. Dr. Lothar Schmidt-Atzert möchte ich mich für die Begutachtung der vorliegenden Arbeit bedanken.

Eine wissenschaftliche Arbeit ist nie das Werk einer Einzelperson. Darum gilt mein Dank allen Mitarbeitern, die im Projekt „Kognitive Facetten Sozialer Intelligenz" der Deutschen Forschungsgemeinschaft (DFG) mitgewirkt haben. Susanne Weis, Kristin Conzelmann, Jessica Strien, Christiane Karthaus und Janine Nötzold - ohne euren Einsatz wäre die vorliegende Arbeit nicht möglich gewesen. Ebenso haben die wissenschaftlichen Hilfskräfte sowie Bachelor- und Masterstudenten Anna Deibele, Maike Thomas, Juliane Senft, Diana Klose und Leonie Kanne ihren Anteil an der vorliegenden Arbeit. Ohne Jan Krämer und seine außergewöhnlichen Programmierfähigkeiten hätte die Datenauswertung erheblich mehr Zeit in Anspruch genommen. Auch Birgit Müller, die gute Seele unserer Abteilung, hat mit ihrem Organisationstalent dafür gesorgt, dass keine Verwaltungsfragen offen blieben. Ich möchte mich ganz herzlich bei meinen beiden Korrekturleserinnen Stefanie Lange und Miriam Schmidt bedanken, die viel Zeit aufgewendet haben, um den Fehlerteufel aus meiner Arbeit zu verbannen. Ein besonderes Dankeschön haben meine beiden Targetpersonen verdient, die mir ohne zu zögern erlaubt haben, das vorliegende Testmaterial herzustellen. Herzlichen Dank auch an Noreen Heße, die ihr künstlerisches Talent eingesetzt hat, um die selbstgezeichneten Bilder im Anhang A zu kreieren. Außerdem möchte ich den Studienteilnehmern danken, die das umfangreiche Testmaterial motiviert und fleißig bearbeitet haben.

Mein Dank gilt meiner Familie und meinen Freunden, für den bedingungslosen Rückhalt und die Liebe, die mir entgegengebracht wird. Meiner Mutti Carola Bischof, die mich in allen Lebenslagen unterstützt und dafür sorgt, dass in meinem Herzen und in unserem Garten immer Frühling ist. Andreas, Stefanie, Katja, Nora und Miriam - vielen Dank für die stundenlangen motivierenden Gespräche, die mir geholfen haben, niemals aufzugeben, und mir die Kraft gegeben haben, bis an meine Grenze zu gehen. Worte können nicht ausdrücken, was es mir bedeutet, euch in meinem Leben zu haben.